인류의 기원과
역사적 아담

인류의 기원과 역사적 아담

초판 1쇄 인쇄 2021년 8월 12일
초판 1쇄 발행 2021년 8월 20일

지은이 양승훈
펴낸이 유동휘
펴낸곳 SFC출판부
등록 제104-95-65000
주소 (06593) 서울특별시 서초구 고무래로 10-5 2층 SFC출판부
Tel (02)596-8493
Fax 0505-300-5437
홈페이지 www.sfcbooks.com
이메일 sfcbooks@sfcbooks.com
기획·편집 편집부
디자인편집 최건호
ISBN 979-11-87942-55-9 (03230)
값 28,000원

창조론 대강좌 시리즈 4

인류의 기원과 역사적 아담

: 고인류학과 창세기의 대화

양승훈 지음

The Origin of Man
& Historical Adam

: A Dialogue between Paleoanthropology and Genesis

SFC

아버님이자 큰 스승이셨던
故 양명철 장로님(1915-1978)을
추모하며

With Loving Memory of

Elder Myung Chul YANG(1915-1978),

My Dad,

Best Mentor,

Creative Farmer,

Powerful Preacher,

Great Church Planter

차례

인류의 시초始初를 탐구한 경로

　사람은 과거를 회고하고 미래를 예견하여 스스로 자기 정체성正體性의 조타수操舵手가 되려고 한다. 그래서 사람인간은 자신의 과거, 더 멀리 올라가서 자신의 시작인류의 기원에 대해서 궁금해 하고 그것을 알기 위해서 온갖 방법도구, 학문을 동원해서 탐구하여 왔다. 성경은 전능한 신이 사람을 만들었다고 천명하지만, 창조의 시간과 장소와 방법의 세부사항에 대해서는 함구한다. 그 지점에서 인간의 지적인 갈증이 폭증하여, 인류의 기원을 더 소상하게 알려고 하는 인간집단의 분투가 끝없이 이어지고 있다.

　17세기에 아일랜드 더블린의 어셔James Ussher는 『세상의 첫 기원에서 도출한 구약성경 연대기Annales veteris testamenti, a prima mundi origine deducti』 1650를 발표하였다. 그는 율리우스 달력Julian Calendar으로 기원전 4004년 10월 22일 저녁 6시에 하나님께서 사람을 창조하셨다고 주장하였다. 그가 산출한 연대는 스코필드 성경의 난외주에 삽입되면서 기독교계에 각인되었고, 6,000년 젊은지구창조론Young Earth Creationism을 촉발하였다.

그러나 어셔가 한 연구의 기조는 성경에 기록된 사람들의 족보를 합산한 신뢰할 수 없는 산수와 당시 수준의 학문적 성과들을 고려한 것이므로 오늘의 기준에서는 수용할 수 없다. 그런데도 여전히 6,000년 젊은지구론을 교조주의적으로 신봉하는 사람들이 있다.

19세기에 다윈Charles R. Darwin이 『종의 기원On the Origin of Species by Means of Natural Selection or the Preservation of Favoured Races in the Struggle for Life』1859을 출간하였다. 이는 인류와 지구의 창조기원에 대하여 진화론이라는 강력한 새 장르의 문을 여는 계기가 되었다. 그 이후로 인간과 지구의 기원을 연구한 글들은 과학계와 교회신학가 대립하는 현상의 주원인이 되었다. 특히 주로 미국과 한국에서 창조과학을 주장하는 학자, 목사, 신학자들 중에는 6,000년 연대를 성경의 중심 진리처럼 생각하는 경향이 있고, 어떤 신자들은 갈피를 잡지 못하여 교회를 등지는 경우도 있다.

근래에 영과 스티얼리Davis A. Young and Ralph F. Stearley는 창조론을 지질학적인 연구성과를 근거로 『성경, 바위, 시간: 지질학적 증거에 기반한 지구 연대 논쟁The Bible, Rocks and Time: Geological Evidence for the Age of the Earth』2008이라는 책으로 설명했다. 이 책은 창조기원에 대한 논쟁이 진화론과 젊은지구론 사이에서 쳇바퀴를 돌듯이 벗어나지 못하는 상황을 타개한 좋은 작품이라고 할 수 있다.

신간, 『인류의 기원과 역사적 아담: 고인류학과 창세기의 대화』

저자는 반도체물리학자이지만 지난 40년을 인간과 지구의 기원, 그와 관련된 주제들을 연구하고 가르치고 글을 써 온 베테랑이자 이 분야에서 독보적인 경지를 이룬 학자이다. 그는 약 5년의 산고產품 끝에 본서를 출간하였다. 본서는 위에서 말한 지질학적 논의를 중심으로 한 책이 비켜간 분야를 다루고 있다.

본서는 저자가 기획한 '창조론 대강좌' 시리즈 전 7권 중의 네 번째 책이다. 물리학자의 논리성과 적절한 자료들로 엮은 글은 사변적이지 않으며 적당하게 그림과 도표들을 제시하고 각 강의 끝에는 토의의 논제들을 달아서 독자들이 관련 주제들을 이해하도록 돕고 있다. 본서는 인류와 지구의 기원에 관여하는 학문들, 즉 성경과 신학, 생물학, 물리학, 지질학, 인류학, 고유전학, 우주론, 고고학 등에서 적절한 자료들을 차용하여 지구와 인간의 생성/창조 연대를 파악하려고 시도하고 있으며, 창세기에서 야웨의 창조로 나타난 아담의 정체를 파악하려고 시도하고 있다. 그렇지만 답을 찾는 것은 어려운 일이며 어쩌면 가능한 일도 아니다.

저자는 본서를 세 부로 구성하여 총 11개의 강좌를 다룬다.

① 제1부 편견과 착시

저자는 세 개의 강좌2~4장에서 인류와 지구의 기원이나 그 인접 주제들을 다루는 사람들이 빠지기 쉬운 착각이나 의도적으로 저지르는 거짓된 행동들, 그리고 이데올로기에 집착하는 사람들이 오도하고 오염시키는 행위들에 대해서 예를 제시하는 한편 독자들에게 경고하고 있다. 이로써 독자들은 고인류학의 자료들을 해석하는 것이 얼마나 조심스러운 일인지를 깨닫게 될 것이다.

저자는 염색체의 배열에 변화가 발생하여 제한적으로 새로운 종이 생기는 것은 받아들이지만, 무한한 염색체의 변화가 발생하여 단세포 생명체로부터 생명세계 전체가 발생한다는 '대진화' 이론은 받아들이지 않는다. 일정한 범위 내의 변이와 새로운 종의 출현을 설명하기 위해 저자는 '창조의 유연성flexibility of creation'이라는 개념을 제안한다. 저자는 젊은지 구창조론, 진화론, 유신 진화론은 받아들이지 않지만, '창조의 유연성'이라는 제한적 변이와 오랜지구창조론을 수용한다. 이러한 입장은 복음주의적인 그리스도인들에게서 우호적인 반응을 얻을 것으로 예상된다.

② 제2부 고인류학적 논쟁

제2부에서는 네 개의 강좌5~8강를 통하여 제3부에서 창세기의 인간창조 기사를 논할 준비를 하고 있다. 과거 160여 년간에 이루어진 유인원 화석 연구와 19세기에 발견된 네안데르탈인 연구부터 근래의 데니소바인 연구를 포함하여 설명하고 있다. 또한 멍키, 원숭이, 유인원, 사람 등에 대한 분류, 정의, 연대와 유럽과 아시아의 영장류들에 대하여 설명하고 있다. 도구를 쓰는 호모 하빌리스, 직립원인, 현생인류호모 사피엔스와 같은 사람속屬 사람들의 형태와 석기 따위의 도구 사용에 대한 논의도 소개한다. 특히 20만 년 전에서 3만 년 전 사이에 각자 다른 시간대에 살다가 멸종한 네안데르탈인, 헤르토인, 데니소바인, 크로마뇽인의 생성과 소멸, 문화와 종교생활, 그리고 고유전학古遺傳學의 역할에 대한 설명은 교육적인 면이 있다.

저자의 목적은 중요한 연구결과들을 제시하여, 독자들이 "모르는 것, 확실하지 않은 것, 분명한 것"을 구별하여 논란의 미로에 빠지지 않고 이 주제를 생각하게 해 주는 것이다. 따라서 제2부는 화석과 고대인류를 이해하는 데 개론서 역할을 할 것으로 기대한다.

③ 제3부 아담은 누구인가?

제3부는 본서의 핵심부분이고 결론이며 창조론의 핵심문제를 조심스럽게 탐험하고 있다. 저자는 창세기에 등장하는 아담을 셋으로 나누어 생각하고 있다. 첫째, 1장 26~28절의 아담은 보편적 아담으로서 이후 하나님이 자신의 형상대로 지으실 모든 인류를 가리킨다. 여기서 아담은 보통명사 아담이다.

둘째, 창세기 2장과 3장의 아담은 죄와 타락을 경험하고 하나님에게서 구원과 영생의 계시를 받은 사람이며 인류학적으로는 구석기 시대에 생긴 사람속屬으로 분류되는 첫 인간첫 아담이었다. 그는 구석기 시대의 사람이므로 최고 260만 년 전으로 거슬러 올라갈 수 있다. 두 발로 걸으면서, 도구를 만들고 개량할 수 있었고 불火을 사용했고 시체를 매장하고 음악을 하며 말을 했고 신을 섬겼던 고유명사 구석기인이었다.

셋째는 창세기 4장에서 아이를 낳고 일상생활을 하는 아담인데, 20만 년 전에 등장한 호모 사피엔스의 후손이었다. 그는 네안데르탈인과 공존하다가 네안데르탈인이 4만~2만 년 전에 사멸하자, 혼자 남아서 신석기 시대에 진입하여 실존했던 고유명사 인간이었고 현대인의 조상이었다.

이러한 분류에는 장점이 있다. 무엇보다 창세기가 말하고 있는 아담 이전과 동시대의 사람들에 대한 질문이 해소된다. 가인이 두려워했던 사람들은 누구였는가? 가인이 얻은 아내는 어디에서 왔는가? 이런 질문들이 더 이상 문제가 아니게 된다.

반면에 몇 가지 질문들도 발생한다. 첫째는 이 설명을 따르면, 기독교의 전통적인 보수주의/복음주의자들은 아담을 셋으로 나누어 설명하는 시도에 대해서 의아해하게 될 것 같다. 따라서 이것은 저자가 교착상태에 빠진 수렁에서 인류학적 해답을 찾으려고 시도하는 출발점으로 이해하면 좋을 것으로 생각한다.

둘째로, 4장의 아담을 신석기 시대에 놓는 것은 지적 자극을 유발한다. 고대근동 신석기 시대의 특징 중에 두드러진 것 세 가지는 ㉠ 야생 밀과 보리 같은 곡식들을 재배하여 농업을 정착시켰고, ㉡ 양, 염소, 개 같은 야생 동물들을 가축으로 길들여서 목축업을 하였고, ㉢ 흙으로 그릇을 만드는 획기적인 방법을 개발한 것이다. 그러므로 신석기 시대는 사람이 자신의 지능을 창조적으로 사용하여 드디어 자연을 이용하고 안정적으로 경제활동을 하게 된 시대였다.

그런데 고대근동고고학에는 많은 세부사항들이 있으며, 철기 시대구약성경의 이스라엘 왕국 시대에 이르기 전에는 고고학적 자료들과 성경본문의 사실들을 시간상으로 연결 또는 연대적으로 일치시키는 데 어려움이 있는 상황이다. 즉, 저자가 근동고고학적 논의를 4장의 아담에게 적용하는 것은 학문적으로 수용할 수 있는 방법론이긴 하지만, 어느 시대에 그 아담을 배치하느냐는 4장에 나오는 도시, 구리, 철에 대한 증언들 때문에 운신의 폭이 좁아져서 퍽 어려운 과제가 된다. 그러므로 아담에 대한 저자의 설명은 앞으로 많은 건설적인 대화를 촉진시킬 것으로 여겨진다.

결어

본서의 가치는 복음주의자들에게 지적 자극을 주어 젊은지구창조론에서 벗어나서 다른 대안들을 찾아 볼 수 있는 길을 연 것이라고 할 수 있다. 요약하자면, 인류와 지구의 역사가 6,000년이라는 주장의 허구성을 독자들이 인식하게 한 점, 우주의 나이는 138억 년, 지구의 나이는 46

억 년, 인류의 나이는 260만 년 이라는 지질학계를 비롯한 과학계의 연구성과를 수용할 수 있는 자신감을 준 점, '창조의 유연성'이라는 개념을 제안하여 대진화에 근거한 진화론에 제동을 건 점, 창세기의 아담을 여러 각도에서 조명할 수 있는 방법론을 제시한 점, 인간게놈프로젝트 같은 과학계가 이룩한 유전자 서열분석 방법이 끼치는 영향을 설명해 준 점, 그리고 과학과 교회성경가 배타적이 되지 않고 교류와 보완의 자세로 갈 수 있음을 보여준 점, 번역서가 아니라서 한국인이 이해하기 쉽게 서술된 점 등이 긍정적인 성과들이다.

본서는 창조론, 인류의 기원, 아담의 정체, 진화론과 창조론 사이의 간극 등에 관심이 있는 독자들이 읽어야 할 필독서이다. 본서에는 전문용어들과 생소한 단어들이 많이 등장한다. 그것들 때문에 지체하지 말고 각 강좌의 주안점을 파악하면 된다.

개인적인 독서는 물론, 교회나 단체에서 각자 읽어 온 것을 함께 토론하고 소화하는 방법으로 독파하는 것은 지금까지 젊은지구론에 젖은 사람들을 깨우는 데 이바지할 것이며 창세기를 다시 자세히 읽어볼 추진력을 줄 것이라고 생각된다. 그러는 동안에 교조적이고 반주류과학적이고 심지어 비성경적이라고도 할 수 있는 젊은지구론/창조과학에 실망한 사람들에게 도움이 될 것이다.

본서가 그리스도인들이 창조론과 진화론의 틈바구니에서 지적인 방황에 종지부를 찍고, 아는 것과 모르는 것을 구분하여 새로운 질문을 던지는 이정표가 될 것임을 확신하여 필독서로 추천하는 바이다.

고세진[1]

시리즈 서문

한국에서 본격적으로 창조론 운동이 시작되던 1981년 1월, 필자가 처음으로 접한 창조론은 창조과학이었습니다. 물론 그 이전에도 당시 건국대 물리학과 교수였던 쥬영흠 박사를 통해 좀 다른 창조론현재의 용어로는 진행적 창조론 혹은 날-시대 이론을 접하기는 했지만, 창조과학의 선명성과 전투성에 매료되어 창조과학이야말로 인생을 걸만한 일이라고 생각했습니다. 그래서 언젠가 창조론을 열심히 연구해서 좋은 책을 써보려는 꿈을 가졌습니다.

하지만 좋은 책을 쓴다는 것은 열정과 결심만으로 되는 것이 아니었습니다. 우선 창조론에 관해 필자가 아는 것이 별로 없었고, 또한 창조론과 직접 연관되지 않은 반도체물리학 연구에 전념해야 하는 현실 속에서 창조론 연구는 꿈으로 남아있을 뿐이었습니다. 하지만 뭔가 시작해야 한다는 생각을 갖고 틈나는 대로 한국창조과학회 활동에 참여하면서 『진화는 과학적 사실인가?』1981와 같은 번역 수준의 책을 펴냈습니다. 그 후에도 꾸준히 자료들을 모으고, 비록 강의록 수준의 글이었지만, 조금씩 글의 틀을 잡아가기 시작했습니다. 체계를 잡은 첫 강의록은 1988년에 대구에서 열린 창조론 지도자 훈련과정 교재로 만든 것이었는데, 이것을 기초로 해서 여러 해 동안 많은 분들의 사랑을 받았던 『창조론 대강좌』 개정증보판CUP, 1996을 출간했습니다.

10년이면 강산도 변한다고 하는데, 어느덧 『창조론 대강좌』를 출간한지도 이십 수년의 세월이 지났습니다. 창조론 분야의 중간층 독자들을 대상으로 했던 이 책은 전문가들에게는 쉬웠지만, 일반인들에게는 다소 어려운 책이었습니다. 그런데도 그간 많은 분들이 애독해 주셨고, 여러 대학에서 교재로 사용하기도 했습니다. 하지만 시간이 지나면서 여러 분들로부터 개정의 요청을 받았고, 실제로 개정해야 할 내용들이 누적되었으나 여러 가지 사정으로 인해 진작 개정판을 출판하지 못했습니다. 그러다 보니 좀 어려운 개념들이나 치밀한 논증을 소개할 수가 없었습니다. 이런 요구를 충족하기 위해 부득불 『창조론 대강좌』를 단권이 아닌 시리즈로 출판하게 되었습니다.

본 '창조론 대강좌' 시리즈는 다소 고급 독자들을 위한 책이라고 할 수 있습니다. 이전에 단권으로 출간된 『창조론 대강좌』에 비해 일곱 권의 시리즈로 출간된 본서에서는 중요한 창조론 이슈들을 좀 더 심층적으로 다루고 있습니다. 그동안 창조연대에 관한 필자의 입장도 변했기 때문에 시리즈 제목을 바꾸는 것이 적절한 것 같지만, 이미 『창조론 대강좌』를 기초로 국내 저자들이 쓴 책들이 여러 권 출간되었기 때문에 연속성을 고려하여 '창조론 대강좌'를 단행본이 아닌, 시리즈 이름으로 사용하게 되었습니다.

본 시리즈를 집필하면서 주 독자층들을 어떻게 잡을 것인가를 두고 많이 고심했습니다. 기존의 『창조론 대강좌』를 출간하던 때에 비해 국내에서 창조론에 대한 논의가 많이 진전된 것을 생각한다면, 좀 더 수준 있는 독자들을 위한 책이어야 한다고 생각하면서도, 다른 한편으로는 여전히 처음 창조론을 접하는 분들을 위한 입문서 내지 대학 교양 교재 수준의 책들도 필요하다는 생각 때문이었습니다. 그래서 이번에는 일반인용과 전문가용으로 분리하여 출간하는 쪽으로 결론을 내렸습니다.

2006년에 예영에서 출간했던 『창조와 격변』은 일반인들의 창조론 교양과 대학 교양강좌를 위한 책이었습니다. 그에 비해 본 시리즈는 창조론을 좀 더 깊이 공부하려는 독자들을 염두에 둔 책이라고 할 수 있습니다. 따라서 본 시리즈는 『창조와 격변』의 내용은 물론 그 책에 포함시키지 못했던 주제들과 내용들까지 포함시켰습니다. 본 시리즈는 일곱 권의 책으로 나누어지면서 분량은 많아졌지만, 대학이나 교회에서 창조론을 가르치는 분들이나 창조론 대중 강의를 준비하는 분들에게 도움이 될 것이라 생각합니다.

분권한 것 외에도 본 시리즈가 『창조론 대강좌』와 다른 점을 든다면, 제1권 『다중격변 창조론』에서 '다중격변설'을 포함시킨 것과 지구와 우주의 창조연대를 길게 잡은 점입니다. 구체적으로 본 시리즈에서는 노아의 홍수만으로 지구의 모든 역사를 설명하던 기존의 '단일격변설'을 확장하여 '다중격변설'을 제시하고 있습니다. '다중격변설'은 노아의 홍수 이전, 특히 창조주간에 지구에 여러 차례 대격변들이 있었으며, 노아의 홍수는 그들 중 마지막 전 지구적 격변이었다는 입장입니다.

이로써 인류의 시작은 젊은지구론자들이 주장하는 것보다 훨씬 오래되었을 수 있다는 유연한 입장을 취했으며, 지구와 우주의 창조연대는 현대 지구과학이나 우주론에서 제시하는 연대를 받아들여야 한다는 입장으로 바꾸었습니다.[1] 요약하자면, 지질학적으로는 다중격변창조론을, 창세기 해석에서는 날-시대 이론을, 생물학적으로는 진행적 창조론을,

창조연대와 관련해서는 오랜지구론을 수용하게 된 것입니다. 창조과학 운동의 흑백논리적이고 전투적인 특성을 생각한다면, 당연히 이러한 전환이 쉽게 일어날 수 있었던 것은 아니었습니다. 필자의 이러한 전환을 둘러싼 논란은 필자의 다른 책 『프라이드를 탄 돈키호테』SFC, 2009에서 밝혔습니다.

이 외에도 본 시리즈의 제2권 『생명의 기원과 외계생명체』에서는 생명의 기원 문제를 다루면서 화학진화가설을 비판했습니다. 그리고 생명의 기원 논의와 직접 관련된 논의는 아닐지 모르지만, 많은 사람들이 궁금해 하기 때문에 UFO와 외계인에 대한 내용도 포함시켰습니다. 제3권 『창조와 진화』에서는 이전과 같이 생물진화에서 대진화를 비판했습니다. 제2권과 제3권의 내용은 창조연대에 대한 차이를 제외한다면, 기본적으로 창조과학자들의 입장과 크게 다르지 않습니다. 하지만 제5권 『대폭발과 우주의 창조』에서는 창조과학자들이 비판하는 대폭발 이론을 하나님의 창조를 설명하는 하나의 작업가설로의 가치가 있다는 쪽으로 수용했습니다. 또한 제6권 『창조연대 논쟁』에서는 창조과학의 젊은지구론을 비판하고 오랜지구론을 소개하였습니다. 순서가 바뀌긴 했지만 인류의 기원을 다룬 본서제4권 역시 대진화는 반대하지만 고인류학의 여러 결과들을 수용하면서 창조과학 입장이나 『창조론 대강좌』보다 진일보한 입장을 취하고 있습니다. 본 시리즈의 마지막인 제7권에서는 『창조론 대강좌』에 포함되지 않았던 창조에 대한 신학적, 역사적 논의와 더불어 과학사적, 과학철학적 논의를 포함시킬 예정입니다.

1980년 8월, 20대 중반이었던 대학원 학생 시절에 시작한 창조론 공부를 대학을 은퇴하는 60대 중반이 되어서 '중간' 마무리를 하게 되니 감회가 새롭습니다. 부족한 글이지만 본 시리즈를 통해 독자들에게 풍성한 창조신앙과 더불어 궁창의 빛과 같이 빛나는 지혜가 생기고, 이를 통해 많은 사람을 옳은 데로 돌아오게 하는^{단12:3} 역사가 일어나기를 기대합니다. 지난 40여 년 간 창조론을 공부하면서 누렸던 풍성한 축복을 감사하면서…….

저자

서문

  기원에 관한 연구는 생물학이나 지질학뿐 아니라 생화학, 천문학, 우주론, 물리학, 인류학, 신학 등 다양한 학문분야가 관여된 대표적인 간학문 분야에 속한다고 할 수 있습니다. 지금까지 '창조론 대강좌' 시리즈에서는 지구의 역사, 생명의 기원, 생물종의 기원, 우주의 기원, 창조연대 논쟁 등을 다루었습니다. 하지만 기원논쟁에서 가장 사람들의 관심을 끄는 것은 역시 인류의 기원이라고 할 수 있습니다. 그것은 바로 우리 자신의 기원에 관련된 것이기 때문입니다.

  본서에서는 과학과 신학, 성경을 오가면서 인류의 기원을 논의합니다. 구체적으로 근래의 고인류학, 고유전학 등 과학에서 제시하는 인류의 기원 논의에 더하여 성경과 신학에서 말하고 있는 인류의 기원, 좀 더 구체적으로 아담이 누구인지에 대한 논의를 크게 3부, 11강으로 나누어 살펴보고자 합니다.

  제1강 서론에 이어지는 첫 번째 단원에서는 인류의 기원에 대한 과학적 논의에서 일어난 몇몇 오류들과 사기극들을 살펴보았습니다. 과학연구에서 연구자의 실수로 잘못된 데이터나 부정확한 해석을 제시하는 것은 얼마든지 일어날 수 있습니다. 하지만 본서에서는 이데올로기로 인해 인류의 기원 연구가 얼마나 쉽게 의도적으로 오염될 수 있는지를 소개했습니다. 이것은 이어 소개하는 여러 고인류학 연구들의 자료들을 해석할 때 우리가 얼마나 신중하고 조심해야 하는지를 보여줍니다.

두 번째 단원에서는 인류의 기원을 연구하기 위해 수많은 학자들이 참여한 고인류학, 고유전학의 연구를 소개했습니다. 구체적으로 19세기 중엽에 시작된 네안데르탈인의 연구로부터 근래 고유전학 연구와 데니소바인 연구에 이르기까지 지난 160여 년 간 진행된 수많은 유인원 화석들과 고유전학 연구를 개괄적으로 소개했습니다. 그동안 발견된 모든 화석들을 살펴본다는 것은 지면은 물론 필자의 지적 한계를 벗어나는 일입니다. 본서에서는 다만 인류의 기원과 관련하여 중요한 연구들을 선별하여 소개하고, 이를 통해 인류의 기원과 관련하여 우리가 모르는 것, 확실하지 않은 것, 그리고 분명한 것이 무엇인지를 살펴보았습니다.

고인류학 분야에 훈련을 받지 않았거나 큰 관심이 없는 분들은 두 번째 단원에 등장하는 여러 전문적인 용어나 개념들이 생소하게 혹은 지루하게 느껴질 수도 있을 것입니다. 그런 분들은 책을 덮기보다 각 강의 첫 부분과 끝 부분에 있는 서론과 결론만 읽어보고 세 번째 단원으로 넘어가기를 권합니다. 본서의 중요한 논의는 세 번째 단원에서 이루어집니다.

세 번째 단원에서는 근래 복음주의 신학자들을 중심으로 뜨겁게 일어나고 있는 역사적 아담 논쟁을 살펴보았습니다. 아담이 누구인가라는 질문은 그리스도인이 아닌 독자들에게는 큰 흥미가 없는 주제일 수 있지만, 그리스도인들에게는 매우 중요한 주제입니다. 이것은 단순히 우리의 시조에 대한 관심 때문만이 아니라 기독교의 근간이 되는 구속론과도 직결되어 있기 때문입니다.

본서에서는 창세기가 세 종류의 아담을 제시한다고 제안합니다. 창세기 1장에서는 인류를 통칭하는 보통명사로서의 **보편 아담**, 2~3장에서는 사람속에 속하는 고유명사로서의 **첫 사람 아담**, 4장에서는 고유명사이자 가인의 아버지로서의 **개인 아담**입니다. 물론 아담이 실재한 인물이 아니라 다만 비유적 혹은 상징적 인물이라면, 또는 학습모형에 불과하다면 구태여 이렇게 나눌 필요가 없을 것입니다. 하지만 창세기 2~3장의 고유명사 아담을 실재한 인물로 본다면, 아담은 구석기 시대에 살았던 첫 사람이었을 것입니다. 마찬가지로 창세기 4장의 고유명사 아담을 실재한 인물로 본다면, 그는 신석기 사람이었다고 보는 것이 자연스러울 것입니다.

본서에는 고인류학, 고유전학, 신학 및 성경 연구, 선사 시대 연구 등 여러 학문의 분야들이 어우러져 있습니다. 그래서 저술기간이 길었고, 또한 내용의 상당 부분들은 이미 여러 해에 걸쳐 『창조론 오픈포럼』 논문집을 통해 발표한 것들을 수정, 보완, 편집했기 때문에 부분적으로 중첩되는 내용들이 있습니다. 이들 중 불필요하다고 생각되는 중첩은 정리했지만, 필요하다고 생각되는 내용은 조금 중첩되더라도 일부러 그대로 두었습니다. 약간의 반복은 학습에 유익하다고 생각했기 때문입니다.

간단한 소개에서 알 수 있는 것처럼, 본서에서 다루고 있는 주제들은 과학적으로는 물론 신학적으로도 매우 논쟁적이고 사람에 따라 주장이 첨예하게 대립될 수 있는 것들입니다. 그런 만큼 본서는 필자가 발표한 그간의 여러 창조론 관련 서적들 중에서는 가장 오랜 시간 고민을 했고, 가장 많은 시간을 투입한 책입니다. 출판사에 약속한 원고 마감 날짜를 여러 차례 넘기면서까지 고민했습니다. 그래서 본서는 '창조론 대강좌' 시리즈 제4권이지만 제5, 6권을 출간한 후에야 출간하게 된 것입니다.

끝에 있는 소개란에 있는 것처럼, 필자는 젊은 시절 과학자로서 훈련 받았지만 지금은 신학교에서 가르치고 있습니다. 그런 필자가 보기에 현대 문명이나 학문 세계에서 과학이 자신의 분야를 넘어서는 영역에까지 과도하게 월권행위를 하고 있는 게 아닌가 생각됩니다. 현대문명에서 과학의 힘을 과소평가해서는 안 되겠지만, 그렇다고 과학의 이름으로 인간의 사고와 문명의 틈바구니 속으로 비집고 들어오는 온갖 이데올로기와 우상숭배를 모른 체 해서도 안 될 것입니다. 특히 본서에서 다루는 기원논쟁, 그중에서도 인류의 기원논쟁은 가장 쉽게 이데올로기로 오염될 수 있는 분야입니다. 어떻게 하면 그 오염된 지뢰밭에서 치우침 없는 건강한 과학과 신학의 논의를 이어갈 것인가? 이것이 필자의 고민이었습니다.

'창조론 대강좌' 시리즈의 모든 책들이 그러하듯이, 이 책 역시 여러 사람들에게 빚을 지고 있습니다. 필자가 미처 발견하지 못한 필요한 자료들을 늘 찾아서 보내준 제자이자 미생물학자 박춘호 박사와 필자의 둘째 아들 양창모 박사UNIST에게 감사합니다. 본서의 교정에 참여해서 교정과 날카로운 코멘트를 해준 VIEW의 최동진, 전용호, 황재훈 집사와 성경훈, 이채원 목사에게 감사합니다. 구약학자로서 본서에서 창세기 초반의 해석학적 문제에 대해 귀중한 조언과 자료를 제공해준 VIEW 전성민 원장에게 감사드립니다. 근동고고학자로서 본서에 대한 과분한 추천사를 써주신 고세진 박사에게 감사드립니다. 무엇보다도 가장 가까운 곳에서 지속적인 격려와 자극, 끝없는 토론과 교정을 통해 마르지 않는 통찰과 영감의 원천이 되어준 아내 박진경 박사에게 감사드립니다. 열악한 기독교 출판 상황 가운데서 수익성이 별로 없는 본서를 출판해 준 SFC 출판부 유동휘 대표와 여러 직원들에게 감사드립니다.

본 연구를 재정적으로 지원해 준 분들에게 감사드립니다. 지금은 해

산되었지만 오래전 필자가 밴쿠버기독교세계관대학원VIEW을 설립하기 위해 대학을 사직했을 때, 필자의 연구를 후원하기 위해 '창조회'회장 유광조 목사, 총무 윤승호 목사란 이름으로 모인 19명의 목회자들에게 감사드립니다. 이들의 명단은 본서 뒷부분에 첨부하였습니다. 창조회 목회자들은 필자가 국내 대학을 사직하고 캐나다로 떠날 때 정말 큰 위로와 격려가 되었습니다.

또한 2016년과 2019년, 두 차례에 걸쳐 필자가 동아프리카 지구대에 위치한 여러 고인류학 박물관과 발굴지들을 답사한 적이 있는데, 그 경비의 일부를 지원해 준 캐나다 쥬빌리교회 성도들에게 감사드립니다. 이 때 방문한 박물관은 에티오피아국립박물관National Museum of Ethiopia, 케냐국립박물관Nairobi National Museum, 탄자니아의 다레살렘국립박물관Dar es Salaam National Museum과 올두바이계곡Olduvai Gorge 박물관 및 발굴지, 남아프리카공화국 요하네스버그의 비트바테르스란트대학교University of the Witwatersrand 기원센터The Origins Centre와 프리토리아의 디총국립자연사박물관Ditsong National Museum of Natural History, Pretoria, 그리고 인류의 요람The Cradle of Humankind 박물관 및 발굴지 등입니다.

부족한 글이지만 본서가 인류의 기원에 관한 연구 혹은 논쟁에서 독자들로 하여금 주장과 설명, 증거와 사실을 직시하게 하는 데 도움이 되기를 기대합니다. 그리스도인인지 아닌지를 떠나 내가 누구이며, 우리가 어떤 존재이며, 어떻게 존재하게 되었는지를 아는 것은 대단히 중요합니다. 자신의 정체성에 대한 인식은 자신의 기원에 대한 지식과 불가분의 관계가 있기 때문입니다. 당연히 본서에서 제시한 필자의 견해와 다른 견해를 가진 분들도 많이 있을 것입니다. 견해가 같든지, 다르든지 우리 모두 진리에 대한 공통의 목마름이 있음과 창조주 하나님은 진리의 하나님이심을 생각하면서 진리를 추구하는 대오에 함께 할 수 있기를 기대합니다. 아무쪼록 부족하지만 본서가 "많은 사람을 옳은 데로 돌아오게"단 12:3 하는 데 작게나마 기여할 수 있기를 바랍니다.

VIEW 연구실에서
저자

제1강

서론

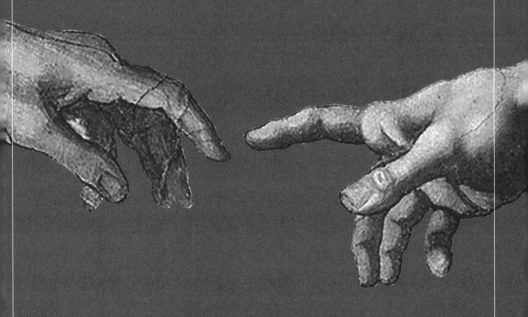

"무지한 말로 생각을 어둡게 하는 자가 누구냐
너는 대장부처럼 허리를 묶고 내가 네게 묻는 것을 대답할지니라"
욥기 38장 2~3절

우리는 살아가면서 수많은 문제를 만나고, 그럴 때마다 수많은 질문을 던진다. 학업 문제, 직장 문제, 인간관계 문제, 가정 문제, 자녀 문제, 금전 문제, 건강 등의 일상적인 질문들로부터 시작하여 역사란 무엇이며, 올바로 사는 것이 무엇인지, 아름다움은 주관적인 것인지, 우리는 누구이며, 어디에서 와서 어디로 가는지 등등……. 그래서 인간을 설명하는 여러 라틴어 표현들 중에 인간은 질문하는 존재, 즉 '호모 콰렌스Homo quaerens'라는 말이 있다.

1. 과학의 발달과 인간의 기원 연구

인간이 던지는 질문들 중에 가장 원초적인 질문의 하나는 바로 자신이 어디서 왔는지에 대한 질문일 것이다. 특히 성경의 첫 부분이 만물의 기원에 대해 설명하고 있기 때문에 그리스도인들은 우주의 기원, 지구의 기원, 생물의 기원에서 나아가 인간의 기원, 즉 자신의 기원에 큰 관심을 갖고 있다.

18세기까지만 해도 기독교 사회였던 유럽에서는 대체로 창세기에 기록된 인간의 기원에 대한 설명을 별로 의심하지 않고 문자적으로 받아들였다. 18세기 중엽에 스웨덴 생물학자이자 현대 생물분류학의 창시자인 린네Carl von Linné, 1707~1778는 1758년에 출간된 『자연의 체계Systema Naturae』 제10판에서 처음으로 호모 사피엔스Homo sapiens라는 용어를 사용했지만, 그 역시 사람은 물론 모든 동식물들이 창세기에 기록된 대로 창조주에 의해 "그 종류대로" 창조되었음을 의심하지 않았다.

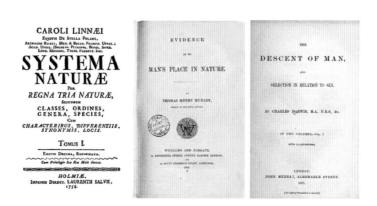

<그림 1-1> 린네와 헉슬리, 다윈의 책

하지만 19세기에 들어와서는 상황이 달라지기 시작했다. 18세기 후반 계몽주의 세계관이 등장하면서 본격적으로 자유주의 신학과 생물 진화론이 등장하기 시작한 것이었다. 생물진화와 관련하여 처음에는 다만 외적 형태의 유사성에서 침팬지나 고릴라가 인간과 가장 가까운 이웃이라는 추측이 등장하였지만, 19세기 후반으로 접어들면서는 본격적으로 중요한 연구들이 등장하였다. 특히 1859년, 다윈Charles R. Darwin의 『종의 기원On the Origin of Species』의 출간을 전후하여 독일에서 네안데르탈인의 유골이 발견되었고1856년, 1863년에 헉슬리Thomas Henry Huxley, 1825-1895의 『자연에서 인간 지위에 관한 증거Evidence as to Man's Place in Nature and Other Anthropological Essays』, 1871년에 다윈의 『인간의 기원The Descent of Man, and Selection in Relation to Sex』 등이 출간되면서 인간의 기원에 관한 진화론 연구의 신호탄이 되었다.

그때까지 창세기에 기록된 인류의 기원을 문자적으로 믿고 있었던 유럽이나 미국 사회에서는 인간이 침팬지나 고릴라 등 유인원들과 공통조상으로부터 유래했다는 진화론의 주장에 선뜻 동의하기가 어려웠다. 하지만 사람들은 오래된 유인원들의 화석뿐 아니라 석기를 비롯한 오래된 각종 유물들의 발견을 보면서 인간의 기원이 성경에 기록된 것처럼 그렇게 간단한 문제가 아님을 서서히 깨닫게 되었다.

성경, 그중에서도 창세기에 대한 종래의 문자적 해석의 한계를 드러낸 또 하나의 중요한 과학적 사건은 절대연대측정법의 등장이었다. 19세기 말에 발견된 방사능과 이를 이용한 암석과 지층의 절대연대측정의 정확도가 증가하면서, 또한 20세기 중반에 개발된 탄소연대측정법을 통해 유기물들의 연대측정이 가능해지면서 사람들은 성경에 대한 새로운 해석의 필요를 깨닫게 되었다. 물론 지금도 성경의 문자적 해석에 목을 매는, 그래서 젊은지구론을 주장하는 사람들이 있지만, 그들의 주장은 교회 내 일부에서만 받아들여질 뿐 창조-진화 논쟁과는 무관하게 해당 분야의 전문가들은 거들떠보지도 않는다.[1] 절대연대측정법에 더하여 지사학, 고인류학, 고유전학 등의 분야에서 지난 한 세기 동안 산더미처럼 축적된 많은 연구결과를 인정하지 않고 성경의 문자적 해석만을 고집하면서 그것만이 사실이라고 주장한다면 그리스도인들은 세상과의 접촉점을 잃어버리게 되고, 기독교는 지적 게토가 될 수밖에 없을 것이다.

2. 고인류학과 고유전학의 등장

절대연대측정법의 등장은 다른 여러 학문 분야에도 많은 영향을 미쳤지만, 특히 인류의 기원을 다루는 인류학人類學, anthropology 분야에 큰 영향을 미쳤다. 비록 인류학은 19세기 이후에 학문으로서 체계화되었지만, 인간에 관해 모든 것을 연구하는 학문이기 때문에 역사도 오래되었고 연구의 대상과 범위도 매우 넓다. 인류학은 인간의 기원과 진화를 다루는 자연인류학혹은 형질인류학, 선사 시대와 같은 오래된 인류의 유적 등을 연구하는 고고학, 오늘날 다양하게 존재하는 여러 문화들의 현상과 기원을 연구하는 문화인류학 등 크게 세 분야로 나눌 수 있다.

또한 19세기 중엽부터 화석 발굴이 중요한 이슈로 부상하면서 화석을 연구하는 고생물학古生物學, paleontology이 중요한 분야로 떠올랐다. 특히 20세기에 들어와 유인원 화석이 대규모로 발굴되면서 고생물학 중에서도 고인류학古人類學, paleoanthropology이 눈부시게 발전하였다. 지질학과 생물학의 중간에 위치하는 고인류학은 지구상에서 발견되는 화석을 바탕으로 인류의 발생과 발달과정, 그리고 과거 인류의 환경 등을 연구하는 학문이기 때문에 인류의 기원 연구에서 중심적인 분야가 되었다.

이러한 고인류학의 독주에 도전장을 내민 최근 분야는 분자생물학이었다. 분자생물학 중에서도 'DNA 고고학' 혹은 '고유전학古遺傳學, archaeogenetics'이라고 불리는 연구는 고대 생물의 화석에서 DNA를 추출하여 이들의 기원을 연구하는 것이었다. 그 출발점이 된 것은 1987년 「네이처Nature」에 UC 버클리의 생화학자 앨런 윌슨Allan Charles Wilson, 1934~1991이 발표한 소위 '미토콘드리아 이브Mitochondrial Eve' 연구였다. 윌슨의 연구는 네안데르탈인 DNA 연구로 유명한 막스플랑크연구소Leipzig의 스반테 페보Svante Pääbo, 1955~로 이어지면서 인류의 기원 연구의 새로운 장을 열었다.[2]

3. 인류의 기원과 관련된 질문들

근래 인류의 기원 연구는 과거 인류를 생물학적 관점에서 연구하던 자연인류학적 연구에서 DNA 수준에까지 확장되면서 이전에 상상하지 못했던 많은 사실들을 밝혀내고 있다. 동시에 인류의 기원에 대한 근래 학문적 성과들은 창조론자들에게 이전에 상상하지 못했던 많은 질문들을 제기하고 있다.

예를 들면, 인류는 유인원과 같은 조상을 가졌을까? 네안데르탈인이나 크로마뇽인은 아담의 후손일까? 만일 아담이 호모 사피엔스의 조상이라면, 아담의 연대를 6천 년이 아니라 20만 년 정도로 연대를 밀어 올려야 하는 것 아닌가? 만일 아담이 크로마뇽인과 같은 호모 사피엔스의 후손이라면 아담 이전에 인간이 있었다는 얘기인데, 그렇다면 아담은 첫 사람일까? 직립원인直立原人, Homo erectus이나 도구인간道具人間, Homo habilis 등 사람속屬에 속한 수많은 화석인간들은 누구일까? 아담은 구석기 시대의 사람일까? 그런 증거를 성경에서 찾을 수 있을까? 고인류학 연구에서 성경은 어떤 지위를 차지하는가?

한 걸음 더 나아가 아담은 유대인들의 조상일 뿐인가? 요즘 진보 진영의 학자들이 주장하는 것처럼, 아담은 다만 예수 그리스도의 학습모형일 뿐이기 때문에 실제로 존재한 인간일 필요가 없을까? 그렇다면 로마서 5장이나 고린도전서 15장에서 바울이 아담을 예수 그리스도와 연결시키려고 부단히 노력하는 것은 단순히 바울 개인의 신학에 불과하다는 말인가? 그도 저도 아니라면 근래 분자생물학자들이 얘기하는 것처럼, 아담은 1만 명 내외의 유전적 집단을 말하는가?

자신의 기원에 관한 참을 수 없는 인간의 궁금증은 어제오늘의 일이 아니다. 다른 질문과는 달리 인류의 기원에 대한 궁금증은 바로 우리 자신의 기원에 관한 것이기 때문이다. 이것은 현대 생물 진화론을 제창했던 다윈 시대로까지 거슬러 올라간다. 1871년, 그러니까 『종의 기원』이 출간된 지 12년 뒤에 다윈은 『인간의 기원』을 출간하였다. 그리고 그로부터 3년 뒤인 1874년에 미국 장로교 신학자 핫지Charles Hodge는 『다윈주의란 무엇인가?What is Darwinism?』란 책에서 단호하게 진화론은 본질적으로 무신론이라고 주장하였다. 그렇다면 오늘날 유신진화론을 지지하는 그리스도인들은 모두 무신론자들일까?

성경은 하나님께서 "말씀으로" 창조하셨다고만 할 뿐 구체적으로 어떻게 창조하셨는지에 대해 침묵하고 있다. 그러므로 성경 본문만으로는 창조방법에 대해 사람마다 다양하게 해석할 수 있는 여지가 있다고 할 수 있다. 만일 하나님께서 진화라는 방법으로 창조하셨다면, 진화라는 말은 창조라는 말과 동의어가 될 것이다. 그래서 필자는 유신론적 진화를 받아들이지 않지만, 그렇게 주장하는 사람들을 어느 정도는 이해할수 있다. 특정한 주장을 찬성하지는 않더라도 최소한 이해하려고 노력하는 것이 학문하는 사람의 태도이기 때문이다.

4. 진화적 창조론

근래에 와서는 유신진화론자들은 유신진화론Theistic Evolutionary Theory이라는 용어보다는 진화적 창조론Evolutionary Creationism이라는 용어를 선호한다. 전자에서는 아무리 '유신'이라는 말을 붙여도 역시 진화론일 뿐이고, 그런 진화론은 교회의 일반 성도들이 받아들이는 데 저항이 있기때문이다. 이에 비해 후자의 진화적 창조론은 진화라는 말이 들어가기는 하지만 '창조론'이라는 말도 들어가기 때문에 교회의 저항이 적을 것이라고 생각한 것으로 보인다.

근래 진화적 창조론을 지지하는 중요한 서적 중의 하나는 카바노프William T. Cavanaugh와 스미스James K. A. Smith가 편집한 『인간의 타락과 진화 Evolution and the Fall』라는 책이다.[3] 편집자들은 서문에서 "과학적 의견 일치는 인간이 영장류에서 진화했음을 시사한다. 이는 인간이 최초의 한 쌍의 부부가 아니라 어떤 집단에서 출현했음을 암시한다."라고 말하면서 주류학계의 진화론을 그대로 수용한다. 과연 인간의 진화와 관련하여 진화론자들 사이에서의 의견은 일치되어 있는가? 이 문제를 다루는 데 본서에서 절반 이상의 지면을 할애했지만, 그럼에도 인류 진화 분야에서 일어나는 고인류학적 논쟁들을 모두 소개하기에는 턱없이 부족한 분량이다. 하지만 신학자들이 생각하는 것처럼, 그렇게 인간의 진화가 깔끔하게 증명되어 있지 않음을 소개하기에는 충분하다고 생각된다.

『인간의 타락과 진화』는 고인류학적 논의에 이어 만일 인간이 영장류에서 점진적 진화를 통해 진화했다면, 인간의 기원에 대한 창세기의 설명이나 타락과 원죄에 대한 기독교 전통의 교리는 어떻게 되는가를 논의하고 있다. 즉, 인간의 진화를 사실로 받아들이면서 어떻게 창세기 3장의 이야기와 로마서 5장이나 고린도전서 15장 등에서 말하는 아담의 타락을 생물학적 진화에 맞출 수 있을지를 논의하는 것이다.[4]

『인간의 타락과 진화』 기고자들 중 한 명이자 생물학자인 대럴 포크 Darrel R. Falk는 "창조가 순간적 과정이 아닌 점진적 과정을 통해 발생했다면, 그리고 기독교의 근본적 명제가 참되다면, 신학적 가르침에 대한 전통적인 이해는 이러한 새로운 관점으로 탐구될 때 오히려 더 풍성해질 것"이라고 했다.[5]

과연 인간이 다른 영장류 조상으로부터 점진적으로 진화했다는 주장이 기독교의 전통을 더 풍성하게 할까?

생물학자 데럴 포크의 낙관적 견해와는 달리, 신학자 제임스 스미스는 인류 진화론이 기독교의 전통과 심각한 충돌을 일으킬 수 있음을 알고 이에 대해 이렇게 변명한다.[6]

이제 어떤 이들이 보기에 이것은 이미 전통을 포기한 새로운 진술처럼 보일지도 모른다. 어떤 이들은 전통의 충실한 확대가 아니라 '과학'에 대한 타협적인 양보, 곧 역사적인 한 쌍의 부부와 단 한 번의 결정의 결과로 순식간에 벌어진 타락을 포기한 생각으로 판단할지도 모르겠다. 그러나 …… 첫째, 이 시나리오에 따르면 타락은 여전히 역사적, 시간적이며 심지어 '사건적'이다. …… 둘째, 이 모델은 타락을 '존재론적으로 표현하는' 것을 반대한다.

진화론에 대한 이러한 염려에도 불구하고 아이로니컬하게도 진화적 창조론자들은 생물학이나 고인류학 등 현장에서 연구하는 학자들 못지 않게 진화에 대한 확신을 갖고 있다. 생물학자들은 진화의 구체적인 메커니즘이나 진화가 일어날 확률에 대해서는 신학자들이 생각하는 것처럼 그렇게 확정되어 있지 않음을 인정한다. 진화 생물학자 윌슨E. O. Wilson, 1929~은 "인간의 계보가 인류까지 쭉 이어진 것은 특별한 행운과 결합된 우리의 독특한 기회의 결과다. 그렇게 되지 않았을 가능성이 엄청나게 컸다."라고 했다. 또한 사이먼 모리스Simon Conway Morris 역시 진화의 확률을 계산하는 것은 불가함을 인정한다.[7]

지구 역사에서 단 한 번만 발생한 사건의 확률을 계산하는 것은 불가능하지만, 우리는 하나님의 작정이 아닌 행운으로 인해 이곳에 존재한다는 견해는 진화 생물학자들의 거의 일치된 생각이다.

사실 **진화론이란 자연적인 과정으로 생물의 기원, 인류의 기원을 설명하는 이론**이다. 진화론은 인간을 포함한 현재의 생명체들이 존재하게 된 과정을 설명하는 체계적인 하나의 시나리오인 것은 분명하다. 하지만 **진화론은 현재의 인간과 여타 생명체들의 존재를 '설명하는' 이론이지 실제로 진화론에서 주장하는 그런 과정을 거쳐 생명체가 존재하였음을 '증명하는' 이론은 아니다!** 물론 이에 동의하지 않는 사람들도 많이 있을 것이다. 이에 대한 좀 더 자세한 논의를 진행하기 전에 불필요한 논쟁을 줄이기 위해 먼저 우리는 진화와 관련된 용어를 정리할 필요가 있다.

5. 용어 정리

기원논쟁을 더욱 복잡하게 만드는 것은 사람들이 이 논쟁에서 사용하는 여러 과학적, 신학적 용어들에 대한 이해가 다르다는 것이다. 먼저 진화라는 말의 의미를 간단히 살펴보자. 진화는 크게 소진화小進化, micro-evolution와 대진화大進化, macro-evolution로 구분할 수 있다.

(1) 소진화와 대진화

소진화와 대진화의 구분은 1940년에 독일에서 태어난 미국의 유전학자이자 동물학자인 골드슈미트Richard B. Goldschmidt, 1878~1958가 제안한 개념이다.[8] 그는 신종新種 형성에는 원칙적으로 염색체의 전체적인 배열 변화가 필요하다고 주장하면서 이는 아종亞種, subspecies이나 변종變種, variety 형성과는 근본적으로 메커니즘이 다르다고 했다. 그래서 그는 염색체의 전체적인 배열 변화를 '대진화', 한 종 내에서 아종과 변종의 형성을 '소진화'라고 하였다.

소진화는 한 집단 내에서 유전자 빈도gene frequency의 변화를 말한다. 예를 들면, 한 세대에서 다음 세대로 넘어가면서 자연이 살충제 내성을 가진 곤충의 유전자를 선택하면서 일어나는 변화를 말한다. 즉, 소진화는 자연에서 관찰할 수 있는 종 내에서의 변이를 말하는 것이다. 반면에 대진화는 이러한 소진화의 축적으로 인해 생물 분류 체계의 상위 단위까지, 즉 종species을 넘어 속genus, 과family, 목order과 같은 큰 분류단위의 특징이 변화하는 진화를 말한다. 결국 대진화란 도브잔스키Theodosius Dobzhansky의 주장과 같이 소진화의 축적으로 무한대의 변화가 일어나는 것을 의미하며, 진화론이란 바로 이러한 무한대의 변화가 일어난다는 주장이다.[9]

소진화는 단기간에 자연에서 관찰되는 것이기 때문에 부정할 수도, 부정해서도 안 되는 사실이다. 그런데 우리가 흔히 말하는 진화론은 대진화가 일어났다고 주장하는 이론인데, 여기서 소진화의 축적이 대진화를 일으키는가에 대해서는 증명되거나 관찰되지 않았으며, 앞으로도 쉽게 증명될 수 없다고 본다. 처음 대진화와 소진화 개념을 제안했던 골드슈미트도 대진화의 하위 분류군과 상위 분류군에서 생존 가능성에 관여하는 요인은 다를 수 있다고 제안하였다. 지금도 주류 생물학자들 중에는 대진화와 소진화가 서로 다른 메커니즘으로 작동한다고 보는 시각이 많다.

소진화란 종보다 상위 수준에서 변이가 일어나는 대진화의 상대적인 용어이다. 종 내의 개체군 수준에서 지리적인 격리 등으로 다른 집단들과 유전자 교환이 차단된 채 오랜 시간이 지나면 다른 개체군들과 생식적인 격리가 생겨, 대진화의 시발점인 종분화speciation가 나타날 수 있다. 흔히 이러한 소진화가 일어나는 데는 돌연변이mutation, 자연선택natural selection, 유전자 부동遺傳子 浮動, genetic drift, 유전자 이동遺傳子 離動, gene flow 등 네 가지 메커니즘이 있다고 말한다.

이들을 간단하게 살펴보면, ① 돌연변이는 세포의 유전체 내에서 DNA 염기서열의 변화가 일어나는 현상을 말하는데, 그 원인으로는 DNA 복제오류, 방사선이나 자외선, 엑스선, 바이러스 감염, 돌연변이 유발 화합물 등을 든다. ② 자연선택은 주어진 환경에서 생존, 번식하는 데 적합한 유전형질이 세대를 거듭하면서 개체군 내에서의 빈도가 높아지는 현상을 말한다. ③ 유전자 부동이란 유전자의 빈도수가 세대를 거듭하며 무작위적으로 변화하는 현상을 말하는데, 이는 특히 개체군의 크기가 작을수록 잘 관찰된다. 이는 주사위를 던졌을 때 각 번호가 나올 확률은 1/6이지만, 실제 관찰되는 값은 주사위를 던지는 횟수가 적어질수록 1/6에서 벗어나는 정도가 큰 것과 같은 원리이다. ④ 유전자 이동 혹은 유전자 확산이라고도 불리는 유전자 이동은 지역 개체군 간의 유전자가 생물의 이주를 통하여 이동하는 것을 말한다. 식물의 경우에는 꽃가루의 산포, 종자의 이동을 통하여 유전자 이주가 일어날 수 있다.

이처럼 네 가지 주요 소진화 메커니즘에 대해서는 창조론자들도, 적응이나 신종 병원균의 출현과 같은 종 단위 진화는 쉽게 관찰되기 때문에, 부인하지 않는다. 하지만 창조론자들은 소진화 메커니즘을 통해 무한대의 변이가 일어나는 것은 불가하다고 주장한다. 실제로 오늘날 진화론자들이 진화의 증거로 제시하는 것들도 대부분 소진화 혹은 적응에 관한 내용이고 상위 분류 단위의 대진화 증거는 찾아보기 어렵다.

어떤 집단이 있을 때 그 집단이 주어진 환경에서 더 많은 자손을 남길 수 있는 유전자가 있다고 하자. 그러면 그 유전자를 가진 개체들은 생존 경쟁을 통해 더 많은 자손을 퍼트릴 수 있고, 따라서 세대가 거듭될수록 그 유전자를 가진 개체들의 수가 증가할 것이다. 실제로 어떤 돌연변이가 발생하여 주어진 환경에 적합한 경우 자손을 더 많이 낳아 그 유전자의 비율이 높아지는 것은 어렵지 않게 확인할 수 있다. 특히 한 세대의 길이가 짧은 미생물의 경우에는 특정한 변이를 가진 개체들이 다음 세대에 살아남는 비율이 뚜렷이 증가한다.

하지만 여기서 우리는 한 가지 질문을 할 수 있다. 특정 변이를 가진 개체들의 생존률이 증가하고 다음 세대에 그 변이를 전달하는 경우가 많아진다고 해서, 집단의 전체 유전자가 변하고 나아가 그 집단이 원래의 집단과 전혀 다른 집단으로, 다시 말해 상위 분류 단위의 변화가 일어난다고 할 수 있을까? 나아가 오늘날 진화론자들이 현생종들의 유전자 유사성을 비교, 분석하여 그 유전자가 어떤 공통의 조상종으로부터 진화했다고 주장하는 것이 정당할까? 생존에 유리한 유전자를 가진 개체수가 많아진다고 하는 것이 다른 종이나 속으로의 진화를 의미한다고 외삽할 수 있을까? 여기서 우리는 한 가지 딜레마에 부딪치게 된다. 즉, 소진화가 일어나는 것은 분명한데, 그것의 한계가 어디까지일까?

(2) 창조의 유연성

1940년, 골드슈미트가 처음으로 소진화와 대진화 개념을 제안한 이래 유전학이나 고생물학 분야에서 많은 연구가 이루어졌다. 그래서 80여 년 전에 처음으로 제시된 소진화와 대진화 개념은 다소 수정될 필요가 있다.[10] 이와 관련하여 필자는 '창조의 유연성創造 柔軟性, flexibility of creation'이라는 개념을 제안한다. 창조의 유연성이란 종래 창조론자들이 주장하던 소진화종 내에서의 변이보다는 넓고, 진화론자들이 주장하는 대진화경계가 없는 무한대의 변이보다는 좁은 변이를 제안하기 위한 개념이다. 창조의 유연성 개념은 진화론자 도브잔스키Theodosius Dobzhansky가 1954년에 사용한 중진화mesoevolution 개념과 유사하다.[11]

필자는 근래의 고생물학이나 고인류학의 연구 성과를 고려한다면 현생인류의 변이의 한계를 사람속屬, genus으로까지, 동물들의 경우는 과科, family나 목目, order까지 확장해야 하지 않을까 생각한다. 종래 창조과학자들이 늘 진화를 보여주는 종간의 중간형태가 없다고 비판해 왔지만, 창조과학 운동이 시작된 후 지난 50여 년 간 고생물학계에서는 엄청나게 많은 중간형태 화석들이 발견되었다. 따라서 이제는 적어도 종간의 중간형태가 없다고 주장하기는 어려울 정도가 되었다.

근래에 출간된 책 중에서 이를 잘 요약한 책이 바로 미국 지질학자 프로세로Donald R. Prothero, 1954~의 『화석은 말한다』이다. 이 책에서 저자는 용각류 공룡Sauropod의 목이 길어지는 과정, 아드리오소러스Adriosaurus microbrachis의 화석을 통해 뱀의 다리가 없어지는 과정을 설명하고 있다. 또한 저자는 배딱지는 있고 등딱지는 없는 절반의 거북화석인 오돈토켈리스Odontochelys semitestacea, 개구리와 도롱뇽의 중간형태 화석인 게로바트라쿠스Gerobatrachus hottoni, 어류와 양서류 사이의 수많은 중간형태 화석들, 시조새를 전후한 수많은 중간형태 화석들, 파키케투스Pakicetus, 암불로케투스Ambulocetus를 비롯한 고래의 여러 중간형태 화석을 제시하고 있다.[12]

이러한 근래의 고생물학 분야의 연구결과들은 우리에게 소진화와 대진화의 개념을 수정할 것을 요청하고 있다. 생물 종류에 따라서 다르겠지만 소진화의 폭을 훨씬 더 넓히는 것이 필요하다. 이처럼 분야에 따라 변이의 폭이 다양하다면, 진화론과 창조론의 개념은 다음과 같이 다시 진술할 수 있을 것이다. 즉, **진화론은 경계가 없는 무한대의 변이를 인정하는 이론이고, 창조론은 분야에 따라 창조의 유연성, 곧 변이의 한계가 존재하는 것을 인정하는 이론**이다. 이를 인류의 기원과 관련해서 생각해본다면, 현생인류의 소진화의 범위는 호모 사피엔스라는 종의 한계에만 묶어둘 수 없으며, 후에 살펴보는 것처럼 직립원인直立原人, Homo erectus이나 도구인간道具人間, Homo habilis 등 호모속屬, 즉 사람속屬에 속한 다른 여러 종들의 범주까지 확장해야 할 것이다.

사람속屬에 속한 전기 구석기인들의 두개골 용적을 보면 현생인류보다 훨씬 작다. 하지만 그들이 사용했던 도구석기나 불의 사용, 직립한 골격구조 등을 본다면 그들을 인간이 아니었다고 말할 수 없을 것이다. 이는 현생인류의 유전적 변이의 범주 속에 전기 구석기인들까지, 모든 사람속屬을 포함시키는 것이 불가피함을 의미한다. 이처럼 인간의 범주 속에 사람속屬까지 포함시키는 것을 필자는 창조의 유연성이라고 부른다. 물론 현재로서는 인류의 기원과 관련된 창조의 유연성의 범위는 속屬까지이지만, 인류의 기원이 아닌, 다른 생물 분야의 기원을 다룰 때는 창조의 유연성의 범위가 조정될 수 있을 것이다. 하지만 한 가지 분명한 것은 창조의 유연성의 범위가 무한하지 않다는 점이다.

6. 진화론과 그 함의

화석종이나 현생종에서 창조의 유연성을 인정하는 것은 지금까지 축적된 증거만으로도 충분하다. 하지만 무한대의 변이가 일어난다고 보는 진화론은 증명된 것이 아니라 창조의 유연성으로부터 추론한 이론일 뿐이다. 진화론이 증명된 것이 아니라 유한한 변이로부터 추론한 것이라면, 그리고 그 추론한 결과를 마치 증명된 것처럼 주장한다면, 그 속에는 분명히 형이상학적 확신이 포함되어 있는 것이다. 그래서 진화론에 담긴 철학적 혹은 신학적 함의를 생각해 보는 것도 필요하다.

진화론의 함의와 관련하여 가장 먼저 생각해 볼 수 있는 것은 진화론과 무신론의 관련성이다. 앞에서 언급한 핫지Charles Hodge와 같이, 창조론자들 중에는 단호하게 진화론을 무신론이나 자연주의와 동일시하는 사람들이 있다. 하지만 필자는 무신론과 진화는 간접적인 관련은 있지만 본질적으로 다르다고 본다.[13] 성경적으로나 신학적으로 하나님께서 진화라는 방법을 사용하실 수 있기 때문이다. 전능하신 하나님께서 사용하시지 못할 창조방법이 있을까? 인간이 무엇이기에, 무슨 자격으로 하나님의 창조방법을 제한할 수 있을까? 문제는 하나님께서 진화의 방법을 사용하셔서 오늘날 우리가 보는 다양한 생명세계가 만들어졌다는 분명한 자연의 증거가 있는가 하는 것이다.

필자는 생물이나 인류의 진화에 있어서는 분명한 증거만 있다면, 하나님께서 진화의 방법으로 창조하셨다고 주장하는 진화적 창조론을 받아들이지 못할 이유가 없다고 본다. 다만 필자가 진화적 창조론을 반대하는 일차적인 이유는 생물세계에서 분명한 대진화의 증거, 즉 무한대 변이의 증거를 찾을 수 없기 때문이다. 화석종이나 현생종의 생물 세계에 창조의 유연성을 보여주는 증거는 차고 넘치지만, 생물 세계가 하나 혹은 몇몇 공통조상으로부터 대진화를 통해 존재했다는 증거는 없다.[14]

진화를 단지 '시간에 따른 생물의 변화change through time'라고 한다면 신앙적인 혹은 성경적인 이유와는 무관하게 진화론에 반대할 하등의 이유가 없다. 모든 생물은 개체마다, 세대마다 조금씩 변하는 것은 얼마든지 관측되는 현상이다. 시간에 따른 생물의 변화의 폭이 상당하다는 것도 분명하다. 그 변화의 폭이 얼마나 되는가는 논의의 여지가 있지만, 앞에서 말한 소진화 혹은 창조의 유연성은 지금도 우리가 관찰하고 있는 현상이다. 하지만 대진화를 통해 단세포 생명체에서, 아니 무생명체에서 지금의 모든 다양한 생명세계가 출현했다고 하는 진화론은 하나의 가설일 뿐이다. 부분적인 증거가 없는 것은 아니지만 모든 생명세계의 존재

를 자연선택이라는 진화의 메커니즘만으로 설명하는 것은 논리적 간격이 너무 많고 크다.[15]

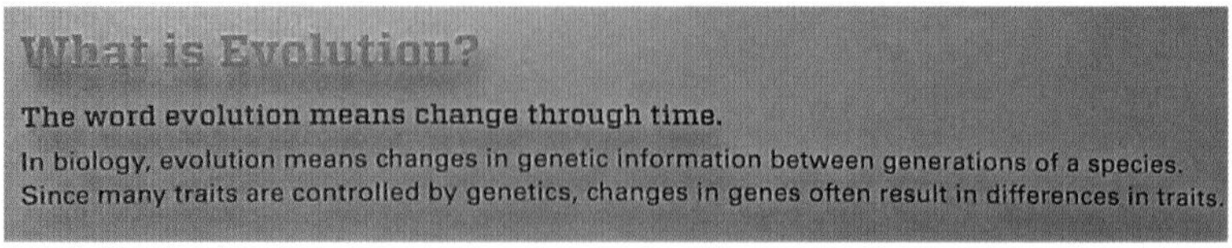

What is Evolution?
The word evolution means change through time.
In biology, evolution means changes in genetic information between generations of a species.
Since many traits are controlled by genetics, changes in genes often result in differences in traits.

<그림 1-2> 진화의 시간에 따른 변화
(왕립티렐박물관Royal Tyrrell Museum, Drumheller, AB)

필자는 지난 40여 년간 기원논쟁, 다시 말해 창조-진화 논쟁에 참여하면서 진화의 과학적 증거라는 것들을 많이 접했다. 그리고 그 증거들 중에는 그럴듯한 것들도 많았지만, 진화를 통해 모든 생명세계가 존재하게 되었다는 대진화에는 여전히 논리적 비약이 많았다. 그리고 그러한 논리적 비약은 앞으로도 채워지기가 어려울 것이라고 예상한다. 어떤 사람은 지구가 둥근 것이 사실인 것처럼 생물진화대진화도 사실이라고 강하게 주장하지만, 그들이 제시하는 증거들을 보면 고개를 갸우뚱하지 않을 수가 없다. 이런 도그마틱한 태도 자체가 진화가 이데올로기임을 드러내는 게 아닐까!

7. 중립성의 신화

우주와 지구, 그리고 생명체의 긴 역사에 비해 잠시 살다가는 인간에게 장구한 시간이 게재된 기원논쟁은 어느 정도의 신앙과 세계관, 부정적으로 말한다면, 선입견과 편견의 영향을 배제할 수 없다. 학문, 특히 재현 가능한 운용과학operational science이 아니라 기원논쟁과 같이 과거의 사실들을 연구하는 역사과학historical science에서 아무런 선입견과 편견 없이 중립적으로 연구할 수 있다는 주장은 하나의 미신이요, 신화에 불과하다. 영국 구약학자 웬함Gordon J. Wenham, 1943~의 지적과 같이, 성경해석자들은 누구나 "자기 관심사agenda대로 자신의 선이해와 어울리는 해석을 하려 한다."[16]

인간의 이성은 본성적으로 중립적일 수 없다는 주장은 이미 오래전부터 있었지만, 기독교인 철학자 중에 이 주장을 한 사람으로는 네덜란드의 개혁주의 철학자 헤르만 도예베르트Herman Dooyeweerd, 1894~1977를 대표적으로 들 수 있다. 그는 『이론적 사유에 대한 새로운 비판A New Critique of Theoretical Thought』이라는 두꺼운 저서에서 모든 학문은 종교적 토대를 갖는다고 했다.[17] 미국의 철학자 로이 클라우저Roy A. Clouser, 1937~ 역시 자신의 저서 『중립성의 신화』를 통해 학문이론에 있어서 종교적 믿음의 불가피성을 지적했다.[18]

이성적 사유의 중립성이 허구와 신화라는 주장은 이성은 자유롭고 독립적인 지위를 누리며 객관적이라는 계몽주의자들의 신념을 정면으로 부정하는 것이다. 계몽주의자들은 이성에 의한 발견의 객관성을 주장하면서 사회적, 문화적, 경제적, 종교적 요인에 의한 오염이나 결함 없이 과학적 연구를 수행할 수 있다고 믿었다. 하지만 근래의 과학철학자들은 이런 계몽주의적 확신이 얼마나 허무맹랑한 것인지를 지적하고 있다.[19]

흔히 사람들이 생각하는 것과는 달리, 과학철학자들은 오래전부터 과학적 활동에도 과학자의 신앙이나 세계관이 영향을 미친다는 증거들을 제시해 왔다. 이들은 과학자들에게 학문적 정직성, 진정성, 객관성, 논리성, 증거주의 등이 매우 중요한 요소이지만, 과학적인 증거나 논리를 제시할 때 학자의 세계관이 그 속에 반영된다는 것은 선택의 문제가 아니라 불가피한 사실이라고 말한다.[20]

다시 말해, 필자와 같이 신앙을 가졌다고 명시적으로 고백하는 사람들뿐 아니라 창조주의 존재를 부정하는 무신론자들 역시 일종의 신앙적 혹은 세계관적 전제를 갖고 있다는 것이다. 흔히 신무신론New Atheism 4인방의 대표라고 할 수 있는 도킨스Richard Dawkins, 1941~의 『만들어진 신』이 그 대표적인 예라고 할 수 있다.[21] 우리는 신무신론자들이 제시하는 논리의 이면에 불신앙이라는 강한 세계관적 결단이 도사리고 있음을 어렵지 않게 찾아볼 수 있다. 문제는 사람들이 세계관적 결단 위에서 암묵적이든, 명시적이든 학문을 하는지의 여부가 아니라 그런 세계관적 결단 위에서 학문을 하는 것을 인정하는지의 여부일 뿐이다!

학문의 여러 분야들 중에서 기원 연구, 특히 인류의 기원 연구는 유난히 세계관적 결단의 영향을 많이 받는다. 그럼에도 불구하고 오늘날 고인류학에서는 인류 진화를 자명한 것으로 받아들이면서 진화의 연결고리를 찾기 위해 애쓰고 있다. 주요 생물학 교과서 중의 하나를 저술한 밀러Kenneth R. Miller와 르빈Joseph S. Levine은 "그러나 모든 연구자들은 어떤 기본적인 사실들에 대해 동의한다. 예를 들어, 우리는 침팬지나 유인원ape과 같은 다른 살아있는 영장류들과 같은 조상들로부터 진화했다는 것으로 알고 있다."라고 했다.[22]

8. 인간, 원숭이와 같은 조상에서 진화했을까?

인간은 과연 원숭이와 같은 조상으로부터, 아니 더 나아가 신생대 초기의 작은 한 식충동물食蟲動物, insectivore로부터 진화했는가? 아니면 처음부터 인간은 다른 유인원들과 다르게 존재했는가?

진화론자들은 인류와 유인원침팬지, 고릴라, 오랑우탄 등은 약 600만 년 전에 공통조상에서 갈라져 나왔다고 주장한다. 즉, 유인원과 사람의 중간 형태인 원인猿人, 선행인류에서 사람에게 더 가까운 원인原人, 초기인류을 지나 현생인류로 진화해 왔다고 주장한다. 국립문화재연구소의 임종덕 박사에 의하면, 진화론자들은 이를 입증하는 화석들을 찾았다고 주장하면서도 여전히 560~350만 년 전에 있었을 것으로 보이는 원인-유인원의 공통조상을 찾고 있다고 말한다.[23] 인류가 다른 동물들과 공통조상으로부터 진화했다고 한다면 두 가지 조건이 충족되어야 한다. 즉, 대진화의 메커니즘이 밝혀져야 하고, 또한 실제로 인간이 진화했다는 증거가 있어야 한다.

전통적으로 인류의 기원에 관한 논의에서 가장 널리, 가장 중요하게 사용된 증거는 화석, 즉 고생물학적 증거이다. 과연 화석이 진화를 증거하고 있는가? 진화론에서는 유인원의 화석이 인류의 진화를 증명하고 있다고 주장한다. 과연 그럴까? 본서에서는 진화를 증거하고 있다고 주장하는 여러 화석들을 좀 더 자세히 살펴볼 것이다. 혹 진화론자들의 선입견에 의해 잘못 해석된 것은 없는지, 또는 진화 가설과 맞지 않는 증거들이 적절하게 취급되었는지를 살펴볼 것이다.

또한 근래에 들어와 분자생물학의 성과를 기초로 대진화의 메커니즘을 설명하려는 시도가 일어나고 있다. 구체적으로 사람속屬 중에서도 최근 유골의 일부에서는 연구할 수 있는 수준의 DNA 채취가 가능해졌기 때문이다. 본서에서는 근래에 들어와 논쟁이 되고 있는 네안데르탈인에 대한 DNA 연구를 중심으로 살펴보고자 한다. 그러나 분자생물학적 증거는 비교적 최근의 유골들에서만 시료를 채취할 수 있기 때문에 10만 년 이상 된 화석에 대해서는 원천적으로 이 방법을 사용할 수 없다는 단점이 있다.

9. 기원논쟁의 한계

인류의 기원과 관련된 논쟁은 끝이 없다. 필자가 창조-진화에 대한 관심을 가진 지 40년이 지났고, '창조론 대강좌' 시리즈의 첫 책인 『다중격변 창조론』을 출간한지 11년이 지났지만, 아직도 인류의 기원에 관해서는 꼬리에 꼬리를 물고 일어나는 질문들에 대해 명쾌한 답변을 할 수가 없다. 그럼에도 불구하고 본서의 출간을 결심하게 된 데는 나름대로 이유가 있다. 인류의 기원에 관한 질문들은 앞으로 시간이 흐르더라도 명쾌한 답을 얻을 가능성이 많지 않기 때문이다. 시간이 지나면 지금보다 더 많은 고생물학적, 고인류학적, 고유전학적 지식은 늘어날 것이지만, 인류의 기원에 관한 확실한 답을 얻기는 어려울 것이다. 물론 우리는 지금도 가끔 인류의 기원이 확실하게 밝혀졌다고 거품을 품으면서 얘기하는 사람들을 볼 수 있지만, 그런 사람들의 주장도 조금만 따지고 들어가면 결국 증명할 수 없는 형이상학적 가정에 기초하고 있음을 쉽게 알 수 있다.

본서는 위에서 제기한 인류의 기원과 관련된 몇몇 질문들에 대한 명쾌한 답을 주는 대신 현재까지 제시된 증거들과 논의들을 소개하면서 끝부분에서 필자의 잠정적인 결론을 제시하려고 한다.

첫 부분에서는 창조와 진화 논의에 있어서 용어적인 혼란을 정리해보고자 했다. 창조론과 진화론은 서로 다른 세계관적 기초 위에 서 있음을 부인할 수 없지만, 때로는 동일한 내용을 얘기하면서도 서로 다른 용어와 용어에 대한 해석의 차이 때문에 비생산적인 논쟁이 일어나기 때문이다. 이어 지난 160여 년에 걸친 인류의 기원과 관련된 고인류학적, 고생물학적 연구성과들을 소개하고, 마지막으로 이러한 연구성과들과 기독교 내에서 이루어지고 있는 역사적 아담 논쟁을 비교, 소개한다.

본서에서는 인류의 기원과 관련된 여러 증거들을 살펴보면서 확실한 결론을 내리기보다 우리가 아는 것이 어디까지이며, 모르는 것이 무엇인지 그 경계를 긋기 위해 노력할 것이다. 그렇게 하는 과정에서 두 가지 중심적인 논점이 고려될 것이다.

첫째, 인간을 어떻게 정의할 것인가에 관한 논쟁이다. 아마 고인류학에서는 직립, 불의 사용, 도구의 사용, 두개골의 크기를 비롯한 여러 신체적인 변화, 언어 사용, 예술 활동, 문화적 활동 등 다양한 기준을 제시할 수 있을 것이다. 그리고 이들 중 무엇을 인간의 기준으로 사용하는지에 따라 최초의 인간에 대한 결론은 달라질 것이다.

둘째, 아담은 누구인가에 관한 논쟁이다. 아담을 실존 인물이 아닌 상징 혹은 교수 모델로 받아들일 것인가, 아니면 실존 인물로 받아들일 것인가에 따라 결론은 물론 논의의 방향이 달라질 것이다. 아담을 실존 인물이 아니라고 본다면, 본서에서 소개하는 많은 고인류학적 논의는 전혀 불필요한 작업일 것이다. 소설에 등장하는 가상적인 인물을 두고 그 인물의 존재에 대해 과학적으로 연구하는 것은 아무런 의미가 없기 때문이다.

본 '창조론 대강좌' 시리즈에서는 기본적으로 성경과 과학의 관계를 다루고 있기 때문에 필자는 성경에서 첫 인간이라고 말하는 아담을 셋으로 나누어 살펴보고자 한다. 첫째, 창세기 1장 26~27절에서 말하는 "사람 아담"은 하나님의 형상을 따라 지음 받은 인류 전체를 가리킨다고 본다. 둘째, 창세기 2장과 3장에서 말하는 아담은 신의 존재, 우주와 세상의 초월적 기원, 자신의 신적 기원, 죄와 타락, 구원과 영생의 문제 등 인간의 구원과 관련하여 계시를 받은, 플라이스토세 혹은 구석기에 창조된 사람 속屬에 속한 첫 사람이었다고 본다. 셋째, 창세기 4장부터는 신석기 시대 新石器時代, Neolithic Age에 창조된, 인간의 계보 속에 직접 등장하는 인물이라고 본다. 세 경우 모두 아담은 상징이나 단순한 교수 모델 혹은 유전적 집단이 아니라 실존 인물이었다고 본다.

창세기 초반의 기록과 고인류학적인 여러 연구결과들을 비교해 본다면, 창세기 4장의 아담은 생물학적으로 호모 사피엔스에 속한 존재, 시기적으로는 농경 시대 혹은 신석기를 살았던 한 개인이 아닐까 생각한다. 그래서 본서의 마지막 부분에서는 아담이 실존 인물이었다는 전제하에 고인류학적 증거들과 성경적, 신학적 주장들을 비교하면서 잠정적으로 아담은 신석기 시대를 살았던 농부이자 제사장이었을 것이라는 결론을 제시할 것이다. 이는 성경의 권위를 인정하는 사람으로서, 그리고 지난 40년간 창조론에 관심을 가지고 공부한 사람으로서 내릴 수 있는 최선의 결론이 아닌가 생각된다.

비록 잠정적인 결론이지만 이 결론에 이르기까지 필자를 괴롭혔던 질문은 석기 시대 문제였다. 창세기 4장에 등장하는 아담은 분명히 신석기 시대의 인물인데, 그렇다면 이전에 살았던 석기 시대 사람들은 도대체 누구였을까? 돌로 정교한 도구를 만들었던 것으로 미루어 이들은 분명히 현존하는 어떤 동물들과도 같지 않았다. 동굴벽화 등에서 볼 수 있는 저들의 예술 활동은 다른 동물들에게서는 볼 수 없는 현상이었다. 매장 의식 등에 나타난 저들의 종교성을 보면 저들도 죽음 후의 세상에 대한 관심이 있었던 것으로 보인다. 그렇다면 그들도 하나님의 형상을 가진 존재들이었다고 할 수 있지 않을까?

앞에서 언급한 것처럼, 이 모든 것들에 대한 명쾌한 답변은 존재하지 않는다. 적어도 학문적으로는 앞으로도 존재할 가능성이 별로 없다. 우리는 다만 지금까지 발견한 여러 사실들을 근거로 가장 그럴듯한 시나리오를 만들 수 있을 뿐이다. 이것은 비단 과학적 측면에서만 그런 것이 아니다. 신학이나 성경연구의 분야에서도 상황은 비슷하다. 이 정도 우리의 한계를 인정하면서 인류의 기원에 대한 논의를 시작하자.

토의와 질문

1. 인간의 기원에 관한 질문은 이데올로기나 선입견의 영향을 받을 수밖에 없다는 필자의 주장에 동의하는가?

2. 왜 많은 그리스도인 학자들, 특히 복음주의나 개혁주의 진영의 학자들이 학문의 가치중립성을 허상이라고 주장할까?

3. 필자는 인간의 기원에 관한 과학적인 답은 영원히 잠정적일 수밖에 없다고 말한다. 이러한 주장에 동의하는가? 그렇지 않다면 자신의 생각을 말해보자.

제1부
편견과 착각

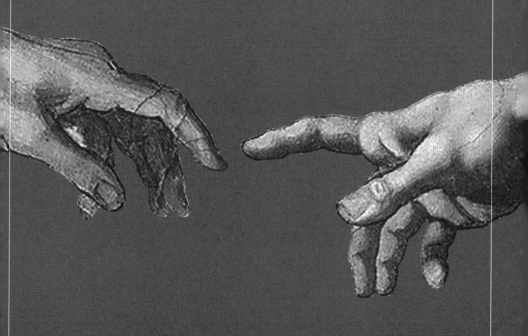

제2강
편견과 재구성의 문제

"만일 마귀가 없었는데 사람이 그를 만들었다면
사람은 마귀를 자기의 모양과 형상대로 만들었을 것이다."

도스토예프스키[1]

진화론과 창조론 논쟁에서 가장 큰 관심의 초점은 역시 인류의 조상, 즉 인류의 기원에 관한 문제라고 할 수 있다. 영국 워세스터 주교Bishop of Worcester의 부인이 했다는 말은 이를 상징적으로 보여준다. 1859년에 다윈Charles R. Darwin의 『종의 기원』이 출판되자, 그녀는 "맙소사, 인간이 유인원의 자손이라니, 사실이 아니길 바랄 수밖에. 그러나 만일 사실이라면, 사람들이 널리 알지 못하도록 기도합시다."라고 말했다고 한다.[2] 『종의 기원』은 인류의 기원에 대해서는 전혀 다루고 있지 않은데도 말이다.

이것은 출처가 분명하지 않은, 진화론자들이 창조론자들을 공격하기 위해 날조해 낸 것으로 보이는 일종의 악성 루머이다. 과학사에는 이런 진원을 알 수 없는 소문들이 사실인 것처럼 일반인들 사이에 퍼지는 일이 종종 있다.[3] 하지만 자신의 기원에 대한 의문은 동서고금을 막론하고 모든 사람들의 관심사인 것은 분명하다. 본강에서는 루머가 아니라 인류의 기원에 관한 진화론자들의 주장과 창조론자들의 주장을 살펴보고자 한다. 그리고 과학사로부터 진화론적 편견으로 인해 화석 자료들이 전혀 엉뚱하게 해석된 몇몇 예들을 살펴보고자 한다.

인간은 창조주에 의해 창조되었을까, 아니면 원숭이로부터, 혹은 원숭이와 같은 조상으로부터 진화되었을까? 인간은 다른 동물들보다 더 우수할 뿐인가, 아니면 본질적으로 다른 존재인가? 진화론자들은 생물이 한 종에서 다른 종으로 무한히 진화한다는 가설이 증명되었다고 생각한다. 그래서 인간도 유인원아목類人猿亞目, anthropoid으로부터 진화했거나 그들과 동일한 조상을 갖는다고 생각한다.[4] 그리고 그 증거로서 라마피테쿠스Ramapithecus, 오스트랄로피테쿠스Australopithecus, 직립원인Homo erectus, 네안데르탈인Neanderthal Man, 크로마뇽인Cro-Magnon Man 등 여러 중간형태 화석들을 제시하고 있다.

아래에서는 유인원의 분류 체계로부터 시작하여 근래에 와서 화석이 대량으로 발굴되고 화석의 절대연대측정 기술이 발달함에 따라 화석에 대한 종래의 해석이 변하고 있음을 소개하며, 이들을 어떻게 창조론적 입장에서 재조명할 수 있는지를 살펴본다.

1. 유인원 분류와 진화 기준

단순하게 표현한다면 창조론자들은 처음부터 사람은 사람대로, 원숭이는 원숭이의 종류대로 창조되었다고 보고 사람과 원숭이 사이에는 중간형태 화석이 존재하지 않으리라고 예측한다. 창조론에서는 오늘날 중간형태라고 제시되는 화석들은 현존하거나 멸종한 원숭이 또는 사람 중 어느 한편이지 중간형태가 아니라고 본다. 이에 반해 진화론에서는 여러 멸종한 유인원 화석을 원숭이와 사람의 중간형태로 본다. 진화론에서는 아메바와 같은 단세포 생명체로부터 어류, 양서류, 파충류, 조류 및 포유류로, 그리고 포유류에 속하는 인류와 원숭이의 공통조상에서 현생 원숭이 및 현생인류로 점진적이고 연속적으로 진화하였다고 본다. 그러면 과연 인류는 원숭이와 공통조상에서 진화했는가? 다시 말해, 진화의 증거가 있는가? 이를 위해 먼저 현대 생물학에서 사용하는 분류체계를 살펴보자.

분류 단위 한자, 라틴어, 영어	분류 명칭 라틴어, 영어
계界, Regnum, Kingdom	**동물계** Animalia, Animal
문門, Phylum, Phylum	**척색동물문** Chordata, Chordates
아문亞門, subphylum	척추동물아문 Vertebrata, Vertebrates
강綱, Classis, Class	**포유류강** Mammalia, Mammals
아강亞綱, subclass	포유아강 Theria, Therians
하강下綱, infraclass	포유하강 Eutheria, Eutherians
목目, Ordo, Order	**영장류목** Primates, Primates
아목亞目, suborder	영장아목 Anthropoidea, Anthropoids

하목下目, infraorder	영장하목Catarrhini, Catarrhines
상과上科, superfamily	사람상과Hominidae, Hominidas
과科, Familia, Family	**사람과**Hominoidea, Hominoids
아과亞科, subfamily	사람아과Homininae
족族, Tribus, Tribes	사람족Hominini, Hominin
속屬, Genus, Genus	**사람속**Homo, Humans
종종, Species, Species	**슬기사람**Homo sapiens
아종亞種, subspecies	사피엔스 사피엔스H. sapiens sapiens

<표 2-1> 생물의 분류체계를 따른 사람의 분류

진화론에서는 사람이 현존하는 동물들로부터 분리되기 시작하는 것은 영장류목目, order부터라고 본다. 목目은 생물의 분류 단위로서 강綱, class과 과科, family 사이에 있다. 목부터 과 사이를 좀 더 자세히 나누어 아목亞目, suborder, 하목下目, infraorder, 상과上科, superfamily 등을 삽입하기도 한다. 진화론자들은 이러한 분류를 할 수 있다는 사실 자체가 진화를 증거하는 것이라고 주장한다<표 5-1> 참고.

그러나 이러한 분류표는 인간과 다른 유인원들의 혈연적인 관계를 가상하여 만든 것이다. 가상적으로 만든 분류표인데도 많은 사람들이 인간과 다른 유인원들의 진화적 관계가 증명된 것처럼 오해를 한다. 이는 진화론자들이 설명하는 이론을 증명된 이론인 것처럼 주장하기 때문이다. 원숭이에서 사람으로 진화된 계통도는 자료가 충분치 않아 진화론자들 간에도 여러 가지 학설이 있다. 이는 부분적으로 진화 기준이 불분명하기 때문이기도 하다.

사람은 과연 진화론자들의 주장처럼 원숭이와 공통조상이하 편의상 원숭이라고도 지칭으로부터 진화되었을까? 아니면 처음부터 사람은 여타의 동물들과는 다르게 창조되어 근본적으로 동물과 구별된 존재인가? 흔히 사람과 동물 사이에서 볼 수 있는 가장 큰 골격학적, 형태학적 차이점은 직립보행한다는 점이라고 말한다. 하지만 이들 유인원의 화석자료는 비교적 많이 발굴되고 있으나 정확한 해석이 어려워 학자들 간에도 이견이 많다. 특히 현재까지 직립보행하기까지의 진화과정을 연속적으로 보여주는 뚜렷한 화석상의 증거는 없다.

이 외에도 진화론자들은 원숭이로부터 사람으로의 진화과정을 설명할 때에는 치아의 배열 형태, 두개골 용적이나 모양, 또는 안면 경사顔面傾斜 등을 기준으로 삼기도 한다. 또 어떤 사람은 유연한 손가락을 가진 것을 인간과 다른 유인원들의 진화적 관련성의 증거로 제시하기도 한다.[5] 하지만 이런 것들이 진화의 기준이 될 수 있을까? 진화론자들이 진화의 기준으로 제시하는 것들은 좀 더 자세히 살펴보자.

2. 진화 기준: 치아의 배열

먼저 치아의 배열을 살펴보자. 오랫동안 치아의 배열 형태는 진화의 중요한 기준으로 제시되어 왔다. 즉, 원숭이의 치아 배열dental arch은 말굽형U자형인데 비해 사람은 포물선형이라는 사실은, 유인원의 턱뼈 화석이 나올 때 그것이 원숭이의 것인지 사람의 것인지 판별하는 하나의 기준이 되었다. 그러나 이러한 기준은 몇 가지 점에서 문제가 있다.

우선 치아로부터의 판단은 치아 배열이 완전하게 보존되어 있지 않으면 쉽지 않다. 실제로 오래된 유인원들의 치아 화석들은 원래 모습 그대로 보존되어 발굴되는 경우가 매우 드물다. 대부분 여러 조각으로 부서져서 발굴되기 때문에 이들을 재구성할 때 세심한 주의가 필요하며, 따라서 부정확하게 해석될 가능성이 높다. 즉, 어떤 각도로 재구성하는가에 따라 포물선에 더 가깝게 되기도 하고 U자형에 더 가깝게 되기도 한다. 한 예로, 라마피테쿠스는 1977년 이전에는 좀 더 사람에 가깝게, 이후에는 좀 더 원숭이에 가깝게 재구성되었다.

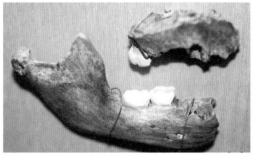

<그림 2-1> (좌) 유인원들의 말굽형의 치아 배열, (우) 부서진 채로 발견되는 치아들의 경우에는 재구성하는 사람의 선입견에 따라 해석이 달라질 수 있다.

다음에는 현존하는 사람들도 머리 모양에 따라 서로 다른 치아 배열을 갖는다는 점을 들 수 있다. 아래 그림에서 보는 바와 같이, 머리 모양이 납작한 단두형短頭型, brachycephalic인 사람의 치아는 U자형에 가깝고, 머리 모양이 긴 장두형長頭型, dolichocephalic인 사람의 치아는 V자형에 가깝다. 중간쯤 되는 중두형中頭型, mesocephalic의 두골을 가진 사람의 치아만 포물선 형태의 배열을 갖는다.

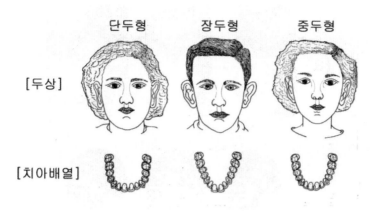

<그림 2-2> 두개골의 모양에 따른 치아 배열의 차이

3. 진화 기준: 두개골 모양과 안면 경사각

다음으로 유인원의 진화순서를 두개골 모양과 안면 경사顔面 傾斜에 따라 설명하는 경우가 많다. 즉, 원숭이에 가까울수록 안면경사가 완만하며 사람에 가까울수록 수직형태로 변해간다는 것이다. 그러나 오늘날 발굴되는 대부분의 유인원 화석의 안면경사각은 현존하는 사람이나 원숭이들의 무리로부터 찾아낼 수 있는 변이變異의 한계를 넘지 못하고 있다. 현존하는 종 내에서의 변이의 한계를 넘지 못하는 화석 골격의 특징을 진화의 증거로 사용하는 것은 옳지 않다.

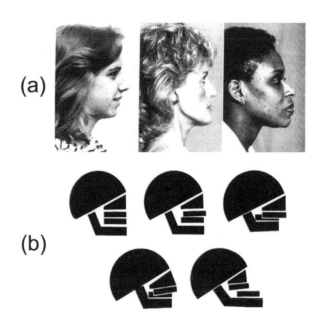

<그림 2-3> (a) 안면 모양은 사람마다 다르다. (b) 이렇게 서로 다른 다양한 안면 모양을 분류한다면 대체로 다섯 가지 형태로 분류해 볼 수 있다.

    또한 진화론자들은 눈두덩의 두께도 진화의 기준으로 사용하곤 한다. 즉, 원숭이에 가까울수록 눈두덩이 두툼하고 사람에 가까울수록 눈두덩이 얇다는 것이다. 그러나 화석으로 발견되는 두개골의 눈두덩의 변화도 현존하는 인종들 간에 존재하는 변화의 정도를 넘지 못하고 있다. 예를 들면, 흑인들은 백인들에 비해 유난히 눈두덩이 두텁다. 눈두덩이 두터울수록 덜 진화되었다는 해석은 일반적으로 흑인들에 비해 눈두덩이 얇은 백인들의 인종적 편견에서 나온 것이라 생각된다. 눈두덩 역시 진화의 절대적인 척도는 될 수가 없다.

두개골의 종류	두개골 용적(cc)
현생인류	1450
네안데르탈인	1625
자바인직립원인	914
오스트랄로피테쿠스	650
고릴라	543
침팬지	400
긴팔원숭이	97

<표 2-2> 유인원 두개골의 크기 변화[6]

　오랫동안 두개골 용적cranial capacity도 중요한 진화의 기준으로 사용되었다. <그림 2-4>에서 볼 수 있는 것처럼, 실제로 현존하는 유인원과 인간은 두개골 용적이 많이 다르다. 그러나 두개골 용적을 진화의 기준으로 사용할 때는 남자와 여자의 차이, 어린아이와 어른의 차이, 종족마다 다른 두개골의 크기 등이 고려되어야 한다. 일반적으로 두개골 용적은 신장에 비례하는데 아프리카에 사는 코이코이Khoikhoi족이나[7] 피그미Pygmy족과 같이 키가 작은 종족의 경우에는 성인이 되더라도 키가 160㎝에 이르지 못한다. 이들의 두개골이 키가 큰 서구인들의 두개골에 비해 작을 것은 당연하다. 동시에 네안데르탈인의 신장이 현생인류보다 작지만 두개골이 현생인류보다 크다는 점도 두개골 용적이 진화의 절대적인 기준은 될 수 없음을 보여준다.

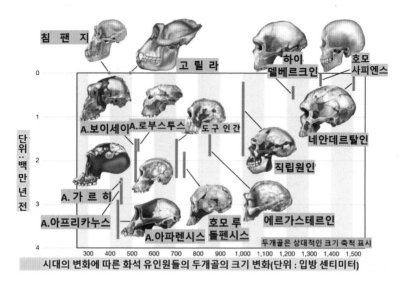

침 팬 지

고 릴 라

하이
델베르크인

호모
사피엔스

A.보이세이 A.로부스투스

도 구 인 간

네안데르탈인

A. 가 르 히

직립원안

A.아프리카누스

호모 루
돌펜시스

에르가스테르인

A.아파렌시스

단위 : 백 만 년 전

0

1

2

3

4

두개골은 상대적인 크기 축척 표시

300 400 500 600 700 800 900 1,000 1,100 1,200 1,300 1,400 1,500

시대의 변화에 따른 화석 유인원들의 두개골의 크기 변화(단위 : 입방 센티미터)

<그림 2-4> 시대에 따른 유인원들의 두개골 용적 변화

4. 진화 기준: 직립 여부

다음에는 진화의 기준으로 직립 여부를 살펴보자. 흔히 인류의 특징
이라고 한다면 직립보행, S자형 척추, 짧고 넓은 골반, 엄지손가락이 길
고 관절이 발달한 손, 다리보다 짧은 팔, 앞을 향한 시야, 큰 두개골 용적,
안쪽으로 들어간 턱 등을 들 수 있다. 이 중에서 직립 여부는 두개골 용적
과 더불어 가장 중요한 인류 진화의 기준으로 사용된다. 그런데 직립 여
부를 알기 위해 가장 중요한 것은 두개골과 더불어 척추와 골반뼈, 발뼈
의 화석이라고 할 수 있다.

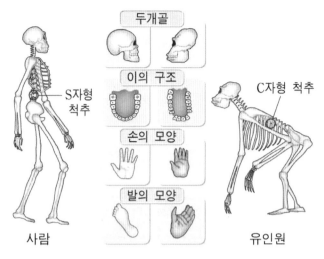

<그림 2-5> 사람과 유인원의 골격[8]

　먼저, 골반뼈를 생각해 보자. 직립 여부를 결정하는 한 가지 방법은 골반뼈의 방향이 정면에 가까운지, 수직에 가까운지를 보는 것이다. 골반이 길고 좁으며 정면을 향해 있다는 것은 사족보행을 했다는 증거가 되고, 짧고 넓다는 것은 직립 이족보행을 했다는 증거가 될 수 있다. 이족보행을 위해서는 골반이 넓어야 체중을 지탱하기에 유리하고, 다리 근육이 붙을 수 있는 면적도 넓어진다. 또한 산도産道에 비해 머리가 큰 태아를 분만 때까지 안정되게 지지할 수 있다.

　둘째, 척추를 생각해 보자. 직립하지 않는 유인원의 척추는 C자형인데 반해, 직립하는 사람의 척추는 S자형이다. 척추가 S자형일 때 직립보행 시 뇌의 충격을 흡수하기가 용이하다. 직립 이족보행을 하면서 C자형 척추를 가졌거나 사족보행을 하면서 S자형 척추를 가진 것은 생각하기 어렵다.

　셋째, 발뼈를 생각해보자. 직립하지 않는 유인원들은 나무를 오르는

데 적합하도록 발가락이 길다. 그래야 발가락으로 나뭇가지를 감쌀 수 있고, 나무를 오르기가 쉽다. 하지만 직립보행하는 인간의 발가락은 짧다. 발가락이 길 필요가 없을 뿐 아니라 발가락이 길면 도리어 직립보행에 불편하다. 또한 사람의 경우 엄지발가락이 다른 발가락과 나란하고 발바닥이 오목해서 오래 걷기에 적당하다.

이런 화석 특징들이 온전히 남아있을 때에야 비로소 우리는 직립 여부를 정확하게 말할 수 있다. 예를 들면 두개골의 일부윗부분와 대퇴골만이 발견된 자바인Java Man의 화석으로부터 직립 여부를 결정하는 것은 잘못된 결론에 이를 수 있다. 하물며 자바인보다 훨씬 오래된 라마피테쿠스의 모든 화석들과 대부분의 오스트랄로피테쿠스의 화석들에서도 직립 여부를 정확하게 알 수 있을 정도로 완전하게 발견된 화석은 아직까지 없다.

직립 여부를 두고 논쟁이 된 루시Lucy는 어떤가? 오스트랄로피테쿠스 아파렌시스Australopithecus afarensis 화석들 중에서 가장 '완전한' 화석으로서 320만 년 전에 살았다고 하는 루시도 전체 골격에 비해 일부만이 발견되었을 뿐이다. 지금은 대체로 루시를 골반 형태로부터 여자이며 이족보행을 한 것으로 해석하지만, <그림 2-6>에서 보는 것처럼, 골반뼈의 일부만이 발견되었다는 점에 유의해야 한다.[9] 직립 여부를 판단하는 데 중요한 두개골과 척추가 만나는 부분의 화석은 발견되지 않았다. 부분적으로 발굴된 화석을 기초로 그것의 직립 여부를 판단하는 것은 쉽지 않다. 이 외에도 루시가 속한 오스트랄로피테쿠스 아파렌시스 화석들은 295~385만 년 전에 살았다고 생각되며, 또한 많은 조각으로 흩어진 채 발견되었기 때문에, 이들을 재구성하여 남자인지 여자인지는 물론 그것의 직립 여부 등을 결정하는 데는 많은 상상력이 필요하다.

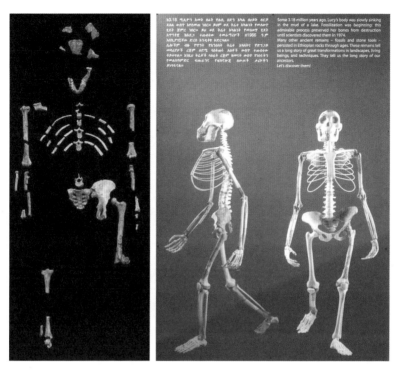

<그림 2-6> (좌) 오스트랄로피테쿠스의 하나인 '루시Lucy'의 골격위키, (우) 이 골격을 근거로 재구성한 모습

5. 직립보행 연대 논쟁

직립의 기준과 증거의 모호함에 더하여 직립의 시기에 관한 불확실함도 문제가 된다. 진화론에서는 유인원의 직립을 가장 중요한 '인간 됨'의 증거로 본다. 유인원이 직립보행을 시작하면서 두 손이 자유로워졌고, 그 자유로워진 두 손으로 도구를 제작, 사용할 수 있게 되었으며, 이로 인해 자연스럽게 두뇌가 급격히 커졌다고 생각하기 때문이다. 학자들 역시

인류의 직립보행이 없었으면 도구사용이 없었을 것이고, 그렇다면 지금처럼 진화하지 못했을 것이라고 본다.

그렇다면 인류는 언제부터 직립보행하게 되었을까? 진화론자들은 600만 년 전에 침팬지와의 공통조상으로부터 분리된 유인원이 직립하였다고 주장한다. 하지만 근래 독일 연구팀은 이와는 전혀 다른 결과를 보고했다. 튀빙겐 대학교University of Tübingen 지구과학부 마델라이네 뵈메 Madelaine Böhme, 1967~ 팀은 지난 2019년에 약 1162만 년 전 고대 유인원 화석에서 직립보행의 증거를 확인했다는 연구결과를 국제 학술지 「네이처 Nature」에 발표했다.[10]

이는 인류의 직립보행이 600만 년 전부터 시작됐다는 기존의 학설을 뒤집는 연구결과였다. 이들은 독일 바이에른의 화석 매장지인 함메르 슈미데Hammerschmiede에서 화석 15,000여 점을 발굴했는데, 그중 37점은 고대 유인원의 화석으로 척추와 손, 발, 정강이, 넓적다리 등 여러 부위의 뼈 화석이었다. 이 뼈 화석들은 최소 네 개체로부터 나온 것으로 보인다. 연구팀은 이 화석 유인원을 다누비우스 구겐모시Danuvius guggenmosi라고 명명했는데, 화석을 분석한 결과 생존했을 당시 키는 약 1m, 몸무게는 18~31kg 정도였을 것으로 추정했다.

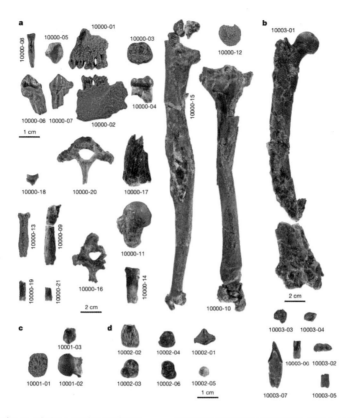

<그림 2-7> 함메르슈미데의 마이오세miocene 지층에서 출토된 네 개체의 다누비우스 구겐모시 화석들

연구팀은 독특한 척추뼈 모양에 주목했다. 보통 사족보행 영장류들이 한 방향으로 구부러진 C자형 척추를 가진 것과 달리, 다누비우스 구겐모시는 이족보행 영장류들의 길고 유연한 S자형의 척추뼈 형태를 가졌다고 결론내렸다. 연구팀은 "이런 형태의 척추뼈는 직립보행할 때 상체의 무게를 엉덩이에 실어 균형을 잡는 역할을 한다."라며, "척추뿐 아니라 무릎과 발목뼈, 엄지발가락뼈 등을 살펴본 결과 몸 전체의 무게를 다리로 지탱하며 직립보행을 한 것으로 추정된다."라고 설명했다.

하지만 이번 연구결과를 두고 일부에서는 "다누비우스 구겐모시가 고대 인류와 연관이 되어 있는지와 관련해 진화론적 분석을 거치지 않았다."라고 비판하고 있으며, 그 화석이 고대 인류와 어떤 직접적인 연관이 있는지 확실하지 않다는 반론도 제기하고 있다. 또한 이들이 제시한 연대는 최초의 직립보행이 600만 년 전이라는 기존의 연대와 크게 다르다. 이러한 논쟁은 오래된 화석 연구를 통해 이루어지는 인류의 기원 연구가 얼마나 부정확할 수 있는지를 보여준다.

6. 재구성의 문제: 파란트로푸스

진화론의 여러 분야들 중에서도 인간의 진화와 관련된 분야만큼 많은 편견과 오류가 포함된 분야도 없을 것이다. 화석은 골격만을 보여주고 생존 시 실제 형태와 근육 및 신경 계통은 전혀 보여주지 못하므로, 화석을 보고 생물의 나이, 성별 등을 추정하는 것은 쉽지가 않다. 특히 오래되어서 신체의 일부분만이 화석으로 나오거나 화석들이 부서진 조각으로 나올 때, 그리고 다양한 동물들의 뼈가 함께 섞여서 출토되는 경우, 그것들로부터 화석의 생전生前 모습을 재구성하는 데는 상당한 오차가 있을 수밖에 없다. 이를테면 두개골의 한 조각으로부터 두개골 용적, 두개골 윗부분과 턱뼈의 조합관계, 털의 존재 정도 등을 유추하는 데는 상당한 오차가 있을 수밖에 없다. 이것은 재구성하는 사람이 어떤 선입견을 가지고 있는가에 따라 전혀 다른 모습을 만들 수 있음을 의미한다. 인류의 기원을 연구하는 사람들마다 같은 화석을 두고도 재구성한 모습이 전혀 다른 것은 흔히 있는 일이다.

화석을 근거로 살아있을 때의 모습을 재구성하는 것의 어려움을 보여주는 고전적인 한 예로서 1959년에 루이스 리키 부부Mary D. and Louis S.B. Leakey가 동부 아프리카의 탄자니아 올두바이 계곡Olduvai Gorge에서 발견한 파란트로푸스 보이세이Paranthropus boisei 화석을 들 수 있다. 리키는 제3기 플라이오세Pliocene, 鮮新世 상부 지층에서 400여 개의 유인원 뼛조각을 발견하였는데, K-Ar 연대측정법에 의해 175만 년 된 것으로 추정하였다. 이 화석은 처음에는 진잔트로푸스 보이세이Zinjanthropus boisei로, 후에는 오스트랄로피테쿠스 보이세이Australopithecus boisei로 알려졌다. 오늘날이 뼈는 오스트랄로피테쿠스 로부스투스Australopithecus robustus에 속하는 것으로 알려져 있다.[11]

<그림 2-8> 파란트로푸스진잔트로푸스의 두개골이 처음 발견된 탄자니아 올두바이 계곡의 기념비Wiki

흥미로운 것은 이 화석을 근거로 그린 그림이 사람마다 다르다는 사실이다. 원숭이에 가깝게 그린 사람도 있었고 사람에 가깝게 그린 사람도 있었다. 진잔트로푸스지금은 파란트로푸스로 부름와 같이 여러 조각으로 발

견된 뼈인 경우에는 더더욱 재구성의 문제가 심각하다. 오스트랄로피테쿠스와 같이 200만 년 이상 된 뼈들은 온전히 발견되는 경우가 없으며, 골격의 일부, 그것도 대부분 수많은 조각으로 부서진 채 발견된다.

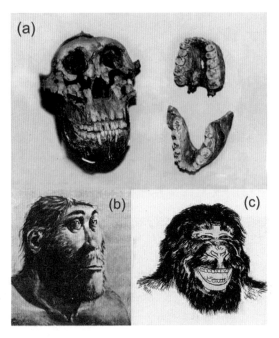

<그림 2-9> (a) 파란트로푸스의 두개골, (b) 루이스 리키L.S.B. Leakey가 파커N. Parker에게 부탁하여 그린 그림, (c) 오클리Kenneth P. Oakley가 윌슨M. Wilson에게 부탁하여 그린 그림. 동일한 화석을 근거로 재구성한 그림이지만 그린 사람에 따라 이렇게 달라질 수 있다.

7. 재구성의 문제: 네브래스카인

부서진 골격의 일부로부터 재구성할 때 생길 수 있는 문제를 보여주는 또 다른 고전적인 예는 네브래스카인Nebraska Man이다. 네브래스카인은 베이징인Peking Man이 발견된 때와 비슷한 1917년에 농장주rancher이자 지질학자였던 쿡Harold Cook이 미국 서부 네브래스카에서 발견한 하나의 치아를 기초로 하고 있다. 진화론자들은 방사성연대측정법과 같은 절대 연대측정법이 본격적으로 사용되기도 전이었지만, 이 치아가 100만 년 된 중간형태라고 주장하였다.

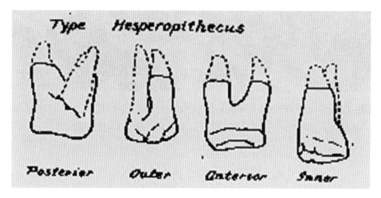

<그림 2-10> 네브래스카인의 치아를 여러 방향에서 그린 것. 이 치아는 보는 각도에 따라 실제로 유인원들의 것과 흡사한 면도 있었다.[12]

1922년, 고생물학자였던 오스본Henry F. Osborn과 다른 전문가들은 처음에는 이것이 직립원인에 속하는 자바인과 사람의 특징을 연결시켜 주는 유인원아목에 속한 원숭이anthropoid ape인 듯이 보인다고 발표했다.[13] 그러나 이 치아의 원래 주인이 원숭이를 닮은 사람인지, 사람을 닮은 원숭이인지 판단을 내리지는 못했다. 오스본은 발견자의 이름을 따라 이 화석을 헤스페로피데쿠스 헤롤드쿠키Hesperopithecus haroldcookii라 명명하였으며,[14] 일반적으로는 네브래스카인이라고 알려졌다. 그리고 네브래스카인과 이것이 살던 시대의 생물들에 대한 상상도가 1922년에 주간지인 「런던화보뉴스The Illustrated London News」에 발표되었다.[15]

<그림 2-11> 포레스티어Amedee Forestier가 「런던화보뉴스」를 위해 그린 네브래스카인의 상상도. 네브래스카인의 뼈는 사람도, 원숭이의 것도 아닌 사멸한 멧돼지의 뼈였다.

하지만 이 네브래스카인의 그림이 학술지를 위해서 그려진 것이 아니라 대중지를 위해 그려진 것이므로 엄격한 학술적 검증을 거친 것이라고는 할 수 없다. 또한 모든 학자들이 이것을 유인원의 것으로 받아들인 것도 아니었다. 이것을 유인원의 것으로 받아들인 대표적인 학자는 오스본과 그의 동료들이었는데, 이들조차도 후에 이 화석이 원인apeman 혹은 인류의 직접적인 진화 조상이라고 단언하는 데는 신중하였다. "더 많은 치열齒列이나 두개골 조각, 골격 등을 확보할 때까지 우리들은 헤스페로피테구스가 시미과Simiidae나 사람과Hominidae에 속했는지를 확신할 수 없다."[16] 맥컬디George G. MacCurdy도 "1920년에sic 오스본은 네브래스카의 플라이오세鮮新世, Pliocene 지층으로부터 두 개의 어금니를 묘사했다. 그는 이것들이 유인원 영장류anthropoid primate의 것이라고 하면서 헤스페로피테쿠스라는 이름을 붙였다. 이 치아들은 잘 보존되지 않았고, 그래서 오스

본의 결정이 타당한지는 일반적으로 받아들여지지 않고 있다.”라고 했다.[17]

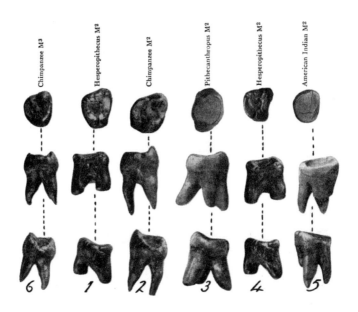

<그림 2-12> 네브래스카인1, 4번은 같은 치아를 다른 각도에서 찍은의 치아와 침팬지2, 6번, 자바인3번, 북아메리카 원주민5번의 위 턱뼈 치아 비교. 첫 줄은 평면도, 중간 줄은 후면도, 아래 줄은 전면도Wiki

두 개의 어금니로부터 그 동물의 전체를 재구성하는 것이 옳지 않다는 많은 비판이 있었음에도 불구하고, 일단 잡지를 통해 발표된 네브래스카인은 사람들에게 북미주에서 처음으로 발견된 인류의 진화 조상이라는 확신을 심어주기 시작했다. 일부에서는 이 화석이 1925년에 열린 스콥스 원숭이 재판Scopes Monkey Trial에까지 영향을 미쳤다고 보기도 했다.[18]

그러나 이 화석에 대한 논쟁은 그 후 불과 몇 년 뒤에 종료되었다. 1925년과 1926년 여름에 걸쳐 네브래스카인의 화석이 발견된 지역에 대한 추가적인 조사가 이루어졌고, 결국 네브래스카인의 치아를 가진 완전한 동물의 골격이 발견된 것이다. 그런데 그것은 원숭이의 것도, 사람의 것도 아닌 페커리peccary와 흡사한 멸종한 멧돼지에 불과했다. 이 멧돼지는 한때 북아메리카와 남아메리카 북부에서 번성한 종류로 현재는 멸종한 것이었다. 결국 헤스페로피테쿠스 헤롤드쿠키라는 거창한 이름의 네브래스카인은 사람을 닮은 원숭이도, 원숭이를 닮은 사람도 아닌 멸종한 멧돼지로 판명되었다. 결국 1927년에「사이언스Science」는 이 사실을 발표하면서 네브래스카인의 발견을 철회했다.[19] 의도적인 것은 아니었지만 과학자가 진화론적 편견 때문에 멧돼지를 사람으로 만든 셈이 되었다.

<그림 2-13> 네브래스카인과 흡사한 치아를 가진 야생 멧돼지 페커리peccary; Wiki

8. 맺는말

지금까지 우리는 과거 생물들의 유해나 자취를 직접 보여주는 화석의 해석 및 재구성과 관련된 편견과 선입견의 문제를 살펴보았다. 오래된 유인원의 화석들은 대부분 신체의 일부분만 남아있다. 더군다나 남아있는 화석들조차도 온전한 모습을 유지하고 있는 경우가 드물다. 그러므로 화석들을 해석할 때 편견과 선입견이 작용하기 쉽고, 이로 인해 심각한 문제가 발생하곤 한다.

그중에서도 진화론적 편견은 화석을 해석할 때 가장 큰 편견으로 작용하기 쉽다. 진화론적 편견을 갖게 되면 화석을 잘못 해석할 소지가 훨씬 더 커진다는 말이다. 실제로 인류의 기원을 연구하는 인류 고생물학 분야에서는 그런 일들이 종종 있었다. 때로는—위에서 살펴본 것처럼—의도적이 아닌 경우도 있었지만, 때로는 의도적으로 화석을 조작하는 경우도 있었다.

화석의 재구성의 문제는 고인류학 분야에서는 물론 창조-진화 논쟁에서도 매우 중요하다. 화석, 그중에서도 유인원 골격 화석의 경우 온전한 채 남아있는 최근 화석이 아니라면 대부분 골격의 일부만 발견되거나 부서진 채 발견된다. 그러므로 화석을 재구성하여 이들이 살아있을 때의 모습을 재현하는 것은 재구성하는 사람의 선입견이나 세계관이 강하게 작용할 수 있다.

그렇다면 화석이 부분적으로 혹은 파편으로 발견되어 잘못 해석되는 경우가 아닌, 발견자나 연구자가 의도적으로 화석이나 유골을 조작하는 경우는 없을까? 다음 강에서는 이데올로기, 그중에서도 민족주의 이데올로기로 인해 화석의 재구성이 어떻게 의도적으로 왜곡될 수 있는지 두 가지 사례들을 살펴보려고 한다.

토의와 질문

1. 현존하는 사람들의 골격이나 두개골 모양이나 용적, 신장의 차이, 치아의 배열 형태 등의 차이에 대해 말해보자. 이들을 진화의 증거로 사용하는 것의 한계를 말해 보자.

2. 네안데르탈인이나 크로마뇽인 등 현생인류의 화석을 제외한, 오래된 화석들은 대부분 부서진 채 발굴되고 있다. 부서진 채 발굴된 화석들을 기초로 재구성할 때 재구성하는 사람의 선입견이나 세계관이 어떤 영향을 미칠 것인지 말해 보자.

3. 멸종한 멧돼지의 치아 하나로 그 동물의 생전 모습을 재구성함으로 발생했던 네브래스카인 사건이 우리에게 시사하는 바는 무엇인가?

제3강

고인류학과 민족주의[1]

"상식이란 18세까지 몸에 익힌 편견의 컬렉션이다."

아인슈타인

　시대와 민족을 초월해서 인간은 자신과 주변 세계의 기원에 대해 끝없이 호기심을 갖는다. 자신이나 자신이 속한 가문, 세계, 우주의 기원에 대한 호기심은 인간의 DNA 속 깊숙이 들어 있는 본능이라고 할 수 있다. 자신의 기원에 대한 인간의 호기심으로 인해 여러 학문 분야가 만들어졌는데, 역사학, 지질학, 고고학, 고생물학, 우주론 등이 대표적인 예이다.

　그러면 왜 인간은 자신의 기원에 대하여 이처럼 마르지 않는 호기심을 갖는 것일까? 자신의 기원에 대한 호기심은 자신의 정체성, 곧 나는 누구인가에 대한 질문에 잇대어 있기 때문이라고 할 수 있다. 그리고 자신이 누구인지를 알고 싶어 하는 것은 하나님의 형상의 일부분이며, 오직 인간에게만 볼 수 있는 특징이다.

　자신의 기원, 즉 자신의 과거를 연구하는 것은 자신의 존재에 대한 기반을 제공하지만, 아쉽게도 기원 연구는 크게 세 가지 측면에서 한계를 갖는다. 첫째는 인간이 시간 내적 존재라는 사실이고, 둘째는 재현이 불가능하다는 사실이다. 이 두 가지 제약으로 인해 기원 연구는 불가피하게 오류가 생길 수 있다. 이러한 두 가지 제한은 시간 내적 존재인 인간이 직면하는 불가피한 것이라고 할 수 있다. 하지만 기원에 대한 연구는 이런 불가피한 제약 외에도 세 번째 제약을 받는데, 그것은 인간의 죄성으로 인한 제약이다. 곧, 연구자의 의도적인 왜곡이나 조작 등으로 인한 제약이 있다는 말이다. 이러한 의도적인 역사 왜곡이 자신이나 자신이 속한 공동체 혹은 민족의 이익과 관련되어 있는 경우에는 보다 더 조직적이고 심각한 왜곡이나 날조가 일어날 수 있다.

　우리는 흔히 중국이나 일본이 역사를 날조한다고 성토하지만, 사실 어느 정도의 역사 왜곡은 모든 나라에서 일어나는 일이다. 이러한 의도적인 왜곡은 국가적인 차원에서도 일어나지만, 개인적인 차원에서도 일어난다. 고려 시대나

19세기 후반 우리나라에서 남의 족보에 자기 가문을 집어넣는 것도 일종의 역사 왜곡이라고 할 수 있다. 우리나라 성씨들 중 유난히 몇몇 성씨가 많은 것도 왕의 가문에 자신의 비천한 가문을 잇대어 보려는 일종의 역사 왜곡의 욕구 때문이라고 할 수 있다. 자신이나 자기 가문을 혹은 자기 민족이나 국가를 위대하게 보이기 위해 역사를 왜곡하는 것은 하나님의 형상으로서 기원에 대한 호기심이 타락하여, 혹은 죄성으로 오염되어서 나타나는 현상이라고 할 수 있다.

본강에서는 고인류학 연구에서 일어난 두 가지 조작 사건, 즉 일본의 구석기 유물 조작 사건과 영국의 필트다운인 조작 사건을 통해 기원 연구에 있어서 민족주의 이데올로기가 얼마나 심각하게 학문을 왜곡시킬 수 있는지를 살펴보고자 한다. 일본에서 일어난 구석기 유물 조작 사건을 살펴보기 전에 먼저 한국에서의 구석기 문화 연구를 소개하고자 한다. 이는 한국에서의 구석기 유물 발견이 일본 열도에서 구석기 유물 연구의 붐을 일으켰고, 결국 여기에서 일본의 구석기 유물 조작 사건이 일어났기 때문이다.

1. 한반도의 구석기 문화

구석기 시대란 인류가 도구를 사용하기 시작한 260만 년 전부터 마지막 간빙기가 시작되는 약 1만 년 전까지를 말한다. 구석기는 일반적으로 석기를 다듬는 수법에 따라 전기260~20만 년 전, 중기20~4만 년 전, 후기4~1만 년 전로 나누는데, 지역에 따라 상당한 편차가 존재한다.

<그림 3-1> 공주 석장리 선사유적지

우리나라에서의 구석기 유적은 한반도 전역에 걸쳐 현재까지 약 200여 곳이 넘는 곳에서 발견되었다. 구석기 유물이 처음으로 확인된 것은 1930년대였으나, 그때는 구석기 유적으로 인정받지 못하였다. 1960년대 초에도 북한의 나선 굴포리 유적, 남한의 공주 석장리 유적이 발견되었다. 그러나 흥미롭게도 한반도의 구석기 연구는 고고학자나 지질학자가 아니라 1970년대 말 한 주한 미국 병사의 우연한 발견을 계기로 본격적으로 시작되었다.

(1) 그렉 보웬과 전곡리 유적

1978년 1월 20일, 경기도 연천군 전곡리 한탄강 유원지에 여자 친구와 함께 놀러 온 주한미군 제2보병사단U.S. Army's 2nd Infantry Division의 그렉 보웬Greg L. Bowen, 1952~2009 상병senior airman은 이상한 돌멩이 하나를 주웠다.[2] 인디애나 대학교University of Indiana-Bloomington에서 고고학을 전공한 보웬은 당시 학비 보조를 받기 위해 자원입대하여 동두천 미군부대에서 근무하고 있었다.

<그림 3-2> 그렉 보웬Greg L. Bowen

여자 친구 이상미후에 보웬의 아내가 된와 함께 강가를 거닐던 보웬은 포장하고 있는 도로 옆으로 도자기 조각과 숯덩이가 삐죽 튀어나온 것을 발견했다. 고고학을 전공한 보웬은 갑자기 호기심이 발동해서 그 주변을 자세히 살펴보기 시작했다. 한동안 주변을 조사하던 보웬은 쉬려고 배낭을 내려놓고 물을 끓일 준비를 하는 동안 이상한 돌을 하나 발견했다. 고고학적 가치가 있는 돌도끼 같았다. 이어 그 주변을 샅샅이 뒤진 보웬은 세 개의 손도끼와 땅 파는 데 사용된 듯한 도구긁개, scraper를 발견했다. 온 세계 고고학계를 깜짝 놀라게 한 발견이 이루어지는 순간이었다. 한반도는 물론 동아시아에서 처음으로 아슐형Acheulean type 구석기 유물이 발견되는 순간이었다.[3]

<그림 3-3> 전곡리 인근의 남계리 구석기 발굴 현장에서 발견된 전기 구석기Lower Paleolithic Period 손도끼와 발굴지[4]

<그림 3-4> 남계리에서 발굴된 석기들. 위에서부터 돌칼上, 가로날 도끼中, 세 개의 몸돌과 몸돌로부터 떼어낸 네 개의 격지下[5]

집에 돌아온 후 보웬은 당시 서울대학교 박물관장이던 김원룡金元龍, 1922~1993 교수에게 이 석기 유물들을 보냈는데, 이것이 전 세계 고고학계를 깜짝 놀라게 한 이른바 아슐형 손도끼Acheulean hand axe였다. 찍고 자르는 기능을 겸비한 아슐형 손도끼는 1859년에 프랑스의 생아슐Saint-Acheul 유적에서 처음 발견되었다고 해서 붙여진 이름이며, 양면을 날로 사용한 다고 해서 양면핵석기兩面核石器라고도 불린다. 돌의 양쪽 면을 모두 쳐서 만든 손도끼는 인류가 최초로 뚜렷한 목적의식을 가지고 제작한 석기로, 인류의 문화적 발달의 정도를 보여준다. 손도끼는 하나의 도구로 찢고, 자르고, 두들기고, 찍고, 땅을 파는 등 다양한 기능을 할 수 있도록 고안 되었는데, 특히 아슐형 손도끼는 한쪽은 둥글게, 다른 쪽은 뾰족하게 날 을 세운 좌우 대칭의 획기적인 뗀석기타제석기이다.[6]

　고고학계에서는 이 석기가 약 150만 년 전에 아프리카 직립원인에 의 해 전기 구석기의 긴 세월 동안 지속적으로 사용되었다고 본다. 한국에 서 구석기 유물이 발견되기 전까지만 해도 아슐형 손도끼 문화는 유럽이 나 아프리카에만 있었고, 동아시아에는 없다는 것이 소위 모비우스 이론 Movius Theory이었다.

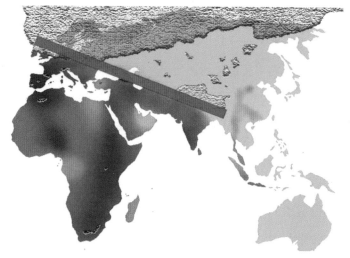

<그림 3-5> 모비우스 선Movius Line[7]

1948년에 하버드대학교의 고고학자 모비우스Hallam Leonard Movius, 1907~1987 교수는 인도 북부를 가로지르는 모비우스 선Movius Line을 긋고, 이 선의 서쪽은 발달된 아슐형 석기를 사용했으며, 동쪽은 외날만 가진 찍개라는 석기만 사용했다고 주장했다. 즉, 동북 및 동남아시아보다 유럽이 훨씬 발달된 구석기 문화를 가졌다는 학설이다. 하지만 1978년 전곡리에서 아슐형 손도끼가 발견됨으로써 모비우스 학설은 전면 수정되었다.

물론 이 사건은 국내에서도 대대적으로 보도되었다. 당시 김계원 대통령 비서실장까지 현장에 달려와 발굴단에게 격려금을 주었다고 한다. 전곡리 일대가 구석기 시대의 거주지라는 사실이 알려지면서 세계적인 구석기 학자들이 이곳을 방문했다. 그들은 출토된 돌멩이와 이 돌멩이가 나온 토층을 분석한 결과 27만 년 전의 것이라고 판정했다.

그 이후 이 지역에서의 발굴이 계속되면서 손도끼 등 다수의 석기가 더 발견되었다. 2016년 1월 11일, 한국문화유산연구소Korea Cultural Heritage Institute에 의하면 그 지역을 광범위하게 조사한 결과 손도끼로부터 돌칼chopping tool에 이르기까지 1천여 점 이상의 석기 시대 유물이 더 발견되었다. 새로 발견된 유물들 중에는 석기를 만드는 데 기초석으로 사용된 몸돌core, 石核이라는 커다란 돌덩어리들도 있었다. 날카로운 날을 가진 손도끼와 돌칼, 다면 석기polyhedral stoneware, 多角面圓球, 몸돌로부터 떼어낸 격지stone flakes, 剝片로 만든 가로날 도끼cleaver, 橫刃石斧도 발견되었다.[8]

(2) 불편한 일본 고고학자들

전곡리에서 27만 년 전의 구석기 유물이 발견된 것에 대해 한국에서 환호하는 것과는 대조적으로 가장 불편했던 사람들은 일본 고고학자들이었다. 일본 국민들이나 학자들은 많은 객관적인 증거가 있음에도 불구하고, 일본이 한국보다 역사적으로 오래되지 않았다거나 일본인들의 조상이 한반도를 거쳐 전래되었다는 주장을 인정하기 싫어한다. 이런 배경에서 볼 때 일본에서는 3만 년 이상 된, 다시 말해 후기 구석기 유물밖에 발견되지 않는데 비해, 한국에서는 27만 년 전, 즉 전기 구석기 시대의 유물이 발견되었다는 소식은 일본인들에게는 무척 불편한 소식임이 분명했다.

당시 이러한 불편함은 일본 열도에서의 구석기 연구의 붐으로 이어졌다. 특히 우익 학자들 중에는 전곡리와 같은 전기 구석기 문화가 한국에 있었다면 일본 열도에도 없을 리가 없다는 강박감을 가진 사람들이 많았다. 자연히 일본 열도에서는 전문학자들은 물론 아마추어 동호인들까지 구석기 유적을 찾는 붐이 일어났다. 이런 와중에 혜성처럼 등장한 인물이 바로 후지무라 신이치藤村新一, 1950~였다.

2. 후지무라 구석기 유물 조작 사건

후지무라는 1950년 5월 4일, 일본 태평양 연안에 있는 동북지방 미야기 현宮城縣에서 출생하였다. 그는 1972년에 고등학교를 졸업한 후 고고학을 독학하고, 고향 인근에서 구석기 유물을 찾으러 다니기 시작했다. 그러다가 한국에서 구석기 유물이 발견된 지 3년 후인 1981년에 당시 회사원으로 근무하고 있던 후지무라는 미야기 현 자자리기座散亂木 유적지에서 4만 년 전 인류의 유물을 발굴하였다고 발표하면서 전국적으로 유명해지기 시작했다.

일본에서 구석기 시대 유물이 처음 발견된 곳은 1949년 군마 현 이와주쿠岩宿 유적지였다. 그 전까지만 해도 일본 고고학계의 통설은 조몬시대繩文時代 이전, 즉 후기 구석기 시대4만~1만 년 전 이전에는 일본 열도에 인류가 존재하지 않았다는 것이었다. 하지만 도호쿠 지방 고고학계를 기반으로 하는 후지무라 그룹이 4만 년 전 석기를 출토했다고 주장함으로써 "전기 구석기 시대는 존재하지 않는다."던 일본 고고학계 주류파 주장이 무너졌고, 이를 계기로 일본에서도 구석기 시대 연구가 본격적으로 시작되었다. 그때까지 일본에서는 3만 년 전의 유물이 가장 오래된 것이었기 때문에 4만 년 전 인류의 유물을 발굴했다고 하는 후지무라의 발표는 일본 고고학계에 단비와 같은 소식이었다![9]

　　후지무라는 첫 발견 이후 시간이 지나면서 점점 더 오래된 전기 및 중기 구석기 시대 유물들을 발견하기 시작했다. 그는 1990년대 말까지 180여 회의 유적발굴을 통해 수많은 유물들을 발굴했고, 그때마다 일본의 구석기 연대는 계속 앞당겨졌다. 나중에는 무려 70만 년 전의 구석기 유적까지 발굴하여 일본 선사시대 연구에 한 획을 그었다. 그의 업적은 교과서에도 실렸고, 그가 발굴한 구석기 유적지는 국가 사적지로, 그가 발굴한 유물들은 국가 문화재로 지정되었다.

　　후지무라가 발굴하기만 하면 엄청난 유물이 쏟아져 나왔기 때문에 사람들은 그를 '신의 손神の手'이라고 불렀다! 후지무라가 일본에서 전기 구석기 시대의 유물들을 발굴하자 일본학자들은 이를 기존 학설보다 훨씬 더 오래전부터 일본에 구석기 문화가 존재했었다는 것을 입증하는 증거로 사용하였다. 후에 그는 이런 업적을 인정받아 비영리단체인 도호쿠구석기문화연구소東北舊石器文化硏究所 부이사장이라는 자리에까지 올랐다. 그의 사기극이 발각되기 한 달 전까지도 그는 「아사히 신문」에 자신이

80만 년 전 유물을 발굴했다고 주장하면서 또 유물을 제시했다. 그는 자신의 기존 유물보다 10만 년이나 더 오랜 유물을 발굴함으로써 '신의 손'의 업적은 끝이 없는 듯이 보였다.

(1) 사건의 발각

하지만 꼬리도 길면 잡히는 법이다. 그의 놀라운 발견에 의문을 제기하는 사람들이 점점 늘어갔다. 그러던 중 「마이니치 신문毎日新聞」의 한 간부는 후지무라의 조작을 제보하는 놀라운 한 통의 이메일을 받았다. 신문사 측에서는 이전부터 후지무라의 유물발굴에 뭔가 이상한 점이 많다고 생각하고 있었기 때문에 2000년 8월부터 취재팀을 구성하여 비밀리에 조사를 시작했다. 촬영팀은 그의 조작과정을 정확히 기록하기 위해 조작 현장을 일반 사진기 대신 동영상 카메라로 녹화하기로 했고, 이를 후지무라가 눈치 채지 못하도록 먼 거리에서 숨어서 촬영했다.

드디어 2000년 9월 5일에 취재팀은 미야기 현宮城縣 카미타카모리上高森 유적지에서 선명하지는 않지만 후지무라가 자신이 만든 유물을 몰래 묻는 현장을 촬영하면서 의혹이 사실로 확인되었다. 하지만 취재팀은 이 사진만 가지고 곧바로 폭로하지 않았다. 더 선명한 사진이 필요하다고 생각했기 때문에 수 주간을 기다렸다. 결국 10월 22일 아침에 드디어 촬영팀은 후지무라가 유물을 몰래 묻는 정확한 현장을 촬영하는 데 성공했다. 이것을 모르고 후지무라와 그가 이끄는 팀은 그 다음날인 10월 23일에 쓰키다테초築館町 근처에 있는 카미타카모리 유적지에서 또 다른 구석기 유물들을 발견했다고 발표했다. 그들은 이 유물들은 57만 년 정도 되었다고 추정했다.

「마이니치 신문」의 취재팀은 후지무라 본인이 부인할 것을 우려하여 치밀한 계획을 세웠다. 취재팀은 2000년 11월 4일에 센다이仙台 시의 한 호텔에서 인터뷰를 가지면서 본인에게 직접 확인하기로 했다. 이렇게 한 것은 후지무라가 도저히 부인할 수 없도록 하기 위해서였다. 인터뷰 당일 후지무라는 영문도 모른 채 인터뷰 장소에 나왔다. 인터뷰가 시작되자 그는 이전과 같이 약 40분간 장황하게 자기 자랑을 늘어놓았다. 이를 듣고만 있던 취재팀장이 "보여드리고 싶은 영상이 있다."라면서 후지무라가 몰래 유물을 파묻는 모습을 담은 비디오를 보여주었다. 비디오는 별도의 설명이 필요 없는, 너무나 분명하게 조작하는 증거였다. 후지무라는 10분간 아무 말이 없다가 "전부 조작한 것은 아니다. 마魔가 낀 것 같다."라면서 조작을 인정했다.[10]

2000년 11월 5일에 「마이니치 신문」은 후지무라가 땅을 파고 유물을 묻는 광경과 그 다음날 그의 팀이 그 유물을 다시 발굴하는 광경을 찍은 사진을 동시에 공개함으로써 후지무라의 구석기 유물 조작 사건은 세상에 알려지게 되었다.

<그림 3-6> 후지무라가 가짜 유물을 파묻고 있는 사진과 이를 폭로한 신문[11]

이 사건으로 일본 열도 전체가 충격에 빠졌다. 그러면서 전문가들을 중심으로 후지무라가 발굴한 모든 구석기 유물에 대한 정밀 조사가 시

작되었다. 후지무라는 날조 사실이 탄로난 후 정신적인 압박을 받아 정신병원 등을 전전하고 있었다. 전중기구석기문제조사연구특별위원회가 도호쿠 지방의 병원에 입원하고 있는 그를 처음 면담한 것은 2001년 5월이었다. 특별위원회는 첫 면담 이후 다섯 차례 면담 끝에 9월 하순께 첫 자백을 얻어냈다. 후지무라는 1도道 6현縣의 42개 유적이 날조되었으며, 그 중 3개 유적 발굴은 자기가 모두 날조했다고 실토했다.[12]

후지무라는 "전부 조작한 것은 아니다."라고 했지만, 조사 결과 그가 발견한 유물들은 모두 가짜였고 조작이었다. 당연히 조작으로 판명된 유물들은 국가 사적 지정, 문화재 지정이 취소되었고, 교과서에 언급된 내용도 당연히 삭제되었으며, 후지무라는 고고학계에서 영구제명 당했다. 일본고고학회는 2003년 5월에 후지무라가 관여했던 구석기 유적 162곳 모두가 날조되었다고 최종 결론을 내렸다. 2004년 1월에 그가 부이사장으로 있었던 도호쿠구석기문화연구소도 해체되었다. 후지무라의 충격으로 2001년에 국제고고학회는 일본학자들의 진실성이 의심된다고 해서 학회 참가를 불허하기까지 했다.

후지무라의 유물 발굴 조작 사건은 일본 출판계에도 큰 타격을 주었다. 후지무라의 책을 출판한 일본 유수의 출판사 고단샤講談社에서는 그의 모든 서적을 거두어들였고, 1969년 이래 고단샤에서만 35년을 근무했던 저명한 편집인 와시오 켄야鷲尾賢也, 1944~는 책임을 지고 자진 사퇴했다. 그나마 한 가지 칭찬할만한 것은 이 모든 구석기 유적 조작 사건의 전말을 일본인들 스스로 밝혔다는 점이다.

후지무라에 의해 70만 년 전까지 거슬러 올라갔던 일본의 구석기 역사는 한순간에 바닥으로 추락했다. 현재 일본에서 가장 오래된 구석기 유적은 이와테 현岩手縣 미야모리무라宮守村의 가네도리金取 유적인데, 이는 5만~8만 5천 년 전의 중기 구석기 시대의 것으로 알려지고 있다.

(2) 의혹과 황국사관 이데올로기

사실 후지무라의 발굴은 초기부터 많은 의혹을 받아왔다. 의혹을 제기한 사람들은 일본 열도에는 전기 구석기와 같이 오래된 유적지가 있을 수 없음을 누구보다 잘 아는 전문가들이었다. 고고학자들의 묵인과는 달리 일부 지질학자들이나 인류학자들은 후지무라가 발굴한 유물과 유적지의 지질학적 분석이 맞지 않는다는 비판을 끊임없이 제기하였다.

타케오카 토시키竹岡俊樹, 1950~는 "최근 카미타카모리上高森 유적지와 같은 일본 후기 구석기 유적지에서 발굴된 석기들은 후기 구석기 유물들의 특징과 너무나 다르다. …… 그들은 모양이나 제조방법이 조몬시대繩文時代의 석기 축과 같다. …… 이 발굴지와 고고학적 발굴물들은 명백히 비정상적이고 불가능한 것들ooparts이다."라고 했다.[13]

오다Shizuo Oda, 小田靜夫와 킬리Charles T. Keally도 1986년에 이미 후지무라의 유물들은 이상한 점이 있다고 지적했다.[14]

> 연구책임자인 오카무라와 카마타와 대화한 후에, 그리고 관련된 문헌들과 석기들을 철저히 조사한 후에 우리는 미야기 현에는 지금부터 30,000만 년보다 이전에는 인간이 만든 증명된 유물이 존재하지 않았다는 결론을 내렸다. 오카무라와 카마타, 그리고 '전기 구석기'를 발견했다고 하는 몇몇 다른 미야기 현 고고학자들은 잘못된 연구와 미심쩍은 주장에 근거하고 있다.

이 외에도 실제로 유물 자체에 의심이 될 만한 점들도 많았다. 방금 파

낸 유물에 마른 흙이 묻어 있다든지방금 파낸 유물에서는 대개 젖은 흙이 묻어 있다,
뗀석기를 만든 수법이 수십만 년 전의 것과는 너무 차이가 난다든지, 30
킬로미터 떨어진 곳에서 발견된 석기들의 아귀가 너무 정확하게 들어맞
는다든지, 발굴된 석기의 석재가 주변 석재와 다르다든지, 구석기 시대
유물에서 철로 조각해서 만든 철선상흔鐵線傷痕이 발견된다든지, 구석기
시대 유물 주변에 필수적으로 존재해야 하는 석기의 원본이 되는 몸돌의
조각이 없다든지, 구석기 시대 유물인데 고도의 문화흔적인 제사유적이
발견된다든지 등등……. 뿐만 아니라 후지무라는 파기만 하면 출토되는
구석기 유물들이 다른 사람들이 파면 아무리 같은 곳을 파도 나오지 않
는 것도 이상했다. 일본의 구석기 유물은 단지 일본학자들의 관심사만이
아니었다. 하지만 후지무라는 해외학자들의 공동연구 제안을 모두 거부
한 것도 이상했다.[15]

사실 이런 의심스러운 점들은 조작이 발각되기 전에 이미 전문가들
에 의해 여러 차례 지적된 것들이었다. 하지만 자국 내 오래된 구석기 유
적들이 일본 국민의 세계적 우월성을 제시해 준다고 철석같이 믿었던 국
민정서 때문에 전문가들의 비판은 사람들의 관심을 받지 못했고, 언론도
제대로 보도하지 않았다. 후지무라의 구석기 유물들이 학계의 인정을 받
고 교과서에 수록되자 후지무라의 유물에 대해 의구심을 갖거나 비판하
는 학자들은 매국노 취급을 받았다. 군국주의적 분위기가 창궐하는 일본
고고학계에서 후지무라의 유물들이 조작이라고 말할 수 있는 용기 있는
학자가 없었다. 결국 일본인들의 역사 왜곡의 바탕에는 역사를 일본 천
황 중심의 국가주의적 관점에서 보는 황국사관皇國史觀이 있었다고 할 수
있다.

(3) 날조와 민족적 염원

후지무라의 조작이 발각되기 오래전부터 일본 학계에서는 일본에 한국이나 중국보다 더 오래된 유적지가 있다고 주장하는 사람들이 있었다. 실제로 후지무라는 유물 조작이 발각된 후인 2004년 1월에 「아사히 신문」과의 인터뷰에서 "몇 차례 새 유적을 발굴한 뒤에는 주변 사람들이나 언론에서 '더 옛날 것은 없느냐'는 주문이 쇄도해서 점차 정신적인 압박이 고조되어 20만 년, 30만 년 전의 것을 만들어냈다."라고 했다. 후지무라는 다른 여러 보수학자들처럼 한국에서 구석기 문화가 존재했음이 밝혀지자 일본에서는 더 오래된 구석기 문화가 존재했을 것이라고 확신했지만, 일본 열도에 그런 유적은 존재하지 않았다. 결국 남은 한 가지 방법은 조작뿐이었다!

후지무라는 구석기 유물은 희귀하기 때문에 유물을 조작하더라도 진위를 판별하기 위한 유물대조가 어렵다는 점을 잘 알고 있었다. 그는 완전범죄를 꿈꾸며 치밀하게 조작을 계획하였다. 그는 자신의 석기를 구석기 시대의 지표를 골라서 치밀하게 묻었고, 우연을 가장해서 이를 발굴하는 일을 반복했다. 이런 치밀함 때문에 그의 조작은 20년 동안 발각되지 않았다. 그나마 20년 후에도 그의 조작을 밝혀낸 것은 고고학자들이 아니라 언론이었다. 이런 점에서 일본 고고학계는 국제적으로 큰 망신을 당했다.

후지무라 전 부이사장이 날조
인정한 주요 유적지
(*는 이미 날조 인정했던 곳)

비바우시 ─── ●
*소신후도자카 ─── ● 홋카이도
덴구하나 ───

시도비만니시

*가미타카모리

소데하라3, 6 ───
야마기타 ● ─── 나카지마야마
잇토우치 ● 미야기
마쓰바야마

오카사카
히노키이리
나카오네
후쿠시마 나카오네키타
나카오네미나미
사이타마 ● 주산부쓰
나미키시타

<그림 3-7> 후지무라가 날조를 인정한 유적지[16]

　유물 조작 사건이 발각된 후 후지무라는 병원에서 입원과 퇴원을 반복하며 이혼절차를 밟았다. 그의 아내가 주변의 비난이 너무 심해서 도저히 결혼생활을 유지할 수 없다는 이유로 이혼을 요구했기 때문이었다. 하지만 그는 2003년에 병원에 입원해 있으면서 환자로 알게 된 다른 여성과 재혼했으며, 재혼을 할 무렵에는 한 사람 안에 둘 이상의 각기 다른 정체성을 지닌 인격이 존재하여 행동을 지배하는 다중인격이라고도 불리는 해리성 정체감 장애解離性 正體感 障碍, Dissociative Identity Disorder 진단을 받고 정신장애 3급 판정을 받았다고 한다. 그가 화훼용 작두로 자신의 오른손 중지와 검지를 절단했다는 것으로 보아 그의 장애판정이 꾀병에 의한 것은 아니었던 것으로 보인다. 그 후 후지무라는 후쿠시마 현의 장애인 취업

센터에서 자원봉사자로 일했는데, 2010년에 아내의 지병이 재발하자 간병을 위해 자원봉사를 그만두었다고 한다. 현재는 후쿠시마 현 동북부에 있는 미나미소마南相馬 시에서 연금으로 살고 있다고 한다. 흥미롭게도 그는 기억상실증으로 인해 자신이 저지른 구석기 유물 조작을 전혀 기억하지 못하고 있다고 한다.

3. 필트다운인 사기극

이런 역사의 왜곡은 비단 일본인들만 저지른 것이 아니었다. 고인류학 연구에서 가장 유명한 사기극은 1908~1912년 사이에 영국 서식스Sussex 주 필트다운에서 발견된 필트다운인Piltdown Man 조작 사건이었다. 흥미로운 것은 필트다운인 사건이 후지무라의 사기극과 장소와 시기는 달랐지만 그 원인이 판박이처럼 닮았다는 사실이다.

(1) 사기극의 시작

1912년 12월 18일에 변호사solicitor이자 아마추어 고생물학자인 도슨Charles Dawson, 1864~1916과 대영박물관British Museum(Natural History) 고생물학자 우드워드Arthur S. Woodward, 1864~1944는 인간의 진화 조상이라고 할 수 있는 뼈를 영국의 필트다운Piltdown에서 발견했다고 공식적으로 발표했다. 이들이 발견한 뼈는 인간 두개골의 일부와 오랑우탄의 것처럼 생긴 턱뼈와 치아들이었다. 이들의 발견 사실은 이미 그보다 3주 전에 「맨체스터 가디언Manchester Guardian」을 통해 발표되었고, 이로 인해 영국인들은 물론 온 세계의 이목이 이 뼈에 쏠리게 되었다.[17]

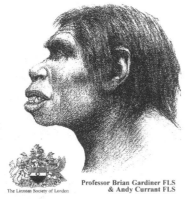

<그림 3-8> 필트다운인 사건의 주모자로 의심받는 찰스 도슨

필트다운은 런던 시내에서 남쪽으로 60㎞ 정도 떨어진 곳에 있는 서식스Sussex 주의 작은 마을이다. 이곳에서 도로 보수를 위해 자갈을 파낸 작은 구덩이에서 필트다운인의 화석이 '발견'되었다. 1908년에 도로 보수 작업을 하던 인부 한 사람이 도슨에게 인간 두개골의 일부頭頂部를 건네주었다. 인부는 도슨에게 마치 코코넛과 흡사하다고 말했다. 1911년 후반까지 도슨은 자갈 구덩이 옆에 쌓아둔 자갈 더미에서 몇몇 두개골 조각을 더 발견하였다. 1912년 초에 도슨은 자기가 발견한 두개골 조각들을 대영박물관의 고생물학자인 우드워드에게 가져갔다.[18]

도슨은 자기가 발견한 것이 1907년에 독일에서 발견된 하이델베르크인Heidelberg Man에 견줄 만하다고 생각했다.[19] 물론 우드워드도 관심이 많았다. 유럽 대륙에서는 크로마뇽인, 네안데르탈인을 비롯하여 여러 오래된 인류화석들이 발견되는데, 이상하게도 자랑스러운 대영제국에서는 내세울 만한 화석이 전무했다. 그런데 이제 드디어 기다리고 기다리던 화석이 발견된 것이었다. 유럽 대륙보다 오래된 조상 화석에 대한 영국인들의 열망이 필트다운인 등장의 배경이었다.

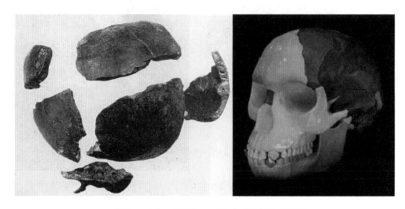

<그림 3-9> 필트다운인의 뼈들과 재구성한 두개골

(2) 영국 지질학계도 인정했다!

1912년 6월 초에 도슨과 우드워드는 당시 인근 헤이스팅스Hastings에서 공부하고 있었던 31세의 프랑스 신부이자 고생물학자 샤르댕Pierre Teilhard de Chardin, 1881~1955과 더불어 필트다운의 자갈 구덩이에 대한 일련의 발굴을 시작하였다. 이로 인해 더 많은 두개골 조각들이 발견되었으며, 샤르댕은 코끼리의 어금니를 발견하였다. 이때 다른 포유동물들의 뼈들과 함께 필트다운인의 아래턱뼈도 발견되었다.

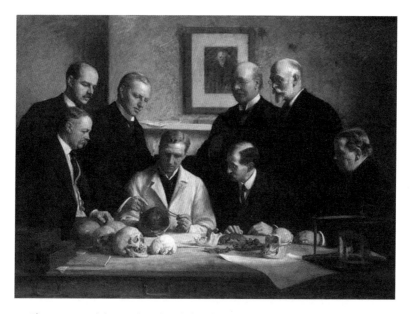

<그림 3-10> 1915년의 존 쿡이 그린 그림에서 과학자들이 필트다운인의 두개골 화석을 다른 화석과 비교하고 있다. 뒷줄에 서 있는 사람 중 맨 오른쪽이 아서 스미스 우드워드 경이고 그 옆이 찰스 도슨이다. 필트다운인의 화석 검증에는 당시 유명한 인류학자들이 참여했지만, 사기극이었음을 발견하지 못했다. 앞줄 좌에서 우로 언더우드A. S. Underwood, 키이스Arthur Keith, 파이크래프트William P. Pycraft, 랜케스터Ray Lankester이다. 뒷줄 좌에서 우로 발로우F. O. Barlow, 스미스G. Elliot Smith, 도슨, 우드워드이다. 유명한 고생물학자 키이스가 스미스의 지시 하에 두개골을 측정하고 있다. 이때 샤르댕은 전쟁에 나가고 없었다위키미디어.

필트다운인 사건은 도슨과 우드워드가 런던지질학회Geological Society of London에 최초의 영국인 화석을 발견했다고 보고함으로써 본격적으로 알려지게 되었다. 이 뼈들은 턱뼈와 두개골의 일부이며, 턱뼈는 치아를 제외하면 원숭이와 비슷했고, 치아는 원숭이보다 사람을 닮은 마모된 형태였다. 한편 두개골은 현대인의 것과 비슷했다. 이 두 뼈들은 최초 발견자의 이름을 따서 이안트로푸스 도소니Eoanthropus dawsoni라 명명되었고, '처음 사람dawn man'이라고도 불렸다. 일반적으로는 필트다운인이라고 알려졌고, 연대는 대략 50만 년 전의 것이라고 추정되었다.

(2) 처음부터 의혹투성이

하지만 필트다운인에 대해서는 처음부터 사기극이라는 주장이 있었다. 파리 자연사박물관의 부울Marcellin Boule, 1861~1942이나 미국 고생물학자 오스본과 같은 전문가들은 이미 그때 오랑우탄의 것과 흡사한 턱뼈를 가지고 사람의 것과 비슷한 두개골과 결합시키는 것을 반대했다.[20] 고생물학자들은 이 두 개를 결합시키기 위해서는 송곳니가 있어야 한다고 말했는데, 바로 다음 해 8월에 구덩이 옆의 자갈 더미에 앉아있던 샤르댕의 발밑에서 그 송곳니가 '발견'되었다. 이 뼈들 외에도 필트다운 구덩이에서는 코끼리, 마스토돈mastodon, 물소rhinoceros, 하마, 비버, 사슴 등의 뼈 화석과 원시적인 도구와 얇은 부싯돌들도 발견되었다. 마지막으로는 화석 코끼리의 대퇴골까지 발견되었는데, 그것은 크리켓 경기에서 사용하는 배트와 비슷했다.

이러한 화석들을 보고 이미 그때 일부에서는 이 모든 뼈들은 사기극이라고 주장했다. 그러나 유럽 대륙보다 오래된 자기의 '뿌리'를 발견하려는 열망으로 가득 찬 영국인들에게 이러한 의혹은 아무런 문제가 되지 않았다. 그들은 코끼리 대퇴골은 용도는 모르지만 어떤 원시적인 도구였을 것이라고 쉽게 생각하였다.

그러나 일부에서는 여전히 필트다운인에 대하여 회의적인 사람들이 있었다. 이런 사람들의 의심을 완전히 없애준 사건이 1915년에 일어났다. 1915년 초에 도슨은 제1필트다운인을 발견했던 곳에서 몇 마일 떨어진 다른 자갈 구덩이에서 제2필트다운인을 발견했다고 발표하였다. 그러나 제2필트다운인이 발견된 정확한 위치는 아무도 몰랐다. 우드워드는 발굴된 뼈들을 공개하고 있지 않다가 도슨이 죽은 다음 해인 1917년에 공개하였다. 그런데 놀랍게도 그 뼈들은 필트다운인을 증명하는 데 필요한 정확한 바로 그 뼈들이었다. 앞에서 후지무라가 그러했던 것처럼, 놀랍게도 필트다운인 역시 진화의 중간형태임을 증명하는 데 필요한 뼈들은 무엇이든지 발견되는 듯했다.

사람들은 이 뼈들의 두개골 윗부분은 사람에 가깝고, 아래턱뼈는 오랑우탄에 가까웠기 때문에 필트다운인이야말로 사람의 진화과정을 증명해 주는 완벽한 중간형태라고 생각했다. 필트다운인은 1938년 12월에 「사이언스Science」의 표지 기사로까지 등장하였고, 권위 있는 『브리태니커백과사전Britannica Encyclopedia』에 인류의 진화 중간형태로 수록되기까지 하였다. 「뉴욕 타임스The New York Times」는 "다윈의 이론이 증명되었다Darwin Theory Is Proved True."라고 호들갑을 떨기도 하였다.[21]

<그림 3-11> 필트다운인은 정말 사람과 원숭이의 중간 정도 되는 듯이 보이도록 재구성되어 발표되었다.

(3) 연대의 불일치

많은 사람들이 의혹을 제기했지만 필트다운인은 질겼다. 하지만 거짓은 영원할 수 없었다. 1908년에 처음 발견된 이 필트다운인의 뼈는 45년 뒤에 그 전모가 드러났다. 1953년에 영국 고생물학자 오클리Kenneth P. Oakley, 1911~1981, 남아공 출신의 영국 생물학자 웨이너Joseph Sidney Weiner, 1915~1982, 영국 외과의사 클라크Wilfrid Le Gros Clark, 1895~1971 등은 필트다운인의 뼈가 완전히 조작된 것임을 밝혔다. 1953년에 화석 뼈의 상대적 연대를 정하는 새로운 방법이 도입되었기 때문이다.[22]

원래 이 방법은 1892년에 프랑스 광물학자mineralogist인 카르노Marie-Adolphe Carnot, 1839~1920가 발견한 것이었다. 카르노는 땅속의 물에 녹아있는 불소fluorine, 원소기호 F는 뼈나 치아 속에 천천히 축적되기 때문에 땅속에 묻혀있는 화석 뼈 속의 불소의 양은 연대에 따라 증가한다는 사실을 발견했다. 그러나 카르노의 발견은 당시에는 별다른 주의를 끌지 못한 채 사람들의 뇌리에서 잊혀졌다. 그러다가 카르노의 이 발견을 처음으로 주목한 사람이 있었는데, 그가 바로 오클리였다. 그는 이 방법을 사용하면 절대연대는 모른다 하더라도 한 곳에서 출토된 뼈들의 상대적 연대만큼은 측정할 수 있다는 사실에 주목했다. 즉, 오래된 뼈일수록 불소가 많을 것이며, 최근의 뼈일수록 불소의 양이 적을 것이라고 예측한 것이었다.[23]

이 방법으로 필트다운인 화석의 두개골과 턱뼈를 검사한 결과 두개골 윗부분에는 불소가 검출되었으나 턱뼈에는 불소가 전혀 함유되어 있지 않았다. 따라서 턱뼈는 그렇게 오래된 화석이 아니라는 것이 판명되었다. 또한 두개골 윗부분에도 불소가 많이 함유되었으나 50만 년이 아닌 기껏해야 수천 년 전의 것으로 추정되었다.[24] 또한 후에 방사능탄소 연대 측정법으로 조사한 결과 두개골 윗부분은 520~720년 정도 된 것으로 드러났다. 1348~1349년에 그 지역을 휩쓸었던 전염병으로 인해 수많은 사람들이 죽었고, 그 시체들을 필트다운 공유지에 집단으로 매장했다는 것도 밝혀졌다.

4. 드러난 사기극

이런 정보들을 토대로 다시 조사한 결과, 이 뼈들은 오래된 듯이 보이게 하려고 표백, 염색 등에 사용되는 화학약품 중크롬산칼륨potassium bichromate으로 처리하였다는 사실이 밝혀졌다.[25] 다른 석기들과 뼈들은 의도적으로 미리 묻어둔 것으로 드러났으며, 두개골은 오래된 듯이 보이게 하려고 암갈색으로 착색하였음이 드러났다. 아래턱뼈는 어린 암컷 오랑우탄의 것이었다. 턱뼈를 두개골과 이어주는 관절 부위는 두개골과 맞지 않는다는 사실을 숨기기 위하여 파손하였다. 아래턱뼈의 치아는 위턱뼈의 치아와 맞추기 위하여 줄칼로 갈았으며, 송곳니도 심하게 마모된 것처럼 보이게 하려고 줄로 갈았다.

턱뼈와 송곳니가 오랑우탄의 것임은 1982년에 콜라겐 반응collagen reaction을 통해서 결정적으로 증명되었다.[27] 오늘날 오랑우탄은 보르네오와 수마트라에서만 발견되기 때문에 필트다운인의 뼈가 발견된 구덩이에 오랑우탄의 송곳니를 집어넣은 사람은 틀림없이 아래턱뼈도 오랑우탄의 것임을 알고 있는 사람이었을 것이다. 구덩이에서 발견된 포유동물들의 뼈는 영국의 다른 지역에서 온 것이었고, 석기들과 마스토돈 어금니는 튀니지Tunisia에서, 하마의 어금니는 몰타섬Island of Malta에서 가져온 것으로 추정되었다. 결국 40년 동안 교과서와 백과사전 등에서 인간으로 진화하는 것을 보여주는 중간형태라고 선전되었던 필트다운인 뼈들은 다만 몇 백 년 전에 죽었던 사람의 뼈와 근래에 죽은 오랑우탄의 턱뼈였을 뿐이다.[28]

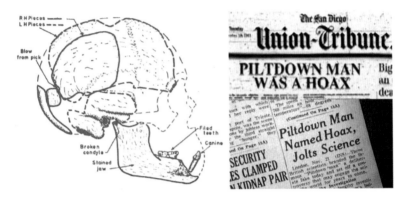

<그림 3-12> 필트다운인은 조작된 화석이었다. 그것은 의도적으로 사람의 두개골과 오랑우탄의 턱뼈를 맞추어서 조작한 것이지만, 진화론적 편견에 눈이 먼 학자들은 이것을 발견하지 못했다.[26]

(1) 누구의 소행인가?

그렇다면 도대체 누가 이러한 것들을 그 구덩이에 집어넣었을까? 아직까지도 누구의 소행인지는 확실하게 밝혀지지 않았다. 그러나 분명한 것은 세계 여러 곳으로부터 많은 동물들의 뼈를 모았던 것으로 미루어 여행을 많이 하면서, 동시에 화석들이나 고고학적 발견물들을 다량 소장하고 있었던 사람의 소행이었음은 틀림없는 것 같다.

어떤 사람은 그 사기극이 엉성했던 점으로 미루어 도슨 자신이 범인이었다고도 생각한다. 반면 어떤 사람들은 이 사기극이 생각보다 전문적이었다고 주장하기도 하고, 또 다른 사람들은 도슨이 개입되었지만 그는 단지 다른 사람의 사기극의 중간다리 역할만 했을 뿐이라고 주장하기도 한다. 밀러Ronald Miller는 영국자연사박물관의 스미스G. Elliot Smith가 범인이라고 주장하였으며,[29] 블라인더맨Charles Blinderman은 보석상이자 아마추어 지질학자인 애봇Lewis Abbott을 범인으로 지목하기도 했다.[30] 하버드대학교의 굴드Stephen Jay Gould는 가톨릭 사제인 샤르댕이 개입했다고도 했다.[31] 흥미롭게도 윈슬로John Winslow는 셜록 홈스Sherlock Holmes의 탐정소설로 유명한 코난 도일Arthur Conan Doyle에게 혐의를 두기도 했다.[32] 코난 도일은 젊었을 때 의사로서 훈련을 받았으며, 필트다운 구덩이로부터 불과 몇 마일 떨어진 곳에서 살고 있었기 때문이다.

필트다운 사기극과 관련하여 놀라운 것은 적어도 12명의 서로 다른 사람들이 사기극 연출 혐의를 받았다는 것이다. 그들은 모두 그 분야의 전문가들이었고, 사기극을 위한 자료들을 활용할 수 있는 위치와 기회를 가진 사람들이었다. 그러나 최근까지도 과학 역사상 가장 큰 사기극으로 평가되는 필트다운인 사기극의 주범이 누구인지는 정확하게 밝혀지지 않았다.[33]

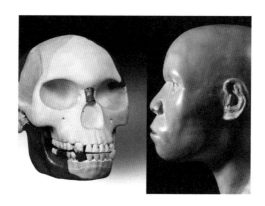

<그림 3-13> 필트다운인 화석 모조품왼쪽과 이를 근거로 복원한 두상頭像. 오랑우탄과 사람의 뼈를 조합해 만든 위조품이므로, 실제로 존재하지 않았던 사람이다London Natural History Museum.

(2) 도슨의 단독 범행?

그러나 영원한 미제로 남을 것 같았던 필트다운인 사기사건도 세월의 흐름을 이길 수는 없었다. 필트다운인 사기사건이 일어난 지 두 세대가 지난 후, 다시 영국에서 필트다운인에 대한 한 편의 논문이 발표되었다. 지난 2016년 8월 10일에 영국 리버풀 존무어스대학교Liverpool John Moores University의 이사벨 드 그루트Isabelle De Groote 박사팀은 「왕립학회 오픈 사이언스지Royal Society Open Science」에 필트다운인에 대한 논문을 발표했다.[34] 오래전에 이미 사기극으로 판명된 필트다운인이 왜 다시 연구 대상이 되었을까?

<그림 3-14> 필트다운 사기극의 진행 타임라인[35]

필트다운인이 다시 연구 논문의 주제가 된 이유는 정확한 사기범을 찾기 위함이었다. 필트다운인이 조작으로 밝혀진 것은 1950년대였지만, 최근까지도 사기극의 범인인 도슨의 배후에 누가 있었는지, 공범자는 있었는지에 대해 논란이 계속되었다. 드 그루트 팀의 논문은 필트다운인 사기극은 도슨이 처음부터 끝까지 단독으로 저질렀으며, 비슷한 방식으로 한 번 더 범행을 저지르려고 했다는 증거를 제시하였다. 덕분에 발굴을 같이 했던 영국자연사박물관의 우드워드나 발굴지 인근에 살았던 탐

정소설가 코난 도일 등 그동안 공범으로 의심받아왔던 사람들은 명예를 회복하게 되었다. 사후지만…….

이번 연구에서 드 그루트 팀은 필트다운인의 조작 과정을 세밀하게 조사했다. 유전자 분석으로 송곳니와 어금니가 오랑우탄의 것임을 확인했고, 초정밀 단층 촬영microCT을 통해 도슨이 어떻게 조작했는지도 밝혀냈다. 화석은 일반 뼈보다 무게가 더 나가기 때문에 도슨은 사람들의 의심을 사지 않기 위해 필트다운인 머리뼈의 귓구멍과 이빨 뿌리의 빈 공간을 작은 자갈들로 채웠다. 이미 이전에 밝혀졌지만 오랑우탄의 이빨을 사람의 이빨처럼 보이게 하려고 줄칼을 이용하여 마모한 흔적과 어금니를 빼내려고 턱뼈를 깨뜨린 자국도 발견하였다.

필트다운인 사건은 과학사의 최악의 조작 사건으로 꼽힌다. 수많은 가짜 화석 중 필트다운인이 유독 주목을 받은 이유에 대해 캘리포니아대학교 리버사이드 분교University of California-Riverside의 인류학 교수인 이상희 박사는 "무엇보다도 우리 속에 있는 '자랑스러운 조상'의 모습이 필트다운인에 투영되었기 때문이다. 필트다운인은 최초의 인류 조상은 큰 두뇌와 날카로운 송곳니를 가지고 있었을 것이라는 학자들의 오랜 기대에 부응했다."라고 지적하였다.[36]

이상희 박사는 필트다운인 발굴 직전인 1907년에 당시 영국과 긴장 관계에 있었던 독일에서 현생인류와 네안데르탈인의 공동 조상인 하이델베르크인 화석이 발굴되었기 때문에 영국인들은 영국에서 더 오래된 조상의 뼈가 발굴되기를 간절히 기다리고 있었음을 지적한다. 마치 일본인들이 한국에서보다 더 오래된 구석기 유물을 기다렸듯이……. 그런 배경에서 필트다운인 화석이 발견되자 영국인들은 묻지도 따지지도 않고 받아들였다는 것이다.

'자랑스러운 조상'에 대한 욕망, '국가주의' 욕망, 여기에 학계의 아웃사이더라는 신분을 바꾸고 싶었던 도슨의 지극히 인간적인 욕망이 어우러져 일어난 사건이 필트다운인 사기극이었다. 욕망이라는 비과학적인 동기가 과학의 과정에 개입했던 것은 어떻게 보면 너무도 당연하다. 인간인 과학자가 하는 과학 행위에는 현재의 사회·문화·제도 속에서 살아가는 인간으로서, 그리고 매일 매일의 욕망을 느끼는 인간으로서 당연하게 끼고 있는 색안경이 있기 때문이다. 오히려 이를 공개적으로 인정하고 늘 경계하는 것이 더 현실적이고 건강하다고 생각한다.[37]

사실 조금만 주의를 기울였더라도 이 사기극은 초기에 발견될 수 있었을 것이다. 화석에는 화학약품으로 처리된 것이 있었음은 물론, 아래턱뼈에 있는 오랑우탄의 치아에는 줄로 연마된 자국까지 있었기 때문이다. 더군다나 아래턱뼈와 위턱뼈의 어금니들도 서로 맞게 정렬되어 있지 않았고, 각도 또한 서로 다르게 연마되었다. 송곳니는 너무 많이 연마되어 치수齒髓, pulp 구멍이 드러났기 때문에 이를 메우기도 했다. 이렇게 분명한 여러 가지 사기극의 증거가 있었음에도 불구하고 45년이나 온 세계를 속일 수 있었다는 것은 이데올로기적 편견이 얼마나 잘못된 결론에 이르게 할 수 있는가를 보여주는 고전적인 예라 할 수 있다.

<그림 3-15> 1913년 7월 12일에 영국지질학회에서는 발굴 현장이었던 필트다운으로 단체로 방문하기도 했으며, 발굴 기념비까지 세웠다. 이처럼 편견의 위력은 이들 모두의 눈을 멀게 하기에 충분했다. 어떤 사람들은 필트다운 사기범이 쉽게 드러나지 않는 이유가 영국지질학회가 관련되었기 때문이라고 의심한다.

(3) 아직도 계속되는 속임수

필트다운인은 완전히 조작된 것이었다. 이것을 조작한 도슨은 오랑우탄의 턱뼈와 죽은 지 몇 백 년 된 사람의 두개골을 인류의 진화조상인 것처럼 보이게 하려고 치밀하게 위조했다. 그리고 다른 진화론에서의 사기극들처럼 이 거짓은 민족주의라는 집단 이데올로기에 의해 증폭되었다.

지금도 도슨이 대표로 있었던 법률사무소는 도슨-하트 법률사무소 Dawson Hart Solicitors란 이름으로 필트다운 바로 옆에 있는 업타운Uptown에서 영업을 하고 있다. 필자가 법률사무소를 방문했을 때 사무실 로비에는 도슨이 우드워드에게 필트다운 화석을 보낸 후 대영박물관에서 원본 화석 대신 도슨에게 만들어준 모형cast이 다음과 같은 간단한 설명과 함께 전시되어 있었다.

필트다운인The Piltdown Man. 이것은 이 (법률) 회사의 설립자인 고故 도슨Dawson 씨에 의해 발견된 필트다운 두개골의 복제 모형이다. 실물 두개골은 수년간 도슨-하트 법률사무소에 보관되었다가 현재는 대영박물관에 소장되어 있다. 이 석고 모형은 오클리 박사의 호의로 1969년 11월 18일에 대영박물관 이사들에 의해 본 (법률) 회사에 기증되었는데, 그는 여러 해 동안 이 두개골의 진위 여부를 조사했으며, 그 결과 필트다운인은 '두 번째 죽음a second death'을 당했다. 이 복제모형은 이를 만든 이의 독창성ingenuity of its creator과 그것을 찾아낸 사람의 인내심patience of its detector을 기리기 위해 여기에 둔다.

여기서 놀라운 것은 이미 필트다운인의 화석은 사기극이라는 것이 만천하에 밝혀졌음에도 불구하고, 그 화석 모형의 설명에는 어디에도 그런 말이 적혀있지 않았다는 것이다. 어쩌면 마지막 문장에 나오는 '만든 이의 독창성ingenuity of its creator'은 사기극의 주인공인 도슨의 독창성을, '그것을 찾아낸 사람의 인내심patience of its detector'은 그 사기극을 밝힌 사람의 인내심을 의미하는 것으로 생각되지만 이것만으로는 의미가 모호하다.[38] '그것을 찾아낸 사람의 인내심'이야 그렇다손 치더라도, '만든 이의 독창성'이란 사기꾼의 독창성이란 말 같은데 도대체 말이 되는가! 그 사기행각 때문에 얼마나 많은 학자들이 학문적 오해를 하게 되었고, 얼마나 많은 사람들이 잘못된 관점을 갖게 되었고, 나아가 얼마나 많은 사람들이 그 사기극을 밝히기 위해 수고했는데⋯⋯.

<그림 3-16> 서식스 지방 업타운에 있는 도슨-하트 법률사무소와 필트다운인 화석 모형. 화석 모형 앞에 있는 설명문에는 어디에도 필트다운인이 사기임을 언급하는 내용이 없다(본문 중에 삽입한 설명문의 번역문 참고.

필트다운인 사기극은 개인의 부정직함과 영국의 민족주의가 결합해서 일어난 일이었다. 그 사기극이 밝혀진 후 오랜 시간이 지났지만 영국인들은 아직도 그것의 사기성을 언급하는 것을 주저하면서 그것을 '독창성'이라고 내세우는 것을 보면, 필트다운인 사기극은 아직도 계속되고 있다고 할 수 있다. 아직도 일부 영국인들은 그 사기극을 일종의 애국적 행위라고 생각하는 것은 아닐까? 필자는 필트다운까지 갔지만 아쉽게도 필트다운인 화석이 발견된 지역은 사유지가 되어 지금은 외부인들의 출입을 엄격히 통제하고 있다. 그래도 그 땅 소유주는 필트다운인 사기극의 부끄러움을 아는가 보다!

필트다운인 화석은 현대 지질학 체계를 만들었다고 할 수 있는 영국 지질학회의 기라성 같은 대가들을 모조리 속였다. 나아가 전 세계의 지질학자들을 속이는 데 성공하였다. 필트다운인을 주제로 작성된 박사논문만도 500편 이상이 되며, 20세기 최고의 해부학자의 한 사람이라는 스코틀랜드 출신의 키이스Arthur Keith, 1866~955는 특히 필트다운인에 대한 연구를 많이 하였다. 그의 유명한 저서 『인간의 유구성The Antiquity of Man』은 주로 필트다운인에게 초점이 맞추어져 있다. 이런 많은 연구에도 불구하고 이 엉성한 사기극을 발견하지 못했다. 그것도 45년이라는 오랜 세월 동안 말이다! 이 사기극이 밝혀진 후에 주커만Solly Zuckerman, 1904~1993은 앞으로 인류 조상의 화석을 찾는 데 어떤 과학적인 근거가 있다고 해도 그것은 한 번쯤 의심해 볼 여지가 있다고 말했다.[39]

5. 후지무라와 도슨 조작 사건의 유사성

여러 학문들 가운데서 오래전에 일어난 일이어서 재현이 불가하고, 간접적인 증거에 기초해서 연구를 할 수밖에 없는 고고학, 고생물학, 지사학 등은 연구자의 주관과 편견, 이데올로기가 쉽게 영향을 미칠 수 있는 분야이다. 본강에서 예로 든 후지무라의 구석기 유물 조작 사건이나 도슨의 필트다운인 조작 사건은 민족주의가 어떻게 고고학 연구에 영향을 미치는가를 보여주는 고전적인 예라고 할 수 있다. 이 두 사건은 일본과 영국이라는 다른 나라에서 일어난 사건이지만, 몇 가지 면에서 흡사한 점이 있다.

우선 둘 다 인류의 기원과 관련된 분야에서 일어난 사건이라는 점, 둘 다 민족주의적인 확신에 기초해서 조작되었다는 점, 둘 다 상당한 시간이 흐른 뒤에, 즉 이미 그 조작이 관련 학회나 교과서 등을 통해 널리 유포된 뒤에 발각되었다는 점 등을 들 수 있다. 또한 이 두 사건은 민족주의 이데올로기가 고고학에 미치는 문제는 동서양을 막론하고 크게 다르지 않음을 보여준다. 이 두 나라는 전 세계적으로도 고고학이 발달하여 이미 충분한 고고학자들의 피어 그룹peer group을 형성하고 있었다. 그래서 조작이나 사기가 일어난다면 가장 쉽게 찾아낼 수 있는 나라임에도 불구하고 수많은 고고학자들이 수십 년 동안 속아 왔다. 이것은 이데올로기의 오염으로 인한 조작 사건은 일반인과 전문가, 선진국과 후진국을 가리지 않음을 보여준다.

<그림 3-17> 필트다운인 사기극을 밝히는 책들

후지무라 조작 사건은 첫 조작 이후 20여 년 후에 발각되었지만, 필트다운인 조작 사건은 첫 발표 이후 40여 년이 지난 후에야 발각되었다. 따라서 후지무라 사건은 조작 당사자가 살아있는 동안에 알려졌고, 조작을 주도한 사람도 그 사실을 시인해서 지금은 조작과 관련된 의혹이 전혀 남아있지 않다. 하지만 필트다운인 조작 사건은 조작인 것은 분명하지만, 그 조작 사건에서 누가 주모자이며, 어떻게 그런 조작 사건이 가능하게 되었는지 오랫동안 미스터리로 남아있었다. 비록 근래에 드 그루트 등에 의해 필트다운 사기극이 도슨의 단독 범행임이 밝혀졌지만, 필트다운인 조작 사건은 그 사건이 알려진 1953년부터 60년이 넘게 베일에 쌓여 있었다.

지금까지 고고학 분야에서 일어난 두 가지 조작 사건만을 예로 들었지만, 창조론-진화론 논쟁과 같은 기원논쟁에서는 항상 이런 조작과 사기 사건이 일어날 수 있다. 이것이 세속 학계에서만 일어나고 기독교계 내에서는 일어나지 않는다고 말할 수 있을까? 학문적 연구에서 잘못된 종교적 확신은 이데올로기의 폐해와 크게 다르지 않음을 생각한다면, 모든 그리스도인 학자들은 늘 하나님께서 주신 이성과 피조세계에 드러난 명백한 증거들을 겸허한 마음으로 살펴서 많은 사람들을 옳은 데로 돌아오게 하는 학문의 청지기적 사명을 감당하는 데 앞장서야 할 것이다.

6. 인류 진화의 난맥상

인류의 기원논쟁에는 이처럼 명백한 사기극 외에도 전혀 상반되는 주장들이 제시되기도 한다. 모든 학문은 논쟁과 토론을 통해 진보하는 것이 당연한 일이지만, 인류의 기원논쟁에는 일반인들이 이해하기 어려울 정도로 상반된 주장들이 첨예하게 대립하고 있는 경우가 많다. 한 예로, 다윈 이래 진화론자들은 원숭이에서 사람이 진화했다고 주장해 왔으나, 미국 에모리대학교Emory University의 여키스국립영장류연구소Yerkes National Primate Research Center 소장을 역임했던 본Geoffrey H. Bourne, 1908~1988 은 진화론의 종래 주장에 정반대되는 의견을 제시하고 있다. 그는 "다윈이 사람은 영장과의 자손이라는 학설을 널리 보급시킨 데 반해 나는 정반대의 가설을 주장한다. 즉, 꼬리 있는 원숭이와 꼬리 없는 원숭이 및 다른 모든 하등 영장 종들이 사실은 사람의 후손이라고 주장한다."라고 했다.[40]

영장류 전문가인 본이 그 학설을 주장한 이유는 원숭이의 태아가 출생하기 전 초기 발달단계에서 사람의 태아처럼 보이며, 원숭이의 태아가 전형적인 원숭이의 특징을 보여주기 시작하는 것은 임신 후반기라는 데 근거를 두었다. 이것은 원숭이 태아의 발달이 그의 계통을 되풀이함을 의미한다. 즉, 원숭이는 태아 상태일 때 사람을 닮았다가 점점 원숭이를 닮은 동물로 변해간다는 것이다. 위의 말은 진화론자들의 초기 주장, 곧 사람의 태아가 초기에는 원숭이를 닮았다가 점점 자라감에 따라 사람을 닮아 간다는 계통발생설系統發生說의 주장과는 정반대이다.

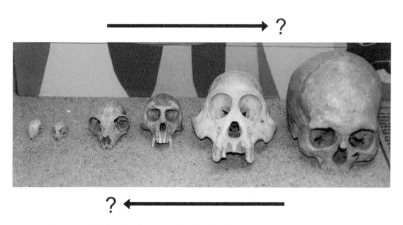

<그림 3-18> 사람이 원숭이로부터 진화했을까, 원숭이가 사람으로부터 진화했을까?

헥켈Ernst Haecke에 의해 시작된 계통발생설은 '창조론 대강좌' 시리즈 제3권『창조와 진화』(SFC, 2012)에서 이미 터무니없음을 살펴보았다.[41] 그러나 어떻게 같은 자료를 가지고 한 진화론자는 원숭이로부터 사람이, 다른 진화론자는 사람으로부터 원숭이가 진화되었다는 정반대의 학설이 나올 수 있는가? 이것은 먼저 인류 진화론 연구, 특히 고대 인류의 화석을 연구하는 분야가 갖는 어려움을 보여주는 사례라고 할 수 있다.

물리학이나 천문학, 화학 등과 같은 물리과학physical science과는 달리 인류의 기원을 다루는 고생물학이나 형질인류학physical anthropology 등은 재현할 수 없는 연구 자료에 근거한다. 그나마 오래된 화석들은 완전한 모습으로 남아 있는 경우가 극히 드물며 대부분 신체의 일부분만이 보존된다. 따라서 나머지 부분들은 연구자의 경험과 상상 혹은 선입견에 의해 재구성될 수밖에 없다. 그러므로 같은 화석을 연구하더라도 연구자에 따라 전혀 다른 해석을 할 수가 있는 것이다.

듀크영장류센터Duke Primate Center, 지금은 Duke Lemur Center의 2대 소장이었던 시몬스Elwyn L. Simons, 1930~2016는 오늘날 출토되는 화석의 주인공이 실제로 살아 있을 때의 모습은 우리가 상상하는 것과 전혀 다를 수 있다고 지적한다.

우리는 과거에 어떤 형태가 있었는가를 생각할 때 항상 우리가 이미 알고 있던 것들을 먼저 마음속에 떠올린다. 그러나 실제로 화석은 우리가 생각하는 모양과는 다르다. 우리가 오늘날 살고 있는 형태로부터 추론해 낸 이분법적인 방법, 예를 들어 인간의 턱 모양을 유인원의 턱과 비교하여 그 결과를 1,000만 년, 2,000만 년, 또는 3,000만 년 전의 과거에 적용하는 것은 그리 간단한 문제가 아니다. 이 당시의 화석들은 이미 우리에게 알려졌거나, 또는 지금까지 알려지지 않은 형태들이 함께 섞여서 우리가 지금 예견할 수 없는 모양을 가지고 있었다고 여겨진다.[42]

하버드대학교의 진화론자였던 굴드Stephen Jay Gould, 1941~2002 교수는 "진화 생물학의 경우, 인간과 유인원에 대해 터무니없는 전제보다 더 교훈적이며 또 자주 되풀이되는 실수를 본 적이 없다."라고 했다. 그러면서도 다른 한편에서 그는 "만일 진화가 사실이라면 우리는 유인원으로부터 진화되었음에 틀림없는데 왜 아직도 유인원들은 살아 있는가?"라고 말한다. 물론 이것은 굴드가 인간이 유인원으로부터 진화한 것이 아니라 인간과 유인원이 공통의 조상으로부터 진화했다는 이론을 제시하기 위해 제시한 가설이지만, 다른 한편으로는 인류 진화론의 난맥상을 보여주는 것이라고도 할 수 있다.[43]

7. 맺는말

지금까지 우리는 인류의 기원과 관련된 고인류학 연구에서 직면하는 어려움들을 살펴보았다. 어차피 인류의 기원은 매우 오래된 흔적들을 연구하기 때문에 자료의 부족으로 인해 생기는 불가피한 오류는 충분히 이해할 수 있다. 하지만 화석이나 유물 연구와 관련하여 편견과 선입견으로 인해 생기는 문제들은 다른 문제이다. 화석이나 유물을 해석하는 과정에서 개인이나 집단의 이데올로기가 개입하는 것은 불가피한 일이 아니라 피할 수 있고, 또한 피해야만 하는 일이다. 본강에서는 민족주의 이데올로기에 의한 대표적인 사기극 두 가지만을 살펴보았지만, 우리는 인류의 기원을 연구하는 데 있어서 크고 작은 선입견과 편견의 영향을 배제하기 위한 노력을 게을리 하지 말아야 할 것이다.

지금까지 인류의 기원에 관한 연구는 주로 화석이나 유물을 중심으로 이루어졌기 때문에 극히 제한적인 사람들만이 화석이나 유물 등에 접근할 수 있었고, 따라서 그만큼 개인의 편견이 연구에 개입할 수 있는 여지가 많았다. 하지만 1990년대에 들어서면서 인류의 기원연구는 새로운 국면을 맞이하게 되었다. 그것은 유전 자료를 중심으로 하는 분자 생물학적 방법이 고인류학계의 새로운 연구 분야로 떠오른 것이었다. 현대인의 유전자를 연구하면서 화석인류의 역사를 추적하는 연구가 고인류학계를 빠르게 변화시켰다. 게다가 1990년대 말부터는 고인류 화석에서 직접 DNA를 추출하는 데 성공하면서 주로 화석과 유물에만 의존하던 기존의 고인류학에는 새로운 장이 열렸다.[44]

하지만 소위 'DNA 고고학'에서도 편견과 선입견의 영향을 완전히 제거할 수는 없는 것으로 보인다. 다음 강에서는 인간과 침팬지의 DNA 유사성에 대한 연구가 어떻게 연구자의 편견으로 인해 영향을 받는지 살펴보고자 한다.

토의와 질문

1. 후지무라와 도슨의 성격과 더불어 이들의 조작 사건이 나타날 수 있었던 당시 일본과 영국 사회의 배경을 조사해 보자.

2. 동일한 네안데르탈인의 두개골 사진을 기초로 살아있을 때의 모습을 재구성해그려 보라. 그리고 다른 사람들의 그림과 비교하여 어떻게 다른지 논의해 보라.

3. 후지무라 구석기 유물 조작 사건은 일본의 민족주의가, 필트다운인 사건은 영국의 민족주의가 빚어낸 사기극의 표본이라고 할 수 있다. 인류의 기원과 관련하여 민족주의나 인종차별 등 과학 외적인 이데올로기에 의한 오류나 편견, 사기극 등의 또 다른 예들이 있다면 말해 보라.

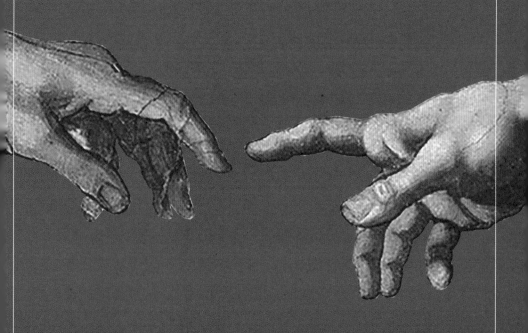

유전자 일치의 착시[1]

"곤경에 빠지는 것은 뭔가를 모르기 때문이 아니라
뭔가를 확실히 안다는 착각 때문이다."

마크 트웨인

진화론에서는 인간은 다른 유인원들과 공통조상으로부터 진화되었다고 주장한다. 그리고 이에 관한 가장 중요한 증거로서 중간형태의 화석에 이어 사람과 침팬지의 DNA가 98.5% 동일하다는 점을 내세운다. 과학저술가이자 생리학자인 다이아몬드Jared Diamond는 『왜 인간의 조상이 침팬지인가』에서 다른 침팬지와 단 1.6% 정도 다른 유전자를 지닌 제3의 침팬지가 인간으로 진화했다고 주장한다. 그러면서 그는 인간의 DNA는 고릴라와 약 2.3%, 침팬지나 보노보피그미 침팬지라고도 불리는와는 약 1.6% 다를 뿐이라고 주장하면서, "외계인 과학자가 본다면 망설이지 않고 인간을 제3의 침팬지 종으로 분류할 것"이라고 단언한다.[2] 유전자의 98.5%가 유사하다는 주장은 유전학이나 분자생물학, 또는 그런 결과가 나오게 된 과정에 대한 배경지식이 없는 사람들에게 매우 큰 설득력을 갖는다. 그래서 일반인들이 접하는 매스컴이나 대중과학 서적에서는 마치 인간의 진화가 확증된 것인 양 기술되고 있다.

인간이 다른 유인원들과 공통조상을 가졌다는 주장은 일반 학계뿐 아니라 기독교 내에서도 진보적인 일부 학자들 사이에서 강하게 제기되고 있다. 유신진화론자들은 DNA를 보면 인간과 유인원이 공통조상을 갖는다는 것은 의심할여지가 없다고 하면서 인간과 침팬지는 같은 조상에서 유래하였음이 명백하다고 말한다. 미국 이스턴대학교Eastern University에 재직하면서 유신진화론자들의 모임인 바이오로고스BioLogos 멤버로 활동하고 있는 엔즈Peter Enns는 "2003년에 종료된 인간게놈프로젝트는 합리적인 과학적 의심을 넘어 인간과 유인원이 공통조상을 공유한다는 것을 보여주었다."라고 단언한다.[3]

과연 인간과 침팬지가 공통조상에서 출발한 것이 그렇게 분명한가? 과학은 인간과 침팬지의 진화적 관계를 찾아낼 수 있을까? 아래에서는 인간이 침팬지와 공통조상을 갖고 있는지를 과학적으로 살펴보기 위해 먼저 근래의 유전체 연구에 대해 살펴본다.

1. 근래의 유전체 연구

근래의 유전체 연구를 일별하기 위해 먼저 유전체, DNA, 유전자 등 몇 가지 중요한 용어들을 간단히 정리해 보자. 유전체遺傳體, genome 혹은 게놈이란 생물 개체의 염색체에 담긴 모든 유전 정보를 총합하여 일컫는 용어이다. 이에 비해 DNA는 유전체 중에서 아데닌A-시토신C, 구아닌G-티민T의 네 가지 염기가 약 34억 쌍의 이중나선 구조로 이어져 유전 정보를 보관하는 핵심 물질이다. 그러므로 DNA는 유전체의 부분집합이라고 할 수 있다. 한편 유전자는 DNA 중에서 단백질을 만들며 어떤 생체 기능을 수행하는 염기들의 기본단위를 말한다.

일종의 고분자 화합물이라고 할 수 있는 DNA는 인간과 침팬지는 물론 모든 생물들의 세포 속에 들어있기 때문에 상호비교가 가능하다. 1953년에 왓슨James Dewey Watson, 1928~과 크릭Francis Crick, 1916-2004에 의해 DNA의 분자구조가 발견된 후에 생물들의 DNA에 대한 연구가 활발히 이루어져 왔으며, 이는 오늘날 분자생물학이라고 하는 거대한 분야를 열었다. 특히 2003년 4월에 미국에서 인간게놈프로젝트Human Genome Project, HGP가 완료됨에 따라 인간 유전자에 대한 사람들의 지식이 획기적으로 증가하게 되었다. 본강의 주제와 관련된 중요한 몇 가지 연구결과를 소개하면 다음과 같다.

첫째, 염색체 내에 들어있는 뉴클레오티드핵산의 구성 성분의 숫자는 일반적으로 흔히 생각하는 진화의 순서와는 일치하지 않는다. 예를 들어, 인간은 23쌍의 염색체 내에 34.2억 쌍의 뉴클레오티드를 갖고 있으며, 다른 대부분의 포유동물들도 이와 비슷하다. 쥐는 29억 쌍, 암소는 36.5억 쌍, 긴날개박쥐bent-winged bat는 비교적 적은 16.9억 쌍, 남미의 비스카차 쥐

red viscacha rat는 82.1억 쌍이다. 같은 어류 내에서도 뉴클레오티드의 숫자는 천차만별이다. 예를 들어, 녹색 복어green puffer fish는 3.4억 쌍의 뉴클레오티드만 갖고 있지만, 폐어肺魚, marbled lungfish는 무려 1300억 쌍에 이른다![4] 이는 뉴클레오티드 수가 진화와는 별 관계가 없음을 의미한다.

둘째, 모든 동물들에게 있어서 극히 일부의 DNA만이 단백질 코딩coding, 암호화에 참여한다. 다시 말해, DNA의 극히 일부만이 실제로 인체를 만드는 데 관여한다는 말이다. 예를 들면, 인간의 경우 DNA의 2%만이 단백질 코딩에 참여하고 나머지 98%는 뚜렷한 기능이 존재하지 않는 듯이 보인다.[5] 유전체genome에 직접적으로 단백질의 코딩에 참여하지 않는 DNA가 많다는 것은 인간과 침팬지 등의 유전적 유연성有緣性을 비교할 때 착시를 만들 가능성이 많음을 시사한다.

지난 몇 십 년 동안 과학자들은 유전체에 분명한 기능도 없는, 다시 말해 단백질 코딩에 참여하지도 않는 DNA가 많다는 사실을 이상하게 생각했다. 이러한 DNA는 흔히 쓸모가 없다고 해서 '쓰레기 DNA' 혹은 '정크 DNAjunk DNA'라고 불린다. 이들은 유기체에 아무런 기여도 하지 않으면서 오직 스스로만을 위해 존재한다고 해서 '이기적인 DNAselfish DNA'라고도 불린다. 이것을 처음으로 발견한 사람은 일본계 미국인 유전학자 오노 스스무大野乾, Ono Susumu, 1928~2000였다. 1928년에 서울에서 조선총독부 교육부 장관의 아들로 태어난 오노는 1972년에 발표한 논문에서 포유류의 유전체에서 특별한 기능이 없는 부분을 표현하기 위해 이 용어를 사용했다.[6]

물론 지금은 '정크 DNA'에 대한 집중적인 연구를 통해 이들이 더 이상 정크가 아니라 나름대로 중요한 기능이 있음이 점차 밝혀지고 있다. 2003년에 인간게놈프로젝트HGP를 통해 인간 유전체게놈의 34억 쌍의 염기서열 정보가 모두 해독되었다면, 그해에 미국국립인간게놈연구소US National Human Genome Research Institute, NHGRI가 시작한 'DNA 원소 백과사전ENCODE: ENCyclopedia Of Dna Elements' 연구는 유전자의 발현과 그 과정에서 일어나는 여러 DNA 정보의 상호작용을 유전체 전체의 기능 차원에서 밝히기 위한 프로젝트였다. 즉, DNA 염기서열 정보의 물리적인 지도가 인간게놈프로젝트였다면, ENCODE는 그 지도의 물리적인 지점들에서 일어나는 세부 기능을 표시하는, 이른바 '게놈의 유전자 기능 지도'를 찾기 위한 연구라고 할 수 있다. ENCODE 제4단계The Fourth Phase 프로젝트는 2017년 2월에 시작하여 현재 진행되고 있다. 하지만 그동안의 연구를 통해서만도 '정크 DNA'로 알려진 부위에도 유전자 발현을 조절하는 많은 복잡한 기능이 있음이 밝혀졌다. 이런 연구결과들은 생물종들 간의 단순한 유전체 유사성의 비교만으로는 진화 계열을 파악하는 것이 어려움을 의미한다.

2. 유전체 유사성

그렇다면 근래 살아있는 유인원들 중 인간과 가장 유사하다는 침팬지의 유전체 유사성은 어느 정도일까? 생물학적으로 침팬지나 인간은 모두 포유류이기 때문에 당연히 유전자는 비슷할 것이다. 이는 이들의 해부학적 구조는 물론 호흡기, 순환기, 생식과정 등 대부분의 생물학적 기능이 비슷하기 때문이다. 아마 인간의 유전자를 개나 고양이, 쥐 등과 비교해도 비슷할 것이다.

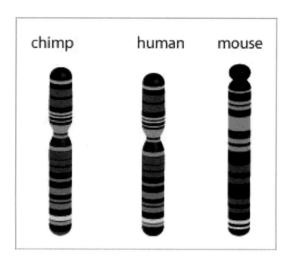

<그림 4-1> 침팬지, 인간, 쥐의 DNA 밴딩 패턴[7]

　우선 인간과 침팬지의 DNA 유사성은 연구하는 학자들에 따라, 그리고 어떻게 계산하는가에 따라 상당히 달라진다. 미국 창조과학연구소ICR의 톰킨스Jeffrey Tomkins는 인간과 침팬지의 DNA를 비교, 분석한 결과 평균적으로 70%의 DNA만 유사하다는 결론을 내렸다. 그는 이미 진화론자들이 인간과 침팬지의 DNA가 98% 이상 유사하다는 결과를 발표했는데, 왜 다시 동일한 비교를 했을까? 이에 대해 톰킨스는 진화론자들이 '데이터를 선택적이며 편향적으로 다룬다는 것preferential and selective treatment of data'을 확인했기 때문이라고 했다.[8]

　이것은 비단 창조과학자들만의 주장이 아니다. 진화론자들 중에도 인간과 침팬지 DNA의 유사성에 여러 가지 오해가 있다고 지적하는 사람들이 많다. 현재 매스컴에서 보도하고 있는 DNA 유사성 주장의 내막을 살펴보면 실제와는 상당히 차이가 난다는 것이다. 한 예로, 2012년에 진화론자 프루스Todd Preuss는 「미국국립과학원 회보Proceedings of the National

Academy of Sciences, PNAS」에서 "인간과 침팬지의 유전적 차이는 이전에 생각했던 것보다 훨씬 더 크다는 것이 분명하다. 그들의 유전자는 98%나 99% 동일한 것이 아니다."라고 했다.[9]

DNA는 아데닌-시토신, 구아닌-티민이라는 네 글자염기로 표현된다. <그림 4-2>에서 볼 수 있는 것처럼, 위에 있는 인간의 DNA 서열과 아래에 있는 침팬지 DNA 서열은 같지 않다. 언뜻 보기에도 인간의 DNA와 침팬지의 DNA는 많이 다르다. 그런데 어디에서 98.5%의 유사성을 볼 수 있다는 말인가? 그 이유는 진화론자들이 DNA를 비교할 때 비정렬 DNAnon-aligned DNA, DNA 틈DNA gaps, 정크 DNA, 유전자 복제수 변이copy number variations, 크기 차이size differences 등의 요소들을 포함하지 않았기 때문이다. 만일 이러한 요소들을 고려한다면 인간과 침팬지 DNA는 앞에서 언급한 것보다 훨씬 더 큰 차이가 날 것이다. 예를 들면, 아래 그림에서 보는 것처럼, 인간이나 침팬지의 DNA에서 18개의 DNA 틈'---'으로 표시은 비교 대상에서 제외되었다. 서로 대응되는 염기쌍이 있는 것들만을 비교한 것이다!

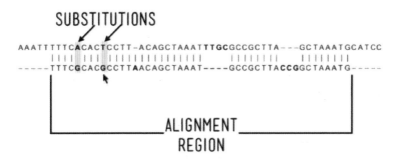

<그림 4-2> 인간의 DNA위와 침팬지의 DNA아래. 비교된 DNA는 일부에 불과하다.

그렇다면 왜 진화론에서는 이런 요소들이 고려되지 않은 채 인간과 침팬지 DNA의 유사성을 강조하기 위해 노력하는가?

우선 인간이 침팬지와 공통조상을 가졌다는 진화론적인 선입견에서 그 이유를 찾을 수 있다. 인간이 침팬지와 공통조상을 가졌다는 것은 증명되지는 않았지만, 인류 진화론자들은 당연한 것으로 받아들이고 있다. 그러므로 비교할 수 있는 짝이 없는 경우에는 아예 비교를 하지 않는다. 한 예로, <그림 4-2>는 57개 염기쌍을 보여주고 있다. 이 중에서 18개의 염기쌍은 상대편 DNA에 비교할 수 있는 염기가 없기 때문에 비교하지 않았다. 반면 나머지 39개의 염기 쌍 중에서는 화살표로 표시한 두 개의 염기쌍만 다르다. 아래에서는 이 문제에 대해 좀 더 살펴볼 것이다.

둘째는 인간과 침팬지의 DNA 유사성이 크다고 해야 수백만 년 전에 공통조상이 있었다는 말에 설득력이 있기 때문이다. 만일 인간과 침팬지 DNA 유사성이 10% 이상 차이가 난다면, 인간과 침팬지가 수백만 년 전에 공통조상을 가졌다는 주장이 전혀 설득력이 없게 된다. 그렇게 많은 차이가 난다면 진화를 위해 훨씬 더 오랜 시간이 필요하기 때문이다. 인간이 진화되는 데 수백만 년보다 훨씬 더 오랜 시간이 걸렸다고 하면, 방사성연대측정결과 등 기존의 진화 시간표와 맞지 않게 된다. 그래서 진화론자들은 어떻게든 인간과 침팬지의 DNA 유사성이 매우 높아야 한다는 '압력'을 느끼게 된다.

DNA의 틈만이 문제가 아니다. 흔히 사람들은 DNA를 비교할 때 있는 그대로의 삼차원적 구조를 비교하는 것으로 생각하기 쉽다. 하지만 실상은 그렇지 않다. 위 그림에서 보여준 것처럼, 두 DNA의 유사성을 비교할 때는 일차원적으로 펼쳐두고 일대일로 하나씩 비교한다. 동일한 염기서열이라도 어떻게 삼차원적으로 접혀있는가에 따라 다른 유전적 특성이 발현된다는 점을 생각할 때, DNA를 일차원적으로 펼쳐서 비교한다는 것은 DNA에 코딩된 많은 정보를 비교 대상에서 제외한다는 의미가 된다.

앞에서 언급한 정크 DNA는 어떤가? 정크 DNA의 기능은 완전히 밝혀지지 않았을 뿐이지 중요하지 않거나 기능이 없다는 의미가 아니다. 오랫동안 사람들은 정크 DNA가 아무런 기능을 하지 않는 것으로 생각했지만, 연구가 진행되면서 정크 DNA도 아무 기능이 없는 '쓰레기'가 아니라 고유한 기능이 있음이 속속 밝혀지고 있다. 모든 DNA는 중요하고, 거의 모든 DNA는 우리가 아직 완전히 파악하지 못했을 뿐이지 뭔가 나름대로의 기능이 있다고 볼 수 있다. 이러한 연구결과들은 다만 DNA 염기서열의 알려진 차이만으로 종들 간의 진화적 근친성을 결정하려고 하는 시도는 잘못될 수 있음을 보여준다.

이외에도 인간과 침팬지의 DNA를 비교할 때, 앞에서 언급한 비정렬 DNAnon-aligned DNA, 유전자 복제수 변이copy number variations, 크기 차이size differences 등도 고려되지 않는다. 실제로 침팬지 유전체는 인간의 유전체보다 약 10% 더 큰 것으로 알려져 있다.[10] 인간과 침팬지의 DNA를 비교할 때, 지금까지 언급한 이런 종류의 차이점은 일반적으로 계산에 포함되지 않았다. 그러나 이런 요소들을 모두 고려한다면, 인간과 침팬지의 DNA 사이에는 훨씬 더 많은 차이가 생길 것은 자명하다. 그리고 이것은 98.5%라는 것이 착각 혹은 착시일 수 있음을 의미한다.

3. 관점의 차이

DNA 구조를 비교할 때 염기서열 이외의 요소를 고려해야 하는 것과 관련하여 근래에 많은 관심을 끌고 있는 분야가 후성유전학後成遺傳學, epigenetics 또는 후생유전학後生遺傳學이다. 후성유전학이란 DNA의 염기서열이 변화하지 않는 상태에서 이루어지는 유전자 발현의 조절을 연구하는 유전학의 하위 학문이다. 즉, 후성유전학은 DNA 배열의 변화를 포함하지 않으면서도, 유전자 외적 요인에 의해 일어나는 유전을 연구하는 연구 분야이다.[11]

후성유전학에서는 DNA에 있는 화학 표시자chemical marker를 연구하는데, 이 화학 표시자가 어떤가에 따라 DNA에 있는 유전적 특성이 표현되는 것이 다르다. 인간과 침팬지의 유전자는 상당히 다른 화학 표시자를 갖고 있다. 아마 시간이 지나면서 DNA의 3차원 구조에 관한 연구가 진행되면 각 층에 저장되어 있는 정보에 대해 더 많이 알게 될 것이다.

후성유전학의 연구에 의하면 근본적인 DNA 염기순서를 바꾸지 않더라도, 즉 생물의 기초가 되는 DNA 서열의 변화를 수반하지 않더라도, 서로 다른 유전자들의 발현이 여러 세대에 지속될 수 있다. 아직 과학자들은 이에 대한 메커니즘을 분자적 수준에서 완전히 이해하지는 못하지만 DNA 염기순서의 변화를 기반으로 하는 유전학과는 달리, 후성유전학의 세포 표현 또는 유전자 발현의 변화는 다른 원인들에 의해 일어나는 것이 분명한 것으로 보인다. 후성유전학 연구는 단순한 염기서열의 비교를 진화적 근친성의 근거로 사용해서는 안 된다는 것을 보여준다.

여기서 다시 한 번 앞에서 언급한 톰킨스의 주장을 생각해 볼 필요가 있다. 톰킨스는 인간과 침팬지의 DNA 차이가 1.5%가 아니라 12%라고 했다. 즉, 근래 인간 DNA의 염기서열 약 30억 개 중 88%가 같고 12%가 다르다는 말이다. 12%의 염기서열이 다르다는 말은 3억 6천만 개의 염기서열이 다름을 의미한다.[12] 아마 어떤 사람은 여전히 88%의 DNA가 같다면 상당히 비슷한 것이 아니냐고 생각할지도 모른다. 하지만 한 종류의 유기체에서 완전히 다른 종류의 유기체로 진화할 때 이 정도 염기 서열의 변화가 일어나려면 수백만 년의 돌연변이로서도 불가능하다는 것은 이미 잘 밝혀져 있다.

또한 인간과 침팬지의 DNA가 88%가 같다는 결론에는 침팬지의 염기 쌍 숫자가 인간의 염기쌍 숫자보다 8% 더 많다는 것은 고려되지 않은 결과이다. 그러므로 이것을 고려한다면, 인간과 침팬지의 DNA는 약 80% 정도만 같다고 말할 수 있다. 게다가 이러한 결과들은 세포핵 내에서 DNA가 존재하는 모습 그대로를 비교한 것이 아니라 선형적으로 풀어놓았을 때의 차이이다. 앞에서 언급한 것처럼, DNA는 세포핵 내에서 3차원적 구조를 갖고 있고, 3차원의 각 층에는 아직도 밝혀지지 않은 많은 정보들이 포함되어 있는 것으로 알려져 있다.

이런 요소들을 생각한다면, 앞에서 인간과 침팬지의 유전자가 80% 혹은 88% 정도 유사하다는 것은 상당히 보수적으로 잡은 수치라고 할 수 있다. 앞으로 이러한 요소들을 고려하여 DNA의 구조와 표현 과정에 대한 연구가 진행된다면, 인간과 침팬지 DNA의 유사성은 훨씬 더 줄어들 것으로 예상된다. 이는 진화론적인 긴 시간 프레임 내에서조차 그런 진화가 일어날 수 없음을 의미하며, 인간과 침팬지의 공통조상이라는 가설도 바르지 않음을 의미한다.

인간과 침팬지의 유전적 유사성이 어느 정도인가에 대해서는 주류 학계에서도 상당한 논란이 되고 있다. 미시간 주에 소재한 웨인주립대학교 의대Wayne State University School of Medicine의 굿맨Morris Goodman, 1925~2010 등은 2003년 4월에 「미국국립과학원 회보」에 발표한 논문에서 침팬지와 인간이 같은 뿌리에서 나왔을 가능성이 높다고 주장하면서, 침팬지를

'인류의 사촌'이 아니라 '인류의 형제'로 봐야 한다고 주장하였다. 그는 인간과 침팬지, 고릴라, 오랑우탄, 원숭이, 쥐의 97개 유전자 염기서열을 비교한 결과, 인간과 침팬지는 유전자 염기서열이 99.4%가 동일한 것으로 확인됐다고 밝혔다.[13]

하지만 미국 캘리포니아 공대California Institute of Technology 로이 브리튼 Roy John Britten, 1919~2012은 2002년 9월 「미국국립과학원 회보」에 발표한 논문에서 인간과 침팬지의 유전자 유사성이 이보다 훨씬 작다고 발표했다. 그는 침팬지와 인간 사이의 차이를 주의 깊게 검사하기 위해 779 킬로베이스kilobases, 77만 9천 개 염기쌍을 조사했다.[14] 그 결과 그는 1.4% 의 염기가 치환되었음을 알아냈는데, 이것은 이전 연구결과98.6%의 유사성와 일치하는 것이었다. 하지만 그는 이에 더하여 훨씬 더 많은 수의 삽입insertions과 삭제deletions된 염기서열을 발견했다. 흥미로운 것은 이러한 삽입과 삭제를 포함하면, 인간과 침팬지 DNA에서 차이가 있는 염기쌍은 3.4%로 증가한다.

실제로 브리튼은 DNA 염기서열상의 삽입과 삭제를 포함하면, 인간과 침팬지의 DNA 염기서열은 약 95% 정도 유사한 것이라고 했다. 그는 자신의 연구결과를 근거로 "이번 결과는 너무 높은 확률을 보인다."라며 "5%의 차이는 인간을 여전히 지구에서 유일한 종으로 만든다."라고 주장했다.[15] DNA 중 5%가 다르다는 말은 인간과 침팬지 사이에는 무려 1억 5천만 개의 DNA 염기쌍이 다르다는 의미이다. 그는 인간과 침팬지 DNA 염기서열이 98.5% 이상 유사성을 보여준다고 하지만, 이는 무엇을 어떻게 비교하느냐에 따라 달라진다고 했다.

이에 대해 한국생명공학연구원 박홍석 박사 역시 "침팬지와 인간의 유전자 유사성은 어느 유전자를 택해 비교하느냐에 따라 결과가 달라진다."라고 말한다. 굿맨과 브리튼 모두 지금까지 알려진 침팬지의 유전자를 임의로 택해, 이를 이미 밝혀진 인간의 전체 유전자와 비교하는 방식을 택했다. 즉, 침팬지의 어느 유전자를 택하느냐에 따라 그 결과는 많이 달라질 수 있다는 것이다.[16]

지금까지 인간과 침팬지의 DNA를 비교한 또 다른 대규모 연구는 후지야마Fujiyama Asao 등의 연구로 알려져 있다.[17] 이 연구에서는 198킬로베이스19만 8천 개 이상의 염기를 비교했는데, 얼핏 보면 많은 수의 염색체를 비교한 것 같지만, 실제로는 단지 전체 염기쌍의 1% 미만을 비교한 것이다. 그들은 이 연구에서 인간과 침팬지는 평균 98.77%의 동일성 또는 1.23%의 차이를 보임을 계산해 냈다고 했지만, 사실은 이들도 브리튼의 지적처럼 삽입insertions이나 삭제deletions를 고려하지 않았고, 단지 유전자의 치환substitutions만을 고려했던 것이다. 뉴클레오티드의 치환은 한 염기A, G, C, T가 다른 염기로 대치되는 돌연변이이다. 삽입이나 삭제는 두 개의 염기서열을 비교할 때 결손된missing 뉴클레오티드가 있는 곳에서 발견된다.

끝으로 지적하고자 하는 것은 유전자의 작은 차이가 큰 결과로 나타날 수 있다는 사실이다. 침팬지의 면역체계는 인간의 것과 매우 비슷한 것으로 알려져 있다. 인간에게 에이즈AIDS나 간염hepatitis을 유발하는 대부분의 바이러스는 침팬지에게도 동일하게 병을 유발할 수 있다. 하지만 인간에게 말라리아를 발병시키는 말라리아 기생충Plasmodium falciparum은 침팬지에서는 말라리아를 발병시키지 못한다. 이는 DNA에서 아주 작은 차이만을 보이더라도 인간의 적혈구는 말라리아 기생충에 매우 취약한 반면 침팬지 적혈구는 내성이 강하다는 것을 의미한다.[18]

지금까지 살펴본 것처럼, 인간과 침팬지의 DNA 유사성 비교 연구는 관점에 따라 유사성의 정도가 많이 달라진다. 흔히 과학은 객관적인 수치만을 다룬다고 생각하지만, 실제로는 관점에 따라 그 수치가 많이 달라질 수 있다는 것을 살펴보았다. 해석하는 관점에 따라 수치가 달라진다는 것은 해석하는 관점에 따라 다른 결론을 내릴 수 있음을 의미한다.

4. 염색체 융합

다음에는 분자생물학 분야에서 진화의 증거로 제시되고 있는 염색체 융합chromosome fusion에 대해 살펴보자.

알려진 것처럼, 인간의 DNA에는 23개의 염색체 쌍이 있고, 침팬지의 DNA에는 24개의 염색체 쌍이 있다. 만일 인간과 침팬지가 정말 공통조상으로부터 진화했다고 한다면, 어떻게 염색체 쌍의 숫자가 다른지에 대한 설명을 할 수 있어야 한다.

인간과 침팬지의 염색체를 염색해서 관찰하면 무늬 모양이 나타나는데, 흥미롭게도 학자들은 인간의 2번 염색체가 침팬지의 12, 13번 염색체와 비슷하다는 것을 알게 되었다. <그림 4-3>은 실제 염색체와 이를 비교한 그림이다. 진화론자들은 염색체 수의 차이를 개별적인 창조로 말미암는 본질적인 차이로 인정하지 않고, 대신 침팬지 내의 작은 염색체 12, 13번이 융합하여 인간의 2번 염색체가 되었다고 해석한다.

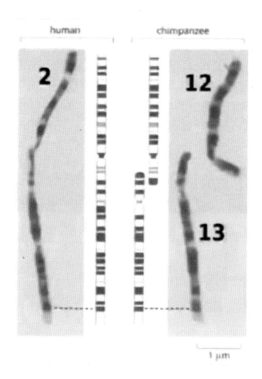

<그림 4-3> 인간의 2번 염색체와 침팬지의 12, 13번 염색체 비교

진화론자들은 이를 인간에 이르는 진화계열에서 염색체 융합이 일어
났다고 해석한다. 그래서 인간은 23개의 염기쌍을, 침팬지는 24개의 염
기쌍을 갖게 되었다고 한다. 즉, 인간과 침팬지의 공통조상은 24개의 염
기쌍을 갖고 있었는데, <그림 4-4>에서와 같이 분지分枝가 일어나면서
인간으로 진화할 때는 염색체 융합이 일어나 23개의 염기쌍이 되었고,
침팬지의 경우에는 원래 조상과 같이 24개의 염기쌍을 가진 채로 남았
다는 것이다.

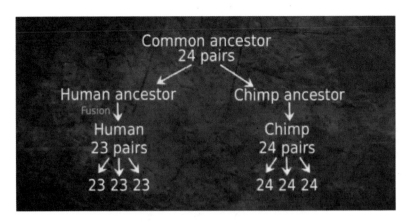

<그림 4-4> 인간과 침팬지가 공통조상에서 분지(?)

이러한 해석은 어떤 증거나 실험에 의한 것이 아니라 **그렇게 설명 혹은 해석한 것**이다. 이것은 화석으로 증명할 수 있는 것도 아니고, 현재 인간과 침팬지의 염색체 쌍의 숫자로부터 그렇게 유추한 것일 뿐이다. 그런데도 진화론자들은 이것이 인간과 침팬지의 공통조상이 존재했음을 보여주는 '결정적인 증거definitive proof'라고 주장한다. 그러나 우리가 보았듯이, **이것은 공통조상에 대한 증거가 아니라 진화론자들의 설명 혹은 주장일 뿐이다!**

분자생물학자이자 유신진화론자로서 바이오로고스BioLogos 재단을 창설한 콜린스Francis S. Collins, 1950~는 이에 대해 "우리가 원숭이로부터 진화했을 때 일어났던 염색체 융합은 여기 DNA 자국에 남아 있다. 공통조상을 가정하지 않고는 이러한 현상을 이해하는 것이 매우 어렵다."라고 했다.[19] 인간과 침팬지의 공통조상이 존재했고, 이로부터 진화되는 과정에서 염색체 융합이 일어나지 않았다면, 인간의 2번 염색체가 어떻게 침팬지의 12, 13번 염색체와 그처럼 비슷한지를 설명해 줄 방법이 없다는 것이다.

역시 분자생물학자이자 유신진화론자인 밀러Kenneth R. Miller, 1948~도 비슷하게 "우리가 알다시피, 우리가 그것인간에게서 융합된 염색체을 찾지 못한다면 진화란 틀린 것이다. 우리는 공통조상을 갖고 있지 않았을 것이다."라고 했다.[20] 유명한 생물교과서 저자이기도 한 밀러는 많은 대중강연을 하는 사람인데, 흥미롭게도 그 영상의 제목이 '귀찮게 하는 창조론자의 입을 다물게 하기'이다.

그렇다면 인간 염색체의 2번 쌍이 어떻게 융합이 일어났을까? 먼저 진화론자들의 설명을 살펴보자.

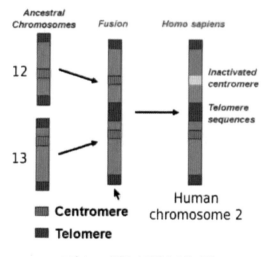

<그림 4-5> 진화론의 염색체 융합 가설

진화론자들은 위 그림에서와 같이 우선 12, 13번 염색체 쌍이 공통조상에게는 있었는데, 인간으로 진화하는 중에 융합이 일어나서 2번 염색체 쌍 하나로 되었다고 주장한다. 염색체 융합이 일어났다는 것을 전제로 하는 진화론자들은 아예 침팬지에 있는 12, 13번 염색체를 2A, 2B 염

색체라고 부른다. 이것은 12, 13번 염색체가 2번 염색체로 융합된 것을 전제하고 명명한 이름이다. 하지만 정말 그런 융합이 일어났을까? 만일 그런 융합이 일어났다면 어떤 현상이 생겨야 할까? 여기에는 두 가지 문제가 제기된다.

(1) 텔로미어의 역할

우선 정말 융합이 일어났다면 텔로미어telomere의 역할을 설명할 수 없다. 위의 <그림 4-5>에서 염색체 끝 부분에 위치한 푸른색 부분은 텔로미어 혹은 우리말로는 말단소립末端小粒이라고 부르는 DNA 조각이다.[21] 텔로미어라는 염색체는 1970년대 초 러시아 생물학자 올로브니코프 Alexey Olovnikov, 1936~가 처음 발견하였다. 텔로미어는 자신의 끝 부분을 완전하게 복제해 내지 못한다.

그 후 여러 학자들의 연구를 통하여 텔로미어가 세포의 노화에 관련되어 있음이 밝혀졌다. 텔로미어의 특징을 살펴보면, 세포가 한 번 분열할 때마다 염색체의 말단으로부터 50~200개의 텔로미어 DNA 뉴클레오티드nucleotide를 잃어버린다. 이는 텔로미어의 길이가 짧아질수록 세포가 늙었다는 것을 의미한다. 그렇기 때문에 여러 차례 세포분열을 하면서 대부분의 텔로미어 DNA가 손실되면 세포는 세포분열을 멈춘다.

성별로 비교한다면, 여성의 텔로미어가 남성의 것보다 더 긴 것으로 밝혀졌다. 일반적으로 더 긴 텔로미어를 가진 생물이 짧은 텔로미어를 가진 생물보다 더 오래 살 수 있다는 것이 밝혀지긴 했지만,[22] 짧은 텔로미어가 단순히 세포의 나이를 표시하는지, 노화에 직접적으로 기여를 하는지는 밝혀진 바 없다.[23] 노화가 진행되었다고 해서 모든 장기나 기관들의 세포에서 텔로미어가 일괄적으로 단축되지는 않는다. 한 예로, 쥐의 텔로미어는 길이20~100kilobases가 인간의 것5~15kilobases보다 길지만, 쥐가 인간보다 더 오래 살지는 않는다. 하지만 같은 인간에게서 여성이 남성보다 오래 사는 것은 일반적으로 여성의 텔로미어가 남성보다 길기 때문이라고 해석한다.

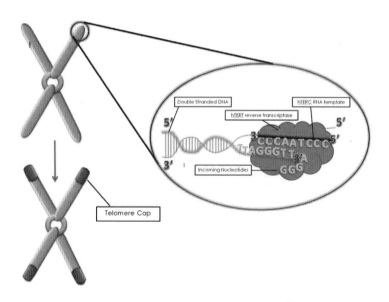

<그림 4-6> 염색체 말단을 보호하는 텔로미어[24]

현재까지 알려진 바에 의하면, 위 그림에서와 같이 텔로미어는 염색체 끝 부분에 위치하고 있으면서 세포가 분열할 때 염색체가 분해되는 것을 막아주면서 DNA를 보호하는 역할을 한다. 흥미로운 것은 텔로미어의 중요한 역할 중 하나는 다른 염색체와 결합하는 것을 방지하는 것이다. 침팬지의 12번과 13번 염색체 끝에 있는 텔로미어가 융합을 방지하는 역할을 한다면 어떻게 이 두 염색체가 결합하여 인간의 2번 염색체가 될 수 있었을까? 또한 이들이 융합했다고 한다면, 융합된 유전자 속에

는 반드시 두 텔로미어가 연속적으로 존재해야 하는 데 그렇지 않다.

(2) 센트로미어의 역할

다음에는 정말 융합이 일어났다면 센트로미어centromere의 역할을 설명할 수 없다. 중심립中心粒, 매듭, 동원체動原體, 중심절中心節 등으로 번역되는 센트로미어는 염색체 중에서 명확히 조여진 부분으로서 거기에서 염색분체染色分體가 연결된다. <그림 4-5>에서 붉은 색으로 표시한 부분이 센트로미어인데, 모든 염색체는 하나의 센트로미어를 갖고 있다. 세포가 분열할 때 DNA가 두 세포 사이에 동일하게 나누어지는 것은 매우 중요하다. 만일 두 염색체가 융합하여 하나가 되었다고 한다면, 융합된 염색체 안에 두 개의 센트로미어가 있든지 아니면 <그림 4-5>에서와 같이 비활성화된 센트로미어inactivated centromere와 정상적인 센트로미어가 동시에 존재해야 한다. 하지만 인간의 2번 염색체에는 그런 흔적이 없다.

이외에도 인간의 염색체가 침팬지의 두 염색체의 융합으로 일어난 것이라고 가정할 때 설명할 수 없는 것은 '잔여 텔로미어remnant telomere'의 문제이다. 즉, 인간 염색체에서 '잔여 텔로미어' 계열이 수적으로 매우 적으며, <그림 4-5>와 같이 그나마 텔로미어처럼 보이지도 않는다는 것이다. 이를 어떻게 설명할 수 있을까? 진화론자들은 이를 아주 심한 퇴화가 일어났기 때문이라고 설명하지만, 왜 텔로미어 계열이 이렇게 심하게 퇴화되었는지, 왜 텔로미어 계열의 숫자가 이렇게 적은지는 설명하지 못한다.

그러나 이런 현상은 진화에 대한 선입견이 없으면 창조론자가 아니더라도 자연스럽게 설명이 된다. 즉, 진화 과정에서 조상에게 있었던 두 염색체가 융합된 것이 아니라 원래 침팬지 유전자에는 24개의 염색체 쌍이 있었고, 인간의 유전자에는 23개의 염색체 쌍이 있었다고 보면 되는 것이다. 염색체가 융합된 것이 아니라면 당연히 텔로미어의 숫자가 그렇게 많을 리도 없을 것이다.

결국 인간과 침팬지의 유전자가 거의 같으며, 이것은 이들이 공통조상을 가졌기 때문이라고 해석하는 것은 바르지 않은 해석이다. 이런 해석이 나온 것은 지금까지 인간과 침팬지의 유전자 비교연구가 이 두 종의 유전자 유사성을 선호하는 방법만을 사용했고, 또 불필요하다고 생각되는 부분은 생략했기 때문이다. 그러나 인간과 침팬지의 DNA를 비교할 때는 염색체 계열의 일부만 고려해서는 안 되고 전체를 봐야 한다. 이런 점에서 인간과 침팬지의 DNA 유사성은 과장된 결론으로 보인다.

5. 미토콘드리아 하와와 Y-염색체 아담

DNA 유사성을 근거로 인간의 진화 공통조상을 논의할 때 빠뜨릴 수 없는 주제는 1980년대 후반에 시작된 소위 '아프리카 하와African Eve' 이론과 2000년경에 시작된 Y-염색체 아담Y-chromosomal Adam 이론이다. 어떤 의미에서 이 두 이론은 맞고 틀리고를 떠나 분자시계molecular clock 개념을 사용하여 인류의 기원을 추적한, 역사적 아담 논쟁과 직, 간접적으로 관련된 과학이론들이라고 할 수 있다.[25]

(1) 미토콘드리아 하와
아프리카 하와 이론은 '미토콘드리아 하와Mitochondrial Eve' 이론 혹은 모계최근공통조상matrilineal most recent common ancestor, mt-MRCA 이론이라고

도 불린다. 이 이론은 수정 과정에서 난자의 미토콘드리아만 후대의 여자들에게 전달된다는 사실에 기초하고 있다.

우리가 흔히 DNA라고 하면 세포핵에 있는 DNA를 가리킨다. 하지만 아래 그림에서와 같이 세포 내에는 핵 DNA와 더불어 미토콘드리아 DNAmtDNA가 있다. 미토콘드리아는 세포에 에너지를 공급하는 일종의 발전소 역할을 하는 곳인데, 그 안에는 둥근 모양의 DNA가 존재한다. 이 mtDNA는 모계로만 유전되는데, 이는 수정 과정에서 부계 mtDNA는 잘려나가기 때문이다. 그래서 mtDNA는 모계 혈통을 추적할 때 사용되는데, 모든 인간은 매우 비슷한 mtDNA를 갖고 있다.

mtDNA에는 16,569개 염기쌍이 있는데, 이 염기쌍들은 세대를 내려가면서 비교적 일정하게 변이를 일으킨다. 이 변이의 정도를 근거로 분자생물학자들은 최초의 어머니 조상의 연대와 숫자를 결정한다. 참고로 말하면, 아프리카 하와 이론이 등장한 1980년대 당시는 mtDNA보다 훨씬 더 복잡한 핵 DNA염기쌍이 34억 개에 이르는에 대한 염기서열이 밝혀지기 전이었다.

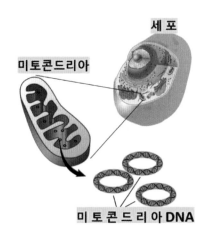

세 포

미토콘드리아

미 토 콘 드 리 아 DNA

<그림 4-7> 미토콘드리아 DNA

mt-MRCA 연구결과를 처음으로 발표한 것은 캘리포니아대학교 University of California-Berkeley 생화학자인 윌슨Allan Charles Wilson 팀이었다. 윌슨 팀은 다양한 지역에 사는 145명의 여자들로부터 mtDNA 샘플을 확보하여 조사한 결과 모든 현존하는 인류의 미토콘드리아는 14~20만 년 정도 전에 아프리카에서 기원한 한 여자 혹은 단일 집단으로부터 유래하였다는 결론에 이르게 되었다고 발표했다.[26] 저자들은 논문에서 '하와'라는 말을 전혀 사용하지 않았지만, 매스컴이나 다른 학자들은 이것이 성경과 관련된 내용인 듯이 보도하면서 '미토콘드리아 하와' 혹은 '아프리카 하와'라는 말이 유행하게 되었다.

그 후 mt-MRCA 이론은 많은 비판과 후속 연구가 뒤따랐으며, 이들의 연대 또한 학자들 사이에서 의견이 분분했다. 예를 들어, 2013년에 발표된 막스플랑크연구소Leipzig 페보Svante Pääbo 팀의 논문에서는 아프리카 하와의 연대를 9.5만 년이라고 추정하였다.[27] 동일하게 2013년에 여섯 개의 다른 집단으로부터 69명의 유전체를 연구한 논문에서는 mt-MRCA의 연대를 9.9~14.8만 년으로 추정했다.[28] 이러한 연대들은 호모 사피엔스 종의 출현 연대와 크게 다르지 않았다. 하지만 2000년대에 들어와 본격화된 핵 DNA 염기서열 연구는 고대의 인간집단의 크기가 수만 명 이하로 떨어진 적이 한 번도 없었음을 보여주고 있다. 그러므로 핵 DNA 연구는 인류의 조상이 한 여자 혹은 소수의 집단이었다는 미토콘드리아 하와 이론이 정확하지 않음을 보여준다.

(2) 미토콘드리아 하와와 공통조상

이외에도 미토콘드리아 하와의 연대는 다양하다. 2009년 논문에서는 10.8만 년 전, 2012년 논문에서는 25~30만 년 전, 2013년 논문에서는

15.7만 년 전에 살았다고 주장한다. 학자들마다 다른 연대가 나오는 것은 미토콘드리아 DNA가 달라서가 아니라 그 DNA를 해석하는 가정이 다르기 때문이다. 그러나 사람들마다 가정은 다르지만, 한 가지 공통점은 인간과 침팬지가 공통조상을 갖고 있다고 가정한다는 것이다.

하지만 세포핵의 DNA와는 달리 인간과 침팬지의 mtDNA는 전혀 다르다. 그러므로 인간과 전혀 다른 침팬지의 mtDNA가 인간의 mtDNA로 진화하는 데 걸리는 시간을 계산함에 있어서 사람들마다 다른 가정을 사용하고 있으며, 따라서 최초의 인간의 출현 시기, 즉 미토콘드리아 하와의 출현 시기도 달라지는 것이다.

흥미롭게도 1997년에 한 진화론자는 미토콘드리아 하와가 6,500년 전에 살았다는 논문을 발표했다. 파슨스 등Thomas J. Parsons et. al은 이렇게 말했다. "mtDNA의 분자시계를 보정하기 위해 실험 데이터를 사용하면 불과 약 6,500년 정도의 나이가 나오는데, 이는 명백하게 현생인류의 알려진 연대와는 부합하지 않는다."[29]

이는 당연히 젊은지구론자들이 인용할만한 연대라고 할 수 있다. 그러면 어떻게 그런 연대가 나왔을까? 연대를 계산한 방법은 간단했다. 그는 침팬지와의 공통조상을 가정하지 않고 사람들 사이의 mtDNA의 차이만을 고려했다. 즉, mtDNA의 구조를 조사하면서 증조할머니와 할머니 사이의 차이, 할머니와 어머니 사이의 차이, 어머니와 딸 사이의 차이만을 고려해서 계산한 것이다. 전혀 구조가 다른 침팬지의 mtDNA에서 출발하게 되면 엄청나게 오랜 시간이 필요하지만, 모계 세대들 사이의 차이만 고려하면 그렇게 오랜 연대가 나오지 않는다는 것이다. 당연히 진화론자들은 이 결과에 대해 격렬하게 비난했다.

하지만 mtDNA에 대한 창조론자들의 연구도 자못 진지하다.

AiGAnswers in Genesis의 창조과학자이자 유전학자 진슨Nathaniel T. Jeanson은 전 세계에 있는 사람들의 DNA를 비교할 수 있는 데이터베이스를 가지고 연구했다. 그리고 그는 mtDNA가 진화론적 시간표와 맞지 않음을 발견했다.[30]

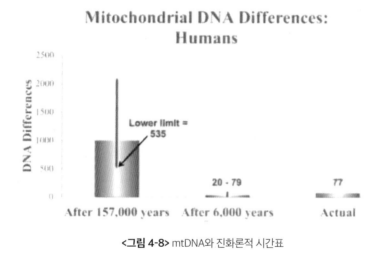

<그림 4-8> mtDNA와 진화론적 시간표

만일 미토콘드리아 하와가 15.7만 년 전 사람이라면 미토콘드리아 돌연변이율을 적용할 때 평균 1,000여 개의 차이가 발생해야 한다. 하지만 미토콘드리아 하와가 6천 년 전쯤 살았다면 돌연변이가 일어날 수 있는 시간이 짧기 때문에 평균 20~79개 정도의 차이가 발생해야 한다. 진슨이 전 세계 모든 사람들의 DNA 서열 데이터베이스를 연구한 결과 평균적으로 77개 정도의 차이가 있음을 발견했다. 진슨의 연구결과는 젊은지구론과는 무관하게 현대 인류가 침팬지나 다른 유인원들과 공통조상을 가졌다는 사실을 명백히 부정하는 것으로 보인다.

(3) Y-염색체 아담

미토콘드리아 하와와 유사한 남자 공통조상 이론은 Y-염색체 아담 Y-chromosomal Adam 이론 혹은 Y-염색체가장최근공통조상Y-chromosomal most recent common ancestor, Y-MRCA 이론이다. mt-MRCA 이론이 여자의 세포핵 바깥에 있는 미토콘드리아 연구에서 출발했다면, Y-MRCA 이론은 남자의 세포핵 내에 있는 Y-염색체 연구에서 출발했다. 여자의 유전자에는 X 염색체만 있고 남자의 유전자에는 X와 Y 염색체가 있기 때문에, 남자에게만 있는 Y-염색체를 추적하여 Y-MRCA를 찾아가는 것이다. 하지만 Y-MRCA를 찾는 과정은 mt-MRCA를 찾는 과정에 비해 훨씬 더 어렵다.

첫째, mt-MRCA는 염기쌍이 불과 2만 개가 되지 않는 mtDNA를 추적하는 것이지만, Y-MRCA는 6천 만 개에 이르는 Y-염색체의 염기쌍을 추적하는 것이기 때문이다. 둘째, mtDNA에 비해 Y-염색체는 변이의 속도가 느리기 때문에 동종 집단 가운데에서 2개 이상의 대립 형질이 구별되는 다형多形, polymorphism의 확인속도를 떨어뜨린다. 그 결과 Y-염색체 변이속도를 정확하게 측정하는 것이 어려우며, 이로 인해 Y-MRCA의 정확한 연대를 결정하는 것이 어려워진다. 그래서 학자들마다 Y-MRCA의 연대를 16~30만 년 전이라고 대략적인 수치만을 제시한다.[31] 이 연대는 Y-MRCA가 mt-MRCA보다 훨씬 이전에 존재했음을 의미한다.[32]

결론적으로, 여러 매스컴들이나 과학 잡지들이 '아프리카 하와'나 'Y-염색체 아담'이라는 말을 확산시키는 통에 많은 사람들이 이 연구가 성경에서 말하는 인류의 기원 혹은 아담과 하와와 어떤 관계가 있을 것으로 생각하게 되었다. 하지만 mt-MRCA나 Y-MRCA 연구는 인류 역사의 계보에서 과거 어느 시점에 유전적 병목bottleneck이 있었음을 보여줄 뿐 성경의 아담과 하와와는 무관하다. 아마 mt-MRCA나 Y-MRCA 계보상의 어느 지점에 실제로 아담과 하와가 있었을 수도 있었겠지만, 우리는 구체적으로 어느 시대에 아담과 하와가 존재했는지 특정할 수 없다. 아마 앞으로 이 분야에서 더 많은 연구가 진행될지라도 아담과 하와의 숫자나 연대는 특정할 수 없을 것으로 보인다. 따라서 아담과 하와의 역사성에 대한 연구는 고인류학이나 고유전학의 도움을 받을지라도 성경의 기록을 중심으로 진행되는 것이 적절한 것으로 보인다.

6. 유전적 집단과 역사적 아담

미토콘드리아 하와나 Y-염색체 아담 논의와 무관하게 근래에는 핵 DNA 연구를 통해 최초의 인간은 개인이 아니라 집단이었다는 주장이 제기되어 많은 사람들이 인용하고 있다. 이것은 후에 살펴볼 역사적 아담 논쟁의 일부분인데, 복음주의 진영에서 이 주장을 본격적으로 제기한 학자는 프랜시스 콜린스Francis Collins이다. 1990년에 시작하여 2003년에 공식적으로 종료된 인간게놈프로젝트Human Genome Project, HGP의 책임자이자 현 미국국립보건원National Institute of Health, NIH 원장인 콜린스는 세대를 거쳐 가는 돌연변이의 빈도를 근거로 인류는 6천 년 전 아담과 하와라는 단일 부부가 아닌, 10~15만 년 전 1만 명 내외의 유전적 집단으로부터 유래했다고 주장했다.[33]

19세기 중반, 다윈은 자연선택에 따른 진화 메커니즘을 이해하지 못했다. 우리는 이제 그가 진화의 기초로 가정했던 변이가 자연발생적인 DNA 돌연변이로 설명된다는 사실을 알게 되었다. 이 돌연변이는 세대 당 1억 쌍의 염기 가운데 하나 꼴로 나타난다고 추정된다. 우리는 30억 쌍의 염기를 가진 게놈을 하나는 어머니에게서, 하나는 아버지에게서 물려받아 모두 2개를 가졌으니, 부모 어느 쪽에서도 나타나지 않은 새로운 돌연변이를 대략 60개쯤 가지고 있다는 뜻이 된다.

그렇다면 어떻게 유전자를 통해 최초의 출발이 개인인지 집단인지를 추적할 수 있을까? 이의 기본적인 원리는 콜린스가 위 인용문에서 얘기하고 있는 것처럼, 변이의 크기를 조사하는 것이다. 즉, 현재의 인류가 한 사람부부로부터 출발하여 번성했다면 집단으로부터 출발하여 번성한 경우보다 누적된 변이의 숫자가 훨씬 더 적어야 한다는 것이다. 이를 이해하는 것이 쉽지 않기 때문에 생물학자 대럴 포크Darrel R. Falk의 비유적 설명을 풀어서 소개한다. 그는 인쇄기가 없었던 시절에 원본을 필사하는 예화를 들어 설명한다.[34]

[경우1] 한 명의 필사자가 원본에서 출발하여 필사본을 만드는 책임을 맡았다고 하자. 그는 새로운 필사본을 만들 때마다 그것의 템플릿으로 원본보다 가장 최근의 필사본을 사용하여 1천 개의 필사본을 만들었다. 이때 필사자가 완전하지 않아서 100개의 필사본을 만들 때마다 하나의 오류가 생긴다고 하면, 1천 개의 필사본을 만들 때쯤에는 마지막 필사본 속에 10개의 오류가 있을 것이다. 모든 필사를 마친 후 필사자는 아깝게도 마지막 1천 번째 필사본을 제외한 나머지 999개의 필사본을 잃어버렸다. 결국 그에게는

10개의 오류가 있는 마지막 필사본만 남았다. 그때 누군가가 그에게 25개의 필사본을 만들어달라고 부탁했다. 그래서 필사자는 마지막 필사본을 템플릿으로 해서 24개를 더 필사한 후 필사 템플릿 1개를 더하여 25개의 필사본을 넘겨주었다. 그렇다면 그가 넘겨준 25개의 필사본 각각에는 똑같이 모두 10개의 동일한 오류가 있었을 것이다.

[경우2] 25명의 필사자가 원본에서 출발하여 필사본을 만드는 책임을 맡았다고 하자. 그들 각자도 새로운 필사본을 만들 때마다 그것의 템플릿으로 원본보다 가장 최근의 필사본을 사용하여 1천 개의 필사본을 만들었다. 이 필사자들 역시 완전하지 않아서 100개의 필사본을 만들 때마다 하나의 오류가 생긴다고 하면, 1천 개의 필사본을 만들 때쯤에는 각자의 마지막 필사본 속에 10개의 오류가 있을 것이다. 모든 필사를 마친 후 25명의 필사자는 아깝게도 마지막 1천 번째 필사본을 제외한 나머지 999개의 필사본을 잃어버렸다. 결국 그들 각자에게는 10개의 오류가 있는 마지막 필사본 25개만 남았다. 그때 누군가가 그들에게 25개의 필사본을 만들어달라고 부탁했다. 그래서 25명의 필사자들은 자신들이 갖고 있던 마지막 필사본 25개를 모아서 보냈다. 그렇다면 그들이 넘겨준 25개의 필사본 각각에는 모두 10개의 서로 다른 오류가 있었을 것이고 이들을 합하면 전체적으로 250개의 서로 다른 오류가 있었을 것이다.

[경우1]에서는 필사본의 다양성이 훨씬 적어서 25개의 필사본 그룹에

있는 총 오류가 10개에 불과했다. 하지만 [경우2]에서는 필사본의 '다양성'이 증가하여 25개의 필사본 그룹에 있는 총 오류가 250개에 이르렀다. 두 경우의 오류 비율이 250:10이 된 이유는 '첫 필사자들의 숫자'였다. 이를 역으로 추적한다면 오류 빈도이 경우에는 100 필사본에 하나, 필사 횟수 1천 번, 서로 다른 전체 오류의 숫자를 안다면, 우리는 필사자의 숫자를 알 수 있을 것이다. 이를 간단한 식으로 나타내면

서로 다른 전체 오류 숫자 =
필사자의 숫자 × (필사 횟수 / 하나의 오류가 발생하는 빈도)

으로 나타낼 수 있다. 그러면

필사자의 숫자 =
서로 다른 전체 오류 숫자 × (하나의 오류가 발생 하는 빈도 / 필사 횟수)

로 간단하게 표시할 수 있다. 각 필사본들이 여러 필사자들에 의해 독립적으로 필사된 것인지, 단일 문서에서 한 사람에 의해 동시에 필사된 것인지를 추리하는 것은 곧바로 인류의 기원과 관련하여 유전자 추적에 적용된다. 즉, 위 논의에서 오류 빈도는 유전적 변이를 일으키는 빈도, 필사자들의 숫자는 유전자 그룹의 크기, 필사 횟수는 생물학적 세대 숫자, 전체 오류의 숫자는 전체 유전자 변이의 숫자 등으로 바꾸면 된다.

이 비유의 핵심은 현 인류에서 볼 수 있는 유전적 다양성의 정도로부터 현생인류가 언제, 몇 명으로부터 시작되었는지를 추정할 수 있다는

점이다. 이러한 유전적 분석을 통해 유전학자들은 비아프리카인들은 모두 대략 5~7만 년 정도 전에 아프리카를 떠난 1천여 명의 사람들로부터 유래했다고 말한다. 이 1천여 명의 조상들이 단일 그룹으로 이주했다거나, 단일 세대 내에 떠났다고 가정할 이유는 없지만, 이들로부터 모든 유럽인들, 아시아인들, 호주나 태평양 여러 섬들이나 신세계 원주민들이 유래했다고 말한다.[35]

하지만 이러한 필사자 비유로부터 현생인류가 한 부부가 아니라 한 집단으로부터 유래했다고 주장하는 것은 문제가 있다. 가장 큰 문제는 필사자의 비유에서는 시간에 따라 필사자의 숫자가 일정한 것으로 가정했지만, 여러 가지 증거로 볼 때 필사자에 해당하는 인구의 크기는 일정하지 않았음이 분명하다. 이외에도 유전자 추적은 앞에서 살펴본 미토콘드리아 하와 연구와 같이 불확실한 변수들을 포함하고 있음을 지적할 수 있다. 다시 말해, 유전자 추적을 통한 유전적 조상의 추적은 주먹구구식의 추측이라는 것이다.

7. 요약과 결론

지금까지의 논의의 결과를 다음과 같이 요약할 수 있을 것이다.

첫째, 인간과 침팬지의 유전자가 98.5%나 비슷하다고 주장하면서 이것이 둘 사이에 공통조상이 있었음을 증명한다고 주장하는 것은 바르지 않다. 왜냐하면 인간과 침팬지의 DNA를 비교할 때, 이는 DNA 전체 구조를 두고 비교한 것이 아니며, 삼차원적 구조를 비교한 것도 아니다. 그보다 비정렬 DNA non-aligned DNA, DNA 틈 DNA gaps, 정크 DNA, 유전자 복제수 변이copy number variation, 크기 차이size difference 등 전체 DNA의 요소를 다 고려한다면, 인간과 침팬지의 DNA 유사성이 80% 내외밖에 되지 않는다고 보는 것이 합리적으로 보인다. 이렇게 낮은 유사성은 진화론적으로 설명하기 어렵다. 이들이 자연선택에 의해 진화되었다고 한다면, 오늘날 인류 진화론에서 제시하는 시간표와 전혀 맞지 않기 때문이다.

둘째, 염색체 내 텔로미어와 센트로미어의 연구도 인간과 침팬지가 공통조상으로부터 유래하였다는 주장을 지지하지 않는다. 가상적인 공통조상에게 있던 12, 13번 염색체가 융합해서 인간의 2번 염색체가 되었다는 주장은 유전학의 상식으로 볼 때 맞지 않는 주장이다. 현재까지의 연구결과만 두고 본다면, 인간과 침팬지는 처음부터 다른 종류였다고 보는 것이 자연스럽다.

셋째, 미토콘드리아 하와와 Y-염색체 아담에 대한 연구 역시 진화적 해석과는 맞지 않는다. 인류의 DNA 계열의 평균적 차이는 현대 인류 진화론자들이 주장하는 것과는 연대적으로 너무 많은 차이가 난다. 자연적 돌연변이의 발생 빈도를 근거로 생각할 경우, 최초의 미토콘드리아 하와가 15만 년 전쯤, Y-염색체 아담이 16~30만 년 전쯤 존재했다는 것은 현존하는 인류의 DNA 변이율과 맞지 않는다.

이러한 결과들을 생각한다면, 인간과 침팬지의 유전자가 98.5% 정도 같다고 주장하는 것도 과장된 측면이 많을뿐더러 그러한 유사성에 이르게 된 진화론적 설명도 정당하지 못한 것으로 보인다. 또한 그런 해석에 기초한 미토콘드리아 하와와 Y-염색체 아담에 대한 시기도 진화론적 해석과는 맞지 않는다.

하지만 이러한 연구결과들이 역사적 아담 논쟁과 어떤 관련이 있는지는 향후 좀 더 연구가 필요한 것으로 보인다. 특히 정크 DNA에 대한 연구나 후성유전학과 같이 DNA 배열의 변화와 무관하게 일어나는 유전 연구가 진행되면서 좀 더 많은 사실들이 알려질 것으로 기대한다.

인류의 기원 문제는 본강에서 다룬 것과 같은 DNA 연구에만 국한된 것이 아니다. 전통적인 고인류학 영역인 수많은 유인원 화석과 유물에 대한 연구에서도 많은 논란이 일어나는 것을 볼 수 있다. 그래서 이어지는 5~8강에서는 인류의 기원과 관련하여 중요한 유인원 화석들에 대한 발굴과 연구 현황, 그리고 해석의 문제를 살펴보기로 하겠다.

토의와 질문

1. 인간과 침팬지의 DNA가 98.5% 정도 일치한다는 착시가 일어난 근본적인 원인은 무엇이라고 생각하는가?

2. 인간과 여러 포유동물들 사이의 DNA의 유사성을 비교해보라. 이것이 인간과 침팬지의 DNA 유사성에 어떤 함의가 있다고 보는가?

3. 근본적으로 인간과 다른 동물들 사이의 유전적 유사성이 창조를 부정하고 진화를 지지한다고 생각하는가?

제2부
고인류학적 논쟁

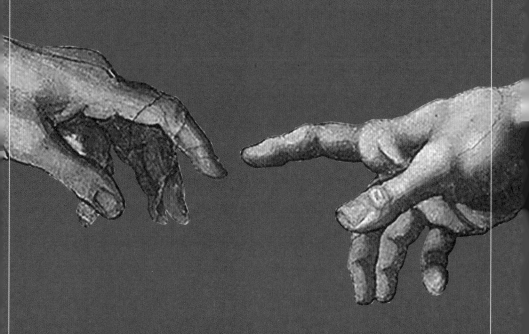

제5강

영장류에서 유인원으로?

"인간은 본성적으로 공백, 특히 계보 상의 공백을 두려워한다."
질만 등[1]

인류 진화론에 따르면 현존하는 동물들과 비교할 때 사람은 고릴라, 침팬지, 원숭이와 함께 영장류목靈長類目, primates에 속한다. 영장류목에 속하는 235종은 크게 두 아목亞目, suborder으로 나누어지는데, 원원아목原猿亞目, prosimian과 유인원아목類人猿亞目, anthropoid이다.[2] 원원아목은 다시 여우원숭이lemur과, 늘보원숭이loris과, 안경원숭이tarsier과로 나누어지는 좀 더 원시적인 그룹이다. 이들은 지능이 더 낮고, 수염이 있으며, 주둥이가 튀어나오는 등 다른 포유동물군을 닮았다. 진화론자들은 이 원원아목이 인간에 이르는 진화 계보에서 상대적으로 좀 더 일찍 분리되었다고 본다. 반면에 좀 더 고등한 영장류로 불리는 유인원아목은 영장류목에 있는 나머지 종들을 말한다. 유인원아목은 크기와 지리적 분포, 행동 등이 다양하지만, 얼굴이 평평하고, 귀가 작으며, 비교적 크고 복잡한 뇌를 가졌다는 공통점이 있다.

목 目, Order	아목 亞目, Suborder	하목 下目, Infraorder	상과 上科, Superfamily	과 科, Family	아과 亞科, Subfamily	속 屬, Genus
초기 영장류목 Early Primates (박쥐류, 설치류, 나르는 원숭이, 나무 두더지 등) ⇩ 영장류목 Primates	원원아목 原猿亞目, Prosimii prosimians	여우원숭이 하목 Lemuriformes lemurs	여우원숭이 상과 Lemuroidea	여우원숭이과 Lemuridae true lemurs		
				Lepilemuridae		
				Cheirogaleidae dwarf lemurs		
				Indriidae		
				Dauben -toniidae		
			늘보원숭이 상과 Lorisoidea	늘보원숭이과 Loridae		
				Galagonidae		
		안경원숭이 하목 Tarsiiformes tarsiers		안경원숭이과 Tarsiidae		
	유인원아목 類人猿亞目, Anthropoidea anthropoids	광비원류 하목 Platyrrhini, New World monkeys, 신세 계 멍키	꼬리감는원숭이 상과 Ceboidea	비단털원숭이과 Callitricidae	비단털원숭이 아과 Callitricinae	
				꼬리감는원숭이 과 Cebidae	꼬리감는원숭이 아과 Cebinae	
					올빼미원숭이 아과 Aotinae	
					거미원숭이 아과 Atelinae	
					굵은꼬리원숭이 아과 Pitheciinae	
		협비원류 하목 Catarrhini, Old World monkeys (구세계 멍키) - great apes, gibbons, humans	구세계멍키 상과 Cercopithecoidea, Old World monkeys	긴꼬리원숭이과 Cercopithecidae	긴꼬리원숭이 아과 Cercopithecoinae	
					콜로부스원숭이 아과 Colobinae	
			사람 상과 Hominoidea hominoids - apes, 類人猿, humans	긴팔원숭이과 Hylobatidae - lesser apes		긴팔원숭이속 Hylobates
				사람과 Hominidae (hominids) - great apes, humans	오랑우탄 아과 Ponginae	오랑우탄속 Pongo
					고릴라 아과 Gorillinae	고릴라속 Gorilla
					사람 아과 Homininae	침팬지속 Pan
						사람속 Homo(humans)

사람속 屬, Homo 260만~20만 년 전	루돌펜시스, 하빌리스도구인간, 가우텐겐시스, 에르가스테르, 엔테세소르, 에렉투스직립원인, 로데시엔시스, 하이델베르겐시스하이델베르크인, 세프라 넨시스, 날레디, 플로레시엔시스호빗 등
사피엔스종 種, H. sapiens 20만 년 전~현재	사피엔스 사피엔스, 네안데르탈렌시스네안데르탈인, 이달투헤르토인, 데니 소바데니소바인, 크로마뇨넨시스크로마뇽인 등

<표 5-1> 영장류와 사람속屬의 분류체계

유인원아목은 다시 멍키monkey, 원숭이ape, 사람과hominidae 등으로 나누어진다. 멍키와 사람을 포함하는 다른 유인원을 구별하는 가장 쉬운 방법은 대부분의 멍키는 꼬리가 있는데, 원숭이나 사람은 꼬리가 없다는 점이다. 멍키는 원숭이나 사람보다 다른 포유동물들을 닮았다. 예를 들어, 대부분의 멍키들은 어깨뼈가 원숭이나 사람의 것과는 달라서 나뭇가지에 매달릴 수 없다. 대신 멍키들은 나뭇가지 위를 걸어갈 수 있다. 멍키의 골격은 고양이나 개, 혹은 다른 네발 달린 동물들과 비슷하기 때문에 같은 방법으로 움직이는 것이다. 진화론자들은 사람으로 진화되는 과정에서 멍키가 원숭이보다 더 빨리 분화되었고, 그래서 원숭이보다 더 원시적이라고 본다. 과연 진화론자들의 주장대로 인간은 멍키나 원숭이와 동일한 조상에서 진화했을까?

1. 초기 영장류에서 유인원까지

　진화론자들은 인간은 아래의 <그림 5-1>과 같이 신생대 초기의 초기 영장류로부터 진화했다고 주장하면서, 이들 영장류는 박쥐나 설치류齧齒類,[3] 나르는 여우원숭이flying lemur, 나무두더지tree shrew와 같은 포유동물들과 진화적으로 밀접하게 연관되어 있다고 믿는다. 영장류들은 중생대 말기나 신생대 초기에 나무에 올라갔다고 본다. 일단 이들이 나무로 올라가서 수상생활樹上生活에 적응하게 되자 포식자들로부터 안전하게 피할 수 있게 되었고, 나무로부터 새로운 식량들을 얻게 되었다고 한다.

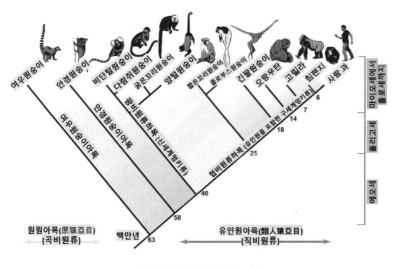

<그림 5-1> 영장류의 진화 계보

　진화론에서는 이 초기 영장류들이 영장류목으로, 이것이 다시 유인원 아목으로 진화했다고 주장한다. 유인원이라고 한다면 멍키, 원숭이, 사람 과를 포함하는 영장류 그룹을 말한다. 이들은 뇌가 크고, 시각이 발달했

고, 색을 구분할 수 있었고, 안와眼窩, eye socket, eye orbit가 닫혀 있었고, 낮에 활동하는 주행성diurnal이었고, 혼자 살기보다는 다양한 크기의 무리를 지어 살았다. 또한 이들은 잡식성이었고, 다른 초기 영장류에서 진화한 것들과는 달리 새끼를 하나씩만 낳았다. 유인원아목anthropoids에는 사람과hominoid가 포함되며, 사람과에는 그들의 화석 조상, 그리고 사람Homo sapiens이 포함된다. 진화론자들은 유인원아목에서도 사람과로 진화하는 과정에 구세계 멍키Old World monkey 단계를 지났다고 주장한다. 구세계 멍키와 신세계 멍키는 아래의 <표 5-2>와 같이 서식지와 모양이 다르다.

	신세계 멍키	구세계 멍키
서식지	 멕시코, 중미, 남미 등 열대 우림 지역. 다만 비단털원숭이, 타마린 원숭이는 중미와 남미의 관목지 scrubland에서만 서식	 아프리카, 중앙아시아에서 남아시아, 인도, 일본 등 열대우림, 섬, 대초원, 사바나 등 종류에 따라 다양함
종류	양털원숭이ǀwoolly monkey 다람쥐원숭이ǀsquirrel monkey 비단털원숭이ǀmarmoset 거미원숭이ǀspider monkey 짖는원숭이ǀhowler monkey 꼬리감는원숭이ǀcapuchin monkey 타마린원숭이ǀtamarin	콜로부스원숭이ǀcolobus 긴꼬리원숭이ǀlangur 오랑우탄ǀpongid 짧은꼬리원송이ǀmacaque 구에논원숭이ǀguenon monkey 망가비원숭이ǀmangabey 개코원숭이ǀbaboon
콧구멍 nostril	대부분의 신세계 멍키들은 콧구멍이 둥글고 멀리 떨어져 있다.	대부분의 구세계 멍키들은 콧구멍이 작고 둥글며 가까이 붙어 있다.
볼주머니 cheek pouch	신세계 멍키에는 급할 때 음식을 넣어두었다가 후에 씹는 볼주머니가 없다.	짧은꼬리원숭이를 비롯하여 몇몇 구세계 멍키 종들은 볼주머니를 갖고 있다.

엉덩이 패드 rump pad	앉을 때 필요한 엉덩이 패드살가 없다.	오랑우탄과 같은 몇몇 종들은 엉덩이 패드가 있다.
꼬리	거미원숭이와 같은 신세계 멍키들은 나뭇가지에 매달릴 수 있는 prehensile 꼬리가 있다.	꼬리가 없다.

<표 5-2> 구세계 멍키와 신세계 멍키[4]

신세계 멍키New World monkey는 말 그대로 북미의 열대 지방과 남미에 서식하고 있으며, 매우 다양하게 분화된 영장류이다. 신세계 멍키에는 타마린원숭이tamarin나 비단털원숭이marmoset와 같이 아주 작은 원숭이로부터 크고 나무 사이를 움직이는 다람쥐원숭이squirrel monkey, 꼬리감는원숭이capuchin monkey, 짖는원숭이howler monkey 등이 있다.

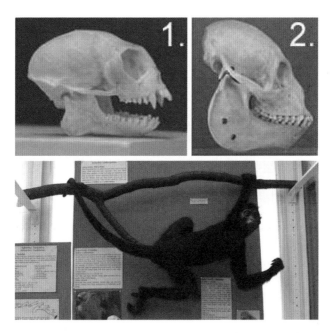

<그림 5-2> 비단털원숭이와 짖는원숭이의 두개골과 거미원숭이[5]

구세계 멍키Old World monkey에는 유럽, 아프리카, 아시아에 살고 있는 멍키들이 속한다. 이들도 신세계 멍키처럼 다양하게 분화되었다. 구세계 멍키에는 덩치가 크고 땅에 거주하는 개코원숭이baboon, 아프리카에서 일본에까지 널리 서식하는 짧은꼬리원숭이macaque, 긴꼬리원숭이langur, 꼬리가 발달한 콜로부스원숭이colobus monkey 등이 있으며, 이들은 주로 나뭇잎을 먹고 살았다. 이외에도 구에논멍키guenon monkey, 꼬리가 긴 버빗멍키vervet monkey 등은 나무 위에서 생활하면서 다양한 사회적 행동을 보여준다.

진화론자들은 위의 <그림 5-1>에서와 같이 이 모든 원숭이들이 신생대 에오세始新世, Eocene, 5,500~3,400만 년 전의 한 조상으로부터 진화했다고 주장한다. 에오세는 생물 지리학적으로는 오늘날과 전혀 달랐다. 대륙들은 대체로 지금과 비슷한 모습으로 분포되어 있었으나, 아시아, 아프리카, 유럽 대륙은 지중해 동편에서 물로 분리되어 있었다. 에오세 기간 중 인도 대륙은 아시아 대륙과 충돌하여 히말라야산맥을 형성하였다. 이러한 대륙들의 이동은 화석 출토와 밀접한 관련을 갖는다. 여러 대륙들에서 발견되는 유인원 화석들의 비교는 이들의 이동 경로는 물론 이들의 계보를 확정하는 데 중요한 역할을 한다. 화석을 근거로 생물체의 발생과 변화과정, 그리고 과거 생태계 등을 연구하는 학문을 고생물학古生物學, paleontology이라고 한다. 고생물학 연구와 관련하여 가장 중요한 업적을 남긴 사람은 19세기 프랑스의 유명한 창조론자 퀴비에Georges Cuvier, 1769~1832였다.

2. 퀴비에와 고생물학

근대 '고생물학의 국부founding father of paleontology'라고 불리는 퀴비에는 해부학과 고생물학에서 탁월한 업적을 남겼기 때문에 그의 공로를 인정해서 당시 프랑스 정부는 남작baron이란 작위까지 수여했다.[6] 그는 당시 획득형질의 유전에 기초한 라마르크의 진화론을 단호하게 반대하면서 많은 야외 탐사와 발굴을 통해 화석생물의 한 신체 부위를 알면 이로부터 다른 부위들도 예측할 수 있다는 신체기관의 상관성 원리Principle of Correlation of Parts를 제안하였다.

비교해부학comparative anatomy의 가장 중요한 원리인 이 상관성 원리에 의하면, 어떤 특정한 동물의 치아 화석이 발견될 경우 그 치아와 더불어 다른 신체 부위를 추정할 수 있게 된다.[7] 이 원리는 개신교 신자이자 창조론자였던 퀴비에가 창조주의 설계에 관한 증거로 제안한 원리였지만, 후대의 진화론자들은 이를 진화의 계보를 만드는 데 사용하였다!

<그림 5-3> 퀴비에[8]

퀴비에는 파리의 북쪽에 있는 몽마르트르Montmartre 인근 언덕배기의 에오세 석고층gypsum bed을 연구했다. 지금은 그 언덕 꼭대기에 생드니 신전Shrine of Saint-Denis인 몽마르트르 사원이 우뚝 서 있고 그 인근은 건물들로 꽉 차 있지만, 19세기 몽마르트르 언덕은 석고gypsum를 채굴하는 채석장이었다. 이 에오세 석고층에서는 다양한 종류의 화석들이 발굴되었는데, 퀴비에는 즉시 이 화석 동물들이 지금은 사멸한 동물들이었음을 알아차렸다.

이 몽마르트르 석고층에서 퀴비에는 아다피스Adapis parisiensis라는 영장류 화석을 발견하였다. 아다피스라는 말은 라틴어로 이집트의 황소신 아피스Apis를 의미했다. 퀴비에는 처음에는 그 화석을 소를 닮은 초식동물의 친척 정도로 생각하고, 코끼리나 하마 등과 같이 껍질이 두꺼운 후피동물厚皮動物, pachyderm의 하나로 분류하였다. 하지만 오늘날에는 그 화석은 두개골과 치아의 형태로 미루어 영장류에 속하는 것으로 알려져 있다.[9]

아다피스 화석은 미국 와이오밍주 등 북미주에서 많이 발견되었기 때문에 진화론자들은 에오세 800만 년을 거슬러 올라가면서 연구했다. 이 연구를 통해 치아의 크기가 점진적으로 증가하는 것을 발견했으며, 이들 치아의 크기가 결국 세 개의 서로 다른 계보로 귀착된다는 점을 발견했다.

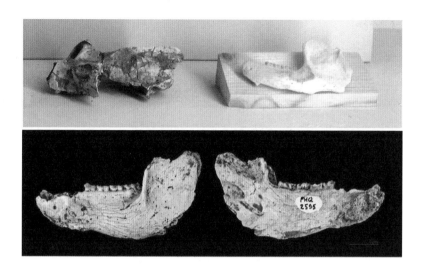

<그림 5-4> 베를린 자연과학박물관Museum für Naturkunde에 소장된 아다피스Adapis parisiensis 두개골과 아래턱뼈[10]

아다피스의 화석은 독일의 메셀핏Messel Pit의 중기 에오세Middle Eocence, 4,700만 년 전에서도 발굴되었으며, 다위니우스Darwinius masillae라고 명명되었다. 메셀핏에서 발견된 아다피스는 다른 화석들에 비해 잘 보존되어 있었기 때문에 아다피스 영장류의 많은 사항들을 자세히 보여주었다. 이때 발견된 화석들 중 이다Ida라는 별명을 붙인 아다피스는 치아의 발달 정도로부터 어린 암컷의 것임이 확인되었으며, 이 화석의 신체 성장속도는 오늘날 살아있는 영장류들과 매우 흡사한 것으로 보인다. 진화론에서는 아다피스가 오늘날의 유인원들과 비슷한 특징이 있다는 점을 들어 이를 유인원의 조상으로 본다.

<그림 5-5> 다위니우스Darwinius masillae 화석[11]

일반적으로 치아는 화석으로 남기에 가장 적당한 신체 부분이기는 하지만, 이로부터 이들의 살아있을 때의 모습을 재현한다는 것은 매우 어렵다. 물론 오늘날에는 많은 사람들이 유전정보 분석이라는 또 다른 방법을 활용하고 있다. 그러나 현존하는 종이라면 몰라도 화석으로 출토되는 종들을 유전자 분석으로 분류하는 것은 극히 제한된 최근의 몇몇 화석들뿐이다. 그러므로 퀴비에가 발견한 아다피스 화석을 영장류로 분류한 것은 임의적이라고 할 수 있다. 퀴비에는 그 화석의 첫 발견자였을 뿐아니라 화석 감식과 해부학에서 당대의 최고의 전문가였다. 창조론자이자 성경의 아담이 인류의 첫 조상이라고 믿었던 퀴비에가 발견한 아다피스를 오늘날 진화론자들이 영장류 화석으로 분류한 것은 진화론적 계보를 만들기 위한 인위적인 측면이 강하다고 할 수 있다.

3. 오모미데 화석

아다피스 외에 에오세始新世, 5,500~3,400만 년 전에 살았던 동물들 중 오늘날의 영장류의 조상이 될 만한 후보로 진화론자들은 오모미데Omomyidae 혹은 오모미드omomyid 화석을 제시한다. 아다피스는 오늘날의 여우원숭이lemur와 흡사한데 비해, 오모미드는 살아있는 안경원숭이tarsier와 두개골 등 여러 가지 면에서 비슷하다. 그래서 진화론자들은 이들이 모두 진화론적 계보로 연결되어 있다고 본다. 이 계보에서는 살아있는 여우원숭이, 늘보원숭이loris, 안경원숭이를 묶어서 원원아목原猿亞目, prosimians이라고 분류하는데, 이들은 공통적으로 야행성이고 대부분 벌레를 잡아먹는 식충동물들이며, 무리를 짓지 않고 혼자 산다. 그렇다면 이들의 조상은 무엇이며, 이들의 특성은 어디에서 유래했을까?

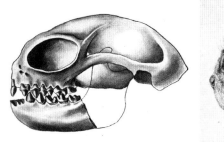

<그림 5-6> 오모미데의 두개골과 오모미데과의 테토니우스 호문쿨루스Tetonius homunculus 복원[12]

이를 알아보기 위해서는 이 영장류들의 화석이 많이 발견된 이집트 나일강 서안의 파이윰 저지대低地帶, Faiyum Depression를 살펴볼 필요가 있다. 이곳은 나일강 계곡보다 낮기 때문에 고대 이집트인들은 이곳으로 나일강물을 끌어들여 농업용 관개를 위한 호수로 사용했고, 또한 오아시스로도 사용했다. 그런데 흥미롭게도 이곳의 에오세와 올리고세漸新世, Oligocene 지층에서 20세기 초부터 영장류 화석들이 발견되기 시작했다. 이들 중 오모미데속에 속한 종이 바로 아프라다피스afradapis이다. 아프라다피스는 아다포이드adapoid와 유인원anthropoid의 특징을 갖고 있는데, 특히 턱뼈와 앞니가 그러했다. 그래서 진화론에서는 이 원원류들의 조상이 유인원아목anthropoid과 동일한 조상을 가졌다고 추론했다. 현재까지 발견된 초기 유인원 화석은 동남아에서 발견된 이오시미아스Eosimias인데, 4,300만 년 전의 것으로 추정된다.

진화론에서는 인간과 살아있는 꼬리없는 원숭이ape를 묶어서 사람과 hominoid로, 그리고 사람과 구세계 멍키, 신세계 멍키를 묶어서 유인원 아목으로 본다. 사람과는 구세계 멍키와 더 긴밀히 연결되어 있고, 신세계 멍키는 좀 멀다고 본다. 유인원아목 바깥에 있는 종들 중에서 가장 가까운 현생종은 안경원숭이tarsier라고 본다. 여우원숭이lumer와 늘보원숭이loris는 상대적으로 유인원 그룹으로부터 멀다고 본다. 진화론에서는 여우원숭이를 닮은 아다피스와 안경원숭이를 닮은 오모이드를 비교할 때, 유인원과 안경원숭이의 관계로부터 호미니드가 이들 영장류들의 조상일 것이라고 추정한다.

<그림 5-7> 좌로부터 안경원숭이, 여우원숭이, 늘보원숭이[13]

지금까지의 얘기를 요약하면, 진화론자들은 초기 유인원들의 화석에 대한 기록으로부터 인간의 진화에 대한 가설을 다음과 같이 제시한다. 즉, 초기 유인원들은 아시아에서 안경원숭이를 닮은 미지의 포유동물로부터 시작하여 비교적 빠른 속도로 아프리카까지 퍼졌을 것이다. 신대륙 멍키들은 아프리카 강들을 따라 떠내려 온 나무들을 타고 남미까지 여행했을 것이다. 그러한 '뗏목들'은 미지의 포유동물들이 대서양을 살아서 건널 수 있도록 충분한 먹이를 제공했을 것이다. 이는 당시의 대서양은 지금보다 훨씬 작았을 것이기 때문이다.[14]

과연 이러한 진화 가설은 정당한, 혹은 증명된 것인가? 위에서 살펴본 것처럼, 영장류의 분류 체계 자체가 많은 유추와 추측에 근거하고 있다. 진화론자들이 영장류를 진화시켰다고 추정하는 대표적인 포유동물군은 플레시아다피드plesiadapid 그룹인데, 이들의 골격은 영장류를 닮았지만 두개골은 전혀 다르다.

<그림 5-8> 플레시아다피드의 골격과 재구성한 그림[15]

영장류목을 원원아목과 유인원아목으로 나눈 것도 이들의 신체적 특성과 유전적 특성을 기준으로 한 것으로서 분류학적 가치는 있지만, 이것으로부터 이들의 뿌리를 연결하려는 시도는 순수한 유추일 뿐이다. 다시 말해, 영장류의 기원이나 인간이 원숭이를 비롯한 여러 영장류 동물로부터 진화해 왔다는 진화론적 계보는 유추일 뿐이다. 구세계 멍키가 신세계 멍키보다 인간의 직접적인 계보라고 하는 사람과hominoids에 더 가깝다고 하는 주장도 추측일 뿐이다.

4. 원숭이가 나무에서 내려오다?

다음에는 우리 인간의 직접적인 진화 카테고리이자 직립했다고 하는 사람과hominoids를 살펴보자. 진화론에서는 여러 형태학적인 유사성을 감안하여 사람속Homo은 멸종된 사람족hominin의 여러 속, 특히 케냔트로푸스속Kenyanthropus, 파란트로푸스속Paranthropus, 오스트랄로피테쿠스속Australopithecus과 밀접한 관계가 있지 않을까 추측하지만, 사람속Homo의 기원이라고 보편적으로 받아들여지고 있는 분류는 없다.

아래의 <표 5-3>에서 보여주는 것처럼, 진화론에서는 발생학적으로 인간이 원숭이와 공통조상으로부터 유래했다고 본다. 하지만 인간의 조상 원숭이는 여러 가지 점에서 오늘날 살아있는 원숭이들과 다르다. 그렇다면 원숭이는 무엇인가? 원숭이들과 가장 가깝다는 구세계 멍키들은 원숭이와 어떤 점이 다를까?

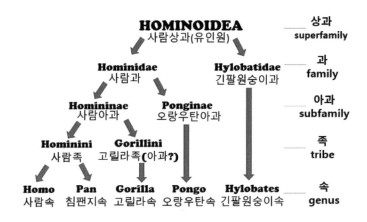

<표 5-3> 가상적인 인간의 진화 도표. 족tribe에 대해서는 <표 2-1>을 참고하라.

(1) 멍키와 원숭이

현존하는 원숭이들은 구세계 멍키들이 갖고 있지 않는 여러 가지 특성들을 갖고 있다. 특히 원숭이들은 이동하는 것과 관련하여 다른 점들이 많다. 예를 들면, 원숭이들은 구세계 멍키들과는 달리 매우 움직이기 쉬운 어깨 관절을 갖고 있다. 그래서 팔을 완전한 원 궤도로 돌릴 수 있다. 또한 치아의 특성도 다르다. 구세계 멍키들은 독특하게 어금니와 앞어금니premolar tooth의 모서리가 뽀족하게 튀어 올라와서 음식을 자를 수 있지만scissor action, 원숭이들의 어금니와 앞어금니는 평평해서 음식을 자르기보다 분쇄하는grinding action 데 용이하다.

멍키에 비해 원숭이들은 상대적으로 수명이 길고 성숙하기까지 시간도 많이 걸린다. 현생 원숭이와 멍키는 새끼를 낳는 터울birth interval도 다르다. 구세계 멍키들은 매년 혹은 격년으로 출산하지만, 원숭이는 이보다 훨씬 긴 터울로 출산한다. 오랑우탄의 경우는 출산 터울이 평균 8년이나 되는데, 이는 수렵-채집 사회에서 사람의 출산 터울이 3~4년이었던 것보다 훨씬 더 긴 것이다.

그러면 원숭이란 무엇인가? 원숭이라는 말은 공식적인 분류학 용어가 아니다. 사람들과 가장 가까운 이들 동물들의 그룹을 사람상과hominoidea라고 부른다. 사람상과라는 말 속에는 살아있는 모든 원숭이와 더불어 그들의 화석 친척들, 그리고 살아있는 사람들까지를 포함한다. 진화론자들은 이 사람상과의 진화가 지난 2,500만 년 동안 이루어졌다고 주장한다.

퀴비에는 사람과 다른 영장류들을 전혀 다른 과family로 분류했다. 그는 사람을 손이 두 개라고 해서 이수류bimana, 二手類로, 원숭이와 멍키, 그리고 다른 영장류들을 손이 네 개라고 사수류quadrumana, 四手類로 분류했다.

하지만 다윈과 더불어 자연선택을 진화의 메커니즘으로 제안했던 월레스Alfred Russel Wallace도 인간의 진화는 5,000만 년 전인 에오세Eocene까지 멀리 거슬러 올라가야 한다고 주장했다. 이에 비해 다윈은 그렇게 먼 과거로 거슬러 올라가는 것에 반대하면서 인간을 아프리카 원숭이들과 나란히 두었다. 그는 인간은 침팬지나 고릴라와 진화적으로 매우 가깝다고 주장하면서 이들이 분화된 것은 그렇게 오래전 과거가 아니라고 했다.

인류의 기원에 대한 이러한 논쟁은 20세기까지도 이어졌다. 논쟁의 초점은 인간이 언제, 어디서 시작되었으며, 어떤 단계를 거쳐 진화되었는가에 모아졌다. 미국자연사박물관의 관장이자 많은 공룡화석을 발견했던 고생물학자 오스본Henry F. Osborn, 1857~1935은 인간의 기원을 오랜 과거로 보았으며, 중앙아시아에서 시작되었다고 했다. 20세기 중반에 이르러 인류학자들은 인류가 다른 영장류들과 비슷하다는 데 의견을 모았다. 그중 대표적인 인물이 바로 미국의 인류학자이자 영장류학을 개척한 워쉬번Sherwood Larned Washburn, 1911~2000이었다. 인간은 침팬지나 고릴라와 가장 가깝다는 다윈의 주장과 비슷하게 워쉬번은 인류는 침팬지와 가장 가깝고, 고릴라는 외집단out-group이라고 주장했다. 이러한 그의 주장은 인류의 조상이 무엇인지, 원숭이의 진화가 어떻게 일어났는지를 예측하는 데 많은 영향을 끼쳤다.

(2) 다양한 사람상과

<표 5-2>는 진화론에서 제시하는 멍키와 원숭이, 사람의 분기도分岐圖, cladogram이다. 이 표를 보면 진화론에서는 고릴라, 침팬지, 오랑우탄, 보노보bonobo 등과 같은 큰 유인원great ape과 사람을 하나의 그룹으로 두고, 이 그룹은 1,000~1,300만 년 전에 한 조상으로부터 유래했다고 주장한다. 우리가 흔히 '작은' 원숭이lesser ape라 부르는 긴팔원숭이gibbon는 이보다 훨씬 전인 1,600~2,000만 년 전에 분화되었다고 본다. 그리고 진화론에서는 이것이 바로 모든 살아있는 사람상과hominoids의 공통조상이라고 말한다. 진화론자들은 구세계 멍키들은 2,200~2,600만 년 전에 인류의 진화계열로부터 분화되었다고 본다.

<그림 5-9> 위 좌에서 시계방향으로 고릴라, 침팬지, 오랑우탄, 보노보, 긴팔원숭이Wiki

진화론에서는 세월이 지나면서 인간과 다른 큰 원숭이들이 각각 다른 가지를 이루기 시작했다고 보는데, 이때 인간 가지를 흔히 사람족hominin, <표 2-1> 참고이라고 부른다. 진화론자들은 침팬지와 보노보는 매우 가깝다고 보는데, 이들은 단지 100만 년 전에 분화되었다고 본다. 그러나 인간과 침팬지는 400~700만 년 전에, 고릴라는 600~900만 년 전에, 오랑우탄은 1,000~1,300만 년 전에 분화되었다고 본다. 이런 연대들은 인간이나 다른 살아있는 영장류들의 분자시계molecular clock에 근거하여 유추한 것이다. 진화론에서는 살아있는 영장류들의 분자시계에 근거한 이러한 유추가 영장류 화석들과 더불어 인류의 기원을 설명한다고 주장한다.

현재까지 발굴된 가장 오래된 영장류 화석은 마이오세Miocene, 中新世에 아프리카에 살았던 프로콘술Proconsul africanus인데, 2,300~1,400만 년 전에 살았다. 1948년에 메리 리키Mary D. Leakey가 케냐 빅토리아 호수의 루싱가섬Rusinga Islands에서 발견한 프로콘술 화석은 몸 크기에 따라 몇 종으

로 나누어지는데, 작은 것은 큰 고양이 정도이지만 큰 것은 큰 개 크기 정
도의 원숭이였다. 이들은 공통적으로 사족보행quadruped이고, 사지의 길
이가 같아서 보행할 때 등이 지면과 평행하였다. 하지만 오늘날의 침팬
지나 고릴라와 같은 큰 원숭이들은 사족보행이지만, 두 손이 두 발에 비
해 더 길기 때문에 보행할 때 등이 지면에 대해 경사면을 이룬다.

<그림 5-10> 프로콘술 아프리카누스 두개골 화석,[16] 두개골 재구성,[17] 생태계 재구성[18]

프로콘술은 팔 윗부분에 있는 상박골上膊骨, humerus에 근육이 붙어 있
어서 전후 운동을 하기에 적합한데, 이는 팔을 자유자재로 돌릴 수 있는
오늘날의 원숭이들과는 달랐다. 하지만 이들의 어금니와 앞어금니는 안
팎이 솟아 있는 멍키들과는 달리 평평해서 음식을 분쇄할 수 있는 원숭
이의 것이었다. 이것은 이들이 주로 숲속에서 나뭇잎과 같은 식물성 먹
이를 먹었음을 의미한다.

5. 모로토피테쿠스와 케냐피테쿠스

마이오세Miocene에 살았던 또 다른 영장류는 프로콘술처럼 동아프리

카에 살았던 모로토피테쿠스Morotopithecus이다. 이 이름은 우간다의 지명 모로토를 따라 지은 것이다. 모로토피테쿠스는 거의 고릴라 정도 크기의 몸집을 가졌으며, 수직에 가까운 딱딱한 허리척추를 가진 것으로 미루어 평지를 달리기보다 수직으로 나무를 오르내렸을 것으로 보인다. 이를 두고 진화론에서는 프로콘술과 모로토피테쿠스가 환경에 적응하기 위해 전자는 수평 이동에, 후자는 수직 이동에 편리하게 적응했다고 해석한다.

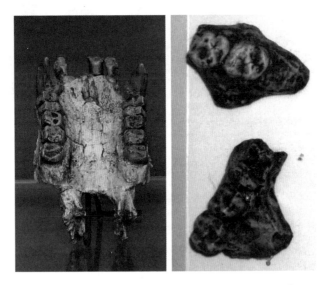

<그림 5-11> (좌) 모로토피테쿠스와 (우) 케냐피테쿠스의 치아[19]

1,500만 년 전까지 원숭이들은 아프리카로부터 구세계의 다른 지역으로 퍼졌을 것이다. 아마 1,300만 년 전까지는 남아시아의 숲속에 오랑우탄과 가까운 원숭이들이 있었을 것이라고 추정한다. 오늘날 유럽에는 아프리카 원숭이들과 더 비슷한 원숭이들이 존재한다.

아프리카에는 호미노이드가 여전히 남아서 다양하게 분화되었을 것이다. 그중 하나가 1961년에 케냐 포트 테르난Fort Ternan에서 루이스 리키 Louis S.B. Leakey가 발견한 케냐피테쿠스Kenyapithecus이다.[20] 1,400만 년 전에 케냐에 살았다고 생각되는 이 동물은 오늘날의 원숭이와 치아 모양이 흡사한 첫 원숭이 중 하나였다. 이것의 턱뼈 화석을 보면, 치아는 오늘날 우리들과 같은 숫자의 치아를 가졌는데, 흥미롭게도 치식dental formula, 齒式은 구세계 멍키들과 같았다. 이를 자세히 들여다보면, 치아의 가운데 부분이 상대적으로 낮고, 사각형이며, 치아 바깥 부분이 융기되지 않았다. 이것은 오늘날 현존하는 모든 원숭이들과 같은 형태이며, 그래서 진화론에서는 이들이 아프리카로부터 바깥으로 퍼지기 시작한 첫 원숭이라고 추정한다.

6. 아시아의 영장류들

다음에는 아시아의 영장류들을 살펴보자. 시바피테쿠스Sivapithecus는 1,200~700만 년 사이에 파키스탄, 인도, 중국 등에 살았던 것으로 보이며, 이의 두개골은 오랑우탄과 흡사하다. 진화론에서는 오랑우탄 → 시바피테쿠스 → 침팬지로 진화했다고 보지만, 시바피테쿠스는 오늘날의 오랑우탄과는 달리 사족보행이었으며, 이의 상박골은 다른 사족보행 영장류들처럼 땅에서 전후 운동을 한 것으로 보인다. 치아 모양으로 보면, 오늘날의 침팬지나 오랑우탄의 것과 흡사하다. 흥미로운 것은 화석의 숫자이다. 시바피테쿠스 화석은 19세기부터 파키스탄과 인도의 시왈릭 언덕Siwalik Hills에서 발견되었다. 여기서는 6만 점 이상의 척추동물 화석이 발견되었지만, 그중 극히 일부만이 시바피테쿠스의 화석이었다. 시바피테쿠스는 매우 낮은 밀도로 그곳에 살았으며, 그곳에 사는 오늘날의 원숭이들과 매우 닮아 있었다.

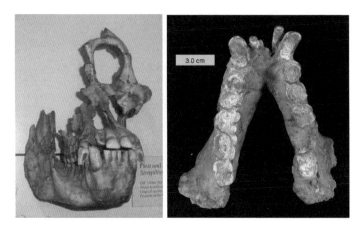

<그림 5-12> (좌) 시바피테쿠스와 (우) 자이갠토피테쿠스의 아래턱뼈[21]

아시아 원숭이들 중 마지막으로 살펴볼 것은 자이갠토피테쿠스 Gigantopithecus이다. 이름이 의미하는 것처럼, 거대한 체구를 가졌던 이 화석의 턱뼈와 치아로부터 추정할 수 있는 체중은 360kg 정도였는데, 이는 지금까지 발견된 영장류 화석들 중 가장 무거운 것이었다. 이 화석은 700만 년 전에 시작하여 대부분의 마이오세 원숭이들과는 달리 중국에 직립원인들이 살았던 30만 년 전까지 살았던 것으로 보인다.

이 두 화석 중 마이오세에 살았다고 생각되는 시바피테쿠스는 좀 더 살펴볼 필요가 있다. 진화론에서는 이 속에 속한 종의 하나가 현대의 오랑우탄으로, 그리고 또 다른 종이 인간으로 진화했다고 주장한다. 초기에 발견된 몇몇 화석들에는 라마피테쿠스Ramapithecus와 '브라마의 원숭이'라는 의미의 브라마피테쿠스Bramapithecus라는 별도의 이름을 붙이기도 했으나, 지금은 이들을 시바피테쿠스의 일부로 간주하고 있다. 진화론자들은 이들이 인간의 조상이라고 주장했는데, 이들 중 라마피테쿠스에 대해 좀 더 자세히 살펴보자.

7. 라마피테쿠스

1960년대 이전까지 진화론자들이 현생인류와 비슷한 특징들을 가졌다고 생각한 첫 유인원은 시바피테쿠스라고도 불리는 라마피테쿠스였다. 라마피테쿠스라는 말에서 '라마'는 인도어로 '크다'는 의미이고, '피테쿠스'는 '원인' 혹은 '원숭이'라는 의미이다. 최초의 라마피테쿠스 화석은 1932년에 예일대학교의 연구학생인 루이스G. Edward Lewis가 인도 서북쪽에 있는 시왈릭 언덕을 탐사하면서 발견하였다.[22] 루이스는 이 뼈들을 후기 마이오세2,300~530만 년 전에서 초기 플라이오세鮮新世, Pliocene, 530~260만 년 전에 이르는 지층에서 발견하였다. 그러나 이 지층에는 절대연대를 측정할 수 있는 암석이 없었기 때문에 이 뼈들의 절대연대도 측정할 수 없었지만, 대략 1,400만 년에서 800만 년 사이라고 추정하였다.

루이스가 발견한 뼈들 중에는 아래턱뼈와 위턱뼈가 있었다. 이들은 사람의 것과 비슷하였지만, 아래턱뼈와 위턱뼈는 서로 잘 맞지 않았다. 시간이 흐른 후에 루이스는 조심스럽게 위턱뼈의 조각은 라마피테쿠스이지만, 아래턱뼈의 조각은 브라마피테쿠스라고 설명하였다. 그는 두 개의 어금니와 두 개의 작은 어금니, 송곳니 잇몸canine socket, 앞니 치근incisor root을 가진 위턱뼈 단일 뼈를 가지고 라마피테쿠스 브레비로스트리스Ramapithecus brevirostris라는 새로운 종을 만들었다. 루이스는 처음에

이 화석이 시바피테쿠스와는 별개의 종이라고 주장했지만, 1975~6년에 더 많은 화석들이 발견되면서 라마피테쿠스는 시바피테쿠스의 화석에 속한다고 변경했다.

라마피테쿠스 화석종의 어금니들은 암놈 침팬지의 것과 거의 같았고, 잇몸과 치근으로 미루어 볼 때 상대적으로 매우 작았다. 얼굴은 매우 짧았고, 코밑 부분은 거의 튀어나오지 않았다. 루이스가 이 뼈에 붙인 '브레비로스트리스'라는 말은 코가 튀어나오지 않았다short-snouted는 뜻이었다. 이렇게 조합한 뼈들은 원숭이를 닮았다기보다는 사람을 닮았기 때문에, 루이스는 라마피테쿠스는 '진보하고 있는progressive' 오랑우탄pongid이거나 아주 초기의 유인원이라고 생각했다.[23]

<그림 5-13> 라마피테쿠스의 치아 화석과 이를 기초로 재구성한 그림[24]

(1) 중간형태로서의 라마피테쿠스?

라마피테쿠스가 원숭이로부터 인류가 되는 최초의 혈통에 속해 있었다는 주장을 학계에 퍼지게 한 대표적인 학자로는 당시 예일대학교의 진화론자 필빔David R. Pilbeam, 1940~과 그의 동료 시몬즈Elwyn L. Simons, 1930~2016를 비롯한 몇몇 진화론자들을 들 수 있다. 그러면 이들은 어떤 근거로 라마피테쿠스를 진화의 중간형태라고 주장했을까?[25]

라마피테쿠스는 이빨 몇 개와 턱 조각 등 아주 단편적인 화석을 근거로 하고 있다. 인도에서는 약 12~20명의 것으로 보이는 턱뼈 조각 15개와 이빨 40개가 출토되었다. 라마피테쿠스에 속한 화석들은 케냐의 포트 테르난에서도 발견되었으며, 그 후 라마피테쿠스라고 할 수 있는 화석들이 중국, 스페인, 남부 독일 등에서도 발견되었다. 이 중에서 특히 케냐에서 발굴된 화석은 그 화석이 포함된 지층의 연대가 포타슘-아르곤 K-Ar 연대측정법에 의해 1,400만 년 전의 것으로 확인됨에 따라 라마피테쿠스의 대체적인 연대가 결정되었다.[26]

이러한 라마피테쿠스에 대하여 처음에는 필빔과 시몬즈를 비롯한 몇몇 진화론자들만이 그것을 인류 진화의 첫 조상이라고 믿었지만, 1960년대에 와서는 인류 진화론자들 대부분이 라마피테쿠스를 최초의 호미니드hominid로 인정하였다.[27] 많은 사람들이 라마피테쿠스를 최초의 사람과hominids로 인정하게 된 가장 중요한 이유는 라마피테쿠스의 턱 모양과 앞니와 송곳니가 지금의 원숭이의 것보다 작기 때문이었다. 여기에 대하여 필빔은 이렇게 말한다.

이 조각난 아래턱에서 우리가 얻었던 라마피테쿠스의 모습은 인류와 아주 닮은 모습이었다. 우리는 이 화석이 포물선형의 턱을 가지고 있었으며, 이빨은 앞쪽에서 둥그렇게 열을 지어 있고, 뒤쪽으로 가면서 차츰 넓어지는 모양이 슬기사람을 닮은 형태라고 믿었다. 이 화석은 또한 커다란 이 뿌리를 가진 유인원에 비해 인류처럼 작은 송곳니와 앞니를 가지고 있었다.[28]

그러면 라마피테쿠스는 정말 사람과에 속한 인류의 최초 진화 조상인가? 최근에 라마피테쿠스 화석을 검토한 과학자들은 라마피테쿠스가 멸종된 원숭이에 불과하며, 그들의 치아가 독특한 이유는 사람과의 어떤 진화론적 혈족관계에 의한 것이 아니라 그들이 서식하고 있었던 지방의 특이한 음식물 때문이라고 설명한다. 질만Adrienne L. Zihlman과 레벤스타인 Jerold M. Loewenstein에 의하면, "결론적으로 영장류 진화에서 라마피테쿠스의 위치에 관해 우리가 말할 수 있는 것은 무엇인가? 마이오세에 살았던 여러 원숭이들 가운데 한 종류가 넓은 곳에 와서 음식물을 먹게 됨으로 말미암아 억센 뿌리와 섬유질을 씹기에 적당한 턱뼈와 치아가 발달하게 되었을 것이다."라고 한다.[29]

(2) 단편적인 자료들로부터의 재구성

이러한 주장은 라마피테쿠스의 턱뼈를 재구성하는 것과 관련하여 증명되었다. <그림 5-14>에서 위 좌측 화석은 1932년에 발견된 위턱뼈와 치아이다. 두 개의 큰 조각으로 부서진 채 발견된 이 화석은 처음에는 위 우측의 사람의 치아처럼 포물선 형태로 재구성되어 사람의 진화조상이라고 해석되었다. 하지만 1977년에 아래 좌측의 그림과 같이 부서지지 않은, 완전한 라마피테쿠스의 턱뼈 화석이 발견되었다. 그런데 이 턱뼈는 포물선 치아형태가 아니라 U-자형 치아형태를 가졌으며, 이는 오늘날 존재하는 침팬지의 치아형태와 흡사했다.

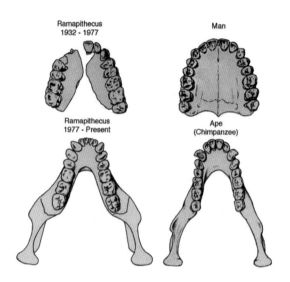

<그림 5-14> 일부 턱뼈와 치아를 근거로 나머지 부분을 상상으로 그리면 오류의 가능성이 커진다.[30]

　이처럼 골격의 부서진 화석의 일부분으로부터 그 생물의 완전한 모습을 재구성한다는 것은 소설가 이상의 상상력을 요구한다. 특히 그 화석이 오래되어서 골격 중 일부만 남아있는 경우는 더더욱 그러하다. 대중 과학 잡지에서는 숲속을 돌아다니고 있는 라마피테쿠스의 모습이 소개되고 있지만, 그러한 모습을 재구성한 기초는 신체의 극히 일부분에 불과하다. 그래서 리키는 "호미니드로서의 라마피테쿠스의 증거는 실재하는 것이 아니다. 단편적인 자료들은 의심의 여지가 많다."라고 했다.[31]

　라마피테쿠스 화석에 대한 의문은 질만과 레벤스타인에 의해서도 제기되었다. 그들은 "라마피테쿠스가 호미니드와 같은 두뇌를 가졌다거나 원숭이처럼 나무 사이를 왔다 갔다 했다거나 사람처럼 직립했는지를 보여주는, 의심의 여지없이 (독특한 모양의) 치아와 관련된 골반이나 팔다리, 두개골은 아직 없다. …… 아마 골반은 인간 계보를 가장 잘 보여주는 뼈일 것이다. …… 그러나 직립했다는 라마피테쿠스의 전체 모습은 단지 턱뼈와 치아들만으로 '재구성'된 것이다."라고 했다.[32]

치아를 포함하는 턱뼈도 하나로 온전하게 발견된 것이 아니라 크게 두 조각으로 나누어져 발견되었다. 그러므로 이들을 어떻게 조립하느냐에 따라 치아의 배열형태가 사람과 같은 포물선이 되기도 하고 원숭이와 같은 U-자형이 되기도 한다. 라마피테쿠스 턱뼈 화석은 단편적인 화석으로부터 살아있는 모습을 재구성할 때 어떻게 편견이 개재될 수 있는지를 보여주는 좋은 예가 된다.

(3) 필빔의 개정된 학설

라마피테쿠스를 인류의 진화 조상으로 받아들이는 데 대한 반대는 역설적이게도 이것을 인류의 조상이라고 처음 주장했던 필빔에 의해서도 제기되었다. 필빔은 1976년에 파키스탄에서 라마피테쿠스의 많은 화석을 발굴하여 턱뼈와 이빨 등을 조사한 후, 라마피테쿠스가 인류의 조상이라던 종전의 자기 학설을 번복했다. 그는 라마피테쿠스는 인류와는 아무런 관계가 없는 새로운 독립적 유인원의 일종이라고 발표하여 진화론 학계에 충격을 주었다. 그는 과거에는 선입견에 따라서 소수의 화석만 가지고 인류의 조상이라고 단정하였으나, 파키스탄에서 발굴한 많은 화석으로 턱뼈와 치아들을 조립해 본 결과 자기가 주장한 과거의 학설이 틀렸다는 사실이 판명되었기 때문에, 인류 진화에 대한 종전의 학설을 변경하게 되었다고 설명하였다. 그의 말대로, "[라마피테쿠스] 화석들에서 우리가 실제로 확인한 것은 작은 송곳니들이었으며, 나머지들은 그럭저럭 서로 연결된 것이다. 다윈의 설명은 오랫동안 강력한 영향을 미쳤다."[33]

필빔은 자신의 주장을 <그림 5-15>와 같이 요약하였다. 필빔이 주장한 자신의 종전 학설과 개정 학설을 비교해 보면, 종전 학설에서는 라마피테쿠스와 인류는 한 조상을 갖는 것으로 표시되어 있어서 진화론 계통수와 비슷하지만, 새로운 학설은 원숭이와 사람은 처음부터 서로 별개의 조상을 갖는다고 하여 결과적으로는 창조론 모델과 유사하다.

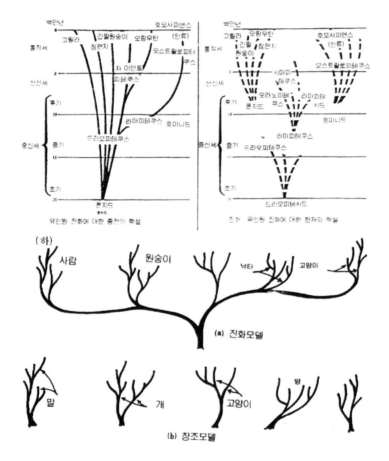

<그림 5-15> (위) 라마피테쿠스에 대한 필빔의 이론 수정왼쪽에서 오른쪽으로. (아래) 필빔의 개정된 주장은 진화모델보다는 맨 아래의 창조모델과 흡사하다.[34]

(4) 르윈의 부정

필빔과 더불어 르윈Roger Lewin, 1944~도 라마피테쿠스를 인류의 조상으로 받아들이는 것에 반대했다. 스미스소니언 박물관Smithsonian Institution의 고생물학자였던 르윈은 초기에 라마피테쿠스의 치아배열을 사람과 비슷한 포물선으로 본 것은 잘못된 것이며 그보다는 오히려 사람도, 유인원도 닮지 않은 V자형이라고 주장했다. 그는 처음에 사람들이 라마피테쿠스의 송곳니가 작은 것을 연장과 무기를 만들고 사용했다는 증거로 받아들인 것에 대해서도 반대했다. 왜냐하면 "작은 송곳니는 연모도구와 재료 사용을 뜻하는 것이 아니라 단지 다른 종류의 음식을 먹었다는 것을 의미하는 것으로, 질긴 식물성 음식을 씹기 위해 턱을 움직여야 했기 때문"이라는 것이었다.[35]

한편 중국의 우루캉吳汝康, 1916~2006은 중국 윈난성雲南省 루펑현祿豊縣에서 800만 년 전의 것으로 추정되는 라마피테쿠스의 두개골을 발견하고, 이것을 인류와 원숭이의 중간형태라고 주장했다. 이 주장을 필빔의 주장—라마피테쿠스는 근본적으로 인류와 다른 기원을 갖는다—과 비교해 볼 때, 어느 이론이 더 타당한지 확실히 말할 수는 없지만, 한 가지 분명한 사실은 라마피테쿠스를 현 인류와 연결시켜 주는 믿을 만한 중간형태의 화석이 아직까지는 없다는 것이다.

이러한 상황에 대해서 르윈은 "지난 40여 년간 축적된 해부학적, 그리고 생화학적 연구결과, 라마피테쿠스는 더 이상 인류의 조상이 될 수 없으며, 단지 시바피테쿠스Sivapithecus와 더불어 마이오세에 번성했던 유인원 중의 하나일 뿐이라는 것을 밝혀냈다."라고 했다.[36] 펜실베이니아 주립대학교 고생물학자인 에카르트Robert B. Eckhardt 역시 라마피테쿠스가 진화 계열상의 일원일 수는 있으나, "그럼에도 불구하고 그들라마피테쿠스은 형태나 생태, 행동이 원숭이였던 것으로 보인다."라고 했으며,[37] 굴드Stephen Jay Gould, 1940~2002 역시 "고생물학자들은 라마피테쿠스가 인간 조상일 수 있다는 일반적인 개념을 포기했다."라고 했다.[38]

이상을 종합해 볼 때, 라마피테쿠스는 인류와 진화적 관계를 가진 유인원이 아니라 처음부터 인류와는 아무런 관계가 없는 원숭이의 일종이었음을 알 수 있다. 라마피테쿠스는 처음부터 라마피테쿠스의 종류대로 창조된 멸종한 원숭이의 한 종류였다고 해석하는 것이 지금까지 발굴된 화석 자료들을 검토해 본 후에 내릴 수 있는 가장 합리적인 설명이라고 생각된다.

8. 유럽의 영장류들

다음에는 유라시아 대륙의 서편인 유럽에 살았던 드리오피테쿠스Dryopithecus를 살펴보자. 드리오피테쿠스 화석은 1856년에 프랑스 남서부의 생고당Saint-Gaudens에서 처음 발견되었으며, 이어 헝가리, 스페인, 중국 등에서 발견되었다. 드리오피테쿠스는 1,300만 년 전에 살았을 뿐 아니라 유럽에 매우 다양한 영장류가 살았음을 보여주는 화석이다. 이 화석은 700만 년 전까지 서식했던 것으로 보이지만 1,000만 년 전부터 뚜렷한 감소세를 보여주고 있다.

<그림 5-16> 좌로부터 드리오피테쿠스, 콜로부스원숭이, 긴꼬리원숭이Cercopithecine[39]

드리오피테쿠스와 같은 유럽의 원숭이들은 다양한 음식을 먹고 있었던 것으로 보인다. 이들 치아의 에나멜琺瑯이 좀 더 두꺼운 것으로 미루어 이들이 먹었던 음식은 다소 단단하면서 자르기보다는 분쇄해서 먹을 수 있는 것이었으리라 생각된다. 이것은 오늘날의 원숭이들도 비슷하다.

중기나 후기 마이오세에 살았던 구세계 멍키들은 두 종류로 분화된 것으로 보인다. 그중 하나는 콜로부스원숭이colobine이다. 이들의 위는 나뭇잎을 먹고 쉽게 소화할 수 있도록 특화되었으며, 소와 같은 가축들과 흡사한 위를 가졌다. 다른 하나는 긴꼬리원숭이Cercopithecine인데, 이는 땅과 나무에서 과일과 단단한 씨앗들을 먹을 수 있도록 특화되었다. 드리오피테쿠스로부터 진화했을 것으로 추측하는 구세계 멍키류들은 영장류 분류에서 유인원아목에서 협비원류하목에 속한 것으로 분류하지만<표 5-1> 참고, 현존하는 유인원의 일부일 뿐 인간의 진화와는 직접적인 관련이 없는 것으로 보인다.

9. 확고한 신념

지금까지 살펴본 바를 요약하면, 인간과 다른 유인원들은 골격이나 보행자세, 치아모양 등 여러 가지 면에서 유사한 점도 있지만 반대로 전혀 다른 점도 있다. 진화론자들은 유사한 점은 서로 진화적으로 연결되어 있기 때문이라고 해석하고, 전혀 다른 점은 평행진화parallel evolution, 즉 같은 조상에서 출발하여 공통 유전자 풀을 갖고 있지만 인간과는 무관하게 다른 라인을 통해 진화되었다고 해석한다. 어떤 해석을 하더라도 인류의 기원에서 진화에 대한 신념은 확고하다. 진화 자체가 일어나지 않았을 가능성은 전혀 염두에 두지 않는다. 하지만 왜 사람들은 유인원들이 각각 독특한 체형과 골격, 보행자세를 가진 것을 연결시키려고 그렇게 애를 쓸까? 어쩌면 그것은 과학과는 무관하게 질만Adrienne L. Zihlman 등이 말한 바와 같이, "인간은 본성적으로 공백, 특히 계보 상의 공백을 두려워"하기 때문은 아닐까?[40]

진화론자들이 말하는 인류의 진화 단계를 다시 한 번 요약해 보자. 진화론자들은 인간은 현존하는 유인원들과 공통조상으로부터 진화되었다고 말한다. 진화론자들이 인류의 기원을 말할 때는 흔히 아시아, 아프리카, 유럽 지역에서 마이오세Miocene에 걸쳐 살던 드리오피테쿠스Dryopithecus와 마이오세 후기와 플라이오세Pliocene 초기에 동아프리카로부터 인도 및 중국에까지 분포되었다고 추정되는 시바피테쿠스Sivapithecus 혹은 라마피테쿠스Ramapithecus로부터 시작한다.[41]

하지만 지금까지 살펴본 것처럼, 인류 진화론자들이 주장하는 초기 유인원 화석을 근거로 말하는 진화조상은 증명된 사실이 아니라 말 그대로 주장이요 추측일 뿐이다. 신생대가 시작된 6,600만 년 전부터 500

만 년 전에 이르는 팔레오세, 에오세, 올리고세, 마이오세에 걸쳐 발견된
유인원 화석들은 온전하게 발견되는 경우가 거의 없고 단지 신체의 극
히 일부만 발견될 뿐이다. 게다가 일부만 발견된 화석 조각들조차도 이
들이 한 개체에 속한 것인지 확실하지도 않다. 그러므로 인류의 초기 기
원에 관한 연구는 많은 부분이 연구하는 학자들의 선입견에 의해 달라질
수 있다. 현재로서는 이 시기에 발견된 화석들이 인류의 진화 계열에 속
했는지 확인하는 것은 쉽지 않다. 다만 대부분이 멸종한 유인원들이라고
하는 것이 적절하다.

하지만 마이오세를 지나 플라이오세에 들어서면서 유인원 화석들의
상황은 달라진다. 현생종들 중에서 대응할만한 유인원들을 찾기가 어려
울 뿐 아니라 이전 마이오세에 살았던 유인원들과도 상당히 다른 화석종
들이 발굴되기 때문이다. 다음 강에서는 마이오세 후기부터 플라이오세
에 이르는 유인원 화석들을 살펴보겠다.

토의와 질문

1. 현존하는 유인원들의 모습으로부터 인류의 기원을 진화론적으로 유추하는 것의 문제는 무엇인가?

2. 질만Adrienne L. Zihlman 등이 말한 바와 같이, "인간은 본성적으로 공백, 특히 계보 상의 공백을 두려워"한다는 것이 인류 진화론과 어떤 관계가 있을까?

3. 인류 진화 계열에서 라마피테쿠스는 지금은 시바피테쿠스라고 불리며, 인류의 진화 조상과는 무관한 단순한 원숭이로 분류한다. 왜 단순한 원숭이를 사람들은 오랫동안 인류의 진화조상이라고 생각했을까?

투마이에서 보이세이까지

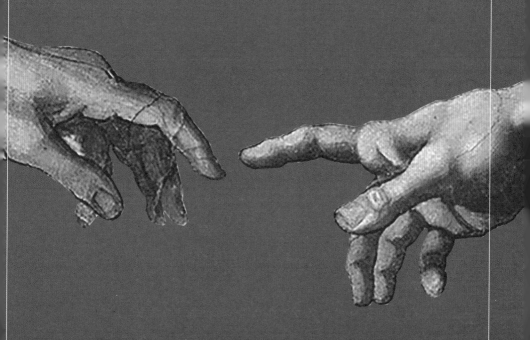

"우리의 무지를 정확히 인식한다는 것은 언제나 권장할만한 일이다."
다윈[1]

　오랫동안 인류 진화론의 가장 심각한 문제점 중의 하나는 시바피테쿠스 Sivapithecus와 오스트랄로피테쿠스Australopithecus 사이의 500만 년 이상의 넓은 간격을 이어줄 적절한 화석이 없다는 사실이었다. 그런데 근래 고인류학자들은 이 간격을 메워줄, 지금까지 발견된 원인原人 화석 가운데 가장 오래된 700만 년 전의 두개골 화석이 발견되어 유인원과 인류의 조상이 분화되는 시기의 수수께끼를 풀 수 있는 길이 열리게 되었다고 발표했다.[2] 본강에서는 이 간격을 메워준다는 마이오세 후기의 투마이 화석에서 출발하여 플라이오세에 이르는 기간 인류 진화 계열에서 중간형태라고 하는 몇몇 화석들이 정말 중간형태로서의 가치가 있는지를 살펴보겠다.

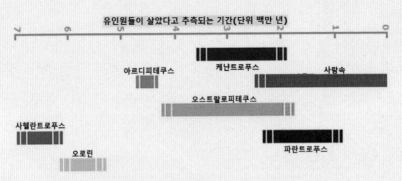

<그림 6-1> 유인원들의 생존 시기. 이들이 어떻게 진화적으로 연결되는지에 대해서는 학자들마다 설이 다르다.[3]

　지질학적으로 마이오세Miocene라고 한다면, 2,300만 년 전부터 530만 년 전까지이다. 그중에서도 인류 진화론에서 인간의 조상이 침팬지나 현대 유인원들의 조상으로부터 갈라져 나온 시기는 마이오세 후기700~530만 년 전까지라고 본다. 그래서 그 증거를 찾기 위해 많은 학자들이 노력했다. 본강에서는 이 시기에

살았다고 생각되는 여러 화석들 중에서 대표적으로 '투마이'라고 불리는 사헬
란트로푸스 차덴시스Sahelanthropus tchadensis와 '오로린'이라 불리는 오로린 투
게넨시스Orrorin tugenensis, '아르디'라 불리는 아르디피테쿠스 카답바Ardipithecus
kadabba를 차례로 살펴보겠다.

속명/종명	약칭/별칭	추정 연대	발견 연도	첫 발굴지	첫 발견자	이미지
사헬란트로푸스 차덴시스 Sahelanthropus tchadensis	투마이 Toumaï	700만년	2001	Chad Djurab Desert	M. Brunet A. Beauvilain F. Gongdibe M. Adoum A. Djimdoumalbaye	
오로린 투게넨시스 Orrorin tugenensis	오로린 Orrorin	600만년	2000	Kenya Lukeino	M. Pickford K. Cheboi D. Gommery P. Mein B. Senut	
아르디피테쿠스 카답바 Ardipithecus kadabba	아르디 Ardi	565만년 ±15만년	1997	Ethiopia Middle Awash	Yohannes Haile-Selassie	
아르디피테쿠스 라미두스 Ardipithecus ramidus		440만년	1994	Ethiopia	Yohannes Haile-Selassie	

<표 6-1> 마이오세 후기의 주요 유인원 화석들[4]

1. 투마이

'투마이'는 당시 프랑스 쁘와띠에대학교University of Poitiers의 고생물학자인 브뤼네Michel Brunet, 1940~와 비뇨Patrick Vignaud가 이끄는 프랑스-차드 연합팀이 2001년에 차드에서 발견한 두개골 화석이다. 브뤼네 팀은 2002년 7월에 「네이처Nature」를 통해 아프리카 중부 차드Chad공화국에서 가장 오래된 유인원의 두개골과 아래턱, 이빨 화석을 1년 전에 발견했다고 밝혔다.[5] 브뤼네 팀의 화석 수집책임자이자 지역 학생인 아훈타 Djimdoumalbaye Ahounta가 차드공화국 듀랍 사막Djurab Desert의 모래 아래 사암에서 발견한 이 화석은 오랜 노력의 결실이었다. 브뤼네는 그 이전 25년 동안 동부 아프리카의 리프트 밸리Rift Valley에서 서쪽으로 2,400㎞, 차드공화국의 수도 은자메나N'Djamena에서 북서쪽으로 약 800㎞ 떨어진 사막에서 끈질긴 발굴 작업을 벌인 끝에 가장 오래된 원인의 화석을 발견한 것이다.

 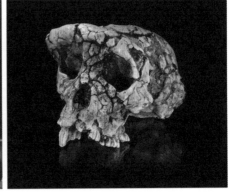

<그림 6-2> 브뤼네와[6] 2001년 차드 사막에서 브뤼네 팀이 발견된 투마이 두개골

프랑스, 차드, 미국에서 온 40여 명의 다국적 연구팀은 당시 차드 대통령인 이드리스 데비Idriss Déby에게 의뢰하여 이 화석에 차드 현지어Goran language of Chad로 '삶의 희망hope of life'이라는 뜻의 '투마이Toumaï'라는 별명을 붙였다. 브뤼네는 이 유인원의 화석 두개골 용적이 350cc 정도로서 현재의 침팬지와 비슷하고, 직립 보행을 했으며, 송곳니가 짧고, 성인 수컷 원인과 유사한 얼굴 특징을 지녔다고 했다. 연구팀은 이 두개골의 학명學名으로 사하라 사막의 남부 지역을 가리키는 '사헬'과 국가명 '차드'를 따라 사헬란트로푸스 차덴시스Sahelanthropus tchadensis라는 이름을 붙였다.

(1) 중간형태인가, '사이드 쇼'인가?

브뤼네는 700만 년 전의 투마이 화석이 발견됨으로써 500~700만 년 전에 인류가 원숭이에서 분화했다는 기존의 학설과는 달리 인류와 원숭이의 분화시기가 최소한 700만 년 전으로 거슬러 올라가게 될 것이라고 말했다. 연구팀은 또한 투마이의 등장으로 사바나열대초원 지대인 동부 아프리카에서만 원인이 존재했다는 기존의 추측도 원인들이 아프리카 전역에 살았다는 것으로 수정돼야 할 것이라고 주장했다. 이어서 투마이 화석이 발견된 지역은 과거 숲으로 우거졌던 지역이기 때문에 원인이 초원지대에서만 살았다는 학설도 깨지게 될 전망이라고 덧붙였다. 브뤼네는 이 화석이 최초의 인류 조상 사람과hominid라고 주장했다.

투마이에 대한 고인류학자들의 반응도 뜨거웠다. 캘리포니아대학교 버클리 분교University of California-Berkeley의 인류학자 화이트Tim D. White, 1950~는 이 화석을 보고 "이것은 인류 족보의 뿌리It is the root of human family tree"라고 했다. 투마이 화석은 에티오피아에서 발견된 320만 년 전의 루시와 900만 년 되었다는 원숭이 두개골 사이의 500만 년이라는 간격을 메우는 것이라고 했다. 또한 하버드대학교의 리버먼Daniel Lieberman 교수도 "투마이 화석의 발굴은 소형 핵폭탄과 같은 위력을 지닌 중대한 발견"이라며 "우리가 이번 발견의 중요성을 깨닫기 위해서는 몇 년이 걸릴 것"이라고 평가했다.

조지워싱턴대학교George Washington University의 인류학자 우드Bernard Wood는 "투마이가 루시Lucy와 같은 후기 화석들에서는 나타나지 않는 현대인의 특징을 다소 갖고 있다."라고 말하면서, 투마이가 루시나 다른 화석들보다 인류의 직접적인 계보에 있다고 주장했다. 우드의 지적처럼, 만일 투마이가 인류의 직접적인 진화조상이라면 "우리는 다른 모든 화석들은 진화의 사이드 쇼 정도로 포기해야 할 것이다." 그러면 도대체 지금까지 엄청난 연구비를 투입하여 루시를 인류의 가장 오래된 조상이라고 주장하면서 수많은 논문을 썼던 사람들은 무엇이란 말인가! 투마이도 '사이드 쇼'가 아니라는 보장이 어디에 있는가?[7]

(2) 투마이는 '빠진 고리'가 아니다

브뤼네를 포함하여 진화론자들은 투마이를 사람과 원숭이 사이의 '빠진 고리missing link'라고 주장한다. 그러나 투마이는 다음 몇 가지 이유로 인해 '빠진 고리'로서의 자격이 없다.

첫째, 안면 경사를 포함하여 다소 사람에 가까운 면이 있다고 하지만, 투마이는 여러 조각으로 발견되어 재구성된 것임을 기억해야 한다. 앞에서 언급한 것처럼, 많은 조각으로 발굴되는 화석들의 경우는 재구성하는 사람의 선입견에 따라 상당 부분 달라질 수 있다. <그림 6-2>에서와 같이, 투마이는 두개골 아래 부분, 즉 하악골下顎骨이 온전하지 않기 때문에 더욱 해석하는 사람의 입장에 따라 다르게 해석할 여지가 있다.

둘째, 진화론자들은 투마이의 목 근육과 연결되는 뒷부분의 두개골 형태로 봐서 직립보행했을 것으로 판단하고 있다. 그러나 대퇴골이나 골반pelvic, 척추S자형 등의 화석이 없이 두개골과 아래턱의 일부, 이빨 화석만으로 투마이가 직립보행했다고 결론짓는 것은 무리이다. 특히 직립보행 여부는 해부학적으로 골반뼈를 근거로 해야 정확히 판단할 수 있는데, 두개골 뒷부분만을 보고 직립보행했다고 추정하는 것은 성급한 판단이다.[8]

마지막으로 투마이의 송곳니에 대한 문제이다. 진화론자들은 투마이의 송곳니가 작고 무디다고 해서 인간과 흡사하다고 주장하는데, 이것도 진화론적 편견에서 나온 것이다. 현존하는 원숭이들 중에서 개코원숭이baboon는 송곳니가 짧고 무디어도 지금까지 원숭이일 뿐이다. 따라서 송곳니의 모양으로 진화의 유무를 결정하는 것은 잘못된 것이다. 진화의 안경을 쓰고 보면 온갖 억측이 떠오르지만, 객관적인 입장에서 보면 이 화석은 원숭이의 화석일 뿐이다. 투마이의 두개골의 크기는 전형적인 침팬지의 것이다.

이런 점들 때문에 투마이에 대한 해석은 전문가들 사이에서도 심한 논쟁이 일어났다. 비록 브뤼네와 화이트Tim D. White는 투마이를 사람과hominid에 속했다고 확신하지만, 동료들예를 들면, 월포프(Milford Wolpoff), 세뉘(Brigette Senut), 픽포드(Martin Pickford) 등은 단순히 멸종한 고릴라나 침팬지일 뿐이라고 주장했다. 미시간대학교University of Michigan의 인류학자인 월포프는 척추와 두개골이 만나는 지점에 남겨지는 흔적scar을 조사한 후에 "이 동물이 습관적으로 직립보행하지 않았음을 명백히 말해준다. 그것은 사람의 자세posture가 아니었고, 그러므로 그것은 인간이 아니다."라고 했다.[9]

2. 오로린

투마이에 이어지는 유인원 화석은 오로린 투게넨시스Orrorin tugenensis 이다. 2000년 12월에 케냐 고생물학 탐사단Kenya Palaeontology Expedition, KPE은 케냐 투겐 힐즈Tugen Hills의 루케이노 지층Lukeino Formation 네 곳에서 새로운 유인원 종을 발견했다고 발표했다.[10] 탐사팀을 이끌었던 KPE의 픽포드Martin Pickford와 파리자연사박물관Museum of Natural History in Paris의 세뉘Brigitte Senut 등이 발견한 화석은 왼쪽 대퇴골, 치아가 있는 턱뼈 조각, 별도의 아래턱뼈와 위턱뼈, 팔뼈와 손가락뼈 등 다섯 개체로부터 총 13개였다이후 2007년까지 20개의 화석이 발견되었다. 이러한 화석들로부터 세뉘와 픽포드는 이들이 600만 년 전의 화석으로 침팬지 크기의 유인원이며, 나무를 오르기에 능했으나 지상에서는 오랑우탄과 비슷하게 직립보행을 했던, 사람으로 진화하기 시작한 첫 유인원이었다고 했다.[11]

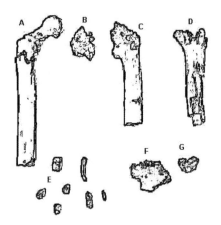

<그림 6-3> 오로린 투게넨시스 화석들. A는 왼쪽 대퇴골, B는 부서진 오른쪽 가운데 대퇴골 proximal femur, C는 왼쪽 가운데 대퇴골, D는 오른쪽 상완골 끝부분distal humerus, E는 치아들, F는 왼쪽 아래턱뼈 조각mandibular fragment, G는 오른쪽 아래턱뼈 조각.[12]

하지만 이러한 해석에 대해 모든 학자들이 동의하는 것은 아니다. 연대에 관해서는 화석이 발견된 루케이노 지층이 화산재로 이루어진 응회암이고 응회암은 방사능연대측정이 가능하기 때문에 별 이의가 없다. 하지만 오로린이 아프리카 원숭이와 사람의 공통조상이라는 것에 대해서는 논쟁이 일어나고 있다. 전문가가 아니라도 <그림 6-3>에서 보여주는 정도의 화석으로는 이 동물이 살아있을 때의 정확한 모습이나 진화 계보에서 이들의 위치를 정하는 것은 쉽지 않음을 알 수 있다.

3. 아르디

시대적으로 오로린에 이어지는 유인원 화석은 1992년에 에티오피아에서 발견된 아르디피테쿠스 라미두스Ardipithecus ramidus이다. '아르디Ardi'라는 말은 아파르Afar 말로 '땅바닥ground/floor'을, '피테쿠스pithecus'는 그리스어로 '원숭이'를, '라미드ramid'는 아파르 말로 '뿌리root'를 의미한다. 아르디는 1992~1993년에 UC 버클리 분교의 화이트Tim D. White가 동료 수와Gen Suwa 및 아스포Berhane Asfaw와 더불어 에티오피아 중부 아와쉬 강 Middle Awash River 계곡의 아파르 저지대低地帶, Afar Depression에서 처음 발견했으며, 1994년에는 더 많은 화석들이 발견되었다. 일명 '아르디Ardi'로 불리는 이 화석은 유인원의 보행과 관련해서 많은 정보를 주었다.[13]

<그림 6-4> 에티오피아 아파르 저지대

    2009년 10월에 「사이언스Science」에 실린 복원 모습에 의하면, 아르디는 키 1.2m, 몸무게 54kg 정도, 두개골 300~350cc 정도의 작은 두개골을 가졌다. 이는 오늘날의 보노보나 침팬지 암컷의 것과 비슷하며, 루시Lucy와 같은 오스트랄로피테쿠스 아파렌시스400~550cc보다 작고, 현생인류의 것에 비해서는 20% 정도에 불과하다. 또한 이 화석은 현대인과는 달리 턱이 앞으로 튀어나왔는데, 이는 침팬지와 흡사하다.[14] 이 화석의 연대는 440만 년 정도로 측정되었는데, 놀라운 것은 오래전 화석인데도 전체 골격의 45% 정도가 발견되었다는 점이다.

    진화론자들은 아르디를 440만 년 전 아프리카 밀림 지대에 살았던 인류의 진화조상으로 추정했다. 그리고 이 화석은 한때 가장 오래된 인류의 조상으로 알려졌던 320만 년 전의 오스트랄로피테쿠스 아파렌시스 루시와 앞에서 언급한 투마이 사이에 있는 화석이라고 했다.

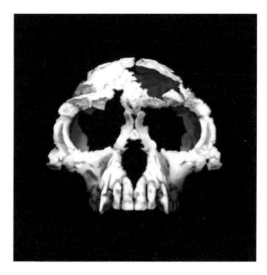

<그림 6-5> 아르디피테쿠스 라미두스[15]

아르디는 유인원과 사람의 특징을 갖고 있다. 손은 멸종된 원숭이와 비슷하지만, 강한 엄지와 유연한 손가락은 물건을 세게 쥘 수 있다. 두 발로 직립보행을 하지만, 팔이 길어 나무를 쉽게 오를 수 있다. 화이트 교수는 "아르디는 인간도, 침팬지도 아니다."라며, "인류와 침팬지의 공통조상에서 갈라져 나온 인류가 초기에 어떻게 진화했는지 보여주는 타임캡슐"이라고 말했다.

아르디는 특히 사지 골격이 완전하여 보행에 관한 많은 정보를 제공했다. 화석으로 미루어 아르디는 이족보행을 하고, 나뭇가지를 잡을 수 있도록 엄지발가락이 길며, 송곳니가 작다. 하지만 엄지손가락은 짧고 다른 손가락은 긴 것으로 보아 아르디는 나뭇가지를 잡기에 쉬웠고, 비교적 무거운 체중이었지만50~55㎏ 나무 아래에서 매어달릴 수 있었다. 하지만 주먹보행knuckle-walking은 하지 않았던 것으로 보인다.[16] 침팬지와 고릴라는 주먹보행을 하는 데 비해 아르디가 그렇지 않다는 것으로부터 진화론자들은 다른 경로를 통해 진화된 것으로 해석한다.

또한 이 화석의 치아가 오스트랄로피테쿠스의 것과 닮은 점이 있다는 점을 들어 오스트랄로피테쿠스의 조상이라고 주장하는 사람도 있지만, 일부에서는 이 화석이 인류의 진화 계보에 속한다기보다 아프리카 원숭이들과 흡사한 특징을 가졌기 때문에 침팬지에 더 가깝다고 주장한다. 아르디는 유인원과 사람의 특징을 갖고 있는, 멸종한 유인원으로 보인다.

유인원의 진화에서 설명하기 어려운 문제 중 하나는 긴팔원숭이gibbon의 기원이다. 긴팔원숭이는 오늘날 원숭이들의 주요한 가지인데, 플라이오세鮮新世, Pliocene 전의 지층에서는 이들의 화석을 별로 볼 수 없다. 분자시계에서는 이들이 큰 원숭이들로부터 약 1,600만 년을 전후하여 분화되었다고 하지만, 언제, 어디서 분화되었는지를 보여주는 화석은 없다. 또한 긴팔원숭이의 움직이는 모습도 독특한데 이를 설명할 수 있는 화석 증거가 없다.

지금까지 논의한 투마이, 오로린, 아르디는 지구 역사 속의 한 시대를 살다가 화석으로 골격의 일부를 남긴 채 사라졌다. 이들이 어디에서 진화해 왔으며, 어떤 후손을 통해 진화되어 갔는지 증명할 수 있는 방법은 없다. 이들로부터 현생인류가 탄생하였다는 주장은 하나의 **해석이나 설명이 될 수는 있지만 증명된 것은 아니다.**

4. 오스트랄로피테쿠스

투마이, 오로린, 아르디 등 마이오세 화석에 이어 인류의 진화 조상으로 제시되는 화석은 플라이오세와 플라이스토세 초기를 걸쳐 살았던 오스트랄로피테쿠스Australopithecus속이다. 오스트랄로피테쿠스는 다시 아프리카누스Australopithecus africanus, 아파렌시스Australopithecus afarensis, 아나멘시스Australopithecus anamensis, 가르히Australopithecus garhi, 세디바 Australopithecus sediba 등 여러 종으로 나누어진다.[17] 오스트랄로피테쿠스라는 이름은 '남쪽의'라는 의미의 '오스트'와 '원숭이'를 의미하는 '피테쿠스'라는 말이 결합되어 '남쪽에서 온 원숭이'라는 뜻이다. 오스트랄로피테쿠스에 속한 주요 화석들을 요약하면 다음의 <표 6-2>와 같다.

속명/종명	약칭/별칭	추정 연대	발견 연도	첫 발굴지	첫 발견자	이미지
오스트랄로피테쿠스 아나멘시스 Australopithecus anamensis		420-380만년	1994	북부 Kenya의 Allia Bay & Kanapoi	Meave Leakey	
오스트랄로피테쿠스 아파렌시스 Australopithecus afarensis	셀람 Selam	330만년	2000	Ethiopia Afar	Zeresenay Alemseged	
오스트랄로피테쿠스 아파렌시스 Australopithecus afarensis	루시 Lucy	320만년	1974	Ethiopia Afar	Tom Gray Donald Johanson Yves Coppens Maurice Taieb	
오스트랄로피테쿠스 아프리카누스 Australopithecus africanus	타웅 아이 Taung Child	250만년	1924	South Africa	Raymond Dart	
오스트랄로피테쿠스 아프리카누스 Australopithecus africanus	Mrs. Ples	205만년	1937	South Africa Sterkfontein	Robert Broom John T. Robinson	
오스트랄로피테쿠스 세디바 Australopithecus sediba	Karabo	198만년	2008	South Africa Malapa	Lee R. Berger	

오스트랄로피테쿠스 로부스투스 Australopithecus robustus	150-200 만년	1949- 1952	South Africa Sterkfontein	Robert Broom John T. Robinson	
오스트랄로피테쿠스 보이세이 Australopithecus boisei	Zinj OH5	175만년	1959	Tanzania Olduvai Gorge	Mary D. & Louis S.B. Leakey	

<표 6-2> 주요한 오스트랄로피테쿠스 화석 종들.[18] A. robustus는 Paranthropus robustus, A. boisei는 Paranthropus boisei라고 불린다.

일반적으로 오스트랄로피테쿠스는 440만 년 전의 아르디피테쿠스 라미두스Ardipithecus ramidus를 거쳐 390~420만 년 전의 오스트랄로피테쿠스 아나멘시스Australopithecus anamensis로 진화했다고 한다. 아나멘시스는 1994년에 미브 리키Meave Leakey가 북부 케냐에서 발견한 화석으로서 주로 위턱뼈, 아래턱뼈, 두개골 조각, 위, 아래 다리뼈tibia 등으로 이루어져 있다. 이들의 연대는 390만 년에서 420만 년 사이로 추정되었다. 하지만 오스트랄로피테쿠스 화석들은 대부분 200만 년 이상 되었기 때문에 부분적으로, 그리고 부서진 채로 발견되며, 따라서 진화적 유연관계를 파악하는 데 어려움이 있다. 아래에서는 오스트랄로피테쿠스 화석들 중 주요한 몇몇 화석들을 살펴보겠다.

(1) 타웅 아이와 아프리카누스

첫 오스트랄로피테쿠스는 1924년에 젊은 해부학 교수인 다아트 Raymond A. Dart가 최초로 발견하였으며, 오스트랄로피테쿠스 아프리카누스Australopithecus africanus라고 명명되었다. 당시 다아트는 런던에서 의학과 해부학, 그리고 형질인류학을 공부하고 남아프리카공화국의 요하네스버그에 있는 비트바테르스란트대학교University of the Witwatersrand에서 해부학을 강의하고 있었다. 그는 다윈이 "아프리카가 인류 진화의 초기 단계 유물이 나올 가능성이 가장 높은 곳"이라고 한 것을 믿고, 타웅Taung의 석회암 채석장에서 모양은 네안데르탈인을 닮았으나 연대를 알 수 없는 조그만 두개골을 하나 발견하고, 이를 그 다음 해 「네이처Nature」에 발표했다.[19] 다아트가 발견한 조그만 두개골은 현대인으로 치면 3.3세 정도의 아이 두개골이었고, 그래서 '타웅 아이Taung Child'라는 별명이 붙었다.[20]

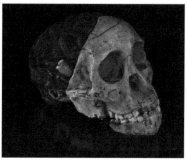

<그림 6-6> 해부학자 다아트와 그가 발견한 오스트랄로피테쿠스 아프리카누스[21]

타웅 아이 화석의 두개골 크기는 원숭이와 비슷했지만, 모양은 완전히 원숭이와 같지는 않았다. 전체적인 치아 배열dentition은 전형적인 사람과hominid의 것과 같았으며, 젖니인 앞니, 송곳니, 어금니는 호모 사피엔스의 것보다는 컸지만 원숭이보다는 사람의 것에 가까웠다. 간니인 첫 번째 어금니도 크기는 사람보다 더 컸지만 형태는 사람의 것과 같았다. 치아와 치근이 컸기 때문에 턱뼈도 컸다. 이 뼈들이 발견된 지역의 지층 연대는 후기 플라이오세鮮新世, Pliocene에서 초기 플라이스토세洪績世, Pleistocene, 즉 250만 년 전의 것이라고 추정되었다. 과거에는 플라이스토세가 180만 년 전에 시작되었다고 보았기 때문에 타웅 아이의 두개골은

100~200만 년 전의 것으로 발표되었지만, 근래 플라이스토세의 시작연대가 258.8만 년 전으로 당겨지면서 타웅 아이의 연대도 250만 년 전으로 추정되었다. 아쉽게도 타웅 아이의 화석이 발견된 곳은 계속된 채석작업으로 인해 파괴되었고 더 이상의 연구는 이루어지지 않았다.

1925년에 발표한 논문에서 다아트는 이 두개골 용적은 500cc 내외로서 성장한 고릴라의 것과 비슷하며, 머리가 앞으로 매어 달려 있는 것이 아니라 척추 끝에 평행으로 달려 있음을 지적하였다. 또한 입천장이 유인원보다 오히려 인간의 것을 닮았고, 비록 치아는 인간의 것보다 크지만 송곳니가 치아선에서 튀어나오지 않은 점으로 미루어 인간을 닮은 것이라고 해석했다. 이 두개골을 좀 더 자세히 조사해 본 후에 그는 이것을 인류의 초기 화석인 사람과hominid에 속했다고 해석했다. 하지만 오스트랄로피테쿠스의 발견이 발표되자, 이것이 중간형태임을 지지하는 학자들과 반대하는 학자들이 생겨났다.

(2) 미시즈 플레스와 아프리카누스

다아트의 발견에 자극을 받아 인류의 기원 연구에 뛰어든 사람은 스코틀랜드 출신의 산부인과 의사이자 고생물학자인 브룸Robert Broom, 1866~1951이었다. 1897년에 남아프리카공화국에 정착한 브룸은 처음에는 빅토리아칼리지현) Stellenbosch University에서 지질학과 동물학을 가르치기도 하고 의사 개업을 하기도 했지만, 고인류학에서 그의 업적은 1934년에 67세라는 늦은 나이로 남아공의 행정수도인 프리토리아의 트란스발 박물관Transvaal Museum in Pretoria, 현) The Ditsong National Museum of Natural History 의 고생물학 조교로 취직되면서부터였다.

1935년부터 로빈슨John T. Robinson과 더불어 브룸은 요하네스버그 북서쪽에 위치한 트란스발Transvaal의 스테르크폰테인 동굴Sterkfontein Cave에서 네 개의 오스트랄로피테쿠스 두개골 화석들을 추가로 발견했다.[22] 이 두 개골들의 평균 용적은 485cc로서 현대의 고릴라 두개골과 거의 비슷했다. 이 두개골도 타웅에서 다아트가 발견한 타웅 아이 두개골처럼 용적이 작고 턱이 큰 것은 원숭이를 닮았으나, 두개골의 모양은 원숭이와는 달랐다. 진화론자들은 이들의 치열이 원숭이의 U자형과 사람의 포물선형 중간형태이며, 보통 원숭이의 것보다 작았기 때문에 인간과 원숭이의 중간이라고 주장했다. 브룸은 처음에 이 화석을 플레시안트로푸스 트란스발렌시스Plesianthropus transvaalensis, 일명 미시즈 플레스Mrs. Ples라고 불렀으나, 후에 오스트랄로피테쿠스 아프리카누스로 분류하였다.

<그림 6-7> 브룸이 미시즈 플레스를 발견한 스테르크폰테인 동굴 입구와 미시즈 플레스[23]

하지만 브룸의 업적은 그것으로 끝나지 않았다. 1937년에 70세가 된 브룸은 남아공의 크롬드라이Kromdraai에서 두개골과 치아들을 발견하였다. 후에 남아공의 슈바르트크란스Swartkrans에 있는 동굴에서는 130구의 유해가 발견되기도 했다. 이들은 다아트가 발견했던 A. 아프리카누스와 비슷했지만, 두개골은 '크고 강한robust' 특징을 갖고 있었고, 연

대는 대략 180만 년 정도였다. 이를 브룸은 파란트로푸스 로부스투스
Paranthropus robustus라고 불렀고, 다아트는 오스트랄로피테쿠스 로부스투
스Australopithecus robustus라고 불렀다.

<그림 6-8> 파란트로푸스 로부스투스[24]

  이러한 브룸의 발견은 다아트를 궁지에서 구해주었다. 당시 다아트는
타웅 아이라는 어린 아이의 두개골 화석 하나만을 가지고 오스트랄로피
테쿠스 아프리카누스라는 새로운 종을 만들고 이것이 현대인의 조상이
라고 주장한 것에 대해 비난을 받고 있었다. 학계에서는 완전한 성인 화
석이 나온 후에라야 그런 주장을 할 수 있지 않느냐고 비판하고 있었는
데, 바로 브룸이 발견한 미시즈 플레스와 파란트로푸스 로부스투스와 같
은 성인 화석들이 다아트가 제안한 아프리카누스의 지위를 공고하게 해
주었다.[25]

(3) 아프리카누스와 로부스투스에 대한 평가

그러면 미시즈 플레스나 로부스투스가 현대인의 조상일까? 오스트랄로피테쿠스에 속하는 많은 화석들은 크게 두 종으로 분류된다. 하나는 다소 작은 턱과 치아를 가진 오스트랄로피테쿠스 아프리카누스A. africanus 이고, 다른 하나는 좀 더 큰 치아와 턱, 그리고 고릴라와 오랑우탄에서 발견되는 화살촉처럼 뾰족한 목덜미, 앙상한 뼈 등을 가진 오스트랄로피테쿠스파란트로푸스 로부스투스A. robustus이다. 이들은 둘 다 두개골 용적이 평균 500cc 정도로서 오늘날의 고릴라와 비슷하고 사람의 약 3분의 1에 해당한다. 아프리카누스의 두개골과 턱은 원숭이와 비슷한데, 로부스투스의 경우는 더욱 비슷하다.

로부스투스는 무엇보다도 치열 때문에 보통 원숭이들에 비해 특이하게 보였고, 이로 인해 진화론에서는 그것들을 현대인의 조상이라고 주장하였다. 로부스투스의 앞니와 송곳니는 비교적 작고, 치열 또는 턱의 곡선이 전형적인 현대의 원숭이보다 더욱 포물선형으로 U자형이 아니다. 치아의 형태나 모양이 여러 가지 면에서 원숭이보다는 사람과 더 비슷하다고 했고, 앞어금니와 어금니는 아프리카누스보다 크다. 아프리카누스는 몸무게가 30kg 정도의 조그마한 침팬지 정도지만, 어금니는 침팬지와 오랑우탄보다 더 크고 어떤 것은 몸무게가 180kg이나 되는 고릴라의 어금니만큼 크다. 따라서 턱이 큰 셈인데, 로부스투스의 경우는 특히 더 크다. 브룸 자신이 로부스투스의 어금니는 사람의 것보다 고릴라의 것과 더 닮았다고 했다.

이외에도 아프리카누스와 로부스투스의 골반과 팔다리와 발의 뼈 조각들 중 일부가 발견되었는데, 이들에 대한 연구를 기초로 진화론자들은 이들이 직립했다고 주장했다. 특히 브룸과[26] 클라크W. E. Le Gros Clark는[27]

이 결론을 강력히 지지했다. 스코틀랜드 해부학자이자 인류학자인 키쓰Arthur Keith, 1866~1955는 처음에는 아프리카누스를 현대인과 유인원 사이의 중간형태로 인정하지 않았으나, 후에는 인간과 비슷한 모습과 치아배열을 가졌으며, 이족보행을 했음을 인정했다.[28]

그러나 모든 진화론자들이 이에 동의한 것은 아니었다. 영국의 해부학자 주커만Solly Zuckerman, 1904~1993은 오스트랄로피테쿠스는 일반적인 원숭이속에 속한 종일뿐이며, 분명히 이족보행도 하지 않았다고 주장했다.[29] 또한 당시 시카고대학교의 해부학 및 인류학 교수였던 옥스나드Charles E. Oxnard 역시 오스트랄로피테쿠스의 골격구조는 현대의 오랑우탄과 비슷하다고 주장했다.[30] 흥미롭게도 2006년에 미국 태생의 남아공 고인류학자 버거Lee R. Berger, 1965~는 타웅 아이의 두개골과 눈구멍眼窩의 훼손된 모습이 독수리에게 죽은 현대의 영장류들에게서 흔히 볼 수 있는 것과 비슷하다고 보고하였다.[31]

6. 오스트랄로피테쿠스 아파렌시스

오스트랄로피테쿠스에 속한 또 하나의 중요한 화석은 오스트랄로피테쿠스 아파렌시스Australopithecus afarensis이다. 아파렌시스는 동부 아프리카에티오피아, 케냐, 탄자니아 지역에서 가장 긴 기간을 살았던, 가장 잘 알려진 유인원 화석이다. 생존기간으로 따진다면 385만 년 전부터 295만 년 전까지 무려 90만 년 동안 살았는데, 이는 현생인류보다 거의 네 배 정도의 긴 기간에 해당한다. 또한 아파렌시스는 화석의 숫자도 엄청나서 고인류학자들은 300여 개체로부터 수많은 화석들을 발굴했다.

(1) 루시의 발견

아파렌시스로 분류된 화석들 중에서 처음이자 가장 널리 알려진 화석은 루시Lucy이다. 1974년 11월 24일에 에티오피아 하다르Hadar에 있는 강가에서 조핸슨Donald Carl Johanson, 1943~ 연구팀이 발견한 루시는 암컷 유인원 화석이며, 체중은 27㎏ 정도, 신장 1m 내외인 것으로 확인되었다. 루시는 처음에는 350만 년 전의 화석으로, 근래에는 320만 년 전에 살았던 것으로 추정되었다. 루시는 골반뼈와 척추뼈 등 인체의 40%에 가까운 인체 화석에 기초하고 있기 때문에 지금까지 발견된 가장 완전한 유인원 화석으로 알려져 있다. 이 화석을 발굴하던 당시 라디오에서 비틀스의 노래 "다이아몬드와 함께 있는 하늘의 루시Lucy in the sky with diamond"가 흘러나오고 있었기 때문에 루시라는 이름이 붙여졌다고 한다.

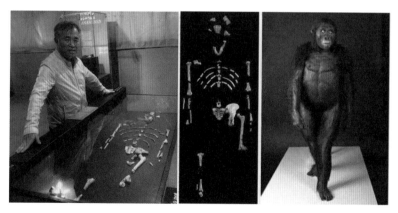

<그림 6-9> 루시 화석에티오피아국립박물관(National Museum of Ethiopia)과 복원한 모습텍사스대학교[32]

현재까지 알려진 바로는 루시는 직립보행을 했고 간단한 석기를 제작했다고 알려져 있다. 하지만 직립보행을 했다는 것은 두개골, 척추, 골반뼈, 발뼈 등을 통해 추정해 볼 수 있지만, 루시가 과연 인간처럼 편안하게, 오랫동안 이족보행을 했는지는 확실하지 않다. 오늘날의 원숭이들도 잠깐 직립보행을 하지만 편안하게 오래 직립하지 않기 때문에, 불완전한 직립 여부만을 가지고 루시가 사람에 가깝다고 추정할 수는 없다. 발견된 루시의 뼈는 전체의 많은 부분이 발견되었다고 하지만 40%밖에 되지 않고, 그나마 직립에 대한 자세한 정보를 얻는 데 결정적으로 중요한 발에 대한 화석은 없다. 루시의 팔은 길어서 긴팔원숭이보다는 짧지만 침팬지와 흡사하고, 외모에서는 사람과 유사점이 별로 없다. 다리 길이에 대해 팔 길이가 사람은 75%, 원숭이는 100%, 루시는 81.9% 정도라고 한다.

루시는 침팬지와 같은 턱뼈를 갖고 있으며, 다리와 다리 윗부분이 원숭이와 같고, 두개골 용적은 400~500cc로서 침팬지와 중첩된다. 화석으로 봐서는 등 근육이 컸던 것으로 미루어 나무 위에 거주하는 동물이었던 것으로 보이며, 손은 피그미침팬지pygmy chimpanzee와 비슷하고 다리는 길고 굽었다. 해부학자 스턴Jacks Stern과 서스맨Randall Susman은 루시의 종인 오스트랄로피테쿠스 아파렌시스의 해부학적 특징을 조사한 결과, 루시의 손과 발은 길고 굽어curved 있는데, 이는 나무에 사는 원숭이들의 전형적인 모습이라고 했다.[33]

(2) 직립했을까?

루시의 직립보행 여부는 학자들마다 의견이 다르다. 1974년에 루시를 처음 발견했던 조핸슨은 자신의 책에서 루시가 직립보행했다고 주장했으나, 1987년에 해부학자이자 인류생물학Anatomy and Human Biology 교수인 옥스나드Charles E. Oxnard는 오스트랄로피테쿠스에 대한 방대한 컴퓨터 분석 결과, 루시는 직립하지 않았다고 했으며, 1992년에는 「미국형질인류학회지*American Journal of Physical Anthropology*」에서 "루시는 침팬지처럼 걸었다Lucy walked like chimpanzees."라고 결론지었다. 또한 그는 "지난 몇 십 년 동안 알려진 오스트랄로피테쿠스 화석들은 이제 인간과 같은 이족보행의 진화 지위에서 완전히 제거된다."라고도 했다.[34]

1993년에 인류학자 타디유Christine Tardieu는 루시가 오랫동안 편안하게 직립하기 위해서는 무릎관절이 잠겨있어야lock 하는데, "그것의 잠김 메커니즘은 발달되지 않았다Its locking mechanism was not developed."라고 보고했다. 2000년에 리치몬드Brian G. Richmond와 스트레이트David S. Strait는 "인간이 주먹보행knuckle-walk 하는 조상으로부터 진화한 증거"라는 논문에서 "루시의 무릎관절의 상태와는 무관하게 새로운 증거는 루시가 주먹보행자였음을 보여주었다."라고 했다.[35] 스톡스태드E. Stokstad 역시 "그녀 루시는 전형적인 주먹보행자들의 형태를 가졌다."라고 했다.[36]

직립 여부는 골반의 모양과도 직결되어 있다. 직립하기 위해서는 골반의 모양이 통로형으로 앞을 향하기보다 판형으로 위를 향해 있어야 한다. 또한 태아가 쉽게 밑으로 빠지지 않기 위해서는 태아의 크기에 비해 산도産道가 좁아야 한다. 인간 태아는 분만 직전이 되면 두개골의 앞뒤 길이가 산도보다 커지게 된다. 그래서 사족보행을 하는 동물들과는 달리 사람에게는 유독 심한 산통이 따르는 것이다. 커다란 아이의 머리가 밖으로 나오기 위해서는 골반이 풀려서 산도가 넓어져야 하는데, 이때 극심한 통증이 수반되는 것이다.[37]

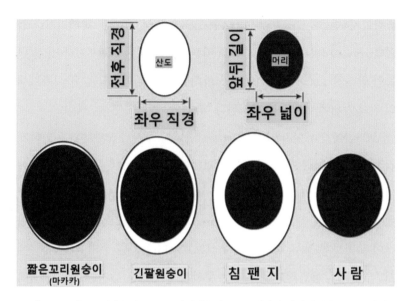

<그림 6-10> 짧은꼬리원숭이macaque, 긴팔원숭이gibbon, 침팬지, 사람에게서 산도와 태아의 머리 크기 비교[38]

    화석에서 루시의 골반이 직립을 보여주는지는 확실하지 않다. 루시를 사람속屬으로 연결하기 위해 많은 사람들이 루시를 직립한 것처럼 말하지만, 이를 판단하기 위해서는 루시의 골반 모양이 좀 더 온전하게 남아 있어야 한다. <그림 6-11>에서는 마치 골반뼈가 온전하게 남아있는 것처럼 그렸지만, 사실은—오스트랄로피테쿠스 화석들 중에서는 루시 화석이 매우 탁월하게 보존되어 있음에도 불구하고—일부만이 남아있을 뿐이다. 그래서 루시의 직립을 두고 논쟁이 끊이지 않는 것이다.

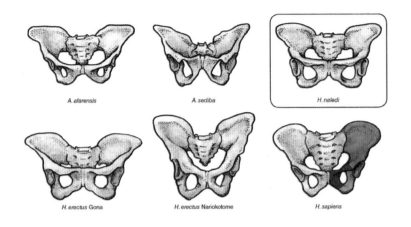

<그림 6-11> 오스트랄로피테쿠스와 사람속屬의 골반 비교[39]

A. afarensis

A. sediba

H. naledi

H. erectus Gona

H. erectus Nariokotome

H. sapiens

　　근래에 텍사스대학교University of Texas at Austin의 존 카펠만John Kappelman
교수팀은 루시의 사망원인에 대해 흥미로운 결과를 발표했다. 연구팀은
「네이처Nature」에 발표한 논문을 통해 루시는 높은 곳에서 추락하여 뼈
골절과 장기손상으로 죽었다고 주장했다.[40] 연구팀은 고해상도 컴퓨터
단층촬영CT을 통해 루시의 화석을 분석한 끝에 루시의 오른쪽 어깨뼈가
부서진 형태임을 발견했다. 이에 카펠만 교수는 이 골절 형태가 높은 곳
에서 떨어져 사망한 사람들에게서 특징적으로 나타나는 것이라고 해석
했다. 그에 의하면 높은 곳에서 추락해 사망한 사람들은 충격을 흡수하
기 위해 팔을 지면으로 뻗으면서 어깨를 비롯한 뼈들이 일정한 형태로
부러진다는 것이다. 그래서 카펠만 교수는 "당시 루시가 살던 지형이 평
평했으므로 천적을 피하기 위해 높은 나무에 올라 살던 루시가 나무에서
떨어져 골절과 그로 인한 장기 손상으로 사망했을 가능성이 높다."라고
말했다. 연구팀은 루시의 부러진 뼈가 자연적으로 치유된 흔적을 찾을
수 없다는 점에서 루시가 골절 직후 사망했을 것으로 추정하였다.

7. 세디바

미국 태생의 고인류학자이자 남아공의 비트바테르스란트대학교
University of the Witwatersrand 교수인 리 버거Lee R. Berger, 1965~는 2008년 8
월에 남아공의 요하네스버그 서북쪽에서 오스트랄로피테쿠스 세디바
Australopithecus sediba 화석을 발굴하여 2010년 4월 8일 「사이언스Science」
에 발표했다. 세디바는 남아공 원주민 말로 '원천'이라는 의미이다.

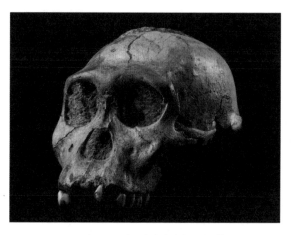

<그림 6-12> 재구성된 세디바 두개골[41]

많은 중요한 화석들이 그렇듯이 세디바도 아주 우연히 발견되었다.
버거의 아홉 살 난 아들 매튜Matthew Berger가 남아공의 말라파 동굴Malapa
Cave 인근에서 우연히 쇄골clavicle과 턱뼈를 발견하였는데, 이를 계기로
인근에 대한 본격적인 발굴이 이루어져서 오늘날 세디바라고 하는 새로
운 종의 화석들이 발굴된 것이다. 이들이 발견한 화석들 중에는 10~11세
소년의 해골 및 유골과 30대 여성의 유골이 포함되어 있었다. 버거에 의

하면, 세디바는 약 178~195만 년 전에 살았던 것으로 추정되며, 서서 걸어 다녔지만 긴 팔과 작은 발로 나무를 잘 탔을 것으로 보인다.

버거팀은 세디바는 침팬지처럼 팔이 길고 사람처럼 뛸 수 있는 긴 다리를 갖고 있으며, 키는 127㎝ 정도였을 것으로 추산했다. 성인 여성의 몸무게는 33㎏, 청소년기로 추정되는 남성 호미니드 몸무게는 27㎏이었다. 남성 호미니드의 뇌의 용량은 420~450㏄ 정도였다. 버거팀은 "이 호미니드는 190만 년 전에 살았던 것으로 보인다."라며 "뇌의 모양은 오스트랄로피테쿠스족의 호미니드 가운데 가장 발전된 형태"라고 했다.

<그림 6-13> 재구성된 세디바와 발견자 리 버거Wiki

진화론자들은 세디바는 인류의 오래된 조상으로 불리는 오스트랄로
피테쿠스에서 현생인류가 어떻게 진화해 왔는지 밝힐 '잃어버린 고리'
라고 주장한다. 세디바가 살았던 시기는 오스트랄로피테쿠스에서 '호모'
로 진화하는 갈림길이기 때문이다. 충북대학교 고고미술사학과 박선주
교수는 "세디바가 중간 단계의 화석인지, 인류와 함께 공존했던 다른 계
통의 인류인지는 아직 알 수 없다."라면서 "앞으로 발굴될 새로운 화석
들이 인류 진화의 비밀을 풀어줄 것"이라고 말했다.[42] 2018년에 발표된
한 해부학적 연구는 세디바가 A. 아프리카누스나 도구인간道具人間, Homo
habilis과 분명히 다르지만 긴밀하게 연결되어 있다고 보고했다.[43]

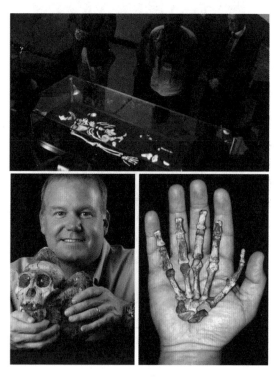

<그림 6-14> 세디바 화석

버거팀은 세디바 화석을 1년여에 걸쳐 연구했고, 화석의 뇌와 손, 발, 골반 등이 현생인류인 호모 사피엔스와 상당히 유사하다는 것을 발견했다. 그동안 진화론자들은 유인원인 오스트랄로피테쿠스에서 직립원인直立原人, Homo erectus 등을 거쳐 지금의 호모 사피엔스로 진화했다고 주장한다. 하지만 그동안 오스트랄로피테쿠스에서 인류의 직접적 조상격인 직립원인 등으로 연결되는 화석의 연결고리가 없었다. 그런데도 버거 교수는 「사이언스Science」에 발표한 논문에서 세디바인이 유인원과 현생인류 사이의 새로운 '진화의 열쇠'라고 주장했다.[44]

하지만 <그림 6-14>에서 알 수 있는 바는, 두개골의 용적은 전형적인 침팬지 정도에 불과하고 손가락 모양은 나무를 탈 수 있는 유인원의 것이라는 사실뿐이다. 물론 다른 유인원의 화석들에 비해서는 사람의 손에 비교적 가깝긴 하지만 이것을 인간과 진화적으로 연관짓는 것은 하나의 해석일 뿐이다. 다시 말해, 세디바를 인류 진화의 중간형태라고 하는 것은 하나의 해석에 지나지 않는다. 필자가 보기에 세디바는 멸종한 원숭이가 아닌가 생각된다.

8. 올두바이 계곡과 리키 가족

<그림 6-15> 1931년, 리키의 첫 탐사 차량과 오늘날 올두바이 계곡의 리키 캠프필자 사진

오스트랄로피테쿠스에 대한 얘기를 마치기 전에 반드시 살펴보아
야 할 장소가 있다. 그것은 탄자니아 북부 지방에 있는 올두바이 계곡
Olduvai Gorge이다. 사파리 관광으로 유명한 탄자니아 응고롱고로 보호지
역Ngorongoro Conservation Area에 위치한 올두바이 계곡의 이름은 이 지역에
서 많이 자라고 있는 올두파이Oldupai라는 식물의 이름에서 비롯되었다.
처음으로 이 지역을 소개한 독일 학자가 문헌에서 잘못 소개하는 통에
올두파이 계곡이 졸지에 올두바이 계곡이 되었다고 한다. 지금도 올두바

이 계곡 박물관 등에서는 올두파이라고 표기하고 있지만 국제적으로는 이미 오랫동안 올두바이라고 표기했기 때문에 그대로 사용하고 있다.

<**그림 6-16**> 올두바이 계곡 어디나 자라고 있는 식물 올두파이필자 사진

    올두바이 계곡은 이곳에서 유인원 화석을 발견한 것으로 유명해진 리키 가족 때문에 전 세계적으로 알려지게 되었다. 영국 태생의 케냐 인류학자인 루이스 리키Louis S.B. Leakey, 1903~1972와 그의 부인 메리 리키Mary D. Leakey, 1913~1996, 그의 둘째 아들 리처드 리키Richard E.F. Leakey, 1944~, 지금은 그의 손녀인 루이제 리키Louise Leakey, 1972~까지 리키 가족은 3대에 걸쳐 인류 진화의 중간 고리를 찾기 위한 '발굴인생'을 살고 있다.[45]

    리키 부부는 올두바이 계곡에서 여러 해 동안 유인원의 화석을 발굴하였다. 하지만 발굴 초기에 그들은 이 계곡에서 많은 석기들과 동물화석들을 발견했지만, 정작 유인원의 화석은 찾지 못했다. 그러나 루이스 리키는 이곳에서도 유인원 화석이 발견되어야 한다고 굳게 믿었다. 그들의 인내는 결국 열매를 맺게 되었다.

9. 진잔트로푸스

1959년 어느 날, 루이스 리키는 아파서 누워있었고 메리 리키는 혼자 밖에 나갔다가 우연히 어떤 곳에서 치아를 발견하였다. 그곳을 발굴한 결과 그들은 두개골이 매우 큰, 오스트랄로피테쿠스 로부스투스 Australopithecus robustus를 닮은 화석을 발굴했다. 이 화석과 더불어 석기가 발견되었기 때문에 루이스 리키는 이 화석은 도구를 만들었을 것이라고 믿었다. 루이스 리키는 이 화석을 진잔트로푸스 Zinjanthropus 혹은 '동아프리카인' 혹은 줄여서 'Zinj'라고 불렀다.[46] 이 화석은 매우 큰 어금니를 가졌기 때문에 딸기나 호두 등을 먹고 살았을 것이라고 생각하여 '호두까기 인간 Nutcracker Man'이라는 별명을 붙였다.

<그림 6-17> 올두바이 계곡의 진잔트로푸스 발굴지와 표지판가이드 마사키와 함께, 필자 사진.

그 후 몇 년 동안 화석을 더 발굴한 후에 리키는 영국에서 발간되는 과학잡지 「네이처Nature」에 새로운 인류 조상인 '도구인간'을 찾았다고 발표했다.[47] 그리고 화석이 발견된 지층에 대하여 커티스Garniss H. Curtis가 행한 방사능연대측정 결과를 근거로 진잔트로푸스는 180만 년 전의 것이라고 했다.[48]

<그림 6-18> (좌) 진잔트로푸스의 두개골과 (우) 재구성한 모습[49]

그러나 진잔트로푸스는 발견될 당시부터 많은 논란이 되었다. 일부에서는 루이스 리키가 발견했던 당시부터 진잔트로푸스는 오스트랄로피테쿠스 로부스투스의 변종임을 알고 있었으나, 이것이 인류의 직접적인 조상이라고 주장하지 않으면 연구비를 받기가 어려워서 그렇게 발표했다고 생각한다.[50] 리키는 진잔트로푸스가 단순한 영장류의 화석이라고 해서는 연구비를 받을 수 없다는 것을 누구보다도 잘 알고 있었다. 실제로 진잔트로푸스를 발표한 후부터 오랫동안 리키는 「내셔널 지오그래픽 National Geographic」으로부터 자금 지원을 받았다.

진잔트로푸스에 대한 다른 사람들의 평가도 엇갈렸다. 발견 당시부터 일부에서는 진잔트로푸스는 오스트랄로피테쿠스와 직립원인의 혼합일 뿐 새로운 진화 종이 아니라고 하는가 하면, 성인 개체의 뼈와 어린 개체의 뼈를 혼합한 것이라고도 하였다. 그러나 「내셔널 지오그래픽」에서는 진잔트로푸스를 마치 사람의 진화 계열의 새로운 속屬인 도구인간道具人間, Homo habilis의 한 종種인 것처럼 그럴듯한 그림을 그려 발표했다. 이로 인해 많은 사람들은 '도구인간'이 새로운 인류의 진화 중간 속屬인 것처럼 받아들이게 했다.[51]

그러나 몇 년 후에 이 화석에 대한 자세한 조사를 한 사람들은 이 화석이 몇 년 전에 다아트Raymond A. Dart가 발견한 것과 근본적으로 다를 바 없음을 밝혀냈다. 그러나 리키 부부의 연구는 '내셔널지오그래픽협회 National Geographic Society'의 후원을 받았고 그 결과를 세계적으로 보급되는 「내셔널 지오그래픽」에 게재하였기 때문에 일반에게 널리 알려지게 되었다. 그러나 후에는 리키조차도 자기들이 발견한 진잔트로푸스는 몇 년 전 다아트 등이 남아프리카에서 발견한 오스트랄로피테쿠스의 변종變種, 즉 오스트랄로피테쿠스 보이세이Australopithecus boisei임을 시인했다.[52]

10. 주커만과 옥스나드의 반대

지금까지 오스트랄로피테쿠스에 속한 몇몇 주요 화석들을 살펴보았다. 이들은 대체로 200만 년 이상 전에 살았기 때문에 온전한 형태로 전신이 발견되는 예는 없다. 또한 부분적으로 발견되는 화석들도 종들마다, 개체들마다 차이가 있지만, 대체로 이들은 두개골의 크기, 신장, 치아의 모습 등 몇 가지 점에서 공통점을 갖고 있다. 이들에 대한 전문가들의 대체적인 평가는 어떨까?

영국의 해부학자인 주커만Solly Zuckerman, 1904~1993이 이끄는 연구팀은 15년 이상 사람, 꼬리있는 원숭이, 꼬리없는 원숭이 및 오스트랄로피테쿠스에 속하는 화석들의 해부학적 특징들을 연구했다. 실제로 주커만은 수백 개체의 꼬리있는 원숭이와 꼬리없는 원숭이, 인류의 해부학적 표본들과 오스트랄로피테쿠스 종류들의 이용 가능한 중요 화석들을 모두 비교하였다. 사실 오스트랄로피테쿠스에 관해 주커만보다 더 철저하고 세밀하게 연구한 사람은 없다고 할 수 있다.[53]

<그림 6-19> 좌로부터 주커만, 클라크, 옥스나드

주커만은 영국의 고인류학자인 클라크Wilfred Le Gros Clark, 1895~1971와 다른 학자들이 오스트랄로피테쿠스는 사람을 닮은 원숭이라기보다 사람과hominid에 속한 하나의 속으로 분류되어야 한다고 주장한 것에 대해 "나는 전혀 납득할 수 없다. 내가 오스트랄로피테쿠스의 진화론적 지위에 관한 해부학적 주장을 검토할 때마다 거의 실패로 끝났다."라고 말했다. 주커만의 결론은 오스트랄로피테쿠스는 원숭이에 불과하며, 인류의

기원과 전혀 관계가 없다는 것이다.[54]

영국 출신이면서 호주의 고인류학자인 옥스나드Charles E. Oxnard, 1933~ 역시 오스트랄로피테쿠스의 지위에 관하여 주커만과 비슷한 견해를 가졌다. 그는 오스트랄로피테쿠스에 관한 오랜 연구 후에 "비록 대부분의 연구가 현생인류와 오스트랄로피테쿠스 종류의 유사성을 강조하여 이 것들이 연장을 만들어 쓰는 두발 동물이며, 그것의 한 종류오스트랄로피테쿠스 아프리카누스: '호모 하빌리스'와 '호모 아프리카누스'가 거의 직접적으로 인류의 조상이라는 점을 주장한다 해도 여러 두개골의 후부 조각들에 대한 다변량통계연구multivariate statistical studies는 다른 결론을 제시한다."라고 했다.[55]

옥스나드는 그의 연구로부터 오스트랄로피테쿠스는 결코 사람처럼 직립보행하지 않았으며 오랑우탄과 비슷하게 걸었을 것이라고 결론지었다.

현재 오스트랄로피테쿠스 종류에 대해서는 해부학적인 여러 부분, 즉 어깨, 골반, 발목, 발, 팔꿈치 및 손에 대한 다변량 연구 multivariate studies가 되어 있다. 이에 의하면, 이 화석들이 현대인을 닮았다거나 혹은 때로 그들이 사람을 닮지 않고 아프리카의 큰 원숭이를 닮았다는 일반적인 견해는 정확하지 않다. 사실 대부분의 화석들은 현생인류나 혹은 유전학적으로 인류와 가장 가깝다는 침팬지, 고릴라와 완전히 다르다. 그들은 현존하는 형태로는 오랑우탄과 비슷한 경향이 있다.[56]

즉, 옥스나드는 오스트랄로피테쿠스가 오늘날 현존하는 인류나 원숭이와 아주 다르다고 결론지었다. 옥스나드와 주커만의 견해가 옳다면,

오스트랄로피테쿠스는 인류의 조상도, 원숭이와 인간 사이의 중간형태도 아닌, 멸종한 유인원 것으로 보인다.[57]

11. 오스트랄로피테쿠스가 중간형태?

주커만과 옥스나드의 주장 이전에도 이미 여러 학자들은 오스트랄로피테쿠스가 분화된, 그러나 지금은 멸종한 원숭이에 불과하다고 했다. 진화론자 몬태규Ashley Montagu는 "모든 오스트랄로피테쿠스 종류의 두개골 형태는 원숭이와 극히 비슷하다. …… 오스트랄로피테쿠스 종류는 인류의 직접적인 조상 혹은 인류에 이르는 계통의 조상이 되기에는 너무 많이 분화되었으며, 여러 면에서 원숭이와 너무 많은 비슷한 특징을 가진다."라고 했다.[58] 창조론자 기쉬Duane T. Gish는 작은 앞니, 넓고 큰 어금니, 큰 턱뼈와 치아의 수, 얼굴 모양 및 두개골 용적으로 볼 때, 오스트랄로피테쿠스는 현존하는 개코원숭이baboon와 매우 유사하다고 했다.[59]

오스트랄로피테쿠스가 불을 사용했는가에 대해서도 논란이 많다. 다아트는 1959년에 발간된 그의 저서 『빠진 고리를 찾는 모험Adventures with the missing links』에서 극미량 발견된 탄소로부터 오스트랄로피테쿠스가 불을 사용했으리라고 추측할 수는 없다고 했다.[60] 일부에서는 오스트랄로피테쿠스의 화석이 주로 산산조각으로 부서진 채 발견될 뿐 아니라 다른 동물들의 화석과 섞여서 부엌 쓰레기장 같은 데서 발견된다는 점을 지적했다. 이에 대해 필트다운인 사기 사건을 밝히는 데 중요한 역할을 했던 영국의 인류학자 오클리Kenneth P. Oakley, 1911~1981는 같은 계곡에서 박쥐똥에 의해 저절로 불이 일어난 것으로 보아 이는 자연 발화였으리라고 했다. 또한 이 화석이 발견되는 곳에서 그물에 사용되는 정교한 둥근 돌이 발견된다는 사실로부터 이미 이때 사람속屬, Homo에 속한 지적인 인류가 살았으며, 오스트랄로피테쿠스의 화석이 다른 포유동물들의 화석과 함께 섞여 나오는 점으로 미루어 이들을 잡아먹은 존재가 있었다고 주장하였다.

오스트랄로피테쿠스 화석들이 인류 진화의 중간형태라는 주장은 이들의 독특한 치아배열과 직립보행했으리라는 생각 때문이었다. 이들의 치아는 비교적 작은 앞니를 가졌지만, 어금니는 넓고 크며, (특히 로부스투스의 경우에는) 턱은 크고 중후했다. 흥미 있는 것은 이러한 점들이 현존하는 개코원숭이Theropithecus gelada의 치아배열과 턱뼈, 안면의 여러 특징들과 흡사하다는 사실이다. 이것은 오스트랄로피테쿠스가 인류 진화의 중간형태라는 주장에 의문을 제기하는 것이다.[61]

<그림 6-20> 현존하는 개코원숭이 수컷[62]

위에서 설명한 모든 사실들을 오스트랄로피테쿠스 종류가 원숭이와 같은 크기의 뇌를 가졌다는 사실과 연결해서 생각해 볼 때, 오스트랄로피테쿠스는 원숭이의 변종과 다를 바 없으며 생태학적으로 개코원숭이와 비슷하다고 할 수 있다. 이상의 여러 논의로부터 오스트랄로피테쿠스는 인류 진화의 중간형태라기보다는 멸종한 별도의 원숭이라고 생각된다.

12. 요약과 결론

전통적으로 인류의 조상을 찾기 위한 노력은 주로 고생 화석에 대한 연구를 중심으로 이루어졌다. 화석으로 남아있는 어떤 종이 있을 때, 이 종이 인류의 진화 계열에 속했는지를 판단하려면 어떤 특징을 갖고 있어야 할까? 다윈은 인류의 대표적인 특징으로 큰 두뇌, 작은 치아, 직립 보행, 도구의 사용 등 네 가지를 제시했다. 이들 중에서 큰 두뇌는 다른 동물에 비해 가장 두드러지는 인류의 특징이다. 그래서 진화론자들은 오랫동안 인류의 조상은 다른 건 몰라도 두뇌는 다른 동물보다 컸을 것으로 추측했다.[63]

하지만 이러한 생각은 1970년대 이후 동부 아프리카에서 많은 고인류 화석들이 쏟아져 나오기 시작하면서부터 흔들리기 시작했다. 그중에서도 오스트랄로피테쿠스에 속하는 많은 화석들은 인류의 진화를 연구하는 사람들에게 가장 중요한 중간형태 화석으로 받아들여졌다.

오스트랄로피테쿠스는 현생인류와는 그 모습이 다르고, 직립했다고 하는 주장도 있으나 확실하지 않다. 오스트랄로피테쿠스는 송곳니가 현존하는 원숭이와는 다르게 작고 덜 날카롭기 때문에 원숭이에 가까운 유인원으로 알려졌다. 1924년에 남아프리카에서 처음 오스트랄로피테쿠스의 화석이 발견된 이래 많은 화석이 발견되었다. 이의 골반과 대퇴골은 인간을 닮아 직립보행했다고 추측하는 사람들이 있지만, 화석이 부분적으로만 남아있기 때문에 확실하지는 않다. 엄지는 다른 손가락에 비해서 크고, 다른 손가락과 마주보듯 붙어있다. 이의 두개골은 수직으로 붙어있고, 전두엽前頭葉과 두정엽頭頂葉은 유인원보다 발달하였으며, 뇌의 용적은 650~750cc로서 고릴라보다 약 100cc 정도 더 크다.

오스트랄로피테쿠스 중에서도 특히 에티오피아 하다르 유적과 탄자니아 라에톨리 발자국 화석Laetoli footprints fossil 유적 등지에서 출토된, 흔히 루시로 알려진 오스트랄로피테쿠스 아파렌시스는 인류 진화에 대한 사람들의 생각을 바꾸게 한 가장 중요한 화석이었다.

방사성연대측정을 통해 300~350만 년 전에 살았던 것으로 밝혀진 루시는 인간 진화에서 직립보행이 큰 두뇌보다 선행되었다는 증거가 됨으로써 인류 진화의 역사를 새로 쓰는 계기가 되었다. 루시의 두뇌는 침팬지의 것과 비슷했고, 치아는 큰 편이었으며, 도구를 사용한 흔적은 없었다. 이런 특징은 인간보다 침팬지의 조상에 가까운 것으로 볼 수도 있지만, 이족보행을 했다는 점이 (논쟁의 여지가 있지만) 침팬지와 달랐다. 루시의 골격에서 직립보행의 흔적이 보이며, 인근 라에톨리 유적에는 두 발로 걸은 발자국 화석이 남아있다는 것이 그 증거였다.

루시 이후 인류의 진화조상을 찾으려는 시도는 직립보행을 중심으로 이뤄졌다. 그 결과 1990년대 중반 이후 루시보다 오래된 화석이 여럿 발견되었는데, 390~420만 년 전에 살았던 오스트랄로피테쿠스 아나멘시스가 대표적인 예이다. 하지만 2000년대에 들어와 상황이 더욱 복잡해졌다. 루시나 아나멘시스보다 더 오래전에 살았던 사헬란트로푸스 차덴시스, 오로린 투게넨시스, 아르디피테쿠스 라미두스 등 세 종의 유인원 화석이 새롭게 발견되었기 때문이다.

첫째, 중앙아프리카 차드에서 발견된 사헬란트로푸스 차덴시스는 600~700만 년 전에 살았던 종으로 추정되었다. 하지만 차덴시스는 심하게 일그러진 두개골만 발견되었기 때문에 학자들은 이것만으로는 직립보행 여부를 알 수 없고, 두개골 모양만으로는 고릴라에 더 가깝다고 보고 있다.

둘째, 동아프리카 케냐에서 발견된 오로린 투게넨시스 역시 600~700만 년 전에 살았던 것으로 추정되었다. 다행히 투게넨시스의 경우 대퇴골이 발견되었는데, 무릎의 각도 등으로부터 직립보행의 특징을 확인할 수 있어서 인류학자들은 최초의 직립 유인원의 후보로 본다.

셋째, 에티오피아 아라미스에서 발견된 아르디피테쿠스 라미두스는 440만 년 전에 살았다고 추정되었다. 2009년에 라미두스의 전체 골격이 공개되었을 때, 미국의 「사이언스Science」는 이 화석을 '올해의 발견'으로 선정하는 등 큰 파장을 불러일으켰다. 진화론자들은 라미두스도 직립보행을 했지만, 유인원처럼 나뭇가지를 쥘 수 있는 엄지발가락을 가지고 있었기 때문에 인간과 유인원의 중간 형태가 아닐까 추정하였다.

하지만 일반적으로 현생인류와 같이 직립보행하는 종의 엄지발가락은 여러 발가락 중 가장 크고, 다른 발가락들과 평행을 이루고 있지만, 라미두스의 경우는 엄지발가락이 엄지손가락처럼 옆으로 벌어져 있었다. 라미두스는 긴 팔과 짧은 다리 등 침팬지와 비슷한 체형을 가졌지만, 침팬지와 다르게 걸을 때 팔을 사용하지 않았던 것으로 보인다.

주변 생태계와 연관 지어 보면 지금까지 진화론자들은 인류가 직립보행하게 된 이유가 500만 년 전 아프리카의 삼림지대가 점점 줄어든 데 있다고 설명했다. 풀이 많은 초원에서는 직립보행을 통해 먼 곳까지 볼 수 있어야 포식자를 미리 피할 수 있고 먹잇감도 쉽게 구할 수 있다고 생각했기 때문이었다. 하지만 라미두스의 화석이 발견된 곳은 초원이 아닌 삼림지대였기 때문에 기존의 직립보행에 대한 가설이 흔들리게 되었다.

어쩌면 아마 앞으로 새로운 화석이 발견되면 지금까지의 모든 해석이 또 바뀔지 모른다. 하지만 어떤 화석이 발견되더라도 바뀌지 않는 한 가지가 있는데, 그것은 인간이 더 하등한 다른 동물들로부터 진화했다는 확신이다. 진화론자들은 하나같이 진화 자체는 의심할 여지가 없고 다만 진화가 어떻게 일어났는지에 대해 논쟁하는 것일 뿐이라고 말한다. 그러나 한 번쯤 대진화 자체를 의심해볼만도 하지 않을까?

한 종species 혹은 한 속genus 내에서의 변이는 생각보다 넓고 광범하게 일어날 수 있다. 필자는 이것을 첫 부분에서 '창조의 유연성flexibility of creation'이라고 표현했다. 물론 어떤 사람은 그렇게 광범한 변이가 일어난다면, '전혀 다른 종류의 생물로 변해갈 수 있지 않을까?'라고도 생각해볼 수 있을 것이다. 하지만 필자가 다른 책에서 밝힌 것처럼 현생종이나 화석종의 증거로 볼 때 생물계 내에 상당한 변이가 일어나는 것은 부인할 수 없지만, 지구상의 모든 생명체들이 공통조상으로 유래했다거나 사람이 다른 동물로부터 진화했다는 주장은 지나친 외삽이다.[64]

다음 강에서 살펴볼 사람속屬 내에서의 변이는 같은 속내에서도 얼마나 다양한 변이가 일어날 수 있는지를 보여주는 대표적인 예라고 할 수 있다. 플라이스토세洪積世, Pleistocene에 들어서면서 발견되는 화석들은 현대인과는 다르지만, 인간으로서의 특징을 많이 가지고 있다.

토의와 질문

1. 아프리카, 특히 동부 아프리카를 중심으로 다양한 유인원 화석들이 발견되고 있다. 왜 유인원 화석들은 유독 아프리카를 중심으로 많이 발견되는 것일까? 실제로 그곳에서 인류가 시작되었기 때문일까? 아니면 단지 화석으로 보존되기에 적절한 환경이었기 때문일까?

2. 아프리카에서 발견되는 많은 유인원 화석들을 두고 그들이 꼭 인류 진화의 어떤 고리를 형성한다고 생각하기보다 단순히 사멸한 유인원들이라고, "그 종류대로" 존재하다가 사멸했다고 해석할 수는 없을까?

3. 인류의 기원을 연구하는 학자들이 두개골 용적이나 손발의 모양, 척추와 골반뼈의 모양 등 여러 가지 조건들 중에서도 특히 직립보행을 '사람 됨'의 중요한 출발점으로 주장하는 이유는 무엇일까?

도구인간과 직립원인

"일반적으로 진실은 비방에 대한 최선의 해명이다."

링컨[1]

제6강에서 우리는 인류 진화론에서 현대인으로 진화하는 데 중간형태였다고 주장하는 오스트랄로피테쿠스Australopithecus가 과연 중간형태로서의 자격이 있는지에 대해 살펴보았다. 구체적으로 가장 오래된 오스트랄로피테쿠스 화석이라고 생각되는 아나멘시스로부터 보이세이에 이르기까지 여러 화석 종들에 대해 살펴보았다. 이들에 대한 평가는 학자들마다 엇갈리는데, 이는 화석들의 연대가 200만 년 이상 오래 되어서 증거가 불충분하기 때문이다. 이들 화석들은 보존상태가 나쁘고 신체의 일부만 출토되기 때문에, 생존 시의 정확한 모습을 재구성하는 것이 어렵다.

하지만 오스트랄로피테쿠스속에서 사람속屬, genus으로 넘어오면서는 사정이 달라진다. 사람속屬의 화석들은 오스트랄로피테쿠스에 비해 연대가 젊기 때문에 비교적 온전하게 남아있는 화석들이 많고 개체수도 많다. 게다가 사람속에 속한 화석들은 단순히 골격 화석만이 아니라 이들이 사용했던 도구들, 이들이 남긴 문화적 활동—동굴벽화나 매장의식 등을 보여주는—의 흔적들이 함께 발견되고 있다. 또한 사람속이 살았던 시기는 대체로 구석기 시대와 중첩되고, 지질학적으로도 가장 많은 연구가 이루어진 플라이스토세와도 중첩된다. 또한 근래에는 구석기 후기를 살았던 종들의 화석으로부터 DNA를 되살릴 수 있는 기법까지 개발되고 있다. 그러므로 사람속에 속한 근래의 연구는 이전의 다른 어떤 시대보다 더 입체적으로 이루어지고 있다고 할 수 있다.

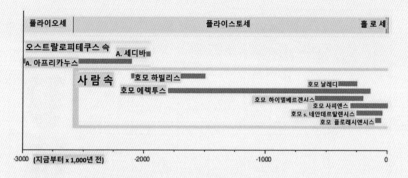

<그림 7-1> 플라이스토세 동안의 유인원 종과 지속기간[2]

물론 오스트랄로피테쿠스속에서 사람속屬으로 넘어오는 데 대해 학자들 간의 의견이 완전히 일치하는 것은 아니다. 로빈슨John T. Robinson과[3] 필빔David R. Pilbeam은[4] 처음으로 도구를 사용했다고 하는 호모 하빌리스Homo habilis, 즉 도구인간이 오스트랄로피테쿠스 아프리카누스와 같은 종이라고 주장하기도 했다.[5] 즉, 아프리카누스 중에서도 도구를 사용한 증거가 있다고 주장하는 것이다. 일부에서는 도구인간道具人間, Homo habilis은 오스트랄로피테쿠스와 직립원인 사이에 위치하는 별개의 진화 중간형태라고도 한다. 그래서 현생인류는 호모 하빌리스Homo habilis → 직립원인Homo erectus → 현생인류Homo sapiens의 과정을 거쳐 진화했다고 한다.

속명/종명	약칭/별칭	두개골 용적(cc) 성인 신장 (cm)	추정 연대	발견 연도	첫 발굴지	첫 발견자	이미지
호모 루돌펜시스 Homo rudolfensis	KNM-ER 1470	700	240~ 190만년	1972/ 2012	케냐 쿠비 포라	B. Ngeneo R. Leakey M. Leakey	
호모 하빌리스 Homo habilis	도구 인간	510~660 (110~140)	210~ 150만년	1955/ 1968	탄자니아 올두바이 계곡	M. Leakey L. Leakey P. Nzube	
호모 가우텐겐시스/ 하빌리스 Homo gautengensis/ habilis		(100)	190~ 60만년	1930s/ 2010	남아공 스테르크폰 테인	R. Broom J.T. Robinson D. Curnoe	
호모 에르가스테르 Homo ergaster/erectus	투르카나 소년, 나리 오코토메 소년	700~850	180~ 130만년	1984	동아프리카, 남아프리카	K. Kimeu R. Leakey M. Leakey	
호모 엔테세소르 Homo antecessor/ erectus	Gran Dolina 소년	1,000 (175)	120~ 80만년	1994~ 1995	북스페인 Sierra de Atapuerca	J.L. Arsuaga J.M. Bermúdez E. Carbonell	
호모 에렉투스 Homo erectus	자바인(?)		100~ 70만년	1893	인도네시아 솔로강	Eugène Dubois	
	베이징인		75~ 30만년	1929~ 1937	중국 저우커우뎬	J.G. Andersson O. Zdansky D. Black, Z. Yang W. Pei, L. Jia	
호모 로데시엔시스 Homo rhodesiensis	로디지아인 /카브웨 두개골	1,300	80~ 12만년	1921/ 1925	로디지아 Broken Hill	Tom Zwiglaar	

호모 하이델베르겐시스 Homo heidelbergensis	하이델 베르크인	1,100 ~1,400 (180)	60~ 30만년	1907	독일 마우어	D. Hartmann O. Schoetensack	
호모 세프라넨시스 Homo cepranensis	세프라노 사람	1,000	45만년	1994/ 2003	이탈리아 세프라노	I. Biddittu	
호모 날레디 Homo naledi		465-610 (143.6)	33.5~ 23.6 만년	2013/ 2015	남아공 Rising Star Cave	L.R. Berger R. Hunter S. Tucker	
호모 플로레시엔시스 Homo floresiensis	플로레스 인/호빗	400 (100)	19~ 5만년	2003	인도네시아 플로레스섬 리아부아 동굴	호주- 인도네시아 고고학팀	

<표 7-1> 사람속屬에 속한 주요 화석들

위의 <표 7-1>은 사람속에 속한 화석 종들 중 호모 사피엔스가 등장하기 전까지 존재했던, 그러나 지금은 멸종한 주요 종들을 요약한 것이다. 본강에서는 사람속에 속한 여러 종들의 지위와 현생인류와의 관계를 중심으로 몇몇 중요한 고인류학 논쟁들을 살펴보겠다. 먼저 오스트랄로피테쿠스 아프리카누스와 직립원인 사이에 존재했다고 보는 도구인간에 대해 생각해 보자.

1. 호모 하빌리스 논쟁

호모 에르가스테르나 직립원인直立原人, Homo erectus의 조상이라고 하는 도구인간道具人間, Homo habilis은 사람을 의미하는 라틴어 '호모'와 '손재주 좋은' 혹은 '손을 쓸 줄 아는'을 의미하는 라틴어 '하빌리스'의 합성어로서, '손재주 좋은 사람', '손을 쓸 줄 아는 사람', '도구를 사용하는 사람'이라는 뜻이다. 줄여서 '도구인간,' 북한에서는 문화어로 '손쓴 인간'이라고 부르기도 한다. 1955년에 리키 부부가 탄자니아 올두바이 계곡에서 처음 이 화석을 발견했을 때, 이 화석들과 더불어 전기 구석기의 올도완 Oldowan 석기들도 발견되었기 때문이었다.[6]

<그림 7-2> 리키 부부가 올두바이 계곡에서 발견한 최초의 도구인간 화석OH7[7]

리키 부부가 발견한 화석은 치아가 일부 남아있는 턱뼈, 두정골頭頂骨, parietal bone 조각, 손뼈들이었다. 이 화석은 사람속 화석 중에서는 가장 오래된 것으로 알려졌으며, 리키 부부는 이 화석을 아프리카 직립원인으로 알려진 호모 에르가스테르와 직립원인의 조상이었다고 했다.

도구인간은 골격의 일부만 발견되었기 때문에 처음 발굴된 직후부터 논란이 많았다. 처음에는 이 화석들과 더불어 석기들이 발견되었기 때문에 사람속屬에 속한 것으로 분류하였다. 그러나 후에 이들보다 오래된 오스트랄로피테쿠스속에 속한 후기 화석들 중에서도 석기를 사용한 흔적이 있을 뿐 아니라, 작고 원시적인 신체적 특징이 오스트랄로피테쿠스에 가깝기 때문에 오스트랄로피테쿠스 하빌리스라고 다시 분류해야 한다는 주장도 있었다.[8] 일부에서는 도구인간의 화석은 사람속의 화석과 오스트랄로피테쿠스의 화석들이 섞여있는 것이라고도 했다.[9] 실제로 도구인간은 연대로 볼 때 파란트로푸스Paranthropus 일부 종이나 직립원인과 같은 초기 인류 화석종들과도 공존한 것으로 보인다.[10] 예를 들어, 도구인간의 위턱뼈 조각은 생각했던 것보다 훨씬 후까지 살아남아서 도구인간이 직립원인으로 진화한 것처럼 보이지 않는다.[11] 또 일부에서는 도구인간을 포함하여 사람속에 속하는 에르가스테르, 루돌펜시스 등은 모두 직립원인 내에서의 변이일 뿐이라고 주장하기도 한다.[12]

왜 이런 논쟁들이 지속되는가? 그것의 가장 중요한 원인은 이들이 오스트랄로피테쿠스나 그 이전의 화석들에 비해서는 상대적으로 화석의 보존상태가 좋고 개체수도 많지만, 여전히 대부분 100만 년 이상 되었기 때문에 화석의 숫자가 적은 데다가 그것도 온전한 전신 화석이 아니라 신체의 매우 일부분만 발견되기 때문이다. 이는 마치 그래프를 그릴 때 데이터 점이 많으면 점들을 연결하는 방법의 융통성이 적어지지만, 데이터 점의 숫자가 적을 뿐 아니라 이 점들이 흩어져 있기까지 하면 이들을 선으로 연결하는 방법이 사람마다 달라질 수 있는 것과 같다.

한 예로 두개골 용적을 살펴보자. 도구인간의 두개골 내 용적endocranial volume은 이전에는 363~600cc라고 추정했으나, 후에는 550~687cc라고 추정했고, 2015년에는 OH7의 경우 729~824cc라고 추정했다.[13] 어떻게 사람마다 두 배 이상의 차이가 날 수 있을까? 그것은 위의 <그림 7-2>와 같이 도구인간OH7의 턱뼈, 두정골 조각 정도의 화석으로 두개골의 용적을 계산했기 때문이다.

<그림 7-3> 올두바이 계곡에서 발견된 올도완 석기찍개[14]

이런 점들을 염두에 둔다면, 신체적 특성만으로 도구인간을 정확하게 분류하는 것은 어려운 일이다. 이들이 어디서 진화해 왔으며, 또 어디로 진화해 갔다는 주장은 모두 추정일 뿐이다. 다만 이들이 실제로 어떤 형태로든 가공한 석기를 사용했다면, 그리고 시기적으로 전기 구석기에 살

았다면, 아마도 이들은 인류속에 속한 존재였을 것이다. 인간이 아닌, 다른 어떤 존재도 '엄격한' 의미의 도구를 만들어서 사용한 적이 없기 때문이다. 일부에서 오스트랄로피테쿠스 중에도 도구를 사용한 흔적이 있다고 말하지만예를 들면 A. garhi 등,[15] 전기 구석기의 거칠고 단순한 뗀석기타제 석기들은 실제로 그것들이 의도적으로 제작된 석기인지를 의심하게 만든다. 이 정도가 지금까지의 도구인간 화석적어도 OH7으로부터 내릴 수 있는 결론이 아닌가 생각된다.

2. KNM-ER 1470과 도구인간

도구인간OH7에 이어 살펴볼 중요한 화석은 호모 루돌펜시스Homo rudolfensis로 알려진 KNM-ER 1470이다. 1972년 7월에 리처드 리키부부 Richard and Meave Leakey가 이끄는 조사팀은 케냐 북부에 있는, 오늘날 투르카나 호수Lake Turkana로 알려진, 루돌프 호수Lake Rudolf 근처의 쿠비 포라 Koobi Fora에서 발굴 작업을 하다가, KNM-ER 1470으로 알려진 두개골 화석과 KNM-ER 1481로 알려진 다리뼈 화석을 발견했다. 발굴팀은 처음에는 이 화석이 도구인간보다 훨씬 전인 거의 300만 년 되었다고 잘못 추정했으나, 지금은 190만 년 정도 되었다고 정정했다.[16]

(1) KNM-ER 1470

리처드 리키가 발견한 KNM-ER 1470 두개골 화석은 그때까지 발견된 도구인간 화석들 중에서 가장 오래되고 완전한 화석이었다.[17] 이 화석은 두개골 용적이 800cc 정도로 크고 모양이 현대인과 비슷하게 두개골 윗부분이 높은 돔형이었다. 2007년에 뉴욕대학교의 브로마쥐Timothy Bromage 팀은 KNM-ER 1470을 재구성하여 두개골 용적을 약 526~752cc로 추정했다가, 후에 526~700cc로 정정했다.[18] KNM-ER 1470은 현대인에 비해 두개골 용적이 절반 정도에 지나지 않았으나, 크로마뇽인처럼 눈두덩이 두툼하지도 않고 두개골 벽도 현대인처럼 얇았다. 리처드 리키 팀이 재구성한 바에 따르면, 두개골의 모양이 오늘날의 현대인과 비슷하였다. 다리뼈들도 현대인의 것과 구별할 수 없었다. 리키는 이 뼈를 도구인간, 즉 하빌리스에 속하는 현대인의 조상으로 분류하였다.

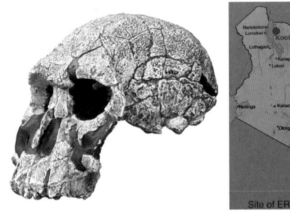

<그림 7-4> 1972년, 리키팀이 북부 케냐 쿠비 포라에서 발견한 KNM-ER 1470.[19] 리키는 이것이 '도구인간'에 속한다고 생각했는데, 만일 그렇다면 이 화석은 Homo속屬에 속한 화석으로는 가장 오래되고 완전한 화석이라고 할 수 있을 것이다. 그러나……

만일 이 다리뼈와 두개골의 주인이 같다면, 그들은 우리와 똑같이 걸어 다녔을 것이다. 이 화석은 거의 모든 점에서 현대인과 비슷하지만, 연대는 베이징인과 자바인보다 훨씬 더 오래되었다.

(2) KNM-ER 1470과 KNMER-62000

　1973년 초에 리처드 리키는 샌디에이고에서 KNM-ER 1470에 대한 자신의 연구결과에 관해 강의하면서 "이러한 발견물들은 이제까지 인류의 기원에 관해 배웠던 모든 것을 간단하게 백지로 만들며, 그것을 메울 만한 다른 것은 아무 것도 없다."라고 자신의 소신을 밝혔다. 이것은 진화론에서 예측하는 것과는 너무나 다르기 때문에 리처드 리키는 "이 두개골을 버리든지 초기 인간에 대한 우리들의 이론들을 버려야 한다. 이것은 인간의 시작에 관한 기존의 어떤 모델에도 전혀 맞지 않는다."라고 했으며,[20] "1470 두개골은 직립원인과는 전혀 다르다."라고도 했다.[21]

　KNM-ER 1470의 발견을 보도한 「사이언스 뉴스Science News」에서는 "리키는 그 두개골의 전체적인 모양을 더 자세히 묘사하는데, 이것은 놀라울 정도로 현대인을 닮았으며, 직립원인들의 특징이라고 할 수 있는 두툼하고 튀어나온 눈두덩과 굵은 뼈가 없다."라고 보도했다.[22] 그렇다고 1470 두개골이 오스트랄로피테쿠스와 닮은 것도 아니었다. 이 두개골 용적은 제일 큰 오스트랄로피테쿠스의 두개골 용적보다 훨씬 더 크다. 오히려 그것의 두개골 용적이나 모양, 두개골 벽의 두께는 모두 현대인의 것과 흡사했다.[23]

　비슷한 화석이 2012년에도 발견되었다. 2012년 8월에 리처드 리키의 부인 미브 리키Meave Leakey가 이끄는 팀은 케냐 북부에서 치아가 있는 턱뼈 두 개와 얼굴뼈 등 세 점의 루돌펜시스H. rudolfensis 화석을 더 발견했다고 발표했다.[24] 얼굴뼈KNM-ER 62000는 소년의 것이었지만, KNM-ER 1470과 같은 특징을 가졌다. 발굴팀원인 스푸르Fred Spoor는 62000 화석은 1470과 같이 눈으로부터 앞니에 이르는 얼굴뼈가 놀라울 정도로 일직선상에 있으며 평평하다고 했다. 턱뼈도 62000과 잘 매치되었고,

1470과도 비슷했다. 연대는 도구인간과 동시대인 200만 년 된 것으로 추정했다.[25]

(3) 재구성의 문제

KNM-ER 1470의 재구성 과정도 의문이 많다. 이 두개골은 수백 개의 조각으로 발견되었다. 이 두개골을 세 사람이 6주간에 걸쳐 재구성하면서 여러 가지 편견이 게재되었다는 의문이 제기되고 있다.[26] 비록 리처드 리키는 가능한 유일한 방법으로 재구성했으며 다른 선택의 여지는 없었다고 주장했지만, 리키와 오랫동안 같이 연구를 해온 르윈R. Lewin은 다른 얘기를 하고 있다.[27] 중간형태처럼 보이기 위해 안면 경사각이 의도적으로 조정되었다는 지적이 나온 것이다.[28]

<그림 7-5> 많은 조각으로 발견된 KNM-ER 1470

이 같은 의도적인 조정의 문제는 두개골을 재구성할 때보다 재구성된 두개골을 기초로 살아있을 때의 모습을 그릴 때 훨씬 더 심각하다. 매턴스Jay H. Matternes는 1973년 6월 호 「내셔널 지오그래픽」에 KNM-ER 1470 두개골을 젊은 흑인 여자로 그렸다. 매턴스는 이 여자가 원숭이와 같은 코를 가진 것을 제외하고는 인간의 모습과 같게 그렸다. 그러나 어떤 유인원 화석에서도 코의 모양을 정확하게 알 수 있는 방법은 없다. 코는 연질부위여서 화석으로 남아있지 않기 때문이다.[29]

얼굴의 여러 부위들 중에서 화석에 근거하지 않고 살아있을 때의 모습을 그려야 하는 부위가 바로 코이다. 진화론적 선입견을 갖고 코를 그린다면, 멀쩡한 사람도 원시인 내지 원숭이에 가까운 존재로 만들 수 있다. KNM-ER 1470은 화가가 사람의 두개골에 원숭이 코를 그려 진화의 증거를 만든 예라고 할 수 있다.

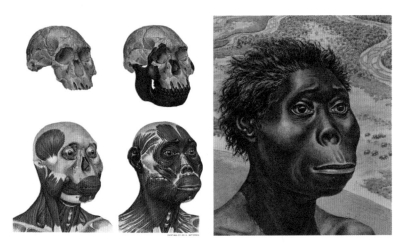

<그림 7-6> 매턴스Jay H. Matternes가 그린 KNM-ER 1470 두개골 소유자의 살아있을 때의 모습. 코만이 원숭이를 닮았을 뿐, 나머지는 현대인과 별 차이가 없다.[30]

(4) KNM-ER 1470은 현대인?

도구인간에 속하는 두개골들은 크게 두 종류로 나누어진다. 하나는 인간의 두개골 모양을 가진 큰 두개골과 다른 하나는 인간 두개골을 닮지 않은 작은 두개골이다. 예를 들면, KNM-ER 1805 두개골은 아프리카 원숭이인 오랑우탄pongid과 유사하다.[31] KNM-ER 1805, KNM-ER 1813이나 OH 24, OH 62 등은 아예 사람속屬, 즉 인간의 속에 속하는 것으로 분류되지도 않는다.[32] 이들은 오스트랄로피테쿠스속屬에 속하는 것으로 분류된다.

하지만 KNM-ER 1470 두개골은 현대인의 것과 비슷하다. 이 화석에 속한 것으로 보이는 다리뼈 1481은 현대인의 것과 구별할 수가 없다. 또한 두개골의 일부만 발견된 KNM-ER 1590도 현대인의 것으로 보는 것이 타당하다. 이들의 모양은 현대인의 것과 구별할 수 없다. 어떤 사람은 아예 이 두 두개골을 도구인간으로 분류하지도 않는다.[33]

결론적으로 유인원 화석들과는 달리 도구인간에 속하는 화석들은 두개골 용적이나 모양 등에 있어서 화석들 간의 격차가 심하다. 또한 수차례에 걸친 발굴을 통해 많은 화석들이 발굴되었으나, 여전히 생전의 모습을 정확하게 재구성하기에는 화석들이 파편적으로 발굴되고 있다. 이런 불완전한 화석 발굴 현황을 고려한다면, 그동안 약하게 보이는gracile 도구인간이 억센robustus 직립원인으로 진화되었다는 종래의 주장도 하나의 추측일 뿐이다.[34] 현재로서는 두개골 용적이 현생인류에 비해서는 현저히 작지만, 도구인간은 직립원인과 겹쳐서 살았던 구석기 시대의 한 인류였다고 보는 것이 적절해 보인다.

3. 직립원인

고인류학에서는 인류의 진화계열에서 오스트랄로피테쿠스와 도구인간道具人間, Homo habilis에 이어 현생인류인 호모 사피엔스Homo Sapiens의 중간 계열에 속한다고 하는 화석종을 직립원인直立原人, Homo erectus이라고 한다. 진화론자들 사이에서도 정의가 정확하게 통일되어 있지 않지만, 직립원인은 대체로 다음의 <표 7-2>와 같은 특징들을 갖는다고 말한다.

부 위	특 징	부 위	특 징
두개골 모양	낮고low, 넓고broad, 길쭉함elongated	뒤통수 모양	융기Occipital bun or torus
두개골 용적	750~1250 cc 정도	앞이마 모양	함몰Receding frontal contour
두개골 벽	전체적으로 매우 두꺼움	안면 구조	중후함
두개골 후부	무겁고 두꺼움	치아 단면	일반적으로 넓음

<표 7-2> 직립원인의 일반적 특징[35]

고인류학자들은 직립원인들이 현생인류를 출현시킨 조상들이었다고 믿는다. 인도네시아, 중국, 유럽 등지에서 발견된 이들 화석들은 고인류학을 학문의 한 영역으로 만들었던 두개골들이기도 했다. 과연 이들은 현생인류의 조상일까? 아래에서는 현생인류의 직접적인 진화조상이라고 하는 이 화석들을 살펴보겠다.

직립원인이라고 부르는 화석 그룹은 자바인으로부터 시작하며 적어도 200개 이상이 발견되었으며, 이 그룹에 속하는 대표적인 화석으로는 자바인Java Man, 베이징인Peking Man, 메간트로푸스Meganthropus 등의 두개골을 들 수 있다. 하이델베르크인Heidelberg Man도 처음에는 직립원인으로 분류하였지만, 현재는 사람속에 속한 독립된 종으로 분류한다. 직립원인에 속하는 유인원들은 아프리카, 유럽, 아시아 등 전 세계에 걸쳐 살았다고 생각된다. 아래에서는 이들 중 자바인, 베이징인, 하이델베르크인 등 대표적인 직립원인들에 대해서만 살펴보고자 한다. 특히 직립원인의 대표격이라고 할 수 있는 자바인은 인류의 기원을 연구하는 분야에서 일어날 수 있는 문제들을 가장 잘 보여주는 사건이기 때문에 자세히 살펴보겠다.

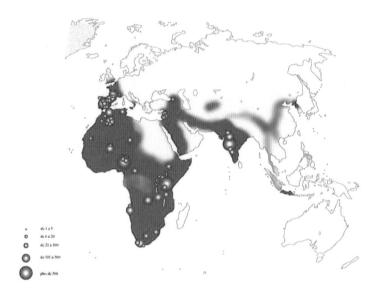

<그림 7-7> 직립원인의 분포. 직립원인은 스페인에서부터 중국의 저우커우뎬에 이르기까지 전 세계적으로 분포한 것으로 보인다.[36]

4. 뒤부아와 자바인의 발견

자바인은 19세기 후반에 네덜란드의 해부학자이자 의사인 뒤부아 Eugène Dubois, 1858~1940가 자바에서 찾은 화석이다. 뒤부아는 1877년에 암스테르담대학교University of Amsterdam 의과대학에 입학하였다. 그러나 그는 개원의사가 되는 것에 별 흥미를 느끼지 못했기 때문에 해부학을 전공했다. 졸업 후에는 해부학 실험실에서 일하면서 1884년에 의사 면허증을 얻었다. 그래서 그는 "나는 항상 의사로서 묘사되지만 실은 해부학자이다."라고 했다.[37]

<그림 7-8> 젊은 시절 뒤부아1880년[38]

(1) 자바인의 발견

의사가 된 후 그는 다윈의 진화론에 매료되어 원숭이와 인간의 진화고리를 찾기 위해 당시 네덜란드가 식민 통치하고 있던 인도네시아에

갔다. 그는 존경하는 독일인 스승 헥켈Ernst Haeckel, 1834~1919로부터 인류의 진화에 대한 매력적인 이론을 듣고 인류의 진화에서 '빠진 고리missing link'를 찾기로 결심하고 인도네시아로 간 것이다.[39] 그러나 그의 계획은 너무나 터무니없어 보였기 때문에 아무도 그에게 연구비를 지원해 주지 않았다. 그래서 그는 네덜란드 군대에 군의관으로 자원하여 1887년에 수마트라로 갔다. 그는 거기서 수 년 동안 화석을 찾았으나 성공하지 못했다. 그러던 중 그는 자바의 환경이 다양하여 수마트라보다 원시인의 뼈를 찾을 가능성이 높다고 생각하고 1889년에 자바로 갔다.

뒤부아는 자바에 5년간 머물면서 발굴을 계속했다. 자바 섬에서 화석 발굴 작업을 시작한 지 1년 뒤인 1890년에 드디어 그는 트리닐Trinil 마을 가까이에 있는 솔로강Solo River 언덕에서 조그만 아래턱뼈下顎骨 조각을 발견했다. 그리고 그 다음 해인 1891년에는 그 주변에서 어금니 하나를, 다음 달에는 1m 떨어진 곳에서 두개골 윗부분을 발견했다. 솔로강이 뒤부아 일생 최대의 선물을 준 것이다.

<그림 7-9> (a) 뒤부아가 자바인을 발굴한 솔로강과 인근. 위 그림은 뒤부아 가족이 보관하고 있는 스케치에 근거한 지도로서 × 표시한 두 곳이 발굴 장소이다. (b) 강 건너편에 뒤부아가 세웠던 기념비. 기념비에는 피테칸트로푸스 에렉투스Pithecanthropus erectus, 자바인의 첫 글자를 따서 P.e.라는 글씨와 발굴 장소와 연대가 표시되어 있다.

뒤부아가 '사람과 원숭이 사이의 종a species in between humans and apes'이라고 불렀던 이 두개골은 이마가 높고 경사졌으며 눈두덩이 두터웠다. 뒤부아는 그 두개골 용적을 현대인의 약 3분의 2 정도인 900cc로 추정했다. 뒤부아는 그 두개골 용적이 작았기 때문에 처음에는 원숭이를 닮은 사람의 두개골이라고 생각했다. 그래서 그는 그것을 처음에는 안트로포피테쿠스Anthropopithecus, 즉 유인원類人猿, man-ape이라고 불렀다.

이어 1892년 8월에는 두개골 윗부분을 발견했던 곳으로부터 15m 정도 떨어진 곳에서 사람의 골반과 무릎관절을 연결하는 대퇴골넓적다리뼈을 발견하였다. 대퇴골은 직립보행을 하는 168cm 정도 신장의 평균적인 현대인의 것과 흡사했다. 10월에는 또 다른 어금니를 발견했으며, 이어 동시에 두 개의 어금니를 더 발견하였다. 그 후 1898년에 그는 먼저 발견했던 동물의 어금니에 해당한다고 추측되는 앞어금니 하나를 더 발견했다. 이런 방법으로 모아서 만들어진 것이 자바인이다. 그는 뼈들의 연대를 50만 년 정도 되었다고 추정했다.

(2) 피테칸트로푸스 에렉투스

뒤부아는 대퇴골은 직립한 존재의 것으로 보였기 때문에 원숭이를 닮은 사람ape-like human으로부터 나온 것이라고 결론지었다. 그래서 그는 후에 그 화석을 '직립보행하는 유인원ape-human that stands upright'이라는 의미의 피테칸트로푸스 에렉투스Pithecanthropus erectus, 자바인로 이름을 고쳤다. 이 화석은 아프리카와 유럽 바깥에서 발견된 첫 사람과果, hominid 화석이었다.

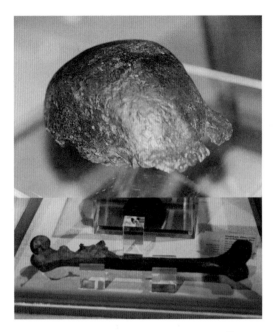

<그림 7-10> 자바인의 두개골, 대퇴골과 치아[40]

　자바인에 대한 초기 논문의 하나는 1895년에 자바에서 돌아온 직후 뒤부아가 더블린에서 발표한 것이었다. 그는 이 논문에서 처음으로 자바인을 직립원인의 일종으로 분류하였고, 그것에 피테칸트로푸스 에렉투스라는 학명을 붙였다.[41] 이 이름은 이미 1868년에 헥켈이 아시아의 열대지방에서 인류 진화의 중간형태가 발견되리라고 예상하여 가상적으로 명명한 것이었다.[42] 이 논문에서 뒤부아는 "자바인은 인간도, 원숭이도 아닌, 인간과 원숭이의 특징을 공유하는 진짜 중간형태"라고 주장했으며, 그는 일평생 이 주장을 한 치도 양보하지 않았다.[43] 이 발견으로 인해 뒤부아는 일약 세계적인 명사가 되었다. 그리고 1899년에 그는 암스테르담대학교의 지질학 교수Professor of Extraordinary of Geology가 되었으며, 1907년에 정교수가 된 후 1921년까지 그곳에서 가르쳤다.[44]

5. 자바인의 문제

한 무명의 의사를 세계적인 지질학 교수로 만들었던 자바인의 생전의 실제 모습은 어떠했을까? 자바인의 생전의 모습에 대해서는 그리는 사람마다 많이 달랐지만, 모든 재구성들이 사람과 원숭이의 중간형태로 그리려고 노력했다는 점에서는 대동소이하였다. 온몸에 원숭이와 비슷하게 털이 많이 나게 그린 것도 공통적이며, 코가 원숭이와 비슷한 것도 공통적이었다. 두개골 윗부분과 대퇴골, 그리고 치아 몇 개를 근거로 자바인의 턱뼈도 복원되었다.

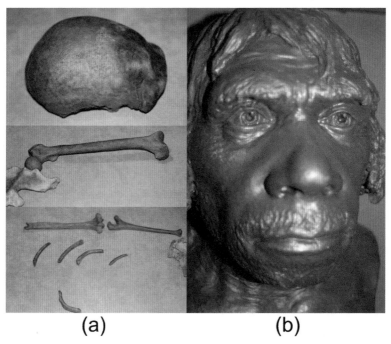

(a)　　　　　(b)

<그림 7-11> 재구성한 자바인의 모습. 두개골 윗부분과 대퇴골, 치아 몇 개 이외의 부분들은 추측에 근거하고 있다.[45]

(1) 연대측정의 문제

뒤부아는 두개골과 대퇴골을 그곳 지명을 따라 지어진 트리닐 지층
Trinil Layer이라는 곳에서 발굴하였다. 그는 이 지층이 신생대 제4기 플
라이스토세258.8~1.17만 년 전와 제3기 플라이오세530~258.8만 년 전 경계면
Pleistocene-Pliocene boundary보다 아래에 있다고 주장했다. 그래서 그는 인간
은 플라이오세 중기로부터 진화했다고 주장했다. 그러나 그의 연대추정
은 측정에 의한 것이 아니라 단순한 추정일 뿐이었다.

후에 다른 자바인을 발굴했던 쾨니히스발트G. H. R. von Koenigswald는 뒤
부아가 자바인의 연대를 의도적으로 변경시켰다고 지적하였다.

뒤부아가 처음 자바의 화석 동물군에 대하여 발표했을 때 그는 플
라이스토세의 것이라고 했다. 그러나 피테칸트로푸스를 발견하자
마자 그는 갑자기 그 동물군들은 제3기에 속하는 것이라고 발표하
였다. 그는 그 동물군들의 플라이스토세적 특성을 없애기 위해 온
힘을 기울였다. …… (연대의) 기준은 더 이상 전체적인 그 동물상
이 아니라 자신의 피테칸트로푸스였다. 그처럼 원시적인 것이 제
3기에 속했다는 것이다! …… 이런 뒤부아의 주장은 별 논의 없이
받아들여졌다.

다행히 그 후 K-Ar 방사성 동위원소법으로 절대연대를 측정해 본 결
과 화석이 발견된 트리닐 지층이 상부는 50만 년, 바닥은 70만 년으로
플라이스토세 중기에 해당하였으며, 이는 인류 진화론자들의 기대와 잘
부합하였다.[46]

<그림 7-12> 트리닐 인근 Solo 강변에서 자바인의 화석이 발견된 곳. 왼쪽에 있는 흰색 사각형에서 대퇴골femur, 그로부터 15m 떨어진 오른쪽 사각형에서 두개골 윗부분이 발견되었다.

(2) 발굴 과정의 신뢰도

자바인에 대한 해석의 신뢰도를 떨어뜨리는 또 하나의 요인은 뒤부아를 도와 발굴하던 사람들이 발굴과는 거리가 먼 사람들이었다는 점이었다. 뒤부아는 공병부대로부터 두 명의 기술병인 상등병corporal을 배정받아서 발굴 작업을 했는데, 그렇다고 뒤부아 자신이 직접 이 두 기술병들과 더불어 발굴 작업을 한 것도 아니었다. 기술병들은 50명의 현지인 강제 노역자들을 감시하는 역할을 했고, 뒤부아 자신은 대부분 부대 본부에 있었으며, 가끔 말을 타고 발굴 현장을 시찰하러 나오곤 했을 뿐이었다. 발굴 상황에 관해서는 현장에 있는 기술병들과 서신으로만 접촉했다.

일단 화석이 발굴되면 기술병들은 그것들을 뒤부아에게 보내어 처리하고 감식하게 하였다. 그러므로 뒤부아가 발견했다고 알려진 주요한 화석들 중에 그가 직접 발굴한 것은 하나도 없다! 후에 발견된 현대인의 두개골인 와드잭 두개골 IIWadjac Skull II를 제외하고는 뒤부아 자신이 땅에 묻혀있는 '그대로의in situ' 모습을 본 것이 하나도 없었다. 뒤부아는 화석의 위치를 결정하는 것도 전적으로 두 기술병에게 의존하였다. 물론 이 기술병들은 지질학이나 발굴에 대해서 뒤부아보다도 더 문외한들이었다.[47]

이런 점들을 감안하여 영국의 베스트셀러 전기 작가인 브로드릭Alan Houghton Brodrick은 자바인이 트리닐 지층에서 출토되었다는 것조차도 의심한다. 그는 자바인의 뼈들이 트리닐 지층보다 위의 지층, 즉 더 최근의 지층에서 발견되었다고 주장한다. 오늘날 발굴 전문가들의 기준으로 볼 때, 발굴 위치에 대한 정확한 정보도 없는 자바인은 학술적 가치가 떨어지는 것들이라고 할 수 있다.[48]

(3) 지질학자 뒤부아?

뒤부아 자신이 발굴 현장에 없었다는 점과 더불어 그가 의사이자 해부학자로 훈련받았을 뿐 지질학자로 훈련받지 않았다는 것도 문제가 된다. 자바인에 대한 뒤부아의 보고서를 보면, 지질학적 얘기는 별로 없고 대부분 그 화석들의 해부학적 특성들에 대한 설명만 장황하게 제시되어 있다는 것은 흥미로운 일이다. 처음 두개골 윗부분과 턱뼈가 발견되었을 때도 화석 그 자체에 대해서는 자세히 설명하면서도 화석이 발견된 장소나 주변의 지질학적 정황에 대해서는 간단하게만 언급할 뿐이었다. 그가 매긴 자바인의 연대는 그 화석들과 더불어 발견된 다른 포유동물들의 화석에 근거하였으며, 이에 대한 증명도 개략적인 몇 마디의 얘기뿐이었다.

1895년에 네덜란드로 귀국한 후에 뒤부아는 처음으로 자바인 화석들의 발굴 위치에 대한 약도와 위치를 그려서 발표하였다. 그러나 이때도 발굴 장소에 대한 지질학적인 정보는 별로 없었다. 그는 자바인과 자바의 화석 동물군에 대한 종합적인 보고서를 발표할 것이라고 약속은 했지

만 지키지 않았다.[49]

뒤부아는 지질학적 배경과 발굴에 대한 경험이 없었을 뿐만 아니라 본인이 발굴 현장에서 직접 발굴한 적도 거의 없었다. 그래서 그가 발견했다고 하는 화석들에 대한 정보가 빈약하고 그 신뢰도도 의심스럽다. 그는 두개골 윗부분이 침팬지의 것과 흡사하고 대퇴골은 직립하는 현대인과 흡사한 점을 들어 자바인을 사람과 원숭이의 진화 중간형태라고 주장하였지만, 자바인의 가장 큰 문제는 두개골과 대퇴골이 같은 장소에서 발견되지 않았다는 점이다. 가장 중요한 정보인 두 뼈가 떨어진 거리도 확실하지 않다. 1892년 8월에 네덜란드 당국에 화석의 발견을 보고할 때, 뒤부아는 대퇴골이 1년 전에 발견한 두개골 윗부분으로부터 10m 떨어진 곳에 있었다고 했다. 그러나 9월 초에 발표할 때는 두 뼈가 12m 떨어져 있었다고 했다. 그러다가 같은 달, 피테칸트로푸스에 관한 공식적인 발표를 할 때는 두 뼈가 15m 떨어져 있었다고 했다. 그리고 훨씬 후인 1930년에 발표된 논문에서는 다시 12m 떨어져 있었다고 했다.[50]

이처럼 뒤부아는 자바인의 두개골과 대퇴골이 멀리 떨어진 곳에서 발견되었지만, 뚜렷한 근거 없이 같은 생물, 같은 개체의 것이라고 가정하였다. 게다가 두개골과 대퇴골들이 발견된 곳에서는 다른 동물들의 뼈들도 많이 발견되었다. 그런데 뒤부아는 유독 그 두 개의 뼈만을 골라 사람의 조상을 만들었다.

6. 엇갈린 평가들

뒤부아는 이 화석들을 1895년에 네덜란드 라이덴Leyden에서 열린 제

3차 국제동물학회The Third International Congress of Zoologists에서 발표했다—
현재 자바인 화석들도 라이덴대학교박물관에 소장되어 있다. 이때 참석
한 전문가들은 뒤부아의 화석을 두고 격렬하게 논쟁했다. 토론에 참여한
많은 사람들은 화석에 대해 상당히 회의적이었으며, 의견도 여러 갈래로
나뉘었다. 뒤부아가 발견한 자바인에 대해 대체적으로 영국 학자들은 인
류의 화석으로, 독일 학자들은 원숭이의 것으로, 프랑스 학자들은 원숭
이와 사람의 중간형태의 것으로 보았다.[51]

현대 병리학pathology의 아버지라고 하는 독일의 병리학자인 피르호
Rudolph Virchow, 1821~1902 박사는 대퇴골과 두개골이 너무 멀리 떨어진 거
리에서 발견되었으므로 한 개체의 것으로 볼 수 없다고 주장했다.[52] 또한
그는 이 뼈들이 발견되었을 때 이렇게 말했다. "내 생각에는 이것은 동
물, 사실 커다란 긴팔원숭이였다고 생각된다. 그리고 대퇴골은 두개골과
는 전혀 관련slightest connection이 없다."[53]

<그림 7-13> 피르호Rudolph Virchow, 1821~1902

하지만 이에 반대하는 사람들도 있었다. 케임브리지대학교의 저명한 해부학자인 키이스Arthur Keith, 1866~1955는 자바인의 두개골은 분명히 사람이라고 하였다. 인간의 두개골인지, 원숭이의 두개골인지를 판별하는 커다란 두 기준은 두개골 용적과 씹는 것과 관련된 커다란 근육과 돌기들processes인데, 자바인의 경우는 분명히 인간의 것과 같다는 것이었다. 두개골 용적으로 볼 때도 600cc를 넘는 유인원類人猿들이 없고 대부분 평균이 500cc 정도인데, 자바인은 1,000cc 정도로서 이는 충분히 현대인의 두개골 영역에 든다고 했다.[54]

뒤부아의 논문에 대하여 터너William Turner는 좀 다르게 주장했다. 그는 자바인의 대퇴골은 병에 걸린 것 같으며 두개골도 환자의 것으로 보인다고 했다. 그리고 그는 에든버러대학교박물관에 자바인처럼 앞이마가 평평한, 소두증小頭症에 걸린 여자의 두개골 주형鑄型이 있는데 자바인의 것과 매우 흡사하다고 지적했다.[55]

(1) 대퇴골은 현대인의 것?

처음 발표되었을 때부터 뒤부아를 제외한 대부분의 학자들은 자바인의 대퇴골이 현대인의 것과 구별할 수 없다는 것에 이의가 없었다. 두개골과 대퇴골이 15m나 떨어져서 발견되었다는 사실을 고려하지 않더라도, 두개골에 비해 대퇴골은 현대인의 것과 너무나 흡사했다. 같은 직립원인에 속한다는 베이징인의 경우, 두개골은 자바인과 비슷하지만 대퇴골들femora은 자바인과 전혀 달랐다. 이미 1938년에 독일 해부학자이자 형질인류학자인 바이덴라이히Franz Weidenreich, 1873~1948는 베이징인의 두개골과 대퇴골은 같은 개체에 속한 것임을 부인할 수 없으며, 베이징인과 자바인의 두개골은 비슷하지만 대퇴부가 전혀 다른 것을 보고 자바인

의 대퇴골은 직립원인의 것이 아니라 현대인의 것이라고 주장했다.[56]

자바인에 대한 최근의 평가도 동일하게 결론짓는다. 데이M. Day와 몰리슨T. I. Molleson은 자바인의 대퇴골을 베이징인의 대퇴골과 리키Louis S. B. Leakey가 탄자니아 올두바이 계곡에서 발견한 직립원인인 올두바이 호미니드 28OH 28의 대퇴골과 비교했다. 그 결과 베이징인과 OH 28의 대퇴골은 '직립원인의 특징'을 나타내지만, 자바인의 대퇴골은 훨씬 더 현대인의 것과 같다는 결론을 내렸다.

이런 결과들로부터 볼 때, 만일 자바인의 두개골과 대퇴골이 한 개체에 속한 것이라면 한 종 내에 직립원인Homo erectus과 호모 사피엔스가 함께 존재했다는 결론에 이르게 된다. 만일 자바인의 두개골이 직립원인에, 대퇴골이 호모 사피엔스에 속한 것이라면—불소연대측정법으로 조사해 본 결과 두개골과 대퇴골의 연대가 같은 것으로 판명되었으므로—직립원인과 호모 사피엔스가 동시대에 존재했다는 결과가 나온다. 자바인의 두개골과 대퇴골이 한 개체에 속해 있었다고 해도 문제가 되고 다른 개체에 속해 있었다고 해도 문제가 되는 셈이다. 이것은 자바인이 인류 진화와는 별 관계가 없는, 독립된 고생인류였음을 시사한다.[57]

(2) 자바인에 대한 해석들

자바인에 대해서는 진화론자들 사이에서도 해석이 분분했다. 프랑스 고인류학자 발로아Henri Victor Vallois, 1889~1981와 프랑스 고생물학 연구소French Institute of Paleontology 소장이었으며 두개골 화석의 권위자인 부울Marcellin Boule, 1861~1942은 뒤부아가 발견한 두개골 윗부분을 자세히 연구한 후, "전체적으로 이들의 구조는 침팬지나 긴팔원숭이gibbon와 매우 비슷하다."라고 말했다.[58]

<그림 7-14> 부울Marcelin Bould, 1861~1942

후에 트리닐 근처에서 방대한 발굴 작업을 했던 독일/네덜란드의 고생물학자인 퀘니히스발트G. H. R. von Koenigswald, 1902~1982는 자바인의 두 개의 어금니는 오랑우탄의 것이고 앞어금니는 완전한 사람의 것이라고 했다.[59] 이것은 뒤부아가 발견했던 치아들이 두개골 윗부분의 원래 주인과는 관련이 없음을 의미한다. 그리고 1906년에 원정대가 뒤부아의 발굴 유적지에서 흙을 10,000입방야드나 파내었는데도 비슷한 것은 한 조각도 발견하지 못했다. 그 후에도 1936년까지 거듭 탐사를 했음에도 불구하고 더 이상의 화석은 발견되지 않았다.[60]

1936년부터 1939년까지 퀘니히스발트는 트리닐에서 약 40마일 떨어진 산지란Sangiran에서 더욱 자세하게 조사했다. 그리고 그곳에서 치아를 포함한 턱뼈 조각과 두개골 조각 및 두개골 윗부분을 발견했다. 그러나 팔과 다리의 뼈는 발견되지 않았다. 퀘니히스발트는 그가 발견한 것들을 피테칸트로푸스 II, III, IV라고 불렀다. 부울과 발로아는 산지란에서 발견된 두개골들을 조사해 본 결과 뒤부아의 것과 동일한 것임을 밝혀냈으며, 치아들도 사람의 것이 아닌 원숭이의 것임을 알아냈다. 그리고 대퇴골은 틀림없는 사람의 것이라고 결론지었다. 이들이 발견한 치아들은 손상되지 않은 채로 하악골에 붙어 있었다. 부울과 발로아가 제시한 이 치아들의 모든 특징들은 사람보다는 원숭이와 비슷하였다.[61]

7. 뒤부아의 인격

1900년까지만 해도 뒤부아는 자바인이 인류 진화의 빠진 고리라고 선전하면서 모든 사람들에게 그 화석들을 보여주었다. 그러나 그 후 20년 동안 그는 자바인 화석에 대한 어떤 공식적인 토론에도 참가하지 않았고 화석도 공개하지 않았다. 그 이유에 대한 한 가지 추측은 뒤부아는 자바인이 빠진 고리로 받아들여지기를 원했지만 발표 초기에 자바인에 대한 그의 해석을 두고 많은 논쟁이 일어나자, 더 이상의 논쟁이 일어나지 않도록 하기 위해 화석에 대한 논의와 공개를 중지했다는 것이다.[62]

이에 대해 튀니센Bert Theunissen은 다른 해석을 제시한다. 튀니센에 의하면, 뒤부아는 매우 거만하며 남을 믿지 않고 자기 마음대로 하는 사람이었다. 그런데 1889년에 슈발브G. Schwalbe가 자바인 두개골 윗부분을 가지고 자기의 업적보다 훨씬 탁월한 업적을 발표한 것 때문에 뒤부아가 위협감을 느꼈다고 주장한다. 뒤부아는 계속 화석을 공개하다가는 마땅히 자기에게 돌아올 명예가 다른 사람들에게 돌아갈 것이라고 생각하여 화석 공개를 중지하였다는 것이다.[63]

뒤부아는 일평생 자신이 발견한 자바인의 두개골 윗부분과 대퇴골은 같은 개체의 것이며, 피테칸트로푸스는 유일한 것이라고 주장했다. 다른 사람이 자바인과 비슷한 화석을 발견했다고 하면, 그는 즉각적으로 이를 부인했다. 발견된 화석과 자신의 화석을 면밀히 연구하여 조그마한 차이라도 보이면, 자신의 화석은 그 화석과는 다른 유일한 것이라고 주장하였다.[64] 후에 자바 섬의 산지란에서 뒤부아의 것과 비슷한 화석을 많이 발굴했던 퀘니히스발트는 뒤부아에 대해서 "이런 점에서 그는 질투하는 애인과 같이 설명할 수 없는 사람이었다. 피테칸트로푸스에 대하여 자기와 조금만 다른 해석을 하는 사람은 누구라도 그의 개인적인 원수가 되었다."라고 말했다.[65]

이런 뒤부아의 고집에도 불구하고, 그 후에도 여러 사람들에 의해 자바인과 비슷한 화석에 대한 보고가 잇달았다. 특히 중국 베이징 인근 저우커우뎬周口店, Zhoukoudian에서 발견된 베이징인의 모습이 자바인과 비슷하다는 주장이 제기되자, 뒤부아는 베이징인과 다르다는 것을 강조하기 위해 자바인은 긴팔원숭이와 비슷한 특징을 가졌다고 고집하였다.[66]

8. 와드잭 두개골

뒤부아는 1887년에 인도네시아 수마트라에 가서 화석을 찾았으나 동물들의 화석만 찾았고 인류의 화석들은 찾지 못했다. 그러던 중 네덜란드 광산 기술자인 반 리초텐B. D. van Rietschoten이 1888년에 동부 자바 남쪽 해안에 있는 와드잭Wadjak이란 마을 인근에서 대리석을 찾다가 인간의 두개골 화석을 찾았다. 이것이 바로 오늘날 와드잭 두개골 I Wadjak Skull I로 알려진 두개골이다. 그는 이 두개골을 처음에는 바타비아Batavia, 현) Jakarta

에 있는 자연과학박물관National Science Museum 관장에게 보냈다가 다음에
는 뒤부아에게 보냈다.

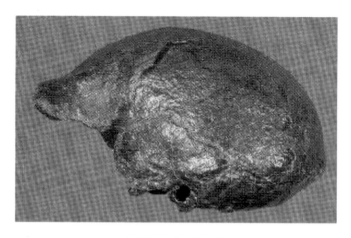

<그림 7-15> 와드잭 두개골

이 두개골을 보고 뛸 듯이 기뻐하며 뒤부아는 1889년에 자바로 갔다.
그리고 그 다음 해인 1890년에 후에 트리닐 지층으로 알려진 지층에서
두 번째 두개골을 발굴하였는데, 이것이 바로 와드잭 두개골 II로 알려진
두개골이다. 와드잭 두개골 II는 와드잭 두개골 I처럼 완전하지는 않았으
나, 뒤부아는 후에 그곳에서 다른 두개골 조각들도 더 찾았다. 뒤부아는
이들 두개골에 대하여 호모 와드잭켄시스Homo wadjakensis라는 학명을 붙
였다. 하지만 와드잭 두개골 용적은 각각 1,550cc와 1,650cc로서 1,000
cc 정도였던 자바인의 두개골보다 훨씬 컸으며, 형태상으로도 현대인과
전혀 다를 바가 없었다.

와드잭 두개골 II를 발견한 1890년부터 시작하여 뒤부아는 와드잭 두
개골이 발견된 트리닐 지층에서 자바인 화석들을 발굴하기 시작했다. 그

러나 자바인의 뼈가 발굴되면서, 그리고 그 뼈들이 인간과 원숭이를 이어주는 진화조상의 것이라고 발표하면서, 뒤부아는 먼저 발견한 와드잭 두개골들을 숨겼다. 1895년에 뒤부아는 와드잭 두개골들을 자바에서 자신의 집이 있는 네덜란드 하알렘Haarlem으로 후송하였으며, 그 후에는 아무에게도 공개하지 않았다. 그러다가 1920년 5월에 스미스Stuart A. Smith가 '탈가이인Talgai Man'의 유골을 발표하면서 이들이 최초의 '호주 원주민의 조상proto-Australian'이라고 주장하자, 뒤부아는 즉각 자신은 이미 30년 전에 그 뼈들을 찾았노라고 발표하였다.

그러면 왜 뒤부아는 와드잭 두개골의 발견을 그렇게 오랫동안 숨겼을까? 이 점에 대해서 튀니센은 인류 진화의 '빠진 고리'를 찾으려고 인도네시아에 간 뒤부아에게 와드잭 두개골은 '빠진 고리'가 되기에는 두개골 용적이 너무 크기 때문이라고 했다.[67] 키이스는 자바인을 발표할 때 직전에 발견된 와드잭 두개골들을 함께 발표하면 뒤부아가 그렇게 애지중지하던 자바인이 '빠진 고리'로 인정받지 못할 것이기 때문이라고 했다.[68] 와드잭 두개골 외에도 뒤부아는 '빠진 고리'로서 자바인의 유일성을 강조하기 위해 자바인보다 더 현대적인 화석들이 발견되면 의도적으로 자바인과 같은 연대를 지정하지 못하도록 하였다.[69] 그가 와드잭 두개골의 발표를 고의적으로 회피한 것은 고생물학계에 자신이 발견한 자바인, 즉 피테칸트로푸스를 유인원으로 받아들이도록 하기 위해서였다고 볼 수밖에 없다.[70]

9. 셀렌카-트리닐 탐사대

20세기 초반에 자바인에 대한 논쟁이 계속되자 영장류 연구에 있어서 최고 전문가이자 뮌헨의 동물학자인 에밀 셀렌카Emil Selenka, 1842~1902 교수는 자신이 직접 자바에 가서 뒤부아가 발굴했던 곳에서 더 많은 화석을 찾는 것이 필요하다고 생각했다. 그러나 불행하게도 그는 탐사대를 조직하다가 별세했다. 그가 별세하자 그의 부인 셀렌카 여사Margarethe Lenore Selenka-Heinemann, 1860~1922가 남편의 뒤를 이어 탐사대를 조직하여 이 탐사를 하였는데, 이것이 바로 1907~08년 셀렌카-트리닐 탐사Selenka-Trinil Expedition였다. 이 탐사는 부분적으로 베를린 독일과학원German Academy of Sciences at Berlin과 뮌헨의 다른 학술기관들의 후원을 받았으나, 주로 셀렌카 여사 자신의 개인적인 경비로 이루어졌다. 셀렌카 여사 자신도 교수이자 유명한 학자였으며, 베를린의 블랑켄호른Max Blanckenhorn 교수가 공동탐사자로 참여하였다.

1907년에 셀렌카 탐사대는 뒤부아가 자바인의 화석을 찾았다고 표시해 둔 돌을 찾아서 본격적인 탐사에 들어갔다. 이 탐사를 위해서는 75명의 인부가 고용되었고, 이들을 위한 막사도 건축되었다. 뒤부아와 함께 일했던 네덜란드 하사관발굴 당시에는 상병도 고용되었다. 틸니Albert G. Tilney에 의하면, 탐사 보고서 작성에 참여했던 17명의 학자들도 트리닐 탐사 현장에 파견되었다고 언급하는 것으로 미루어 셀렌카 탐사대의 규모는 상당했으며, 최초의 다학제간 탐사대multidisciplinary expedition였던 것으로 보인다. 화석을 포함하고 있는 트리닐 지층이 10m 정도의 화산퇴적물에 의해 덮여있었기 때문에 대규모 발굴이 불가피하였다. 그래서 이들은 10,000m³이상의 흙더미를 발굴하였으며, 다른 동식물들의 화석은 찾았으나 유인원의 화석은 발견하지 못했다.

셀렌카 탐사대의 탐사 목적은 뒤부아가 말한 대로 자바인이 인류의 진화조상임을 확인하기 위함이었는데, 실망스럽게도 탐사 결과는 그렇지 못했다. 뒤부아가 자바인을 발견했던 곳을 다시 탐사한 후, 고생물학자 말틴-익케H. Martin-Icke는 그곳에서 발견된 달팽이와 같은 복족동물gastropod의 87%는 현대의 것과 똑같다고 했으며, 식물학자 슈스터J. Schuster는 트리닐 지층의 식물상이 오늘날의 것들과 다르지 않다고 했다. 자바인을 발견했던 바로 그 지층에서 지질학자 칼트하우스E. Carthaus는 뼈 조각들과 어금니, 부엌 터, 숯 조각들을 발견했다. 칼트하우스는 자바인이 발견된 지층은 최근의 것으로 보이며, 자바인은 현대인들과 함께 살았던 것으로 보인다고 했다. 더 놀라운 것은 뒤부아가 자바인을 발견했던 곳에서 3㎞ 정도 떨어진 솔로강 지류의 마른 하상에서 인류학자 발크호프Walkhoff 박사는 어금니를 씌운 치관crown을 발견했다. 치아 외피enamel cap 속에 들어있던 상아질은 화석화된 유기물질로 대체되었다. 비록 그 치아는 상대적으로 현대인에게 속했지만, 발크호프는 이 치아가 자바인의 연대보다 오래된 것으로 보인다고 했다. 이 치아는 현재 손대 화석Sonde fossil으로 알려져 있다.

탐사대가 수집한 화석들은 43개의 커다란 나무상자에 담겨 독일로 운반되었으며, 이들은 셀렌카 여사와 블랑켄호른 외 17명의 전문가들에 의해 정밀하게 조사되었다. 조사 결과는 셀렌카 여사와 블랑켄호른이 편집하여 342쪽의 보고서로 작성, 발표되었다.[71] 셀렌카 여사의 치밀한 탐사와 자료 정리, 그리고 결과 발표로 인해 키이스는 "우리의 아낌없는 칭송을 받기에 합당하다Commands our unstinted praise."라고 극찬했다. 그러나 아쉽게도 이 보고서의 결과가 기존의 주장과는 상반되는 것이라는 이유

때문에 보고서는 무시되었으며, 제대로 영어로 번역되지도 않았다.[72] 이 탐사의 원래의 목적은 뒤부아의 발견을 확증하기 위한 것이었지만 결과는 정반대였다!

10. 의문투성이 자바인

뒤부아가 트리닐에서 발견한 대퇴골은 그가 후에 발견하여 추가한 몇 개의 다른 대퇴골들과 함께 현대인의 것과 구별할 수가 없다. 따라서 자바인, 즉 피테칸트로푸스를 원숭이 이상의 것으로 보는 이유는 단지 사람의 대퇴골이 유인원의 유해들과 비슷한 장소에서 발견되었기 때문이다. 그 당시 뒤부아가 수집했던 두 개의 어금니와 한 개의 앞어금니가 각각 오랑우탄과 현대인의 것과 같다는 것이 판명되었는데도 불구하고, 사람들은 계속해서 대퇴골과 두개골 윗부분을 같은 개체의 것으로 연결시키려고 애쓰는 것이다.

피테칸트로푸스로 알려진 자바인의 두개골과 대퇴골은 같은 개체에 속하지 않은 것이 분명하다. 대퇴골은 현대인의 것이 분명하고, 두개골 윗부분은 확실하지는 않지만 사람의 것으로 보인다. 그러나 분명한 것은 자바인은 서로 다른 개체들의 유골을 조합한 것이며, 사람과 원숭이의 중간형태의 두개골은 아니라는 사실이다. 대부분의 해부학자들과 전문가들은 처음부터 지금까지 거의 일관되게 두개골과 대퇴골이 같은 개체의 것이라는 주장에 대하여 의문을 제기하고 있다. 그런데 놀랍게도 이 뼈들이 일반인들에게는 항상 같은 개체에 속해있는 것처럼 소개된다. 의도적이든, 아니든 자바인을 인류 진화의 증거로 제시했거나 지지한 사람들은 수많은 사람들을 속였다고 할 수 있다. '과학의 이름으로In the name of science'.[73]

<그림 7-16> 뒤부아의 자바인이 사슴뿔을 들고 선 모습. 보통 사람들은 이러한 모습의 시체가 발굴되었다고 생각할 뿐, 단지 두개골 윗부분과 대퇴골, 몇몇 치아 조각들로부터 재구성된 것이라는 사실을 모른다.

11. 베이징인

자바인에 이어 직립원인에 속한 또 다른 화석인류는 베이징인Peking Man이었다. 이 화석은 대부분 1929년부터 1937년 사이에 베이징 시내에서 서남쪽으로 40㎞ 가량 떨어진 저우커우뎬周口店, Zhoukoudian의 석회암 동굴에서 발견되었다. 이때 발견된 것은 두개골 15개, 아래턱뼈 11개, 치아 147개, 일부 골격 화석, 그리고 많은 석기들이었다. 두개골들의 평균 용적은 약 1,043cc 정도로서 자바인과 비슷했다.

(1) 베이징인 발굴

원래 저우커우뎬의 발굴은 스웨덴의 지질학자 안데르센Johan Gunnar Andersson과 미국의 고생물학자 그랜저Walter W. Granger에 의해 시작되었다. 이들은 1921년에 저우커우뎬 지역의 용골산龙骨山 석회암 채석장 인부들로부터 화석이 출토된다는 소문을 듣고 현장을 방문하여 발굴한 결과, 몇몇 어금니 화석을 발굴했다. 하지만 베이징인 화석에 대한 초기 연구의 대부분은 당시 베이징유니온의과대학Union Medical College in Peking의 해부학 교수이자 고인류학자였던 캐나다인 블랙Davidson Black, 1884~1934이 중심이 되어 이루어졌다.

안데르센과 그랜저의 어금니 화석 발굴 소식을 듣고 당시 유니온의과대학에서 해부학을 가르치고 있던 블랙은 록펠러재단Rockefeller Foundation에 발굴을 위한 재정지원을 요청했다. 드디어 록펠러재단이 80,000불의 재정지원을 결정하자, 블랙은 유니온의과대학 내에 신생대연구소Cenozoic Research Laboratory를 설립하고, 중국과 서방 학자들이 참여하는 발굴팀을 구성하여 1927년부터 별세하는 1934년까지 발굴을 했다.

블랙이 이끄는 발굴팀의 작업으로 40개체 이상으로부터 200여 개 화석들을 발굴하였다. 화석들 중에는 거의 완전한 여섯 개의 두개골 윗부분도 포함되어 있었다. 그는 베이징인의 치아를 조사한 후, 중국에 고대 유인원 혹은 사람과 유사한 동물이 존재한 증거라고 제시했다. 그는 이 동물을 시난트로푸스 페키넨시스Sinanthropus pekinensis라고 이름을 붙였으며, 지금은 호모 에렉투스 페키넨시스Homo erecturs pekinensis, 일반적으로는 베이징인으로 알려져 있다. 이들의 연대는 지금부터 약 20만 년 내지 40만 년 전이라고 추정하였다. 이 발굴작업은 1937년에 일본의 침략으로 인해 중단되었다.

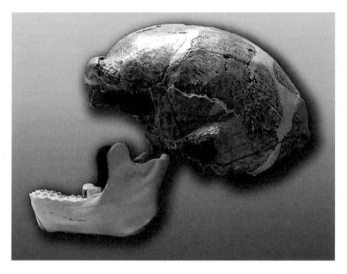

<그림 7-17> 베이징인의 원본 화석들은 분실되었다. 위 그림은 당시에 만들어둔 석고 모형에 의존하여 만든 베이징인이다.[74]

1934년에 블랙이 별세하자 베이징인 연구는 프랑스의 사제이자 고인류학자였던 샤르댕Pierre Teilhard de Chardin, 1881~1955과 유태계 독일 해부학자이자 인류학자인 바이덴라이히Franz Weidenreich, 1873~1948가 이어받았다. 1935년부터 블랙의 연구를 이어받은 바이덴라이히는 이미 이때 필트다운인Piltdown Man이 서로 다른 두 종의 화석을 조합한 '키메라chimera'와 같은 사기극이라고 주장하는 등 고인류학 분야에서 선두적인 학자였다. 앞에서 살펴본 것처럼, 필트다운인은 1953년에 불소연대측정법을 통해 사

기극임이 최종적으로 드러났다.[75]

(2) 사라진 화석들

하지만 베이징인 화석을 평가하는 데 가장 큰 문제는 스웨덴 웁살라 대학교 고생물학박물관Paleontological Museum of Uppsala University에 보관되어 있는 치아 네 개를 제외한 나머지 모든 화석들이 분실되었다는 점이다. 베이징인 화석들은 1941년 12월 7일, 제2차 세계대전 와중에 미군들이 본국으로 운송하는 도중에 감쪽같이 없어졌다. 이 자료들이 없어진 것에 대하여 많은 이야기들이 있지만, 가장 유력한 것은 이들을 베이징으로부터 미 해군 부대로 옮기다가 잃어버렸거나 탈취당했다는 것이다. 좀 더 구체적으로 살펴보자.

처음에 저우커우덴에서 발굴된 화석들은 블랙이 재직하고 있었던 유니온의과대학에 보관되어 있었다. 화석이 사라지던 1941년, 제2차 세계대전 중 중국 땅에서 연합군과 일본군의 본격적인 전투가 일어나기 전이었다. 하지만 전쟁이 격화되고 일본군이 베이징을 점령하게 되자, 화석의 안전한 조사를 위해 발굴된 화석들을 미국으로 수송하기로 했다. 목격자들의 증언에 의하면, 일본군과 연합군의 전투가 일어나기 직전 모든 베이징인 화석들은 커다란 두 개의 나무 상자 속에 포장되어 베이징에서 동쪽으로 300km 떨어진 항구도시 친황다오秦皇島로 가기 위해 미군 해병대 차에 실렸다. 그리고 거기서 배편으로 뉴욕에 있는 미국자연사박물관 American Museum of Natural History으로 운반할 계획이었다. 하지만 가는 도중에 화석이 든 나무 상자가 사라졌다![76]

이 화석들이 어떻게 없어졌는지 정확하게 아는 사람은 아무도 없다. 그동안 이 분실된 화석을 찾기 위해 여러 차례 노력했지만 성과가 없었다. 1972년에는 미국 부호 제이너스Christopher Janus가 사라진 두개골에 5,000불의 상금을 걸기도 했지만 소용이 없었다. 1990년 초에는 이 화석을 되찾기 위해 전 세계적인 캠페인을 벌리기도 했지만 역시 찾지 못했다. 2005년 7월에는 제2차 세계대전 종전 60주년을 맞아 중국 정부가 화석을 찾기 위한 위원회도 만들었지만 이 또한 성과가 없었다.

도대체 이 화석들은 어디로 갔을까? 지금까지 화석들의 향방에 대해서는 무성한 루머만 있을 뿐 정확한 소재는 아무도 모른다. 어떤 사람은 그 화석들이 '아와 마루'라는 일본 배에 선적되었다고도 하고, 어떤 사람은 그 화석들이 미국 배에 선적되었지만 그 배가 침몰되었다고도 한다. 심지어 어떤 사람은 중국 한의사가 한약을 제조하기 위해 화석들을 모두 가루로 만들었다고도 한다. 실제로 저우커우뎬 근처에서는 옛날부터 용골龍骨이라 불리는 각종 동물의 뼈가 자주 발견되었는데, 이것이 사람들 사이에 만병통치약으로 선전되어 높은 가격에 거래되어 왔다고 한다. 심지어 일부 반진화론자들은 이 화석들은 처음부터 조작된 것이며, 사라진 것도 의도적이라고 주장하기도 한다.[77]

(3) 구석기 시대의 멸종한 인류?

베이징인 화석들이 대부분 없어지기는 했지만, 다행히 화석이 없어지기 전에 정밀한 모형을 만들어 두었고 또한 자세한 설명도 남아 있다. 베이징인에 대한 연구는 전적으로 그 당시에 연구한 사람들이 남겨 둔 기록과 모형 등에 의존하고 있는데, 그중에 대표적인 사람은 바이덴라이히였다. 그는 베이징인에 관해 자세한 기록을 남겼으며, 이것은 오늘날까지 베이징인 연구에 결정적인 자료가 되고 있다.[78]

<그림 7-18> 저우커우뎬 베이징인 박물관周口店北京人遺址博物馆에 설치한 베이징인 조각[79]

베이징인 모형과 설명에 의하면, 동굴에 살았던 이 화석인간은 직립 보행했으며, 위의 <그림 7-18>에서 볼 수 있는 것처럼, 두개골은 낮고 안와상眼窩狀 돌기가 튀어나왔으며, 아래턱은 두터웠다. 석영이나 사암을 재료로 하여 자연석의 한쪽에 날을 붙인 찍개礫器, 격지를 떼어내는 원반형 몸돌圓盤狀 石核, 몸돌에서 떼어낸 격지剝片 등의 석기를 제작했고, 불을 사용했다. 동굴 안에서 야생 식물의 씨앗과 더불어 사슴을 비롯한 각종 동물들의 뼈가 대량으로 출토되는 것으로 미루어, 이들은 사슴 등 동물을 먹이로 사용했던 것으로 보인다.

결론적으로 베이징인의 연구는 원래의 화석이 모두 분실되고 당시 연구학자들이 남긴 자료에만 의존하고 있다는 한계가 있다. 현재까지 남겨진 화석 자료만으로는 베이징인이 어떻게 현생인류와 연결되는지는 잘 모르지만, 플라이스토세에 살았던 구석기 시대의 한 종족이었음은 분명한 것으로 보인다.

12. 하이델베르크인과 로디지아인

　　사람속屬의 화석인류 중 또 하나의 중요한 화석은 하이델베르크인 Heidelberg Man이다. 하이델베르크인은 1907년 10월 21일에 독일 하이델베 르크 근교에 있는 마우어Mauer 지방의 라인강변 모래 구덩이sand pit에서 두 명의 인부들에 의해 발견되었다. 모래 구덩이 주인이었던 뢰쉬Joseph Rösch는 즉시 이 사실을 하이델베르크대학교 인류학 교수였던 쉐텐삭tto Schoetensack, 1850~1912에게 알렸다.[80]

(1) 하이델베르크인

　　자신이 설립한 화학회사에서 은퇴한 후에 하이델베르크대학교 인류 학 교수가 된 쉐텐삭은 조수 하트만Daniel Hartmann과 더불어 당시로서는 가장 오래된 사람과hominid 화석을 자세히 연구한 후, 이를 호모 하이델베 르겐시스Homo heidelbergensis라고 명명했다.[81] 그 후 하이델베르크인의 화 석은 아프리카와 유럽 등 여러 곳에서 널리 발견되었다. 하이델베르크인 이 사용했던 석기는 직립원인의 아슐리안 석기와 매우 유사했다. 네안데 르탈인은 약 30만 년 전에 유럽에서 하이델베르크인으로부터 분기된 것 으로 추정된다.[82]

<그림 7-19> 하이델베르크인의 커다란 턱뼈[83]

하이델베르크인의 두개골 특징은 직립원인과 비슷했지만 크기는 현대인과 별 차이가 없었다. 그래서 사람들은 이것을 인간의 가장 가까운 조상이며, 플라이스토세 중기인 40~60만 년 전에 아프리카와 아시아에 퍼져 살았던 인간으로 해석하였다. 흔히 사람들은 현생인류가 호모 로데시엔시스Homo rhodesiensis를 거쳐 하이델베르크인으로부터 유래했다고 주장한다. 하지만 하이델베르크인이 구체적으로 그전에 살았던 호모 에르가스테르나 호모 엔테세소르, 그리고 그 후에 등장하는 네안데르탈인이나 데니소바인Denisovan, 현생인류와 어떻게 연결되는지는 확실하지 않다.[84]

근래 스페인 북부의 아타푸에르카산맥의 시마 데 로스 우에소스Sima de los Huesos, '뼈의 구덩이'라는 의미 화석들에 대한 유전적 분석을 한 메이어M. Meyer 등은 이와 관련하여 흥미 있는 주장을 한다. 그들에 의하면 하이델베르크인에 속하는 전체 화석 인류는 네안데르탈 계통에 포함되어야 하며, 그렇다면 현생인류가 네안데르탈인으로부터 분리되어 나온 연대를 하이델베르크인 이전인 60~80만 년 전으로 거슬러 올라가야 한다는 것이다.[85] 이들의 주장이 맞는다면 현생인류가 26만 년 전에 출현했다는 근래의 주장은 수정되어야 한다.

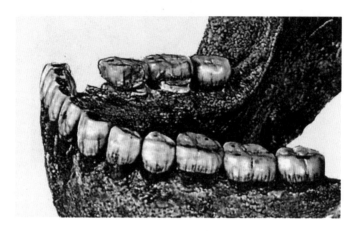

<그림 7-20> 하이델베르크인의 앞니

첫 하이델베르크인의 화석이 발견되었을 때 이를 인류 진화의 빠진 고리라고 주장한 중요한 근거는 큰 아래턱뼈였다. 턱뼈의 크기로 보아서는 매우 큰 유인원의 것이나, 치아의 배열이나 형태로 보아서는 전형적인 사람의 것이었기 때문이었다. 하지만 하이델베르크인도 진화의 중간형태로 받아들이기에는 몇 가지 어려움이 있다. 우선 그 턱뼈와 똑같은 구조의 턱을 가진 종족이 오늘날에도 남태평양 뉴칼레도니아New Caledonia 군도에 살고 있으며, 그 턱뼈에 대응하는 두개골 형태는 오늘날의 흑인들이나 에스키모들 중에서도 발견할 수 있기 때문이다.[86]

<그림 7-21> 하이델베르크인의 턱뼈를 근거로 재구성한 모습

또한 하이델베르크인의 치아는 현대인의 치아와 완전히 같다. 그래서 당시 스미스소니언의 유명한 인류학자 허들리카Aleš Hrdlička는 "마우어인, 즉 하이델베르크인의 턱뼈와 치아는 완전히 보존되어 있다. 그들은 의심할 여지없이 사람의 치아이다. 이 치아들로 인해 그들의 주인은 사람이라고 부를 수밖에 없다는 결론을 내리지 않을 수 없다."라고 말했다. 이러한 사실들로 미루어 하이델베르크인 역시 중간형태라고 보기는 어렵다.[87]

(2) 로디지아인

다음으로 살펴볼 화석은 카브웨 두개골Kabwe Skull 혹은 로디지아인 Rhodesian Man으로 알려진 호모 로디시엔시스Homo rhodesiensis이다. 로디지아인은 1921년에 스위스의 광산업자 쯔비글라르Tom Zwiglaar가 당시의 북부 로디지아오늘날 잠비아 카브웨Kabwe 혹은 브로큰 힐Broken Hill로 알려진 곳의 한 동굴에서 발견하였다. 1921년에 처음 이 화석이 발굴되었을 때, 필트다운 사기사건으로 유명한 대영박물관의 우드워드Arthur S. Woodward는 이 화석을 호모 로디시엔시스라고 명명했다. 로디지아인은 지질학적으로 플라이스토세 후기, 즉 전기 구석기였던 80만 년에서 12만 년 사이에 살았던 것으로 추정되었다.[88]

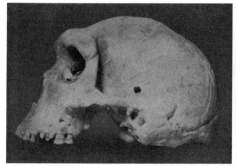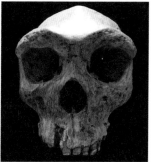

<그림 7-22> 로디지아인 두개골. 카브웨 두개골1922과 모형

하지만 후에 하이델베르크인의 화석이 많이 발굴되면서 로디지아인은 아프리카에 살았던 하이델베르크인이라고 결론지었다. 로디지아인이 발견된 후에도 비슷한 화석들이 여러 곳에서 발견되었다. 예를 들어, 1976년에 캘브Jon Kalb가 이끄는 발굴팀이 에티오피아 아와시강 계곡 보도Bodo에서 발견한 보도 두개골Bodo Cranium은 60만 년 전의 것으로 추정되었다. 또한 1976년에 탄자니아 북부 은두투 호수Lake Ndutu에서 은두투 두개골Ndutu Cranium이,[89] 1953년에 남아공에서는 살란하 두개골Salanha Cranium 등이 발견되었다.

화이트Tim D. White 등은 로디지아인이 다음 8강에서 살펴볼 호모 사피엔스 이달투*Homo sapiens idaltu*의 조상이라고 했고,[90] 일부에서는 로디지아인으로부터 호모 사피엔스가 유래했다고 하지만, 그렇게 보기에는 40만 년 전부터 호모 사피엔스가 출현한 26만 년 사이에 화석의 간격이 없다는 난점이 있다.[91]

지금까지의 논의들을 종합해 보면, 하이델베르크인이나 로디지아인은 자바인이나 베이징인과 비슷하게 지질학적으로는 신생대 제4기 플라이스토세 중기, 즉 전기 구석기에 아프리카와 유럽에 널리 퍼져 살았던 구석기인들이었다고 할 수 있다. 이들은 현생인류의 평균치에 비해 두개골 용적이 작고 신체적 특징이 다르지만, 그것은 현생인류의 변이의 한계 내에 있다고 할 수 있다. 그들의 여러 신체적 특징이나 그들이 남긴 도구석기나 불을 사용한 흔적 등은 다른 유인원들과는 근본적으로 구별된다. 특히 도구인간과 더불어 직립원인, 하이델베르크인은 지금은 멸종했지만 정교한 도구를 제작, 사용하는 사람들이었다.

13. 플로레스인

끝으로 영화 '반지의 제왕'에 등장하는 호빗hobbit의 별명이 붙은 호모 플로레시엔시스*Homo floresiensis*, 줄여서 플로레스인Flores Man에 대해 살펴보자.[92]

(1) 플로레스인의 발견

아시아에서 호주로 호모 사피엔스가 이주한 증거를 찾던 호주·인도네시아 연구팀은 2003년에 인도네시아 자바 섬 동쪽에 있는 플로레스 섬Flores Island의 리앙부아 동굴Liang Bua Cave에서 9개체로부터 여러 유골 조각들을 발견하였다. 이 중 한 두개골은 완전한 상태였다. 연구팀은 18,000년 전에 살았던 새로운 여성의 화석을 발견하여 2004년 「네이처Nature」에 발표했다.[93] 호모 플로레스인이란 이름이 붙은 이 여성 화석은 키가 1.1m, 몸무게가 30kg에 불과하고, 뇌 용량도 현생인류의 30%인 380cc에 지나지 않았다! 뇌의 크기는 침팬지에 불과했지만 정교한 석기를 사용했다는 사실이 밝혀지면서 학계에 충격을 주었다.

플로레스인의 발견 이래 이렇게 작은 인간이 현생인류에 속할까에 대해서는 많은 연구와 논의가 있었다.[94] 근래에 와서는 이 유골은 유전학적으로나 해부학적으로 현대인과는 다른, 그래서 독립된 종으로 분류하고 있다.[95] 이 인류는 자원이 부족한 섬의 환경에 맞춰 적응하면서 체구나 신장이 줄어든 것으로 추정된다.

혹자는 플로레스인의 신장이나 뇌 용량, 몸무게가 작은 것으로부터 어린이의 유골이 아닐까라고 생각할 수도 있다. 하지만 신장의 배분, 뇌의 모습, 특히 치아에 남아있는 치아성장선은 나무의 나이테와 같이 유골의 나이를 추정하는 근거가 된다.[96] 1800년대 영국 고생물학자 리처드 오웬Richard Owen이 발견한 치아성장선은 유골 주인의 행동방식, 계절적 주기 등 치아의 발달 과정을 보여준다.

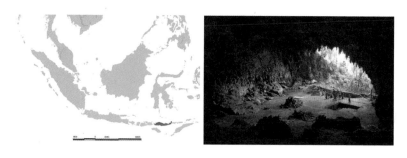

<그림 7-23> 인도네시아 플로레스 섬과 플로레스인 화석이 발견된 리앙부아 동굴[97]

현재 플로레스인 화석은 호모 사피엔스로 분류하기에는 신체적 특징이 너무나 다르기작기 때문에 사람속屬에 속한 별도의 종으로 분류하고 있다. <그림 7-24>에서 보는 것처럼, 최근 파린스-푸쿠치C. Parins-Fukuchi 등은 플로레스인을 오스트랄로피테쿠스 아프리카누스와 세디바 사이에 두었다. 이것은 플로레스인의 신체적 왜소함, 두개골의 크기가 작은 것만을 고려한 것이라 생각된다. 하지만 이들의 연대로 추정된 6~10만 년은 호모 사피엔스의 연대와 겹친다. 또한 사람의 골격과 더불어 발견된 석기들의 연대는 5~19만 년에 걸쳐 있어서 중기 구석기에 속한다.[98]

(2) 플로레스인의 분류

호모 플로레시엔시스가 분류학적으로 어디에 속하는지에 대해서는 아직 확실히 밝혀지지 않았다. 융거스William Jungers 교수는 "오래전부터 우리와 다른 진화의 길을 밟아온 현생인류와 다른 종"이라고 주장했지만,[100] 영국자연사박물관Natural History Museum 엘리너 웨스턴E. M. Weston 박사는 "인류의 사촌이 섬에 맞춰 진화한 것"이라고 주장했다.[101]

여기에서 우리는 현생인류의 기준에 대해 생각해 볼 필요가 있다. 그동안 고인류학자들은 인간 진화의 기준으로 두개골의 크기, 두께, 모양, 직

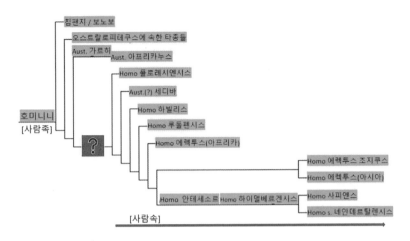

<그림 7-24> 인류의 기원에 대한 최근 계통도[99]

립2족보행 여부, 척추형태, 손발 및 손가락, 발가락 모양, 안면경사각, 치아의 배열형태, 신장키 등을 주로 사용했다. 이런 기준으로 본다면 플로레스인은 사람속屬에 속하기 어렵다. 두개골의 크기가 침팬지 정도에 불과하고, 신장은 루시오스트랄로피테쿠스 아파렌시스 정도에 불과하기 때문이다.

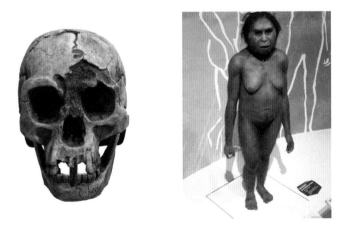

<그림 7-25> 플로레스인 두개골과 재구성한 그림[102]

필자는 고인류학에서 제시한 사람속의 기준들 중에서 도구의 제작과 사용이 인간의 가장 중요한 요소가 아닐까 생각한다. 주로 석기가 되겠지만 도구를 제작하고 사용한다는 것은 앞에서 언급한 다른 대부분의 기준들을 포함할 수 있기 때문이다. 예를 들어, 석기를 제작, 사용할 수 있다는 것은 직립해서 두 손이 자유롭지 않으면 불가능하다. 또한 손가락과 발가락이 길어서 나뭇가지를 잡는 데 적합하다면 그 손으로는 도구를 제작할 수도, 사용할 수도 없다. 그동안 고인류학에서 진화의 기준으로 제시하는 두개골의 크기, 두께, 모양, 신장 등은 상당한 개인 차이가 있을 수 있기 때문에 도구에 비해 적절한 기준이라고 할 수 없다.

한 개인의 지능은 두개골의 크기보다 두개골 속에 있는 뇌의 주름과 관련이 있는 것으로 알려져 있다. 인간은 동물들에 비해 뇌의 주름이 많고, 동물들은 인간보다 더 매끈한 뇌를 갖고 있다. 인간의 뇌가 복잡하게 주름진 모양을 하고 있는 것은 두개골의 작은 공간 안에 표면적이 훨씬 더 넓은 뇌를 집어넣기 위해서이다. 뇌의 인지활동은 대뇌피질의 얇은 표면층에 있는 세포들 속에서 일어나고, 인간의 지능은 뇌세포의 분기 및 뇌세포들 사이의 복잡한 연결관계의 형성과 관련되어 있는 것으로 보인다. 그러므로 이러한 연결관계가 형성되는 장소인 뇌의 외적 모양이나 크기는 지적인 능력과 큰 상관관계가 있는 것은 아니다.

이런 관점에서 본다면 플로레스인의 키가 작고, 두개골이 작다고 해서 현생인류가 아니라고 보는 것은 맞지 않다고 생각된다. 플로레스인이 발굴된 동굴에서 정교한 석기가 발견된다는 것은 그들이 이 석기들을 제작, 사용할 수 있는 능력을 가진 존재였음을 의미한다. 이것은 플로레스인이 살았던 시기가 중기 구석기였다는 사실과도 일치한다. 이런 점들을 고려한다면 플로레스인은 최후의 빙하기 이전에 살았던 호모족에 속한 변종이라고 할 수 있다.

14. 요약과 결론

본강에서는 호모 사피엔스를 제외한, 사람속屬에 속한 주요한 화석들을 살펴보았다. 이들의 특징은 다음 몇 가지로 요약할 수 있다.

첫째, 사람속에 속한 종들은 도구를 사용하였다. 사람속이 살았던 시기는 대체로 전기 및 중기 구석기에 해당한다. 비록 화석 종에 따라 구석기의 종류와 정밀도는 다르지만, 이들은 다른 동물들이나 오스트랄로피테쿠스들에서 볼 수 없는 정교한 석기를 사용했다.

둘째, 사람속에 속한 종들은 같은 사람속에 속해 있으면서도 종에 따라 신체적 특징에 있어서 변화가 심했다. <표 7-1>에서 정리한 것처럼, 하이델베르크인과 같이 신장이나 두개골 용적, 체중이 현대인 못지않게 큰 종으로부터 플로레스인이나 호모 날레디와 같이 침팬지 정도의 작은 종까지 변화가 심했다.

셋째, 그럼에도 불구하고 이들은 두개골의 모양이 오스트랄로피테쿠스나 그 이전의 유인원 화석과는 분명하게 구별되었다. <그림 7-26>은 사람속에 속한 많은 종들 중에서 유독 작은 두개골을 가진 네 종류의 화석들을 요약, 비교한 것이다. 비록 두개골 용적이 작고, 두개골의 두께나 높이, 후두부의 모양, 치아의 크기와 모습도 조금씩 다르지만, 대체로 후에 등장하는 호모 사피엔스와 비슷하다.

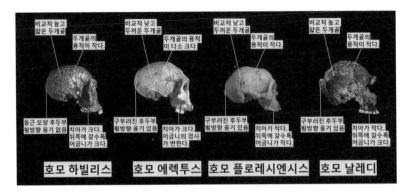

<그림 7-26> 작은 두개골을 가진 몇몇 사람속屬의 두개골들[103]

　　결론적으로 사람속에 속한 종들의 화석 형태와 더불어 이들이 석기를
사용했다는 점과 직립했다는 점 등을 고려한다면 사람속에 속한 화석인
류들은 인간이라고 할 수 있다. 적어도 24종 이상의 사람속에 속한 종들
이 있었지만, 호모 사피엔스 한 종만을 제외하고는 모두 멸종했다. 그 많
았던 사람속의 여러 종들이 모두 멸종했는데 유독 호모 사피엔스 한 종
만이 살아남은 이유에 대해서는 정확하게 알 수 없다. 하지만 창조주 하
나님께서는 사람속에 속한 한 사람에게 자신을 계시하셨고, 그를 들어서
인류 구원의 역사를 계획하셨던 것으로 보인다.

토의와 질문

1. 자바인은 발견 초기부터 많은 비판을 받았음에도 불구하고 여전히 진화의 증거로 채택되고 있는 이유는 무엇인가?

2. 주변에서 쉽게 구할 수 있는 화강암 등으로 가장 간단한 찍개 등의 도구를 만들어 보자. 도구인간이나 직립원인 등 구석기인들이 사용했던 석기들을 만드는 것이 얼마나 힘든지, 어떤 신체 구조와 지적 능력이 필요한지 말해보자.

3. 화석과 현대인들의 사진들을 비교하면서 우리가 화석의 해석에서 어떤 잘못을 범하기 쉬운지 토의해 보라.

제8강

호모 사피엔스

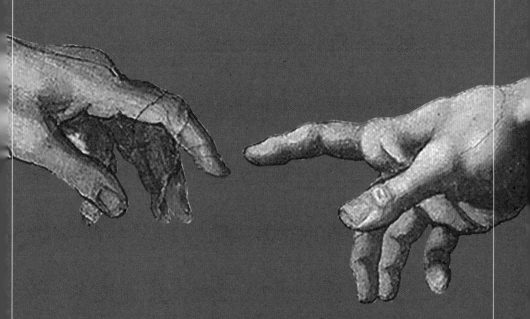

"하나님이 자기 형상 곧 하나님의 형상대로 사람을 창조하시되
남자와 여자를 창조하시고"

창세기 1장 27절

일반적으로 고인류학에서는 자바인, 베이징인, 하이델베르크인/로디지아인 등에 속한 화석인류에 이어서 현생인류Homo sapiens가 출현했다고 본다. 현생인류에 속한 대표적인 두개골로서는 네안데르탈인과 크로마뇽인을 들 수 있다. 네안데르탈인을 호모 네안데르탈렌시스Homo neanderthalensis로서 사람속屬에 속한 한 독립된 종種으로 볼 것인지, 아니면 호모 사피엔스 네안데르탈렌시스Homo sapiens neanderthalensis로서 호모 사피엔스에 속한 아종亞種으로 볼 것인지는 논란이 있지만, 필자는 네안데르탈인을 현생인류에 속한 아종으로 본다. 이에 대해서는 아래에서 좀 더 자세히 살펴볼 것이다.

속명/종명	약칭/별칭	추정 연대	발견 연도	첫 발굴지	첫 발견자	이미지
호모 사피엔스 네안데르탈렌시스 Homo sapiens neanderthalensis	네안 데르탈인	20~ 4만년	1856	독일 네안데르 계곡	Johann Carl Fuhlrott	
	라샤펠 노인 /The Old Man	5.6~ 4.7 만년	1905 ~1908	프랑스 라샤펠오셍	Amédée Bouyssonie, Jean Bouyssonie, L. Bardon	
	스피2	4~ 3.6 만년	1886	벨기에 스피 동굴	Marcel de Puydt, Max Lohest	
호모 사피엔스 이달투 Homo sapiens idaltu	헤르토인	16만년	1997	에티오피아 아와시 강	Tim White	

호모 사피엔스 데니소바 Homo sapiens denisova	데니소바인	8~3 만년	2008	시베리아 알타이산맥 데니소바 동굴	Michael Shunkov	
호모 사피엔스 크로마뇨 넨시스 Homo sapiens cro-magnonensis	크로마뇽인/ EMH/AMH	3.7~ 3.5 만년	1869	프랑스 크로마뇽 동굴	Louis Lartet	

<표 8-1> 호모 사피엔스에 속한 주요 화석들

　호모 사피엔스에 속한 많은 화석들이 있지만, <표 8-1>은 이들 중 중요하거나 대표적인 몇몇 화석들을 요약한 것이다. 이들을 중심으로 본강에서는 현대인의 가장 직접적인 조상들에 대해 살펴보고자 한다. 특히 현대인과 관련해서 근래 가장 뜨거운 논쟁이 되고 있는 네안데르탈인을 좀 더 자세히 살펴보겠다.

1. 네안데르탈인의 발견

"다 찬양하여라 전능왕 창조의 주께"라는 찬송은 국경을 초월하여 하나님을 찬양하는 대부분 나라들의 찬송가에 소개되어 있는 유명한 노래이다.[1] 이 찬송은 17세기 후반 루터교 신학자이자 교구목사vicar였던 네안데르Joachim Neander, 1650~1680가 지은 찬송시에 곡을 붙인 것이다.[2] 네안데르는 독일 혹달Hochdal 인근 시골길을 산책하면서 찬송가를 짓거나 부르곤 했다. 그는 특히 뒤셀도르프Düsseldorf 동쪽 16㎞ 지점에 있는, 뒤셀강Düssel River이 흘러나오는 아름다운 계곡을 산책하기를 즐겼다. 그래서 사람들은 그 계곡을 네안데르 계곡네안데르탈, Neandertal이라고 불렀다. 네안데르탈의 접미어 '-tal'은 '계곡'을 의미하는 독일어 'Tal'에서 유래한 것이다.[3]

<그림 8-1> 찬송가 작시자 요하킴 네안데르의 이름을 딴 뒤셀도르프 인근 네안데르 계곡의 한 석회암 동굴에서 최초의 네안데르탈인 유골이 발견되었다.

그로부터 근 200여 년 후, 이 계곡은 베컬스호프Wilhelm Beckershoff와 피페르Friedrich Wilhelm Pieper라는 사람이 소유하게 되었고, 그들은 인부들

을 고용하여 그곳에서 시멘트를 생산하기 위해 석회암을 캐내고 있었다. 1856년 어느 날, 석회암을 캐내던 채석장 인부들은 계곡의 옆 벽면에 석회암 동굴들을 발견하였는데, 그중 하나인 펠트호퍼Feldhofer 동굴의 바닥에 있는 흙 속에서 사람의 뼈들을 발견했다. 그들은 처음에는 두개골 위 부분을 발굴했고 이어서 두 개의 대퇴골과 세 개의 오른팔 뼈들, 두 개의 왼팔 뼈들, 왼쪽 장골腸骨, ilium의 일부, 어깨뼈와 갈비뼈 조각 등을 발굴하였다. 처음에 인부들은 이 뼈들을 쓰레기라고 생각했다. 아마 진흙 속에는 더 많은 뼈들이 매장되어 있었으리라고 생각되지만 채석장 인부들은 석회암 채석에만 관심이 있었기 때문에 대부분의 뼈들을 파기해 버렸다.

하지만 베컬스호프는 인부들에게 남은 뼈들이라도 모아두라고 부탁했다. 그 결과 두개골 윗부분과 갈비뼈, 골반의 일부, 팔, 다리의 뼈들이 남았는데 이들이 바로 처음으로 발견된 네안데르탈인Neanderthal Man의 뼈였다.[4] 이 뼈들을 본 피페르는 아무래도 현대인들의 뼈와는 다르다고 생각해서 지역 과학교사이자 아마추어 박물학자이며, 지역 박물학회 회장이었던 풀로트Johann C. Fuhlrott, 1803~1877에게 동굴에 와서 뼈들을 조사해 달라고 부탁했다. 베컬스호프와 피페르는 처음에 이 뼈들이 동굴곰cave bear의 뼈라고 생각했다.[5]

네안데르탈인의 유골을 조사한 풀로트는 그 뼈가 오래되었고 거칠고 억세게 보였기 때문에 노아의 홍수 때 죽은 가난한 사람의 유해라고 생각했다. 그리고 1857년, 그는 독일 본대학교University of Bonn의 해부학 교수였던 샤프하우젠Hermann Schaaffhausen을 초청하여 이 뼈들을 조사하게 했다. 샤프하우젠 역시 이 뼈들은 고대인의 것이며 아마 켈트족과 게르만족이 도래하기 전 유럽에 살았던 야만인일 것이라고 했다.[7] 다윈의『종의 기원』이 출판되기 3년 전이었던 1856년, 이들은 공동으로 네안데르탈인의 발견을 발표했다.

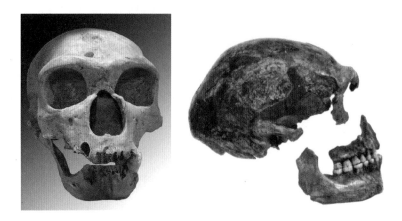

<그림 8-2> 네안데르탈인. (왼쪽) 라샤펠오셍, (오른쪽) 스피[6]

그 후 1863년, 아일랜드 퀸스대학Queen's College, Galaway의 해부학 교수였던 킹William King은 이 뼈들이 인류의 조상이라고 주장하면서 네안데르탈인을 독립된 종인 호모 네안데르탈렌시스Homo neanderthalensis라고 명명하였다. 그는 이 뼈들이 현대인과 같은 속屬에는 속했으나 종種은 다르다고 생각하였다.[8]

네안데르탈인은 네안데르 계곡에서 처음 발견된 이래 서유럽 전역독일, 프랑스, 벨기에, 네덜란드, 이탈리아, 스페인, 영국, 포르투갈, 영국령 지브롤터, 중부 및 동부 유럽폴란드, 슬로베니아, 체코, 슬로바키아, 크로아티아, 루마니아, 우크라이나, 러시아 유럽 지역에서 발견되고 있으며, 서남아시아터키, 레바논, 이스라엘, 시리아, 이란, 이라크, 중앙아시아우즈베크, 북아시아러시아 아시아 지역 등 유럽 바깥에서도 다수 발견되고 있다. 네안데르탈인은 지금까지 400구 이상의 유골이 발견되었으며, 거의 완전한 골격만도 130구 이상에 이른다.[9]

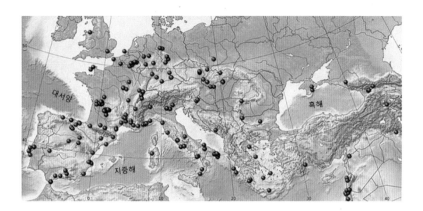

<그림 8-3> 후기 플라이스토세126,000~11,800년 사이에 살았던 유럽과 서남아시아의 주요 네안데르탈인 발굴지[10]

국가	발굴지	추정연대(년)	국가	발굴지	추정연대(년)
벨기에	Spy	36,000~40,000	이스라엘	Tabun	170,000~90,000
크로아티아	Krapina	130,000~120,000		Ein Qashish	70,000~60,000
	Vindija	44,400~38,300		Kebara	64,000~59,000
프랑스	La Ferassie 1	70,000~50,000		Amud	61,000~53,000
	La Chapelle-aux-Saints	60,000	이탈리아	Altamura	170,000
	La Quina	75,000~40,000		Saccopastore 1	250,000
	Le Moustier	40,000		Saccopastore 2	250,0000
	St Césaire	36,000		Mt. Circeo	60,000~55,000

독일	Ehringsdorf	150,000~ 120,000	네덜란드	Krijn	100,000~ 40,000
	Neanderral	40,000	루마니아	Peştera Muierii	32,000
지브롤터	Forbe's Quarry	70,000~ 45,000?		Peştera cu Oase	30,000
	Gibraltar 1	40,000	러시아	Mezmaiskaya	70,000~ 60,000
	Gorham's Cave	32,000~ 24,000		Denisova	40,000
이란	Wezmeh	70,000~ 40,000	스페인	El Sidrón	43,000
이라크	Shanidar 1-10	65,000~ 35,000	우즈벡	Obi-Rakhmat	74,000

<표 8-2> 주요 네안데르탈인 발굴지와 추정연대연대 추정이 안 되는 곳은 제외

2. 네안데르탈인의 초기 연구

그 후 네안데르탈인의 뼈들은 다시 베를린 프리드리히-빌헬름스대학교Friedrich-Wilhelms-University의 병리학 교수였던 피르호Rudolf Virchow, 1821~1902에게 보내졌다.[11] '현대 병리학의 아버지the father of modern pathology'로 불리는 피르호는 이 뼈가 호모 사피엔스에 속했으며 어릴 때 꼽추병이라고도 불리는 구루병佝僂病, rickets을 앓았고, 나이가 들어서는 관절염을 앓았으며, 머리에 심한 타박상을 입었다고 생각했다.[12] 이러한 피르호의 네안데르탈인 해석에 대해서는 의견이 나뉜다. 일부에서는 이 해석은 틀렸으며, 피르호의 이런 잘못된 해석이 19세기 말까지 네안데르탈인에 대한 연구를 막았다고 비판했고,[13] 어떤 사람들은 피르호의 해석에 부정확한 부분도 있지만 진지하게 받아들여야 할 부분도 많다고 했다. 이에 대해서는 뒤에서 좀 더 자세히 살펴보기로 하고, 아래에서는 그동안 네안데르탈인에 대해 잘못된 두어 가지 해석을 소개한다.

첫째, 네안데르탈인을 코사크 기병Cossack cavalryman의 뼈라고 하는 주장이다. 이런 주장을 하는 사람들은 네안데르탈인의 허벅지 뼈가 굽은 것은 이들이 말을 많이 탔기 때문이라고 추정했다. 코사크족의 고향은 우크라이나이지만 이들의 기원에 관해서는 설이 분분하다. 대체로 코사크족은 터키와 아시아는 물론 폴란드, 리투아니아, 유럽 쪽 러시아 등 다양한 지역으로부터 온 것으로 보인다. 이들은 종교적으로 정교회Orthodox Church에 속했으며, 우크라이나를 침공한 터키나 폴란드, 리투아니아 사람들을 대항해서 싸웠다. 러시아 짜르의 군대에 속해서 활동한 이들은 특히 탁월한 기병대로 이름을 날리면서 러시아가 시베리아와 중앙아시아를 정복하는 데 결정적인 역할을 했다. 그래서 일부에서 코사크 기병대는 탁월한 기동성으로 인해 곳곳에 진출했기 때문에 네안데르탈 계곡에 이들 코사크 기병대의 패잔병들이 숨었다가 죽은 것이 아닌가 생각한 것이다. 하지만 이 주장은 네안데르탈인의 연대와 전혀 맞지 않기 때문에 더 이상 살펴볼 가치가 없다.

둘째, 네안데르탈인의 뼈의 이상을 노아홍수와 관련짓는 주장이다. 이런 주장을 하는 사람들은 대홍수론과 젊은지구론을 주장하는 창조과학자들이다. 창조과학자들은 네안데르탈인의 뼈의 이상을 창세기 6~8장에 있는 노아홍수와 관련하여 설명하는데 이들의 주장을 요약하면 다음과 같다.

노아홍수 후반기나 직후 곧바로 닥친 '단기간의' 빙하기 동안의 추운 기후를 이겨내기 위하여 인간은 동굴과 같은 자연적인 피난처에 깊숙이

들어가 살았으며, 또한 추위를 이기기 위하여 동물들의 가죽과 같은 것으로 두꺼운 옷을 만들어 입었을 것이다.[14] 동굴 생활과 두꺼운 옷을 입는 것에 더하여 아직도 남아있는 두꺼운 구름이나 화산재 등으로 인하여 사람들은 자외선을 쬘 기회가 없었을 것이고 이로 인해 피부 깊숙한 곳에서 자외선을 받아 생성되는 비타민 D가 부족했을 것이다. 이때 사람들이 비타민 D를 섭취할 수 있는 음식으로는 물고기 지방과 달걀노른자인데 직립원인이나 네안데르탈인, 초기 호모 사피엔스가 이러한 음식을 충분히 먹었다는 증거가 별로 없다.[15] 반면에 빙하기 말기에 있었기 때문에 구름도 많이 걷히고 건조해진 기후로 인해 햇볕을 많이 쬘 수 있었던 크로마뇽인의 경우는 그렇지 않았을 것이다. 크로마뇽인은 골격이 현대인과 거의 같은데 이는 크로마뇽인들이 살던 시대에는 햇볕을 많이 쬐고 물고기를 많이 섭취하였기 때문에 비교적 풍부한 비타민 D를 섭취하였기 때문이라고 생각한다.

그럴 듯한 설명 같지만 이 대홍수설 역시 심각한 문제가 있다. 첫째, 코사크 기병설과 같이 연대문제와 충돌한다. 즉, 노아홍수는 지금부터 4400년 전에 일어났는데났다고 하는데, 라샤펠오생1과 같은 네안데르탈인은 4만 년 전에 살았기 때문이다. 둘째, 11강에서 좀 더 자세히 설명하겠지만 빙하기를 노아홍수 후반기나 직후에 닥친 '단기간'의 사건이었다고 주장하는 것 자체가 산더미처럼 쌓인 빙하기에 대한 증거를 모조리 무시하는 것이다. 설사 빙하기가 몇 달, 혹은 몇 년의 '단기간'의 사건이었다고 해도 유럽과 서아시아 지역의 70여 곳에서 400여 구 이상 발굴되는 그 많은 네안데르탈인들의 골격이 공통적으로 굽어있는 현상은 설명할 수 없다.

3. 스피

네안데르 계곡에서 첫 네안데르탈인이 발견된 후 19세기 후반과 20세기 초반에는 네안데르탈인의 유해가 많이 발견되었다. 그중 가장 유명한 유해의 하나는 1886년에는 벨기에 스피Spy 인근에 있는 동굴에서 발견된 두 개의 유골이었다.[16] 이 두개골들은 1856년에 발견되었던 네안데르탈인의 뼈가 변종이 아니고 정상적인 고대인들의 골격임을 보여주었다. 스피 동굴에서는 두개골과 더불어 곰, 매머드, 털이 많은 무소 등의 유해도 발견되었다. 또한 이들의 유골과 더불어 직립원인들이 사용했다는 아슐형Acheulian 석기들보다 더 발전된 석기들도 발견되었다.[17]

<그림 8-4> 벨기에 스피 동굴Spy Cave과 그곳에서 발견한 네안데르탈인 두개골Spy 2[18]

발굴 초기에 스피1과 스피2 골격들의 연대는 3.6만 년 정도로 추정되었으며,[19] 연대분석 방법에 따라 4만 년 이상 추정하는 사람도 있다.[20] 스피 동굴의 발굴은 최근까지도 진행 중이며, 2010년에는 불과 생후 18개월 된 네안데르탈 아이Spy IV의 아래턱뼈가 발견되기도 했다.[21]

네안데르탈인과 관련하여 인류의 기원을 연구함에 있어서 새로운 장을 연 것은 바로 고유전학古遺傳學, archaeogenetics의 등장이었다. 고유전학은 유전자시계gene clock 혹은 진화시계evolutionary clock라고도 불리는 분자시계molecular clock 개념에 근거하고 있다. 분자시계는 DNA나 아미노산 등에서 일어나는 돌연변이율을 사용하여 생물들이 언제 분화되었는지 결정하는 기술이기 때문에 종래 화석이나 지층에 의존하던 연구와는 차원이 달랐다.

분자시계 기술은 세포 내 단백질이나 DNA 염기배열의 변화가 생물 종에 따라서는 다르지만 같은 종 내에서는 시간에 따라 일정한 속도로 축적된다는 가설에 기초하고 있다. 이 가설은 화석 증거와 대체로 일치하기 때문에 분자시계는 화석과 더불어 생물의 기원 연구와 관련된 가장 중요한 기술로 평가되고 있다. 분자시계 개념은 이미 1962년에 주커칸들Émile Zuckerkandl과 폴링Linus Carl Pauling에 의해 발견되었지만[22] 이것을 인류의 기원과 관련하여 네안데르탈인의 DNA를 분석하는 데 본격적으로 사용한 것은 2000년대였다.

실제로 2008년, 독일 라이프치히에 있는 막스플랑크연구소의[23] 페보 Svante Pääbo가 이끄는 팀이 고유전학古遺傳學, archaeogenetics 분야에서 네안데르탈인 연구와 관련하여 놀라운 연구결과를 발표했다. 페보 팀은 네안데르탈인의 미토콘드리아 DNAmtDNA를 모두 해독했다고 발표했다.[24] 이어 2014년에는 5만 년 전에 살았던 시베리아 네안데르탈인Siberian Neanderthal의 손마디 뼈phalanx bone에서 추출한 전체 유전체를 해독했다고 발표했다.[25] 이 연구결과는 1990년에 시작하여 2003년에 종료된 인간게놈프로젝트Human Genome Project의 결과와 비교하여 현생인류와 네안데르탈인의 혼종 여부를 연구하는 데 사용되었다.

<그림 8-5> 진화인류학을 위한 라이프치히 막스플랑크연구소와 페보[26]

또한 2018년, 페보 팀은 Spy94a위쪽 어금니 화석으로부터 DNA를 추출하여 직접 연대측정을 한 결과 지금부터 39,150~37,880년BP 전의 남자 화석임을 증명하였다! 페보 팀은 핵 DNA를 추출할 수 있는 다른 네안데르탈인과 비교해서 Spy94a는 유전적으로 벨기에 고옛 동굴Goyet Caves에서 발견된 Goyet Q56-1 유골과 가장 가까우며, 다른 후기 유럽 네안데르탈인들과 가까움을 발견하였다.[27] 흥미롭게도 스피 지역의 동굴에서 매머드 상아로 만든 펜던트와 구멍이 뚫린 구슬들이 발견되었는데, 이는 현대인들에 의해 만들어진 것이라 생각된다.[28] 이런 유적들이나 화석, 고유전학의 결과들을 고려한다면 스피에서 발견된 네안데르탈인은 우리들과 유전적으로 연결된, 후기 구석기 시대에 살았던 종족이라고 볼 수 있다.

4. 라샤펠오생과 부울의 연구

20세기로 접어들면서 네안데르탈인 화석들이 곳곳에서 발견되면서 네안데르탈인은 독립된 '합법적인' 종Homo neanderthalensis 혹은 아종Homo sapiens neanderthalensis으로 인정받게 되었다. 그렇게 되는 데 가장 중요한 역할을 한 유골이 바로 1908년 8월 3일, 프랑스 남서부 보르도에서 동쪽으로 200㎞ 정도 떨어진 라샤펠오생La Chapelle-aux-Saints에서 발견되었다. 거의 완전한 40세 내외의 남자 라샤펠오생1La Chapelle-aux-Saints 1 유골은 그동안 발견된 400여 구 이상의 네안데르탈 유골들 중 가장 많은 논쟁을 불러일으킨 유골이다.

(1) 라샤펠오생의 발견

라샤펠오생1은 A. 브와소니A. Bouyssonie, 1877~1965와 J. 브와소니J. Bouyssonie 형제, 바르동L. Bardon 등 3명의 가톨릭 사제들에 의해 발견되었다. 이 유골은 우리들에게 네안데르탈인의 역사에 대하여 매우 중요한 사실들을 많이 알려주었다. 예를 들면 이 유골은 처음으로 네안데르탈인들에게 매장문화가 있었음을 보여주었다.[29] 라샤펠오생1 두개골은 그때까지 유럽에서 발견된 네안데르탈 두개골 중에는 가장 완벽하게 보존된 것이었다. 그래서 사람들은 이 화석으로부터 네안데르탈인의 진짜 모습을 볼 수 있을 것이라고 기대하고 당시 최고의 프랑스 고생물학자인 부울Marcellin Boule, 1861~1942에게 그 화석을 재구성하도록 요청하였다.[30]

부울은 '라샤펠 노인The Old Man of La Chapelle'이라고도 불리는 이 유골을 1911~1913년 사이에 자세히 연구했다. 그리고 그 연구결과를 1911년과 1913년 사이에 3권으로 된 『고생물학 연보Annals de Paleontologie』에 연재하였다. 1913년에 발간된 부울의 보고서에 의하면 라샤펠오생1은 6만 년 전에 살았으며, 두개골 전면이 앞으로 튀어나왔고, 척추는 굽지 않았으며, 허벅지와 무릎 뼈는 굽었고, 발가락은 크고 갈라졌다.[31]

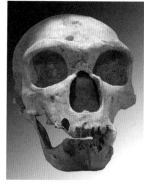

<그림 8-6> 라샤펠오생1 네안데르탈인[32]

부울은 연구결과를 근거로 이 유골의 생전 모습을 재구성했다. 그는 이 유골의 생전 모습을 매우 원시적이고 불완전하게 직립한 것처럼 그렸다. 또한 그는 네안데르탈인의 낮고 넓은 두개골이나 완만한 안면 경사각 등으로 미루어 볼 때 그것은 인류 진화 계보에서 후손을 남기지 않고 멸종한 종류라고 생각하였다. 유골의 모습은 현대인과 매우 달랐고, 그래서 부울은 라샤펠오생이 현대인의 조상이 아니라고 했다.

이러한 해석에 기초하여 라샤펠오생에서 발견된 네안데르탈인 화석의 생전 모습은 원숭이처럼 구부정했고, 피부가 검으며 털도 많았고, 입도 튀어나온 모습으로 복원되었다. 이러한 네안데르탈인의 재구성 모습에는 당시 유럽 백인들이 식민지 원주민들을 바라보던 시선이 그대로 스며있었으며, 가장 우월한 인종이라는 자만심의 표현이었다. 사실 독일 진화론자 에른스트 헥켈Ernst Haeckel, 1834~1919은 이미 1864년 네안데르 계곡에서 발견된 첫 네안데르탈인 화석을 보고 '어리석은 인간Homo stupidus'이란 이름을 붙였다. 당시 유럽인들 사이에는 네안데르탈인 같다고 하는 말은 욕이었다.[33]

(2) 편견에 기초한 해석

라샤펠오생의 두개골 용적은 1,620cc로서 현대인의 평균 두개골 용적인 1,450cc보다 근 200cc나 더 컸지만 부울은 네안데르탈인의 지적 능력은 인간보다 원숭이에 가까우며 정신적인 능력의 흔적은 있으나 언어 능력은 으르렁거리는 정도의 능력밖에 없었을 것이라고 생각하였다. 뼈가 발견된 동굴에서 함께 발견되었던 석기들은 이들의 원시적인 상태를 증명하는 것이라고 했다.

> ······ 그의 석기들stone implements이 균일하고 단순하고 거친 것이나 어떤 심미적, 도덕적인 능력이 없는 것으로 보이는 것은 힘세고 어색한clumsy 몸체나 무거운 턱뼈의 두개골을 가진 야만적인 모습과 상당히 잘 일치하는데, 이런 것들은 그 자체가 순수하게 채식성이며, 정신 기능에 있어서 짐승 수준임을 보여주는 것이다.[34]

이처럼 부울이 라샤펠오생을 둔하고 야만적이며, 고릴라처럼 등을 구부정하게 굽히고 불안정하게 걸어 다니는 원시적인 존재로 묘사함으로 인해 그 후 몇 십 년 동안 고인류학자들과 일반인들은 네안데르탈인을 유인원에 가까운 원시인으로 널리 받아들이게 되었다. 이러한 부울의 보고서로 인해 당시 존스홉킨스 의대 교수였던 스트라우스William L. Straus, Jr.,

1900~1981와 런던 바돌로매 의대St. Bartholomew's Hospital Medical College, London 교수였던 케이브Alexander J.E. Cave, 1900~2001가 1957년에 네안데르탈인에 대한 재조사 결과를 발표할 때까지 44년간 사람들은 네안데르탈인에 대한 잘못된 견해를 갖게 되었다.

<그림 8-7> 네안데르탈인 복원도의 '진화'

하지만 유럽과 서아시아 지역의 70여 곳에서 400여 구의 네안데르탈인 유골이 발견되면서 좀 더 정밀한 이들의 생전 모습이 재구성되었다. 이 연구를 통해 네안데르탈인의 MC1R멜라노 코르틴 리셉터 유전자에 돌연변이가 있다는 사실이 발견되었다. 이 유전자는 멜라닌 색소를 만드는 유전자인데 돌연변이가 생기면 멜라닌 색소를 만들지 못해 피부가 하얗게 된다. 머리털도 금발이나 붉은 색이 된다. 게다가 이미 160만 년 전, 사람 속屬에 속한 도구인간Homo habilis과 가우텐겐시스Homo gautengensis/habilis에서 몸의 털이 거의 사라졌다는 연구들이 발표되면서 네안데르탈인을 털북숭이로 묘사했던 그림들도 사라지게 되었다.

5. 재구성의 문제

　이러한 재구성의 문제는 다른 사람들에 의해서도 이미 오래전에 지적된 바였다. 스트라우스와 케이브는 1955년 파리에서 열린 해부학회에 참석했다가 라샤펠오생1을 다시 정밀하게 연구하였다. 그들은 그 두개골을 보자마자 즉각적으로 부울의 재구성에 심각한 문제가 있다는 것을 발견했다. 추가적인 연구를 통해 그들은 네안데르탈인은 오늘날 우리들처럼 건장하고 직립했으며 현대인처럼 걸어 다녔다고 주장하면서 유골의 생전 자세나 걸음걸이가 현대인과 거의 같다는 결론을 내렸다.[35] 스트라우스와 케이브는 부울이 라샤펠오생1의 유골을 잘못 해석한 것은 유골이 골관절염osteoarthritis을 앓고 있었던 것을 고려하지 않았기 때문이라고 했다.[36] 트린카우스Erik Trinkaus 역시 부울이 라샤펠오생1의 유골이 여러 조각으로 부서져 있었는데 그중 일부만 연구했기 때문에 잘못 해석했다고 했다.[37]

　학자들은 라샤펠오생1은 전형적인 네안데르탈인이 아니라 40~50세 정도 되었고네안데르탈인의 나이로는 매우 늙었고, 척추에 심각한 관절염이 있어서 구부러졌다는 결론을 내렸다. 또한 다리뼈가 굽은 것은 어린 시절에 앓은 구루병 때문이었다고 보았다. 실제로 라샤펠오생1은 생전에 매우 건강이 나빴고 어금니가 대부분 소실되었으며, 심한 관절염을 앓았던 것으로 알려졌다.[38] 그래서 혼자서는 제대로 음식조차 먹을 수 없는 상태였다고 생각했다. 후에 조사해보니 라샤펠오생1은 어금니는 없어도 앞니와 송곳니, 작은 어금니는 그대로 남아있었기 때문에 좀 힘들기는 해도 스스로 음식을 씹을 수 있는 상태였음이 밝혀졌다.[39] 또한 이 유골은 여러 치아와 턱뼈의 일부가 없어졌기 때문에 얼굴이 일그러졌지만 외모와

지성, 육체적인 능력은 부울이 생각했던 것보다 훨씬 더 현대인들을 닮았다.[40]

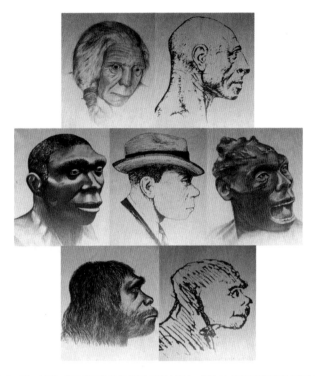

<그림 8-8> 이 그림은 네안데르탈인의 뼈가 재구성하는 사람의 선입견에 따라 얼마나 다르게 재구성될 수 있는지를 보여준다브레셀 Museum of Natural Science.

6. 네안데르탈인에 대한 논쟁

부울의 주장을 좀 더 자세히 살펴보자. 과연 네안데르탈인은 원시인이었을까? 그 골격 특징들을 좀 더 자세히 살펴보면 우선 네안데르탈인을 원시인으로 생각한 주요 원인은 앞이마가 낮을 뿐 아니라 두개골이 낮고low, 넓으며broad, 길쭉하다elongate는 점, 즉 두개골의 안면 경사각이 완만하다는 점이었다. 이에 대해 전문가들은 네안데르탈인의 안면 경사각이 평균적인 현대인에 비해 완만한 것에 대해서는 건강의 문제라고 말한다. 스미스소니언 박물관Smithsonian Institution의 엔젤J. Lawrence Angel은 "골반과 두개골 받침은 음식물에서 단백질이나 비타민 D가 부족하면 평평해지려는 경향이 있다."고 지적했다.[41] 이것은 이미 1872년, '병리학의 아버지'라고 하는 피르호가 첫 네안데르탈인의 두개골의 안면 경사각이 완만한 것을 보고 내린 진단이다.[42]

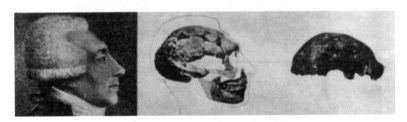

<그림 8-9> 네안데르탈인 라샤펠오생의 완만한 안면[43]

(1) 피르호와 네안데르탈인

앞에서 언급한 "피르호는 아마 19세기 후반에 살았던 세계에서 가장 유명한 의료인이었다고 할 수 있을 것이다."[44] 그는 또한 인류학자로서 인류학의 실험연구를 강조하였으며, 독일 인류학회German Anthropological Society와 베를린 인류학, 인종학, 선사시대 학회Berlin Society for Anthropology, Ethnology, and Prehistory의 창설 멤버였으며, 베를린 학회에서는 1869년부터 죽을 때까지 총재로, 그리고 학회지 편집장으로 일했다. 이런 그가 다윈의 자연선택에 기초한 진화론은 증거가 불충분하다는 이유로 회의적이었을 뿐 아니라 네안데르탈인이 인류의 진화조상이라는 것에 대해서도 단호하게 반대하였다. 그리고 그는 네안데르탈인이 꼽추병혹은 구루병 환자였다는 진단을 내렸다.

피르호는 개인적으로 네안데르탈인 원본 화석에 대한 연구를 충분히 했고, 또한 누구보다도 꼽추병에 대해서도 잘 알고 있었던 사람이었다. 꼽추병은 18, 19세기 유럽의 주요 공업지역에서 흔한 병이었기 때문이었다. 공업지역에서는 매연으로 인해 햇볕이 줄어들었고 이로 인해 많은 어린이들, 특히 2~6세의 아이들과 잘 먹지 못한 사람들이 꼽추병에 걸렸다. 물론 구체적으로 비타민 D의 부족이 꼽추병을 일으킨다는 사실은 1차 세계대전 이후에 알려진 것이지만 햇볕의 감소와 꼽추병의 증가는 피르호 시대 전문가들 사이에서는 잘 알려진 사실이었다. 오늘날은 공해지역에서조차 꼽추가 적은데 이것은 우유 등을 통한 비타민 D의 충분한 섭취에 기인한 것이다.

(2) 아이반호와 라이트

피르호와 더불어 캘리포니아대학교University of California-Berkeley의 아이반호Francis Ivanhoe 역시 네안데르탈인의 목 척추가 원숭이들처럼 굽은 것이 원숭이로부터 진화한 흔적이라기보다 비타민 D의 부족으로 생긴 병 때문이었다고 주장한다. 위에서 소개한 피르호의 주장과 관련하여 인류 화석과 꼽추병의 관계를 많이 연구한 아이반호는 "네안데르탈인에 관한 피르호의 주장은 옳았는가?"라는 제목의 글에서 "네안데르탈인의 모습이 그와 같은 이유는 그가 큰 유인원과 아주 밀접한 관계가 있었기 때문이 아니라 구루병을 가졌기 때문이다. 35,000년 동안 지구에 살면서 섭취한 그들의 음식물에는 분명히 비타민 D가 부족했던 것으로 보인다."라고 했다.[45] 그는 또한 "…… 지금까지 연구한 모든 어린이 네안데르탈

인의 두개골은 심한 꼽추병과 비슷한compatible 증거를 보여준다."라고 했
다. 그는 구체적으로 관련된 많은 네안데르탈인 화석들의 예를 제시한
다.[46] 어린이 네안데르탈인 꼽추병자의 모양을 어른 네안데르탈인이나
다른 사람 화석들과 비교해 보면 어린이와 어른 네안데르탈인들의 신체
의 긴 뼈들이 전체적으로 굽는, 전형적인 꼽추병 증세를 보여주고 있다
는 것이다.[47]

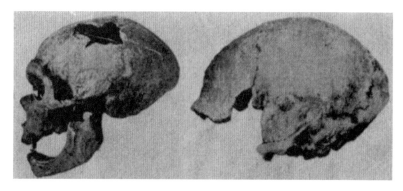

<그림 8-10> 네안데르탈인들의 안면 경사가 완만하고 목 척추가 굽어 있다고 해서 덜 진화된
것은 아니다.[48]

라이트D. J. M. Wright 역시 네안데르탈인의 독특한 모습이 질병으로 인
한 것일 가능성을 제기했다. 그는 "영양이 불충분한 사회에서는 꼽추나
선천성 매독congenital syphilis이 자주 함께 일어난다. 이 두 질병을 구별하
는 것은 현대의 생화학적, 혈청학적serological, 방사능radiographic 방법이 아
니고는 극히 어렵다."라고 했다. 라이트는 대영박물관British Museum에 있
는 네안데르탈 화석을 조사한 후 선천성 매독을 보여주는 많은 특징들을
발견했다.[49]

(3) 그런데 왜 꼽추병을 알아보지 못했을까?

많은 화석들이 꼽추병의 증세를 보여주고 있는데, 왜 많은 학자들이 이 사실을 간과했을까? 여기에 대하여 창조과학자 루브노프는 몇 가지 설득력 있는 이유를 제시한다.[50]

우선 현대의 발달한 의학 때문에 화석에서 꼽추병을 알아보지 못했을 수 있다. 실제로 오늘날 대부분의 선진국들에서는 꼽추를 보기가 매우 어렵다. 선진국에서는 심지어 의사들조차 꼽추를 보기가 어려우며, 미미한 꼽추인 경우에는 X-선 촬영을 통해서 겨우 꼽추병이 있음을 알게 되는 정도이다. 필자 역시 어린 시절에는 시골에서 몇몇 꼽추들을 보았지만 근래에는 꼽추를 본 적이 없다. 사실 요즘 어린이들은 영화 <노트르담의 꼽추>에서 주인공이 왜 그렇게 등이 굽었는지를 이해하지 못한다. 그러므로 화석에서 꼽추병 환자가 발견되어도 이것이 과거에 얼마나 흔한 병이었는지를 이해하지 못하며 따라서 잘 알아채지 못한다.

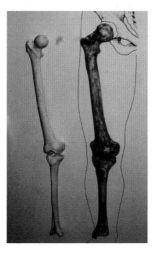

<그림 8-11> 현대인의 대퇴골(왼쪽)과 네안데르탈인의 대퇴골(오른쪽). 네안데르탈인의 것이 약간 변형되어 있음을 볼 수 있다.

다음에는 선입견으로 인해 꼽추병의 가능성을 배제했을 수 있다. 진화의 선입견으로 영국에서 필트다운인 사기극이 40년간 사람들을 속일 수 있었던 것과 같이 인간의 진화에 대한 편견이 네안데르탈인의 꼽추병을 보지 못하게 했다는 것이다. 그런 선입견이 생기게 된 배경에는 부울이 처음에 네안데르탈인을 원시인의 모습으로 재구성한 것이 큰 역할을 하였다. 사람들은 진화의 중간형태가 될 수 있는 원시인 네안데르탈인을 기대하고 있었는데, 부울이 그 기대에 부응하는 모습을 만들어낸 것이다. 그래서 네안데르탈인의 유골이 발견되었을 때 사람들은 다른 해석의 가능성을 배제한 것이었다.

<그림 8-12> 꼽추병 환자 네안데르탈인?[51]

어떤 시대에 특정한 영양소의 부족으로 신체의 어떤 부위가 제대로 발육하지 않는다는 보고는 이것이 처음은 아니다. 한 예로, 2004년

에 인도네시아의 플로레스 섬에서 발견되어 호모 플로레시엔시스Homo floresiensis, 즉 '플로레스인Flores Man'이라고 불린 화석을 생각해 보자. 약 18,000년 전의 것으로 추정되는 호모 플로레시엔시스 화석은 키가 1미터 정도이며, 침팬지 크기의 작은 두뇌를 가졌다. 이들은 영국 작가 톨킨J. R. R. Tolkien의 판타지 소설 『반지의 제왕』에 나오는 작은 종족 '호빗Hobbit'이라 불리며, 한때 현생인류의 조상인 호모 사피엔스와 다른 새로운 종류의 인류 조상이라는 논란을 불러일으켰다.

하지만 옥스나드Charles E. Oxnard 등 호주 과학자들은 이들은 새로운 종의 인류 조상이 아니며, 단지 요오드 결핍증을 앓고 있어 성장이 제대로 되지 않았을 뿐이라는 연구결과를 발표했다. 이 발표에 의하면, 이 호빗 화석의 두개골에서 요오드 결핍증에 의한 성장 발육 부진을 일으키는 난쟁이 크레틴병dwarf cretinism 증거가 다수 발견됐다고 한다. 오벤도르프 Peter J. Obendorf는 난쟁이 크레틴병이 임신 중 심각한 요오드 결핍으로 발생하며 몇 가지 환경적 요인이 함께 작용한다고 밝혔다. 이들은 호모 플로레시엔시스 두개골에서 뇌하수체 부분이 위치하는 장소가 크게 주저앉아있는 점이 두뇌 크기가 정상인의 절반에 불과한 점액수종형 풍토병성 크레틴병의 증거라고 지적했다. 이들은 작은 어금니 뿌리가 두 갈래로 나있고, 손목 관절이 원시적이며, 턱의 발달이 미숙한 것도 이 병을 뒷받침하는 증거라고 말했다.[52]

(4) 두개골이 인위적으로 변형되었을까?

네안데르탈인의 안면 경사와 관련하여 또 하나의 가능성은 인위적인 두개골 변형artificial cranial deformation이다. 이와 관련한 흥미 있는 예로는, 아메리카 인디언들 중 치누크 인디언Chinook의 관습이다. 치누크족은 오래전부터 어린아이가 태어나면 아이들의 머리를 쐐기모양의 나무틀 속에 끼워 안면 경사각을 완만하게 만드는 이상한 풍습을 갖고 있었다. 남아메리카 잉카의 귀족들도 아이를 낳으면 안면 경사가 정해진 각도에 이르기까지 아이의 머리를 변형시켰다고 한다. 안면 경사가 완만한 것이 귀족스럽게 보인다고 생각했기 때문이다.[53]

<그림 8-13> 치누크족은 오랜 옛날부터 아이들의 앞이마를 평평하게flattening 만드는 관습이 있었다. 요즘 엄마들이 아이들을 앞뒤짱구로 만드는 것처럼.[54]

이처럼 인위적으로 신체의 발육을 변형시킨 것은 역사적으로 드문 일이 아니다. 1967년에 호주에서 처음 발견되었으며 직립원인을 닮은 코스웸프Kow Swamp 두개골들10,000년 전의 것으로 추정을 연구한 학자들은 이 두개골들이 인위적으로 변형되었다고 주장했다.[55] 또한 과거 중국에서는 여자들의 발이 작은 것이 아름답다고 생각하여—물론 도망가는 것도 방지

하고—어릴 때부터 전족纏足, 즉 발을 싸매어 크지 못하게 했다. 우리나라에서도 비슷한 예를 찾아볼 수 있다. 여자들의 뒷머리가 납작해야 머리의 쪽을 만들 때 보기가 좋다고 하여 여자아이들은 어릴 때부터 반드시 눕혀서 키웠다. 그러다가 1960년대 후반부터 아이들을 엎어서 키우는 것이 폐를 튼튼하게 하고 뒷골이 발달하여 머리를 좋게 한다는—의학서에서는 아무 데서도 찾아볼 수 없는—희한한 얘기가 서양으로부터 들어왔다. 이 풍문은 곧 젊은 엄마들에게 유포되기 시작했고, 이어서 태어난 많은 아이들의 머리가 좌우로는 좁고 앞뒤로는 길쭉한 '이상한' 모습으로 바뀌기 시작했다!

또한 네안데르탈인의 독특한 모습은 현존하는 사람들 중에도 볼 수 있다고 지적하는 사람들도 있다.

네안데르탈인은 현존하며 외몽고Outer Mongolia에 살고 있지 않는가? 쉑클리Myra L. Shackley는 1980년, 자신의 책 『네안데르탈인 Neanderthal man』에서 잠정적인 의문을 제기했다. 많은 고고학자들에게모두는 아닐지라도 놀라운 일이겠지만 그는 최근 인류학 전문 학술지인 『앤티쿼티Antiquity』에서도 동일한 질문을 되풀이했다. ……네안데르탈인과 외적 모습이 흡사한 '야생 인간'의 목격과 함께 도구들을 발견한 것은 쉑클리에게 부정하기 어려운 감명 깊은 자료들을 제시하였다.[56]

실제로 현대인들 중에도 네안데르탈인과 같이 안면 경사각이 완만한 이들이 얼마든지 있다. 이들의 두개골 모양은 진화와는 아무런 관련이 없으며 다만 개인차일 뿐이다.

이상을 종합하면 목 척추가 굽은 것이나 안면경사가 완만한 것은 중간형태의 증거가 되지 못한다고 할 수 있다. 네안데르탈인의 안면 경사각이 현존하는 개인 혹은 종족들 간의 안면 경사각 변이의 한계를 벗어나지 못한다면, 안면 경사각의 완급은 중간형태의 증거, 혹은 진화의 증거로는 불충분하다.

7. 문화인 네안데르탈인

또한 네안데르탈인은 문화생활을 했다는 증거도 발견되고 있다. 한 슬로베니아Slovenia 동굴에서 발견된 화석들은 네안데르탈인이 문화생활을 한 것으로 보인다. 이에 대해 「사이언스 뉴스Science News」는 이렇게 보도하였다.

> 학자들은 작년 한 슬로베니아 동굴에서 발견된 유럽 네안데르탈인의 석기들을 많이 발굴하면서 어린 곰의 대퇴골을 하나 발견했는데, 그 뼈에는 네 개의 인위적으로 만든 구멍이 있었으며 이것은 플루트를 닮았다. …… 뉴욕 플러싱에 있는 뉴욕시립대학교의 퀸스대학 지질학자인 블랙웰Bonnie Blackwell은 "이 뼈는 소리를 내기 위해, 아마 음악 소리를 내기 위해 사용되었을 것이다. 이것이 네안데르탈인의 악기였다고 해도 별로 놀라운 일은 아니다."라고 주장했다. …… 블랙웰에 의하면, "네안데르탈인은 행동이나 인지능력이 호모 사피엔스와 흡사했다. 두 그룹 모두 선사시대 훨씬 이전에 이미 음악 전통을 가지고 있었던 것으로 보인다."라고 했다.[57]

<그림 8-14> 네안데르탈인은 (a) 도구 제작, (b) 사체 매장 등 여러 면에서 현대인과 비슷한 흔적이 있다독일 네안데르탈 박물관(Neanderthal Museum).

또한 네안데르탈인은 현대인들과 같이 사체를 매장했으며, 비슷한 도구를 사용했고, 짐승을 도축하는 방법도 비슷했다. 바우어Bruce Bower는 "네안데르탈인이나 초기 현대인들은 사체를 매장했으며, 비슷한 도구를 남겼으며, 동물을 도축하는 방법도 비슷했는데, 이것은 서로 다른 호미니드들 간에 놀라울 정도로 문화적 유사성이 있음을 보여주는 것이다." 라고 했다.[58]

네안데르탈인은 평균 두개골 용적이나 체구도 오히려 현대인보다 더 컸다. 진화론자 도브잔스키Theodosius Dobzhansky는 「사이언스Science」에 기고한 기사에서 "현생인류라 할 수 있는 네안데르탈인의 두개골 용적은 현대인의 것과 같거나 약간 더 컸다."라고 말했다. 두개골 용적으로만 보면, 네안데르탈인은 현대인보다 더 진화된 존재이다.[59] 또한 체구도 현대인에 비해 30% 정도 더 컸던 것으로 보인다.[60] 네안데르탈인 어린이들의 두뇌성장도 오늘날의 어린이들과 다르지 않았던 것으로 생각된다.[61]

<그림 8-15> 사무실에 앉아있는 네안데르탈인 상상도독일 네안데르탈 박물관(Neanderthal Museum)[62]

네안데르탈인은 크로마뇽인처럼 완전히 직립보행했으며 현대인과 전혀 구별할 수 없다. 네안데르탈인은 인류의 진화조상이라기보다 멸종한 한 종족으로 보는 게 타당한 듯하다. 만일 네안데르탈인이 현대인의 복장을 하고 오늘날의 도시 한복판을 걸어가고 있다면, 아무도 그 사람을 주목해 보지 않을 것이다.

(1) 네안데르탈인과 언어

네안데르탈인이 완전한 인간이었다는 또 다른 증거는 그들의 언어 사용이다. 1989년에 텔아비브대학교Tel Aviv University의 아렌스버거Baruch Arensburg가 이끈 탐사팀은 이스라엘 카르멜산Mount Carmel 인근에 있는 케바라 동굴Kebara Cave에서 오래된 네안데르탈인의 뼈를 발굴하고 이 유해에 말을 하는 데 중요한 설골舌骨, hyoid bone이 있음을 발견하였다. 버니 Sarah Bunney는 최근 이스라엘 학자들의 연구결과를 인용하여 이렇게 말했다.

> 이스라엘 고생물학자들은 화석 뼈를 하나 발견했는데 이것은 네안데르탈인이 현대인처럼 말을 할 수 있음을 보여준다. 설골로 알려진 이 뼈는 50,000년 내지 60,000년 전에 살았던 네안데르탈인으로부터 나온 것이다. 작은 U자형의 이 설골은 현대인들의 발성기관에서 중요한 부분이다. …… 텔아비브대학교의 아렌스버거와 락Yoel Rak, 그리고 그들의 동료들에 의하면 화석 설골은 크기와 모양이 현대인의 것과 똑같다. 연결 근육의 위치도 비슷하다. 학자들은 네안데르탈인의 턱뼈가 컸지만 말을 했을 것으로 믿는다.[63]

아렌스버거 팀의 발견을 근거로 1992년 2월에 미국과학진흥협회 American Association for the Advancement of Science, AAAS 연례 모임에서 캔자스대학교University of Kansas의 고인류학자 프레이어David Frayer는 대담하게 "네안데르탈인에게 현대적 언어 능력이 없었다는 개념을 버려야 할 때가 왔다."라고 선언했다.[64]

네안데르탈인의 언어능력과 관련해서는 설골hyoid bone이 중요한 역할을 하는 것으로 알려져 있다. 설골은 아래턱뼈와 가슴뼈 사이 혀뿌리에 있는 U-자형의 뼈이다. 이스라엘 케바라 동굴에서 발견된 케바라2Kebara2 화석은 설골이 보존된 최초의 네안데르탈인으로 알려져 있다. 연구에 참여한 학자들은 이 케바라2 네안데르탈인의 설골에 대한 해부학적 구조는 현대인의 것과 동일하다는 결론을 내리고 있다.[65]

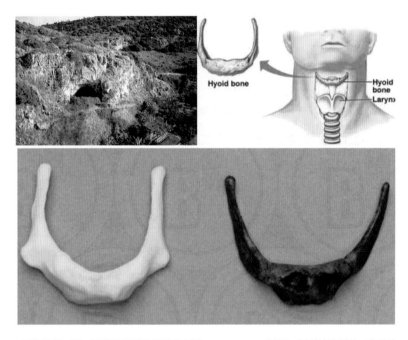

<그림 8-16> 위는 케바라 동굴과 인간의 설골舌骨, hyoid bone. 아래는 현대인의 설골좌과 케바라2 네안데르탈인의 설골. 네안데르탈인에게도 설골이 있으며, 그 모양이 현대인의 것과 비슷한 것으로 미루어 네안데르탈인도 완전하게 말을 했던 것으로 보인다.

네안데르탈인의 언어능력에 대해서는 근래 유전자 연구를 통해 더욱 자세히 알려지고 있다.[66] 독일 막스플랑크연구소Leipzig 산하 진화인류학연구소 스반테 페보 박사 연구팀은 2009년 2월 12일에 미국 시카고에

서 개막된 미국과학진흥협회AAAS 연차총회에서 "3만 8000년 전에 살던 네안데르탈인의 화석을 활용해 이 고대 인류의 유전자 지도를 63% 완성했다."라고 발표했다. 이들의 연구에 의하면, 아시아와 유럽에 살았던 네안데르탈인은 30만 년 전 현생인류의 조상과 분화가 이뤄진 뒤 3만 년 전에 멸종했다. 이들은 "다리뼈를 포함해 모두 6개 뼈 화석에서 얻은 37억 개의 유전자DNA 염기서열을 비교하는 작업"을 한 결과 그동안 논란거리였던 네안데르탈인의 언어 능력을 밝힐 수 있는 새로운 실마리를 제공했다.

2007년에 스반테 페보 팀은 네안데르탈인의 DNA에서 인간과 완전히 같은 언어유전자인 FOXP2 유전자를 발견했다. 게다가 2013년에는 말하는 데 필요한 근육을 지탱하는 설골이 사람의 것과 같다는 것도 발견했다. 네안데르탈인은 불도 사용했고, 곡식도 먹었다. 네안데르탈인의 화석과 더불어 발견된 곡식 낟알에는 그을린 흔적과 이빨로 깨문 흔적이 발견되기도 했다. 2014년에 네안데르탈인의 똥 화석에서는 식물에만 있는 스티그마스테롤Stigmasterol이란 화합물이 발견되기도 했다. 즉, 네안데르탈인은 육식만 했던 것이 아니라 우리들처럼 다양한 음식을 먹으면서 음식이 부족했던 시절을 견뎠던 것으로 보인다.

그동안 네안데르탈인이 동물가죽 옷을 입고 무기 등 도구를 만들어 사용했다는 것은 밝혀졌지만, 언어로 의사소통을 했는가에 대해서는 전문가 간에 의견이 엇갈렸다. 하지만 연구진은 언어와 관련한 기능을 하는 것으로 알려진 'FOXP2' 유전자가 네안데르탈인에게도 있었다는 사실을 알아냈다. 페보 박사는 "네안데르탈인의 언어능력에는 다른 유전자도 영향을 미치기 때문에 지금까지 확신할 수는 없다."라며 "그러나 네안데르탈인이 말을 하지 못했다고 단정할 만한 이유는 없어졌다."라

고 설명했다.[67]

8. 고유전학과 인류의 기원

오늘날 현생인류의 기원에 대해서는 크게 두 가지 이론이 있다. 하나
는 현생인류로 진화한 한 무리가 아프리카에서 다른 지역으로 확산돼 선
주민을 대체했다고 하는 아프리카 기원설African Origin Theory 또는 Out-of-
Africa Theory 혹은 아프리카인 대체설이고, 다른 하나는 여러 고대 인
류가 각각 서로 다른 곳에서 현생인류로 진화했다고 하는 다지역 기원설
Multiregional Origin Theory이다. 이 논쟁의 중심에 있는 분야가 바로 20세기
후반부터 시작된 고유전학古遺傳學, archaeogenetics 혹은 paleogenetics이다.

(1) 고유전학의 등장

고유전학은 고대 유해 속에 보존된 유기체의 유전체遺傳體, genome를 통
해 과거를 연구하는 분야이다.[68] 1963년에 에밀 주커칸들Emile Zuckerkandl,
1922~2013과 물리화학자 라이너스 폴링Linus Carl Pauling, 1901~1994이 고유
전학이라는 용어를 처음 소개한 이래[69] 캘리포니아대학교University of
California, Berkeley의 앨런 윌슨Allan Charles Wilson, 1934~1991은 1984년에 멸종
된 얼룩말quagga의 표본에서 처음으로 DNA 서열을 회수하는 데 성공했
다.[70]

고유전학 연구는 윌슨 이후에도 몇몇 사람에 의해 꾸준히 연구되기는
했으나 인류의 기원과 관련하여 본격적인 네안데르탈인 유전자 분석이
시작된 것은 2003년에 종료된 인간게놈프로젝트 이후였다. 2014년에는

몰타인, 클로비스인, 시베리아인 등 다양한 고생인류들의 DNA 염기서열이 결정sequencing되었다. 이를 통해 인류의 유전자에 기반한 계통도가 완성되었고, 그동안 이루어진 화석과 지질학적 연구에 추가되어 인간의 기원을 설명하기 위한 종합적인 그림이 완성되었다.[71]

고유전학 연구는 인류의 기원에 관한 새로운 정보를 제공하고 있다. 한 예로, 2010년 5월 7일 자 「사이언스」에는 약 3만 년 전 살았던 네안데르탈인의 유전자genome를 해독했다는 연구결과가 실렸다.[72] 저자들은 네안데르탈인의 뼛조각 0.4그램을 갈아서 추출한 DNA에서 염기서열을 해독했는데, 여기서 서로 상응하는 위치만 비교했을 때 현생인류와는 99.7%가 동일하다는 결과를 얻었다.[73]

또한 뉴욕주립대학교State University of New York-Oneonta의 인류학자인 릴리스포드John Relethford는 2003년에 출간된 자신의 저서 『유전자 인류학 Reflections of Our Past』을 통해 여러 생물종種, 민족, 개체가 가진 특정 유전자의 DNA를 비교함으로써 각자의 조상이 갈라져 나온 시점을 추산할 수 있고, 이를 수형도樹型圖 등으로 도식화할 수도 있음을 보여주었다.[74] 유전자 인류학은 인류의 기원을 추적하는 직접적인 정보를 제공할 수도 있다.

오늘날 유전자 분석 등 여러 가지 증거들이 아프리카 기원설을 지지하고 있지만, 릴리스포드는 다지역 기원설을 완전히 폐기할 수는 없다고 조심스럽게 제안한다. 그 증거로 그는 오늘날의 인류가 대체로 아프리카 출신의 현생인류의 특징을 가진 것은 그들의 수가 압도적으로 많았기 때문일 수 있는데, 그렇다고 여타 종족들의 유전자가 완전히 사라진 증거는 없다고 제시한다. 예를 들면, 네안데르탈인의 대부분은 두개골 뒤쪽이 약간 내려앉은 형태이며 오늘날 유럽인의 2%는 이런 특징을 간직하고 있다. 이는 네안데르탈인의 유전자가 현생인류의 유전자 풀에 섞인 증거가 될 수 있다.

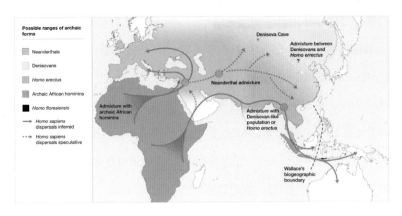

<그림 8-17> 인류의 기원을 보여주는 이동 경로. 아프리카 기원설일까, 다지역 기원설일까?[75]

또한 스반테 페보를 중심으로 한 고유전학 팀은 「사이언스」에서 현생인류와 네안데르탈인의 유전자를 분석한 결과 두 종이 결합해 혼종 자식을 낳았을 가능성이 큰 것으로 나타났다고 밝혔다. 그동안 그들은 네안데르탈인의 미토콘드리아 DNAmtDNA에 대한 연구를 근거로 네안데르탈인이 살던 시기가 호모 사피엔스와 수천 년 정도 겹치지만 두 종 사이에 결합은 없었을 것으로 추정했다. 그러나 네안데르탈인의 핵 DNA 연구 결과 이 결론은 뒤집혔다.[76]

연구진은 크로아티아 빈디가 동굴Vindiga Cave에서 발견된 네안데르탈인의 뼛조각에서 유전자를 추출, 염기서열을 분석하고, 이를 현재 아프리카 남부, 아프리카 서부, 파푸아뉴기니, 중국, 프랑스 등 다섯 개 지역에 사는 민족의 유전자와 대조했다. 그 결과 네안데르탈인은 현생인류와 1~4% 정도의 유전자를 공유하고 있으며, 특히 아프리카 민족은 네안데르탈인과 공유하는 유전자 비율이 다른 대륙보다 현격히 적은 것으로 밝혀졌다.

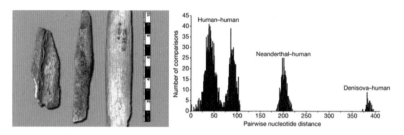

<그림 8-18> 유전자 분석에 사용된 네안데르탈인의 뼈와 현대인, 네안데르탈인, 데니소바인 사이의 유전자 일치 비율[77]

막스플랑크연구소Leipzig 스반테 페보 박사는 "네안데르탈인은 아프리카에서 유래해 중동을 거쳐 유럽과 서아시아에서 3만 년 전까지 살았고 수천 년 정도 현생인류와 공존했다."라며 "아프리카 민족과 공유한 유전자 비율이 낮고 나머지 지역과 유전자 공유 비율이 높다는 것은 이들이 아프리카를 떠나 중동 부근에서 호모 사피엔스를 만나 자식을 낳았고, 이 혼혈종이 다른 지역으로 퍼져 나갔을 가능성이 크다는 뜻"이라고 밝혔다. 그는 또 "네안데르탈인과 호모 사피엔스의 종간 결합이 없었다면, 모든 현생인류가 네안데르탈인과 공유한 유전자의 비율은 같아야 한다."라고 덧붙였다.

(2) 고유전학 논쟁

1856년에 네안데르 계곡의 펠트호퍼 동굴에서 첫 두개골이 발견된 이래 네안데르탈인에 대한 논쟁은 끊임없이 지속되었다.[78] 최근에 발간된 「네이처Nature」는 "북부 코카서스 지방에서 발견된 네안데르탈인의

DNA에 대한 분자생물학적 분석"이라는 논문을 통해 네안데르탈인이 인류의 조상이 아니라는 새로운 논문을 게재했다. 러시아, 영국, 스웨덴 학자들로 이루어진 연구팀은 북부 코카서스의 코카서스 산맥에 있는 메즈마이스카야 동굴Mezmaiskaya Cave에서 네안데르탈인의 두개골을 하나 발견하고 이들의 DNA를 분석하였다.

이들은 "남부 러시아에서 찾은 29,000년 전 네안데르탈인의 화석 DNA를 분석하였는데 그 결과는 현생인류와 다르다."라는 결론을 내렸다. 연구팀에 의하면, 이 네안데르탈인의 미토콘드리아 DNA는 1856년에 발견된 최초의 네안데르탈인과는 비슷했지만, 현생인류의 DNA와는 약 7% 정도 일치하지 않으며 "이것은 도저히 건널 수 없는 강"이라고 밝혔다.[79]

특히 그동안 네안데르탈인은 유럽인의 조상으로 간주되어 왔는데, 연구팀은 아시아, 아프리카는 물론 유럽 등 모든 인류와 관련이 없다고 밝혔다. 현생인류인 호모 사피엔스와 같이 살다가 사라졌을 뿐, 인류의 조상은 아니라는 것이다. 이번 연구결과는 인류가 약 10만 년 전 아프리카에서 태어난 한 사람으로부터 갈라져 나왔다는 학설에 힘을 실어주고 있다.

하지만 다른 학자들은 이러한 주장에 반대한다. 앞에서 잠시 언급한 것처럼, 근래 「사이언스」 논문은 네안데르탈인의 유전체 지도 작성 연구를 통해 "네안데르탈인과 현생인류 유전적 차이는 0.3%"에 불과함이 밝혀졌다고 보도했다. 이번 연구에 참여한 독일, 미국, 크로아티아 등 국제 공동 연구진에 의하면, "네안데르탈인과 현생인류의 DNA가 99.7% 일치한다."라고 밝혔다. 이는 침팬지의 DNA와 같은 비율98.8%보다 높은 수치다. 연구진은 "현생인류 게놈 가운데 1~4%는 네안데르탈인에서 온 것으로 보인다."라고 추정했다. 이 연구에 의하면, 인류는 3만 년 전 멸종한 네

안데르탈인과 같은 조상에서 나왔음이 유전학적으로 증명된 셈이다.[80]

연구진은 크로아티아에서 발견된 후 독일 막스플랑크연구소Leipzig 클린룸에서 보관되어 온 세 명의 네안데르탈인 뼈에서 얻은 DNA를 중국, 프랑스, 파푸아뉴기니, 서아프리카, 남아프리카에서 사는 사람의 것과 비교해 이런 결과를 얻었다. 이들의 연구결과에 의하면, 네안데르탈인은 지금으로부터 약 40만 년 전에 출현했고, 유럽과 서아시아 지역에서 살다가 3만 년 전에 멸종했다.

네안데르탈인에 대한 지금까지의 논의를 요약하면 다음과 같다.

① 네안데르탈인은 두개골 용적이나 체구가 현대인보다 더 컸다.
② 네안데르탈인의 안면 경사각이 완만한 것이나 목 척추가 굽은 것은 현생인류 내에서의 변이이거나 건강상의 문제였던 것으로 보인다.
③ 네안데르탈인은 음악 등의 문화생활을 영위했으며 언어도 사용하였다.

하지만 네안데르탈인이 현대인의 직접적인 조상이었는지는 확실하지 않다. 학자들에 의하면, 네안데르탈인의 미토콘드리아 DNA는 현대인들에 비해 0.3~7% 정도 다르다. 만일 0.3%의 차이라면 이는 당연히 네안데르탈인을 현대인의 조상이라고 할 수 있으나, 7%가 다르다면 네안데르탈인을 현대인의 직접적인 조상이라고 할 수는 없다. 이러한 연구 결과들로 볼 때, 네안데르탈인은 사람과 원숭이의 진화 중간형태가 아니라 과거에 존재했다가 사멸한 현대인의 직접 조상 혹은 간접 조상이었을 가능성이 높은 것으로 보인다.

9. 네안데르탈인, 종일까, 아종일까?

네안데르탈인이 현대인과 유전적으로 어떤 관계에 있는가는 네안데르탈인을 사람속屬에 속한 독립된 종種, species으로 볼 것인지, 호모 사피엔스에 속한 아종亞種, subspecies으로 볼 것인지를 결정하는 데도 중요하다. 본강의 첫 부분에서 필자는 네안데르탈인은 호모 네안데르탈렌시스 Homo neanderthalensis, 즉 독립된 종으로 보는 것보다 호모 사피엔스 네안데르탈렌시스Homo sapiens neanderthalensis, 즉 아종으로 보는 것이 더 적절하다고 언급했는데, 이는 근래 등장한 고유전학의 연구와 관련이 있다.

근래 스반테 페보를 중심으로 활발한 연구가 이루어지고 있는 고유전학 분야에서의 연구는 네안데르탈인의 분류와 관련하여 중요한 증거를 제시하고 있다. 과거 미토콘드리아 DNA만을 비교했을 때는 현생인류와 네안데르탈인은 유전적으로 관련이 없는 듯이 보였다. 2009년까지만 해도 네안데르탈인과 현대인의 유전자가 섞였다는 증거가 없었다.[81] 하지만 2003년에 인간게놈프로젝트Human Genome Project가 종료되어 인간의 핵 DNA에 대한 염기서열이 모두 밝혀지면서, 그리고 고유전학에서 네안데르탈인의 유전자를 복원하는 것이 가능해지면서 네안데르탈인의 핵 DNA를 현대인의 핵 DNA와 비교할 수 있게 되었다. 그러면서 앞에서 언급한 것처럼, 2010년에 처음으로 현대인의 유전자 속에 "네안데르탈인으로부터 내려온 유전물질의 비율이 약 1~4%"라는 논문이 발표되었다.[82] 후에는 좀 더 정밀하게 현대인에게 1.5~2.1%의 네안데르탈인 유전자가 있다는 결과가 발표되었다.[83] 이것은 과거에 현생인류의 조상과 네안데르탈인 사이의 유전자 교환이 있었음을 의미한다.[84]

유전자 교환이 있었다는 것은 네안데르탈인이 현생인류의 조상과 생식적 격리生殖的隔離, reproductive isolation가 되어 있지 않았음을 의미한다. 네안데르탈인과 현생인류의 조상이 생식이 가능했고, 실제로 생식행위가 있었다는 말이다. 이것은 네안데르탈인이 현생인류의 조상과 같은 종임을 결정하는 데 중요한 기준이 된다.

오랫동안 생물학에서는 '종species'이 무엇인가에 대해 다양한 정의가 있었다. 학자들마다 정의가 다소 다르지만, 대체로 종은 교배를 할 수 있는 생물집단으로 정의한다. 현대적인 생물분류체계를 만든 린네Carl von Linné, 1707~1778는 생물의 외적 형태에 기초하여 종을 나누었지만, 에른스트 마이어Ernst Mayr, 1904~2005는 "종은 실제 또는 잠재적으로 상호 교배하는 자연 집단을 말하며 다른 집단과 생식적으로 격리되어 있다."라고 했다. 그는 두 집단이 더 이상 유전자를 교환하지 않는 생식적 격리를 종의 분화의 정의로 제시했고, 이것은 지금도 대부분의 학자들이 받아들이고 있다. 결국 종분화speciation란 생식적 격리의 출현이라고 할 수 있다.

이러한 생식적 격리를 종의 기준으로 생각한다면, 네안데르탈인은 현생인류, 즉 호모 사피엔스에 속한 아종이라고 할 수 있다. 비록 외적인 모습은 현생인류나 현대인과 상당히 다르지만 그 차이는 오늘날 현존하는 인종들 사이의 외적인 차이보다 크지 않다고 할 수 있다.

10. 왜 네안데르탈인은 멸종했을까?

네안데르탈인에 대한 논의를 마치기 전에 우리는 네안데르탈인이 왜 멸종했을까 하는 질문을 살펴보아야 한다. 2~5만 년 전까지에 살았던 네안데르탈인 외에도 호모 플로레시엔시스플로레스인, 데니소바인도 멸종했다. 이들의 차이점이라면 플로레스인과 데니소바인은 화석을 많이 남기지 않았으나 네안데르탈인은 많은 화석을 남겼다는 점이다. 이들은 왜 인류 Homo sapiens sapiens와 공존하지 못하고 지구에서 자취를 감추었을까?[85]

2.4만 년 전 네안데르탈인은 이베리아반도 끝자락에 있는 아타푸에르카 산맥Sierra de Atapuerca의 동굴에 마지막 화석을 남기고 사라져 버렸다.[86] 1976년에 인간의 턱뼈가 발견되면서 20세기 가장 위대한 화석 발굴지로 떠오른 아타푸에르카 산맥의 시마 데 로스 우에소스Sima de los Huesos의 발굴이 진행되었다. 그러면서 집단을 이루고 언어와 불을 사용했던 이들이 왜 사라졌는지에 대한 궁금증은 더욱더 깊어갔다. 일부 학자들은 이들이 크로마뇽인과 8만 년에서 3만 년 사이에 유럽과 서아시아에 살면서 경쟁했고, 여기에서 밀려서 멸종했다고 한다. 구체적인 경쟁의 내용에 대해서는 학자들마다 의견이 다르다. 어떤 사람은 네안데르탈인들은 변화하는 추운 환경을 극복하지 못하고 멸종한 반면, 호모 사피엔스는 추운 환경을 잘 극복하고 살아남았다고 한다.

2009년까지는 네안데르탈인과 오늘 우리들 사이에 아무런 관련이 없는 것으로 알려졌으나 2010년에 놀라운 결과가 발표되었다. 앞에서 살펴본 것처럼 스반테 페보 팀은 3.8만 년 전의 네안데르탈인 화석에서 채취한 DNA를 현생인류와 비교한 결과 현생인류의 유전자 중 1~4%가 네안데르탈인으로부터 왔음을 발견한 것이다. 페보는 약 8만 년 전부터 5만 년 전까지 아프리카에서 서아시아로 건너온 호모 사피엔스가 원래부터 이 지역에 살던 네안데르탈인을 만난 후 서로 교류하며 자손을 낳았고, 그 자손들의 유전자가 지금까지 전달되어 왔다고 했다. 그 유전자 중에는 면역, 자외선으로부터 피부 보호, 정자의 운동성과 관련된 것을 비롯하여 지방축적유전자SLC16A11가 있었다고 한다. 이들이 현대인에게 그대로 남아서 비만과 당뇨 등을 일으킨다. 이 때문에 고인류학자들은 네안데르탈인을 호모 네안데르탈렌시스라는 독립된 종種으로 부르는 대신 호모 사피엔스 네안데르탈렌시스라는 아종亞種으로 부르는 것이다.

또 일부에서는 네안데르탈인이 추위를 견디지 못해 사라졌다기보다는 호모 사피엔스에 자연스레 흡수되었다고 주장하기도 한다. 어쨌든 호모 사피엔스와 네안데르탈인의 교잡이 가능했다면 한 종으로 보는 것이 적절하지 않은가 생각된다. 생물학적으로 다른 종은 생식적 격리로 인해 교배가 불가능하며 설사 교배에 성공하더라도 자손을 낳지 못하기 때문이다.

11. 그러므로 네안데르탈인은…

지금까지 인류의 기원을 논의할 때의 중요성으로 인해 네안데르탈인에 대해 긴 지면을 할애하여 논의하였다. 지금까지 발견된 400여 점 이상의 네안데르탈인 유해와 수많은 연구결과들을 종합하면 대체로 다음과 같이 요약할 수 있다.

부 위	특 징	부 위	특 징
두개골 모양	낮고low, 넓고Broad, 길쭉함elongated	눈두덩 browridge	크고 무거움
두개골 용적	현대인의 평균치보다 큼	앞이마 모양	낮음
두개골 후부의 두께	전체적으로 매우 두꺼움	턱 모양	약하고 둥그스레함
두개골 후부의 모양	뾰족하게 튀어나와pointed 타래머리bun를 한 것 같음	얼굴 모양	크고 길며 중심이 앞으로 튀어나옴

<표 8-3> 네안데르탈인의 일반적인 특징[87]

네안데르탈인은 체격이 다부지고stocky body 손발이 짧았다short extremities. 전형적인 성인 네안데르탈인은 적어도 1,400cc 이상의 두개골 용적을 갖고 있었으며, 두개골의 두께는 7.2㎜, 키는 152㎝ 정도이며, 정강이가 비교적 짧았던 것으로 추정된다. 하지만 이런 신체적 특징은 네안데르탈인들만의 특징은 아니다. 지금도 캐나다 북쪽의 추운 지방에 사는 이누이트족Inuit을 포함한 에스키모족과 같이 춥고 열악한 환경에 사는 사람들은 땅땅하고 키가 작아서 열 발산을 줄이는 신체적 특징을 갖고 있다.

일부에서는 네안데르탈인을 플라이스토세洪積世, Pleistocene 후기의 유럽에 살았던, 절반쯤 서서 다녔던 '유사 인간'이라고 하였다. 하지만 여러 가지 흔적으로 미루어 네안데르탈인은 사냥을 하였고, 불을 사용하였으며, 장식품이나 석기를 시체와 함께 부장하는 관습도 가지고 있었다. 네안데르탈인들의 뼈가 발견되는 곳에서는 보석류jewelry, 돌로 만든 악기 stone musical instrument, 동굴벽화 등이 발견되고 있으며, 죽은 사람을 동굴에 매장한 흔적도 발견되고 있다. 비교적 근래까지도 동굴 매장은 고대 근동의 일반적인 매장 풍습이었다. 네안데르탈인은 현존하지는 않지만 현대인과 크게 다르지 않다.

고인류학자 필립스Dave Phillips는 "네안데르탈인은 여전히 사람이다"라는 글에서 "네안데르탈인은 사람이었다. 그들은 죽은 자를 매장했고, 도구를 사용했으며, 복잡한 사회구조를 가졌고, 언어를 사용했으며, 악기를 연주했다. 네안데르탈인의 해부학적 차이는 극히 미미하며, 이들은 대부분 거칠고 추운 기후에서 힘든 삶을 살았던, 유전적으로 격리된 사람들의 결과로 설명될 수 있었다."라고 했다. 결론적으로 눈두덩brow ridge이 튀어나온 것 등은 현대인과 다소 다르지만 필자가 보기에 네안데르탈인은 유럽과 아시아 각지에서 최후 빙하기 때 살았던 100% 인간이었다고 할 수 있다![89]

<그림 8-19> 디비에 베이브 고고학 공원Divje Babe Archeological Park에서 발견된 네안데르탈인들의 플루트. 1995년에 슬로베니아 북서부에서 발견되었다.[88]

12. 헤르토인

다음으로 살펴볼 화석인간은 이달투Idaltu 혹은 헤르토인Herto Man으로 알려진 호모 사피엔스 이달투Homo sapiens idaltu이다. 헤르토라는 말은 사호-아파르Saho-Afar 말로서 '연장자elder', '장자first born', '형님' 등의 의미이다. 헤르토인은 플라이스토세 후기인 16만 년 전에 아프리카에 살았던 현생인류의 아종subspecies으로서 멸종한 종족이다. 이는 1997년에 버클리 캘리포니아대학교University of California-Berkeley의 팀 화이트Tim D. White,

1950~ 교수팀이 에티오피아 아파르 삼각지Afar Triangle의 중부 아와쉬Middle Awash 발굴지 인근 헤르토 부리Herto Bouri에서 처음 발견한 화석인데, 이를 복원해서 발표한 것은 2003년이다. 헤르토인은 네안데르탈인보다 오래된, 현생인류로서는 가장 오래된 인종이다.[90]

헤르토인이 발견된 헤르토 부리 지역은 화산재로 이루어진 지층이기 때문에 방사성연대측정이 가능했다. 방사성연대측정에 의하면, 이 지역 화산재 지층의 연대는 15.4~16만 년 사이에 있었다. 이곳에서는 세 개의 잘 보존된 두개골이 출토되었는데, 두 개의 두개골은 성인 남자의 것이었고, 나머지 하나는 6세 아이의 것이었다. 두 개의 성인 남자의 두개골 중 하나는 가장 잘 보존되어 있었는데, 그것의 두개골 용적은 1,450cc였다.

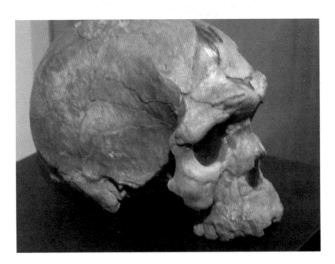

<그림 8-20> 헤르토인 화석[91]

헤르토인 화석은 인류의 아프리카 기원설을 지지하는 중요한 화석이다. 고인류학에는 현생인류의 기원과 관련하여 두 이론, 즉 아프리카 기

원설African Origin Theory 또는 Out-of-Africa Theory과 다지역 기원설Multiregional Origin Theory이 경쟁을 벌여왔다. 전자는 현생인류의 조상은 20만 년 전에 동아프리카에서 출발하여 다양한 적응과 변이를 거쳐 세계 각 지역으로 이동하며 현생인류가 됐다는 주장이다. 반면에 후자는 자바인, 베이징인 등의 직립원인이 전 세계로 퍼진 후 각 지역에서 별도의 현생인류가 출현하였다는 주장이다.

이달투 화석은 현생인류의 아프리카 기원설을 입증하는 가장 결정적인 증거로 간주되고 있다. 이미 유전자 조사 등으로 아프리카 기원설이 힘을 얻었지만, 이달투 화석이 발견되면서 현재로서는 가장 유력한 학설로 인정받고 있다. 충북대학교 고미술학과 박선주 교수는 "이 화석은 '해부학적인 아담'으로 인류의 몸이 완성된 셈"이라며, "정신적인 아담은 5만 년 전에 동아프리카에서 나왔다."라고 했다.[92]

과연 헤르토인이 현생인류Homo sapiens sapiens의 조상일까? 우선 두개골 용적만으로는 현생인류와 조금도 다르지 않다. 헤르토인을 아래에서 살펴볼 크로마뇽인보다 오래된 현생인류의 조상으로 보는 이유는 두개골의 크고 억센로부스트한 모습이 더 원시적으로 보이기 때문이었다. 하지만 헤르토인은 호모 사피엔스와 같이 브레인 케이스brain case가 둥글고globular shape 안면 특징이 동일하다.[93] 인류학자 스트링거Chris Stringer는 2003년에 「네이처Nature」에 발표한 논문에서 헤르토인의 "두개골은 새로운 아종의 이름을 붙일 정도로 다르지 않다."라고 했다.[94] 결국 헤르토인은 현생인류Homo sapiens sapiens 내의 변이의 한계를 넘지 않으며, 오늘 우리들과 다르지 않다고 할 수 있다.

13. 데니소바인

    다음에는 가장 최근에 발견되어 전 세계적인 관심사가 된 데니소바인에 대해 살펴보자. 첫 데니소바인 유골은 2008년에 시베리아 알타이 산맥 인근 북쪽에 있는 데니소바 동굴Denisova Cave에서 처음 발견되었다. 이때 뼈 조각들과 더불어 4만 년 전의 유물과 3.2만 년 전의 선사시대 말의 유골도 발견되었다. 2016년에는 5만 년 전의 것으로 보이는 뼈바늘骨針도 발견되었지만, 이 뼈바늘을 누가 만들었는지는 확실하지 않다.

<그림 8-21> 데니소바 동굴2008[95]

하지만 근래에는 고유전학의 등장으로 많은 새로운 사실들이 알려지고 있다. 아마 고유전학의 혜택을 가장 많이 본 분야가 바로 중기 구석기 이후의 고인류학 연구, 그중에서도 네안데르탈인과 데니소바인이 아닌가 생각된다. 2010년에 발견된 첫 데니소바인 유골의 손가락뼈에서 추출한 미토콘드리아 DNAmtDNA의 분석을 통해 이 유골은 청소년 여자아이의 유골로 확인되었다. 핵 DNA의 분석 결과 데니소바인들은 네안데르탈인과 가까운 유연성을 갖는 것으로 드러났다.

데니소바 동굴 인근에는 과거에 네안데르탈인과 현생인류가 동시에 거주했다는 증거도 보인다. 데니소바 동굴에는 데니소바인과 네안데르탈인, 그리고 이들의 혼혈인들이 상당 기간 동안 거주한 것으로 보이며, 특히 네안데르탈인들은 주기적으로 그곳에 거주했던 것으로 보인다. 하지만 이들이 데니소바인들과 같은 시기에 거주했는지는 확실하지 않다.

DNA 분석 결과 데니소바인들은 짙은 피부색과 눈, 머리카락을 가졌던 것으로 생각되며, 네안데르탈인과 같은 체형과 얼굴 모양을 가졌던 것으로 보인다. 하지만 이들의 어금니는 플라이스토세 중기나 후기에 살았던 다른 고인류들이나 오스트랄로피테쿠스와 같이 더 큰 어금니를 가졌던 것으로 보인다.

흥미롭게도 고유전학의 연구에 의하면, 데니소바인들은 현생인류와 유전자 교환이 있었던 것으로 보인다. 구체적으로 멜라네시아 원주민들이나 호주 원주민들의 DNA의 3~5%, 파푸아인들의 DNA의 약 6%는 데니소바인들로부터 온 것으로 보인다. 데니소바인들은 약 1.5만 년 전에 뉴기니에서 현생인류와 교잡되었다. 또한 데니소바인들은 같은 지역에 살았던 네안데르탈인들과도 교잡되어 데니소바인의 유전체의 17% 정도가 저들로부터 온 것으로 밝혀졌다.[96]

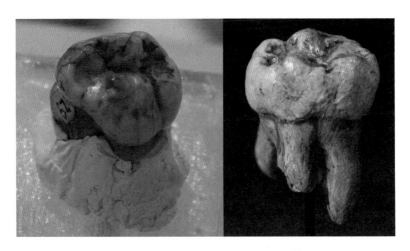

<그림 8-22> 데니소바인Denisova 4의 어금니[97]

데니소바인들을 어떻게 분류하는지에 대해서는 아직도 논의 중이다. DNA 분석에 의하면, 데니소바인들은 네안데르탈인들의 자매 분류군sister taxon에 속한다고 볼 수 있다. 이런 점들을 고려하여 일부에서는 데니소바인에 대해 호모 네안데르탈렌시스 혹은 호모 사피엔스 네안데르탈렌시스를 제안하기도 한다. 하지만 일부에서는 호모 데니소바Homo denisova, 호모 알타이엔시스H. altaiensis를 제안하기도 한다.

하지만 필자가 보기에 데니소바인은 현생인류와 유전자교환이 있었던 것으로 미루어 현생인류와 생식적 격리가 되지 않았기 때문에 호모 사피엔스 데니소바H. sapiens denisova라고 부르는 것이 적절하다고 생각된다. 한국생명공학연구원의 박홍석 유전체연구단장 역시 "네안데르탈인과 교잡해 후손이 계속 생겨났다는 것은 네안데르탈인과 현생인류가 별개 종이라기보다는 아종亞種 수준임을 의미하는 것"이라고 설명했다. 결국 데니소바인은 현생인류의 변종 범위 내에 있는 중기 혹은 후기 구석기인들이라고 할 수 있다.[98]

14. 크로마뇽인

마지막으로 네안데르탈인에 이어 현생인류로서 현대인의 직접적인 조상이라고 하는 크로마뇽인Cro-Magnon Man에 대해 살펴보자. 최초의 크로마뇽인 화석은 1868년에 지질학자이자 고생물학자인 루이 라르떼Louis Lartet, 1840~1899가 프랑스 남서부 도르도뉴Dordogne 계곡의 크로마뇽 동굴에서 다섯 개체의 골격을 발굴한 것이었다. 그 후 스페인 등지에서도 크로마뇽인의 화석이 발견되었다. 고인류학에서는 이들이 2.7만 년 전, 유럽의 플라이스토세洪積世, Pleistocene 빙하기 후기에 나타났다고 한다. 이들은 현대인과 아주 비슷하므로 호모 사피엔스Homo sapiens로 분류되었으며, 남자는 평균 신장이 180㎝, 여자는 165㎝로 네안데르탈인에 비해 특히 정강이가 길었다. 두개골은 현대 유럽인과 같아서 이마는 높고, 눈두덩이 거의 없으며, 턱도 앞으로 나오지 않았고, 턱 끝은 현저하게 돌출했다. 다른 여러 발견물들로 미루어 크로마뇽인은 고도의 석기문화를 갖고 있었다.

이에 관해 오스본Henry F. Osborn은 "진화론적 관점에서 볼 때 크로마뇽인은 우리들과 전혀 다를 바가 없으며, 머리와 두개골을 보면 그들의 도덕적, 정신적 능력의 수준을 짐작할 수가 있다. 그들은 어떤 조상보다도 뛰어난 용사이자 사냥꾼이었으며, 화가이자 조각가였다. 인류학자들은 유럽의 크로마뇽인이 남긴 동굴벽화나 조각품들이 원시성을 보여주기는커녕 오히려 그들 예술의 높은 수준을 보여준다고 생각한다."라고 말했다.[99] 크로마뇽인은 돌로 도구를 만들어 사용했으며 낚싯바늘도 만들었다. 크로마뇽인은 신체적 특징과 그들이 남긴 여러 가지 문화활동의 흔적으로 미루어 현대인과 조금도 다를 바 없는 존재들이다.

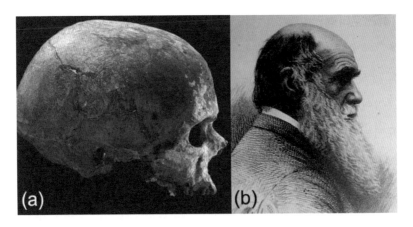

<그림 8-23> (a) 크로마뇽인의 두개골, (b) 크로마뇽인의 두개골을 현대인이라고 할 수 있는 다윈의 옆모습과 비교해 보면 별로 큰 차이를 발견할 수 없다. 크로마뇽인은 종교적인 의식이나 동굴벽화를 그리는 등 예술 활동을 하였다.

지금까지 인류의 기원을 연구하는 사람들은 크로마뇽인을 현생인류의 직접적인 조상이라고 주장했지만, 크로마뇽인은 현대인과 별 차이가 없으므로 이를 인간의 원시조상으로 볼만한 근거가 없다. 그래서 근래에 들어와 고인류학계에서는 크로마뇽인이라는 이름보다 후기 구석기인 Upper Paleolithic human beings을 가리키는 '해부학적 현대인Anatomically Modern Human, AMH' 혹은 '초기 현대인Early Modern Human, EMH'이란 말을 사용한다.[100] 이는 크로마뇽인은 적어도 신체적인 특징에 있어서는 현대인과 전혀 차이가 없기 때문에 별도로 분류할 이유가 없는 것으로 보인다.

15. 인간의 기준

지금까지 우리는 제한된 지면이지만 초기 영장류로부터 시작하여 '해부학적 현대인AMH' 혹은 '초기 현대인EMH'이라고 불리는 크로마뇽인에 이르기까지 인류의 기원에 관한 중요한 고인류학적 증거들을 살펴보았다. 이제 유인원 화석들에 대한 논의를 마치기 전에 인간의 기준에 대해 간단히 논의하고자 한다. 이는 지금까지의 고인류학 논의를 정리한다는 의미와 더불어 9강부터 살펴볼 창세기에 대한 고인류학적 고찰의 기초가 되기 때문이다.

도대체 '인간 됨'의 기준은 무엇일까? 이 질문은 언뜻 철학적, 신학적 질문으로 들릴 수 있지만, 실은 고인류학적 질문이다. 화석으로 남는 것은 골격일 뿐, 생각과 사상은 남지 않기 때문이다. 고인류학적 관점에서 인간 됨의 기준은 다음 몇 가지로 요약할 수 있다.

첫째, 두개골 용적endocranial volume이다. 전통적으로 인간 됨의 해부학적 기준은 두개골 용적이었다. 현대인과 같은 두개골 용적을 가진 사람속屬 종은 20~25만 년 전부터 살았던 호모 사피엔스였다고 할 수 있을 것이다. 하지만 두개골 용적이 절대적인 인간의 기준이 될 수 있을까? 근래에 구석기 시대를 살았던 인종들 중 호모 날레디나 플로레스인과 같이 정교한 석기를 사용하면서도 두개골 용적이 현생인류의 1/3~1/4 정도 400㏄ 정도에 불과한 종족들의 화석이 발견되고 있다. 이는 두개골 용적이 절대적인 지적 척도, 나아가 인간의 기준이 될 수 없음을 보여준다.

둘째, 직립 혹은 이족보행bipedalism이다. 오랫동안 고인류학자들은 직립 혹은 직립에 필요한 이족보행을 인간의 기준으로 생각했다. 직립과 관련된 해부학적 특징으로는 척추의 만곡 형태C-형인지 S-형인지, 골반의 모양과 방향, 두개골과 척추가 만나는 위치 등이 있다. 직립을 기준으로 한다면, 200만 년 전에 살았던 직립원인直立原人, Homo erectus이 최초의 인간일 것이다. 일부에서는 300~350만 년 전에 살았던 오스트랄로피테쿠스 아파렌시스루시, 살렘 등이 속한도 직립했을 거라고 추측하지만 확실하지 않다.

셋째, 도구의 제작과 사용이다. 도구의 제작과 사용을 인간의 기준으로 생각한다면, 전기 구석기인들, 즉 도구인간道具人間, Homo habilis을 첫 인간이라고 할 수 있을 것이다. 전기 구석기인들이 도구올도완 석기와 같은를 사용한 연대는 거의 260만 년까지 거슬러 올라가기 때문에 도구의 제작과 사용을 인간의 기준으로 생각한다면, 최초의 인간은 260만 년 전으로 거슬러 올라갈 것이다. 일부 오스트랄로피테쿠스 중에도 도구를 사용한 흔적이 있다는 주장이 있지만 확실하지 않다.

넷째, 불의 사용이다. 불의 사용을 인간의 기준으로 생각한다면, 전기 구석기 시대를 살았던 직립원인이 첫 인간이라고 할 수 있을 것이다. 직립원인들이 아프리카에서 처음으로 불을 사용한 흔적은 약 140여만 년 전으로 거슬러 올라간다. 현재 불을 사용한 증거를 보여주는 아프리카의 유적은 적어도 10여 곳에 이르며, 그중에서도 가장 연대가 이른 곳은 짐승의 뼈가 올도완 석기와 불에 탄 진흙과 함께 출토된 케냐 바링고 호수 Lake Baringo 부근 체소완자Chesowanja이다. 고생물학자들은 50여 개의 불탄 진흙 조각들의 배열로 미루어 이들이 화로였을 것이라고 추측한다.[101]

다섯째, 예술활동 및 종교활동이다. 동굴벽화와 같은 예술활동과 종교행위, 부장문화, 즉 상징능력을 인간의 기준으로 생각한다면, 4~6만 년 전의 중기 구석기 시대를 살았던 사람들을 첫 인간이라고 할 수 있을 것이다. 근래 영국 그리피스대학교Griffith University와 인도네시아 국립고고학연구센터 공동 연구팀은 인도네시아 술라웨시Sulawesi 섬 남부에 위치한 석회암 동굴인 리앙 불루 시퐁4Leang Bulu' Sipong4에서 2017년에 발견한 구석기 벽화의 연대를 측정한 결과, 최대 43,900년 전에 그려졌다는 사실을 「네이처」에 발표했다.[102] 이런 문화적 흔적들은 대부분 플라이스토세 후기, 곧 현생인류의 출현 이후에 볼 수 있다.

이 외에도 고인류학자들은 손발의 뼈 특히 엄지손가락이나 엄지발가락의 길이와 마디 숫자, 안면경사완만 혹은 수직 경사, 눈두덩의 두께와 돌출 정도 등을 진화의 기준으로 사용했다. 또한 화석유골이 발견된 지역의 과거 자연환경 등도 화석을 해석하기 위한 중요한 보조 자료로 사용되었다.

필자는 인간의 여러 기준들 중에서 도구의 제작과 사용이 가장 중요한 기준이라고 생각한다. 이는 앞의 몇몇 인간의 기준이 대체로 도구의 제작과 사용이라는 기준에 부분집합으로 포함될 수 있기 때문이다. 우선 효과적으로 도구를 제작, 사용하려면 반드시 직립, 즉 이족보행을 해야 한다. 이족보행을 위해서는 여러 신체적인 조건이 뒷받침 되어야 하는데, 구체적으로 척추의 만곡이 S-형이어야 하고, 손가락과 발가락이 짧고, 발바닥이 평평해서 나무를 잡기보다 평지를 보행하기에 편리해야 한다. 물론 두개골 용적도 그 개체의 지적 능력의 간접적인 표지가 될 수는 있지만, 도구를 제작, 사용할 수 있다는 것은 그 개체의 지적 능력을 보여주는 직접적인 표지가 될 수 있다.

16. 요약과 결론

이와 같은 인간의 기준을 근거로 다윈 이래 발견된 수많은 화석과 이들에 대한 연구는 우리들에게 무엇을 말해주는가? 1859년에 『종의 기원』을 통해 진화론을 발표했을 때 다윈은 그 당시까지 발굴된 화석들이 자기의 학설을 지지하기에 충분치 못함을 시인하였다. 그러면서 그는 앞으로 화석들이 많이 발견되면 모든 생명체가 하나 혹은 몇몇 공통조상으로부터 진화했음이 증명될 것이라고 예측했다. 그러나 헤아릴 수 없을 만큼의 화석이 발견된 오늘날 역시 사정은 별로 다르지 않다.

지난 160여 년간 인류의 기원을 연구하기 위해 수많은 연구자들이 참여했고, 이를 위한 많은 증거들이 축적되었다. 근래에는 고대인들의 유물이나 화석을 연구하는 고인류학에 더하여 고유전학적 증거들이 선사시대 연구에 눈부신 기여를 하고 있다. 하지만 고유전학 연구는 인류의 기원 연구에서 비교적 최근이라고 할 수 있는 5만 년 이상을 거슬러 올라가기가 어렵다. 이러한 연대기적 제한은 과학이 더 발전하더라도 크게 확장될 가능성은 없는 듯이 보인다.

고인류 화석들에 대한 해석은 진화론적 견해를 가진 사람들 사이에서도 다양하지만, 창조론적 견해를 가진 사람들 사이에서도 모두 같지는 않다. 인간의 기준이 무엇인지에 대한 견해부터 일치하지 않는다. 필자는 본서에서 도구主로 석기의 제작과 사용을 인간의 기준으로 보는 것이 적절하다고 제안했다. 그렇다면 대체로 구석기 시대가 시작되는 260만 년 전에 출현한창조된 사람속이 현생인류의 직접적인 조상이라고 볼 수 있다.

근래에 들어 인간 유전자에 대한 연구가 발달하면서 진화론자들은 인간과 침팬지의 유전자가 98.5%가 같다고 주장한다. 이것은 유전정보 비교와 분석에 대한 전문적인 지식이 없는 일반인들에게 인류의 진화를 설득시키는 데 매우 설득력 있는 수치였다. 하지만 4강에서 제시한 것처럼 이 수치가 어떻게 나온 결과인지를 알게 되면 다른 결론을 내릴 수도 있음을 알아야 한다.[103] 「네이처」2005.7. 등 다양한 학술지에 실린 결과를 종합해 볼 때, 인간과 침팬지의 "실제 DNA 염기서열의 차이는 훨씬 더 크며, 창조론자들이 생각하는 70%가 아니더라도, 진화론자들의 논문만 인용해도, 그 유사성은 78~81% 정도, 즉 염기 서열 차이가 6억 개 이상 된다는 것을 알 수 있다." 이는 사람과 침팬지를 진화론적으로 연결하는 것이 과연 정당한가를 의심하게 한다.[104]

그러면 이러한 고인류학의 연구는 성경이 말하는 인류의 기원, 좀 더 구체적으로 아담과 어떤 관계가 있을까? 이 질문이 고인류학자들에게는 큰 관심이 없을지 모르나 그리스도인들에게는 매우 중요하다. 창세기를 전공하는 구약학자들만이 아니라 과학과 신앙, 혹은 과학과 성경의 관계에 관심이 있는 사람이라면 누구나 아담이 누구인지에 대한 질문은 피할 수 없다. 이어지는 강부터는 지금까지 논의한 고인류학적, 고유전학적 논의를 근거로 인류의 기원과 아담의 지위에 대한 논의를 살펴본다.

토의와 질문

1. 동부 아프리카에서 특히 오래된 유인원 화석이 많이 발견되는 까닭은 무엇일까?

2. 지금까지 발견된 많은 화석들이 중간형태라기보다 독립된 종 혹은 현존하는 종의 변이 내에 있다는 필자의 해석의 강점과 약점을 말해보자.

3. 본강에서 언급한 것 외에 현존하는 인종들의 다양한 신체적 특징들 중에서 사람이외의 영장류들과 유사하다고 생각되는 것들이 있다면 말해보자.

제3부
아담은 누구인가?

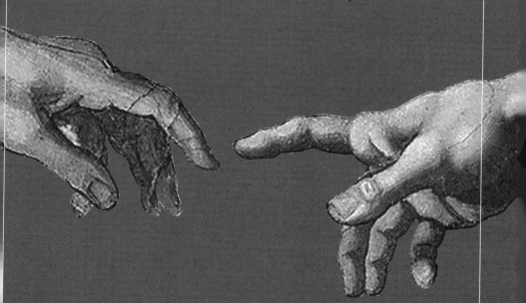

제9강

역사적 아담 논쟁[1]

"한 사람으로 말미암아 죄가 세상에 들어오고 ……
한 사람이 순종하지 아니함으로 많은 사람이 죄인 된 것 같이 ……"

로마서 5장 12~19절

1860년 6월 30일, 영국 옥스퍼드대학교 박물관Oxford University Museum of Natural History에서 생물학자 헉슬리Thomas Henry Huxley와 윌버포스 주교Bishop Samuel Wilberforce 사이에 진화론 논쟁이 벌어졌다. 다윈Charles R. Darwin의 진화론 저서 『종의 기원On the Origin of Species』이 발간된 지 7개월 후에 벌어진 논쟁이었다.[2] 생물 종의 기원을 다룬 『종의 기원』에서는 인간의 기원 문제는 다루지도 않았지만, 결국 헉슬리-윌버포스 논쟁Huxley-Wilberforce Debate의 핵심은 생물보다는 인류의 기원에 모아졌다.[3]

인류의 기원은 기원논쟁의 여러 분야 중에서도 가장 많은 사람들의 관심이 집중된 영역이다. 자기 자신의 이야기이기 때문이다. 1925년에 미국 테네시 주에서 열렸던 스콥스 재판Scopes Trial도 마찬가지였다. 진화론이 문제가 되어 열린 재판이지만 결국 인류의 기원 문제로 귀결되었다. 인류의 기원논쟁은 인간의 존재론적 문제이기 때문에 과학적 증거와 더불어 쉽사리 신앙과 신념, 세계관 등이 어우러진 복합적인 논쟁이 된다.

<그림 9-1> 영국 주간지 *Vanity Fair*에 실린 헉슬리1871와 윌버포스1869의 캐리커처

헉슬리-윌버포스 논쟁에서 전해지는 가장 유명한 말은 연설 후에 두 사람이 주고받은 가시 돋친 말이었다. 윌버포스는 진화론에 대해 익살스럽고 비꼬는 말투로 헉슬리에게 "당신이 원숭이의 자손이라고 주장한다면 당신 할아버지와 할머니 중 어느 쪽을 말하는 건가요?"라고 물었다. 이에 대해 헉슬리는 직접 대답을 피하면서 "나는 조상으로 원숭이를 갖는 것을 창피하게 여기진 않지만, 진실을 흐리게 하기 위해 자기의 위대한 재능과 영향력을 겸손한 탐구자의 명예를 더럽히고 조롱하는 데 사용하는 '인간'보다는 차라리 '비천한 원숭이'의 후예가 되겠습니다."라고 반박하였다.[4] 정작 윌버포스와 헉슬리의 논쟁을 촉발시킨 『종의 기원』은 인간의 진화에 대해서는 별다른 언급을 하고 있지 않지만, 이 논쟁은 결국 사람이 유인원으로부터 진화되었는가에 초점이 모아졌다.[5]

창조와 진화 논쟁에는 여러 측면들이 있다. 본 "창조론 대강좌" 시리즈에서 다루고 있는 것처럼, 우주의 창조를 다루는 대폭발 이론, 무기물에서 첫 생명이 어떻게 발생했는지를 다루는 화학진화, 종의 분화를 다루는 생물의 진화, 인류의 기원을 다루는 인류의 진화 등이다. 이들 중 우리의 관심을 끄는 주제는 단연 인간 자신의 기원이다. 인간은 유인원들과 공통조상으로부터 진화했을까? 창조주에 의해 창조되었을까? 성경에서 첫 인간이라고 말하는 아담은 도대체 누구이며, 언제, 어디서, 어떻게 유래하게 되었을까? 현대 고인류학 연구에서 아담은 어떤 지위를 갖고 있을까?

본강에서는 먼저 창세기가 직접적으로 인류의 기원에 관해 말하고 있는 바가 무엇인지 살펴본 후 인류의 기원과 관련하여, 특히 아담의 지위나 역사성과 관련하여 복음주의권 내에서 제기되고 있는 몇 가지 이론을 소개하고 이들의 장단점을 비교한 후 필자의 입장을 나누고자 한다. 먼저 성경이 아담에 대해 뭐라고 말하는지 살펴보자.

1. 성경이 말하는 아담

　인간의 기원은 다윈의 『종의 기원』 발표 후 160년이 지난 지금까지 동서고금, 남녀노소를 막론하고, 종교적, 인종적, 학문적 배경과 무관하게 모든 사람들의 관심사가 되고 있다. 기원 논의의 여러 분야 중에서도 인간의 기원은 우리 자신의 기원에 관한 문제이기 때문에 가장 예민한 정서를 수반하는 영역이라고 할 수 있다. 그래서 인간의 기원은 기원에 관한 여러 연구 분야 중에서 가장 많은 연구가 이루어진 분야이기도 하고, 또한 가장 첨예한 의견 대립이 일어나는 주제이기도 하다. 그중에서도 인간의 기원에 대해 매우 뚜렷한 성경의 기록을 갖고 있는 기독교인들의 관심은 유별나다고 할 수 있다. 인간의 기원에 대한 기독교인의 관심이라고 한다면 창세기 초반에 등장하는 첫 사람 아담 이야기와 무관할 수 없기 때문이다.

　창세기 기자는 하나님은 창조주간 동안 천지만물을 창조하시고 마지막에 인간을 자신의 형상대로 창조하셨다고 기록한다. 인간의 창조는 창세기 초반에서 두 번 등장한다. 첫 번째는 창세기 1장이다.

> "26 하나님이 이르시되 우리의 형상을 따라 우리의 모양대로 우리가 사람을 만들고 그들로 바다의 물고기와 하늘의 새와 가축과 온 땅과 땅에 기는 모든 것을 다스리게 하자 하시고 27 하나님이 자기 형상 곧 하나님의 형상대로 사람을 창조하시되 남자와 여자를 창조하시고" 창1:26~27.

　이러한 인간의 창조는 2장에서는 약간 다르게 소개되고 있다.

"여호와 하나님이 땅의 흙으로 사람을 지으시고 생기를 그 코에 불어넣으시니 사람이 생령이 되니라"창2:7.

인간의 기원에 대한 얘기는 다만 구약의 창세기에만 국한된 얘기가 아니다. 신약에서도 몇 차례 등장한다. 예를 들면, "인류의 모든 족속을 한 혈통으로 만드사 온 땅에 살게 하시고 그들의 연대를 정하시며 거주의 경계를 한정하셨으니"행17:26 등이 있다. 하지만 첫 사람 아담에 대한 사람들의 관심은 단순히 그가 인류의 시조라는 인류학적 측면에만 있는 것이 아니라 기독교 신앙의 가장 중심적인 구원론과 밀접하게 관련된다는 데도 있다. 이를 가장 잘 보여주는 구절이 바로 로마서 5장 12~21절이다. 이는 성경 전체에서 아담이 누구인지를 말해주는 가장 중심적인 구절이기 때문에 좀 길지만 인용할 필요가 있다.

"12 그러므로 한 사람으로 말미암아 죄가 세상에 들어오고 죄로 말미암아 사망이 들어왔나니 이와 같이 모든 사람이 죄를 지었으므로 사망이 모든 사람에게 이르렀느니라 13 죄가 율법 있기 전에도 세상에 있었으나 율법이 없었을 때에는 죄를 죄로 여기지 아니하였느니라 14 그러나 아담으로부터 모세까지 아담의 범죄와 같은 죄를 짓지 아니한 자들까지도 사망이 왕 노릇 하였나니 아담은 오실 자의 모형이라 15 그러나 이 은사는 그 범죄와 같지 아니하니 곧 한 사람의 범죄를 인하여 많은 사람이 죽었은즉 더욱 하나님의 은혜와 또한 한 사람 예수 그리스도의 은혜로 말미암은 선물은 많은 사람에게 넘쳤느니라 16 또 이 선물은 범죄한 한 사람으로 말미암은 것과 같지 아니하니 심판은 한 사람으로 말미암아 정죄에 이르렀으나 은사는 많은 범죄로 말미암아 의롭다 하심에 이름이니라 17 한 사람의 범죄로 말미암아 사망이 그 한 사람을 통하여 왕 노릇 하였은즉 더욱 은혜와 의의 선물을 넘치게 받는 자들은 한 분 예수 그리스도를 통하여 생명 안에서 왕 노릇 하리로다 18 그런즉 한 범죄로 많은 사람이 정죄에 이른 것 같이 한 의로운 행위로 말미암아 많은 사람이 의롭다 하심을 받아 생명에 이르렀느니라 19 한 사람이 순종하지 아니함으로 많은 사람이 죄인 된 것 같이 한 사람이 순종하심으로 많은 사람이 의인이 되리라 20 율법이 들어온 것은 범죄를 더하게 하려 함이라 그러나 죄가 더한 곳에 은혜가 더욱 넘쳤나니 21 이는 죄가 사망 안에서 왕 노릇 한 것 같이 은혜도 또한 의로 말미암아 왕 노릇 하여 우리 주 예수 그리스도로 말미암아 영생에 이르게 하려 함이라."

바울이 로마서에서 언급하고 있는 아담의 지위는 이어지는 고린도전서에서도 반복된다. 흔히 부활장이라고 불리는 고린도전서 15장 21~50절에서 바울은 "첫 사람 아담"과 "마지막 아담" 예수 그리스도를 대비하고 있다. 그 외에도 부분적이지만 바울은 디모데전서 2장 13~14절 등에서 아담을 하나님 앞에 범죄한 인류의 첫 사람으로 언급하고 있다. 바울의 글 외에도 호세아 6장 7절, 누가복음 3장 38절, 유다서 1장 14절 등도 인류의 시조로서 아담이 언급되고 있다.

아담의 이러한 독특한 지위는 근래 고인류학 연구가 본격적으로 진행되기 전에는 크게 문제가 되지 않았다. 적어도 기독교 문화권에서는 아담이 모든 인류의 시조라는 것에 대해 의심하지 않았다. 하지만 19세기 중엽부터 본격적으로 시작된 고생인류에 대한 연구는 불가피하게 아담의 지위에 대한 새로운 조망을 하게 만들었다. 특히 19세기 말에 발견된 방사능이 20세기에 들어와서 지층이나 암석, 화석에 대한 절대연대측정법으로 자리를 잡으면서 성경에 등장하는 창조연대와 초기인류들에 대한 신학자들의 논의는 불가피하게 일반 학계의 연구결과와 마주치게 되었다.

이들 여러 기원에 관한 논의들 중에서도 특히 인간의 기원은 인간관의 근거가 된다. 인간의 기원은 다만 학문적 관심사만이 아니라 기독교 세계관이나 신학의 영역과도 무관할 수 없다. 특히 성경을 하나님의 계시된 말씀이라고 믿는 복음주의 그리스도인들이라면 인간의 기원과 관련하여 성경의 가르침을 무시할 수가 없다. 성경은 과학 교과서가 아닌 것처럼, 고인류학古人類學, paleoanthropology이나 문화인류학 교과서도 아니다. 하지만 그러한 분야의 연구결과가 성경의 중심적 교리들을 해석하는 데 큰 함의를 갖는 경우에는 해당 분야의 학문적 성과들을 모른 체 할 수 없다.

도대체 아담은 누구일까? 그는 실존한 인물일까, 아니면 다만 인류의 기원과 관련된 상징적 존재 내지 신학적 교훈을 위한 교수모델일까? 아담의 신학적 의미와는 무관하게 아담이 실존한 인물이었다면 그는 언제, 어디에 살았던 인물일까? 아담에 대한 논쟁은 지금도 신학계는 물론 기독교와 과학의 관계에 관심을 가진 많은 사람들의 관심사가 되고 있다.[6]

2. 역사적 예수와 역사적 아담

아담에 대한 논의를 시작하기 전에 먼저 근래에 회자되고 있는 '역사적 아담Historical Adam'이란 말을 살펴보자. 이 말은 '역사적 예수Historical Jesus'란 말을 패러디 한 것이라고 할 수 있다. 역사적 예수 운동이란 예수에 대한 전통적인 기독론적 정의와는 대조적으로 예수가 살았던 역사적, 문화적 상황을 고려한 역사비평적 방법historical critical method으로 예수의 삶과 가르침을 재구성하는 운동이었다.[7] 역사적 예수가 신경信經이나 복음서 저자들의 신학으로 해석된 그리스도가 아니라 1세기 팔레스타인에서 역사적 인물로 실재했던 예수를 회복하자는 운동이라면, 역사적 아담은 교리화된 아담과 하와가 아니라 고인류학적, 고유전학적 관점에서 실재했던 아담을 찾자는 운동이라 할 수 있다.[8] 아담의 역사성 논쟁은 보는 관점에 따라 이러한 '역사적 예수' 운동을 연상케 하기 때문에 '역사적 아담' 운동이라 할 만하다. 하지만 역사적 아담이라는 용어는 역사적 예수와 비슷하지만, 그 근본 개념은 다음의 세 가지 점에서 크게 다르다.

첫째, 역사적 아담은 아담의 역사성historicity of Adam과 동의어라고 할 수 있다. 그러나 역사적 예수 논쟁에서의 예수님의 역사성, 즉 그분이 실제 역사 속에 존재한 분이셨는지는 논쟁의 대상이 아니다. 신학적 진보, 보수를 떠나 예수가 2000년 전에 팔레스타인 땅에 존재했던 분이라는데 대해서는 아무도 이의를 제기하지 않기 때문이다. 하지만 아담의 경우에는 그가 실제로 역사 속에 존재한 인물이었는가에 대해 복음주의 진영 내에서도 논쟁이 일어나고 있다.

둘째, 역사적 예수 논쟁에서는 주로 예수님이 살았던 역사적, 문화적 상황을 고려한 성경에 대한 역사비평적 연구결과들이 사용되었지만, 역사적 아담 논쟁에서는 신학은 물론 고인류학, 고유전학 등 최근 과학적 연구결과들이 동원되고 있다. 그래서 역사적 예수 논쟁은 주로 신학계 내에서 일어난 논쟁이었던 반면, 역사적 아담 논쟁은 신학자들과 더불어

유관한 분야의 복음주의 과학자들도 참여하고 있다.

셋째, 역사적 예수 논쟁이 계몽주의 신학자들, 다시 말해 진보적인 신학자들에 의해 제기된 논쟁이었다고 한다면, 역사적 아담 논쟁은 적어도 성경의 권위를 받아들인다고 스스로 주장하는 복음주의자들 사이에서 일어나고 있다. 성경의 영감성을 인정하지 않는 진보신학계에서는 아담의 역사성 자체를 부인하기 때문에 역사적 아담 논쟁 자체에 큰 흥미가 없다.

물론 역사적 예수 논쟁이나 역사적 아담 논쟁의 공통점도 있다. 두 논쟁 모두 성경에 대한 비평적 읽기와 관련되어 있다. 또한 두 논쟁이 성경 외적 연구결과를 성경해석에 활용하고 있다는 점도 공통적이다. 표면적으로는 두 논쟁이 모두 유관한 다른 분야의 학문적 연구성과가 쌓이면서 시작되었다고 할 수 있다.

3. 역사적 아담 논쟁의 의의

아담의 역사성 논쟁, 즉 역사적 아담 논쟁은 근래 신학계에서 가장 뜨거운 이슈라고 할 수 있을 것이다. 과연 아담은 역사적으로 실존한 인물일까, 아니면 구원의 계시를 전달하기 위한 교수모델이나 상징일 뿐일까? 실존 인물이라면 아담은 성경에서 말하는 것처럼 개인일까, 아니면 근래 일부 유전학자들이 말하는 것처럼 유전적 그룹일까? 문자적으로 하나님이 흙으로 빚어서 숨을 불어넣은 지구상 최초의 인간이라고 해석할 수 있을까? 성경이 하나님의 말씀이고 인류의 기원을 연구하는 학자들의 진정성도 무시할 수 없는데, 이 둘 사이에 인류의 기원에 대한 입장이 다르다면 우리는 어느 쪽의 이론을 받아들여야 하는가?

많은 질문들이 제기될 수 있지만 어느 하나 쉽게 대답할 수 있는 질문이 없다. 인간의 기원에 관한 질문 자체가 답을 하는 것이 어려운 측면도 있지만, 이 질문과 관련된 토론의 이면에 도사리고 있는 전제나 이데올로기들이 있어서 더더욱 의견의 일치를 어렵게 만든다. 어떤 사람들은 이러한 전제나 이데올로기를 명시적으로 드러내기도 하지만, 어떤 사람들은 그런 전제나 이데올로기를 갖고 있음을 의식하지 못하거나 갖고 있지 않다고 의도적으로 부인한다.

이런 전제와 이데올로기로 인해 인류의 기원을 다루는 고인류학 연구에는 날조와 오해의 위험이 상존한다. 3강에서 살펴본 찰스 도슨의 필트다운인 사기 사건이나 후지무라 신이치의 구석기 유물 날조 사건은 민족주의 이데올로기가 어떻게 학문 연구를 오염시킬 수 있는지를 보여주는 대표적인 예들이다. 그러므로 기원, 그중에서도 편견에 휩싸이기 쉬운 인류의 기원을 다룰 때는 먼저 우리 모두가 전제나 이데올로기로부터 완전히 자유로울 수 있는 존재가 아님을 솔직하게 인정하고 그러한 덫에 빠지지 않도록 노력해야 할 것이다.

인류의 기원에 관한 질문이 어렵다고 해서 이 주제에 대한 토론을 포기할 것인가? 대답을 찾기가 어렵다고 해도 우리는 자신의 뿌리를 찾는 작업을 포기해서는 안 될 것이다. 아담이 누구인가라는 질문은 곧바로 내가 누구인가의 질문이며, 이 질문은 자신의 세계관을 결정짓는 가장 중요한 질문들 중 하나이기 때문이다.

4. 복음주의자들의 뜨거운 감자

   역사적 아담에 대한 근래의 관심은 미국 복음주의 진영의 대표적인 잡지라고 할 수 있는 「크리스채너티 투데이Christianity Today」가 2011년 6월 호를 "역사 속 아담을 찾아서The Search for the Historical Adam"라는 제목의 특집으로 꾸민 것에서도 볼 수 있다. 편집인 리처드 오슬링Richard N. Ostling은 역사적 아담에 대한 논쟁을 정리하면서 금세기에 들어서서 이 문제가 국제 복음주의 진영의 가장 뜨거운 주제임을 확인해 주었다.[9]

<그림 9-2> 「크리채너티 투데이Christianity Today」 특집2011.6.(영어판), 2011.8.(한국어판)

   이러한 관심은 국내에서도 다르지 않았다. 송인규 박사가 소장으로 있는 한국교회탐구센터는 지난 몇 년 동안 기독교와 과학 분야의 중요한 과제들을 100가지 동영상 에피소드로 제작하여 유튜브에 올렸는데, 그 중 2017년 5월 25일에 올린 에피소드 33번이 바로 "창세기 2장 7절은 아

담의 창조에 대한 것인가?"라는 주제였다.[10] 2019년 3월 15일, 과천소망교회에서 열린 기독교학술원원장 김영한 박사 월례세미나의 주제도 유신진화론을 다루었지만, 실제로 그 핵심은 인간의 기원, 구체적으로 역사적 아담 논쟁에 집중되었다.[11]

아담의 역사성이 얼마나 기독교 신앙의 근본에 큰 영향을 미치는가는 사람들에 따라 다르게 평가되어왔다. 일반적으로 기독교 신앙에 큰 영향을 미친다고 말하는 사람일수록 현대 고인류학적 연구결과를 받아들이는 데 신중하다. 반대로 큰 영향을 미치지 않는다고 주장하는 사람일수록 고인류학적 연구결과를 자유롭게 받아들인다. 일반적으로 보수적인 교단이나 기관들일수록 아담의 역사성을 강조하면서 동시에 아담의 역사성을 의심하지 않는다. 반면에 진보적인 교단이나 기관일수록 그 반대의 경향을 보여준다.

5. 아담의 역사성이 중요하지 않다는 사람들

먼저 아담의 역사성은 크게 중요하지 않다고 주장하는 사람들을 살펴보자.

이스턴나사렛칼리지Eastern Nazarene College의 물리학 교수인 기버슨Karl W. Giberson, 1957~은 행여 아담과 하와가 사라진다 해도 그것은 "부수적이거나 지엽적인 의견 차이"일 뿐이라고 그 의미를 축소하면서 "그 문제로 서로 믿음을 의심하며 비난을 퍼부어서는 안 될 일"이라고 지적했다. 그러면서 그는 창조기사는 우리에게 창조주 하나님이 계시다는 사실만을 알려준다고 말한다.[12]

오늘날 우리가 과학과 고대 히브리인들의 세계에 대해 아는 모든 것에 기초해 살펴볼 때, [창세기에 실린] 간략한 언급들을 인간 기원을 다루는 생물학적으로 정확한 서술로 간주하는 것은 전혀 합리적이지 않다. 분명한 것은 창세기 이야기가 우리에게 하나님이 만물을 창조하신 방법에 대해 말해주지 않는다는 점이다. 창조기사는 우리에게 하나님이 참으로 만물을 창조하셨고, 인간은 하나님의 계획 중 일부이며, 우연히 발생하지 않았다는 사실만을 알려줄 뿐이다.

바이오로고스BioLogos의 기고자이자 『진화적 창조Evolutionary Creation』의 저자인 캐나다 라무뤼Denis O. Lamoureux, 1954~는 "아담은 존재하지 않았지만, 그렇다고 해서 기독교의 밑바탕이 되는 믿음이 흔들리는 건 결코 아니다."라고 말한다.[13] 그는 "성령이 창세기 1장을 쓰는 작가 수준으로 내려와, 생물 기원에 관한 부차적 고대 과학을 활용해" "인간의 영적 상태에 관한 완전무결한 믿음의 메시지"를 드러냈다고 생각한다. 라무뤼는 바울이 서신을 쓸 때 그의 서신이 표현하는 바는 그 시대의 일반적인 생물학의 이해 수준을 나타낸다고 본다.[14]

<그림 9-3> 좌로부터 기버슨, 라무뤼, 콜린스, 베네마

라무뤼와 더불어 아담의 역사성을 부정하는 대표적인 학자는 인간 게놈프로젝트Human Genome Project, HGP를 이끈 유전학자 콜린스Francis S. Collins, 1950~이다. 콜린스는 2006년에 출간한 『신의 언어』에서, 해부학적으로 볼 때 현대인은 약 10~15만 년 전에, 그러니까 창세기의 아담 연대보다 훨씬 전에 영장류 조상에게서 나왔고, 두 명이 아니라 1만 명 정도의 집단에서 시작되었다고 주장했다.[15] 이 주장이 많은 사람들의 지지를 받은 데는 콜린스의 화려한 학문적 이력이 한 몫 한 것으로 보인다.

콜린스는 HGP의 책임자Director of the National Human Genome Research Institute, 1993~2008였다가 지금은 미국 최대의 생명과학 연구기관인 미국 국립보건원National Institute of Health, 2009~의 수장이다. 아마 근래 미국의 복음주의 과학자들 중 콜린스만큼 현재 고위직에 있으면서 자신의 신앙을 공개적으로 밝히는 사람은 없는 것으로 보인다. 그는 신앙과 과학의 문제를 다루는 바이오로고스BioLogos라는 단체를 설립하여 지금도 적극적으로 자신의 입장을 밝히고 있다.

콜린스의 주장 이래로 몇몇 학자들은 현생인류가 한 쌍의 부부로부터 시작하는 것은 거의 불가능하다고 말한다. 그 중 한 사람은 캐나다 트리니티웨스턴대학교Trinity Western University의 생물학 교수이자 바이오로고스 활동에 적극 참여하고 있는 베네마Dennis Venema이다. 바이오로고스BioLogos 웹사이트에 쓴 글에서 베네마는 인류의 개체수는 "고작 둘이었던 적이 결코 없다. …… 우리 종은 개체군으로 갈라졌다. 여러 자료에서, 이 점은 의문의 여지가 없다."라고 했다.

바이오로고스와 더불어 아담의 역사성을 부정하는 또 다른 단체는 미국과학자협회American Scientific Affiliation, ASA이다. 진보적인 복음주의 기독과학자들의 연합체인 ASA는 1941년에 창립되었으며, 계간으로 출간하고 있는 「과학과 기독교 신앙에 관한 조망Perspectives on Science & Christian Faith」이라는 학술지를 통해 자신들의 입장을 발표하고 있다. ASA 이사인 랜들 아이작Randell Isaac은 "과거에는 [아담에 관해] 해석의 여지가 많았다. 그러나 인간 유전체 서열이 그 여지를 없애버렸다."라고 했다.[16]

이외에도 아담의 역사성에 관한 입장은 창세기 초반의 해석과 근래의 고인류학적 연구를 어느 정도 수용하는가에 따라 다양하다. 어떤 사람은 아담의 몸은 진화의 산물이지만 영혼은 하나님의 초자연적인 개입으로 창조되었다고 본다. 여기서 흙은 유인원에 대한 상징이고, 생기는 영혼의 신적 기원에 대한 상징이라고 본다. 또한 어떤 사람은 창세기 1장 26~27절의 아담은 창세기 2장 7절의 아담과 전혀 다른 존재라고 본다. 또 일부에서는 아담은 실존 인물이 아니며 창세기 2장 역시 역사적 서술이 아니라고 본다. 창세기 2장은 인간의 과학적 기원을 설명하는 것이 아니라 하나님이 인간의 육체적, 정신적 필요를 채우는 분임을 나타내는 것이라고 본다. 이 견해에서는 창세기 2장의 기록은 다른 고대 근동의 신화와 같이 인간의 기원을 묘사하기 위해 삽입된 내용이라고 본다.

교회사적으로 볼 때 아담의 역사성을 부정하는 것은 새로운 이론이 아니다. 그런데 왜 근래에 와서 이렇게 문제가 될까? 이는 그동안 신학의 영역에 국한되어 있던 이 논쟁이 고인류학이나 유전학과 같은 과학의 영역으로까지 확장되었기 때문이다. 현대의 새로운 '우상'으로 등장한 과학과 이의 '제사장'인 과학자들에게 부여된 권위로 인해 역사적 아담 논쟁은 새로운 국면으로 접어들고 있는 것으로 보인다.

6. 아담의 역사성이 중요하다는 사람들

하지만 아담의 역사성을 부정하는 이런 입장에 모든 학자들이 동의하는 것은 아니다. 미국 구舊 프린스턴신학교흔히 Old Princeton Theological Seminary라고 불린다 교수이자 총장을 역임했던 벤자민 워필드Benjamin B. Warfield, 1851~1921는 아담의 역사성의 중요성을 누구보다 먼저, 그리고 깊이 이해하고 있던 사람이었다.

> 인류의 단일성에 관한 문제는, 그것이 분명한 신학적 중요성을 갖는다는 점에서 인간의 고대성 문제와는 다르다. 우리가 지금까지 보여주려 했듯이, 단순히 성서가 인류의 단일성을 분명하게 가르치지만 인간의 고대성에 대해서는 아무런 언급도 하지 않기 때문만은 아니다. 인류의 단일성은 죄와 구속에 관한 교리 등을 포함하는 성서의 모든 가르침을 위한 선결 조건이다. 우리가 구원 교리로 알고 있는 모든 것을 포함하는 성서의 가르침이 갖는 구조 전체가 인류의 단일성에 의지하고 있고 또한 그것과 연관되어 있다.[17]

한동안 한국교계에서는 한국창조과학회의 영향으로 젊은지구론과 오랜지구론으로 나누어져 논쟁하였다. 하지만 워필드는 이미 오래전에 창조연대 문제보다 아담의 역사성이 훨씬 더 근원적이고 중요한 이슈임을 간파하였다. 그는 아담의 역사성은 기독교의 중심교리라고 할 수 있는 구속론과 직접 관련되어 있다고 보았다.

또한 뉴욕 리디머장로교회Redeemer Presbyterian Church 팀 켈러Timothy J. Keller, 1950~ 목사는 "[바울은] 명백히 우리에게 아담과 하와는 실존 인물이라고 가르치고자 했다. 성경의 저자가 원하는 방향이 분명한데 그것을 문자 그대로 받아들이지 않는다면, 성경의 권위를 이해하는 전통적 방식에서 벗어난 것이다. …… 아담이 실존 인물이 아니라면, 죄와 은혜는 모두 '언약대로' 작용한다는 바울의 주장이 통째로 무너져버린다."라고 했다.[18]

<그림 9-4> 좌로부터 아담의 역사적 실존을 주장하는 워필드, 블룸, 켈러, 콜린스, 월튼

바이올라대학교Biola University에서 과학과 종교의 관계를 가르치는 물리학자 존 블룸John A. Bloom 역시 진화론적 성경해석의 문제점을 지적했다. 그는 아담 이전에 원시 인류 개체군이 존재했고, 그 개체군이 "집단적으로 현대인으로 진화했다면, 핵가족과 죄와 죽음에 관한 신학적 토대는 훼손될 수 있다. 그리고 성경이 이 주제를 언급할 때 신뢰성에 금이 갈 것이다. 성경이 문제의 기원을 정확히 설명하지 않는 상황에서, 그것이 제시하는 문제의 해결책을 신뢰할 수는 없지 않은가?"라고 했다.[19] 커버넌트신학교Covenant Theological Seminary의 구약학자이자 『아담과 하와는 실제로 존재했는가?』의 저자인 존 콜린스C. John Collins, 1954~ 역시 아담과 하와의 역사성이 없다면, "우리는 성경에 있는 많은 것들을 무효화하는 셈이고, 그렇다면 결국 그것은 다른 이야기가 되고 만다."라고 했다.[20]

비슷하게 고백복음주의자동맹Alliance of Confessing Evangelicals과 필라델피

아개혁신학회의Philadelphia Conference on Reformed Theology의 지도자이자 사우스캐롤라이나 그린빌제2장로교회Second Presbyterian Church in Greenville의 목사인 리처드 필립스Richard D. Phillips는 역사에 실존한 인물로서의 아담이 사라지면 기독교가 심각한 위험에 빠진다고 주장하면서 이렇게 말한다.

> 신학의 바탕이 되는 역사적 사건이 거짓이라면 성경신학이 진실일 수 있겠는가? …… 유신론적 진화 뒤에 있는 성경해석학은 트로이의 목마 같아서, 일단 문 안으로 들어서면 기독교 믿음이라는 요새 전체가 무너질 게 뻔하다.[21]

복음주의 학교의 대표라고 할 수 있는 미국 위튼대학Wheaton College 역시 아담의 역사성의 중요성을 인식하고 있었다. 위튼대학의 의무 신앙고백에는 명백하게 "하나님은 전 인류의 부모이자 역사에 실존한 아담과 하와를 직접 창조하셨다."라는 전통적 교리를 포함하고 있다. 이 대학의 구약학 교수인 왈튼John Walton은 역사적 아담이 존재한다고 하면서 원형적 창조론Archetypal Creation이라는 것을 주장하는데, 곧 "아담과 하와는 역사적 인물이며 실제 과거에 살았던 인물들이다. 그럼에도 나는 성경 텍스트가 그들이 모든 인간을 대표하는 원형적 인물들archetypal figures이라는 점에 더 많은 관심을 둔다고 확신한다."라고 말한다. 그는 창세기 저자의 관심은 아담과 하와가 생물학적 존재로서 물질적으로 창조되었다는 점에 있는 것이 아니라 인간의 역할 혹은 기능에 있다고 주장한다.[22]

왈튼은 아담과 하와는 역사적 인물이지만 지구에 존재했던 첫 번째 인간이거나 모든 인류의 조상은 아닐 수도 있다고 말한다. 또한 그는 다른 생물종들과 아담 사이에 물질적인 불연속성이 존재하는 것에 대해서도 그렇지 않을 수도 있다고 말한다. 즉, 그는 진화에 의한 인류의 출현, 즉 아담의 출현에 대해 열려 있다. 하지만 그렇다 하더라도 그는 아담과 하와가 과거에 살았던 실제 인물임을 받아들이는 것을 통해 복음주의 신학의 죄와 죽음의 기원을 충분히 설명해 낼 수 있다고 말한다. 그런 의미에서 월튼의 원형적 창조론은 유신진화론과 젊은지구창조론/오랜지구창조론의 중간에 있다고 할 수 있다.

성경과 고고학, 구체적으로 현대의 고인류학 연구결과들과 창세기 초반에 기록된 아담의 창조 기사를 조화시키려고 하는 데는 몇 가지 이론이 있다. 아래에서는 근래에 번역, 출간된 『아담의 역사성 논쟁』에서 소개하고 있는 바를 중심으로 아담의 역사성에 대해 학자들의 구체적인 주장을 창조과학, 오랜 아담 이론, 선아담인류론, 유신진화론 등 네 가지로 나누어 살펴본다.[2]

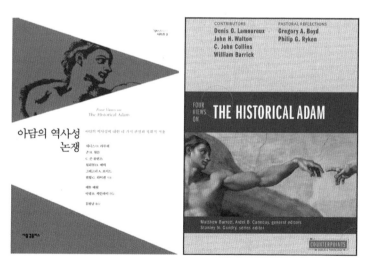

<그림 9-5> 아담의 역사성에 대한 논쟁을 잘 소개한 『아담의 역사성 논쟁』

7. 창조과학의 입장

먼저 과학적 창조론Scientific Creationism이라고도 불리는 창조과학Creation Science의 견해를 살펴보자. 성경을 문자적으로 해석하며, 성경의 기록은 현대과학적으로도 정확하다고 주장하는 창조과학에서는 하나님이 말씀하시자 즉각적으로 모든 우주가 존재하게 되었다고 보기 때문에 '즉각적 창조론'이라 부르기도 한다. 이 이론에서는 지구와 우주, 인류가 6,000년 정도 되었다는 젊은지구론을 주장한다.[24]

창조과학자들은 창세기 1장 26~27절에서의 사람과 2장 7절에서의 사람이 같은 사람이자 개인이라고 보면서 하나님은 문자적으로 흙신체과 생기영혼로 첫 인간 아담을 창조했다고 본다. 이들에게 있어서 아담은 최초의 사람이기 때문에 아담 이전에는 어떤 인간도 존재하지 않았으며, 오늘날 생존하는 모든 인류는 아담의 후손이라고 본다. 이들은 진화론자들이 주장하는 유인원 화석들은 멸종한 동물일 뿐이며, 고인류학에서 말하는 석기 시대나 빙하기는 존재하지 않았다고 본다.[25]

물론 창조과학자들 사이에서도 의견이 완전히 통일되어 있지는 않지만 대체로 이들은 몇 가지 점에서 공통적인 주장을 한다. 이들은 현재의 대부분의 고인류학 연구를 부정하면서 아담은 6,000년 전에 초자연적인 방법으로 창조된 모든 인류의 첫 조상이라고 본다. 그리고 노아홍수로 인해 아담과 노아 사이에 살았던 고대인들은 모두 멸종하고 오직 노아를 비롯한 그의 여덟 명의 가족만 살아남았다고 본다. 오늘날 발굴되는 크로마뇽인과 네안데르탈인 화석들도 아담의 후손의 화석이라고 본다. 일부에서는 사람속직립원인, 도구인간 등에 속한 화석들도 아담의 후손의 화석들이라고 주장하기도 하지만, 이들의 연대는 받아들이지 않는다.

그렇다면 오늘날 발굴되고 있는 다른 여러 유인원 화석들은 어떻게 설명할 것인가? 대부분의 창조과학자들은 크로마뇽인과 네안데르탈인들은 아담의 후손이며, 이들의 연대가 수 만 년 전으로 거슬러 올라가는 것은 연대측정을 잘못했기 때문이라고 주장한다. 또한 이들을 제외하고 현재 발견되고 있는 대부분의 사람속의 화석은 인류의 기원과는 무관한, 현재는 멸종한 다른 동물의 화석이라고 본다. 고인류학자들이 발굴한 화석들을 재구성한 모습이 점점 사람에 가까워지는 듯이 보이는 것은 진화론자들의 편견에 의한 것이라고 본다. 물론 이들에 대한 오랜 연대도 진화적 편견에 의한 오류라고 본다.[26]

창조과학자들은 인간 진화에 대한 강한 적개심을 갖고 있기 때문에 인류의 기원과 관련된 여러 사기 사건들이 끊이지 않는다고 본다. 앞에서 소개한 일본 후지무라 신이치藤村新一, 1953~의 구석기 유물 조작 사건이나 영국의 찰스 도슨Charles Dawson, 1864~1916 등의 필트다운인Piltdown Man 화석 조작 사건 등은 창조과학자들이 늘 지적하는 예이다.[27] 또한 창조과학자들은 자바인이나 하이델베르크인, 네브래스카인 등의 유골들도 완전한 인간의 것이거나 완전한 동물의 것인데, 이를 잘못 해석한 것이라고 주장한다. 또한 크로마뇽인이나 네안데르탈인도 완전한 인간이었다는 데는 동의하지만, 이들의 연대는 받아들이지 않는다. 이러한 창조과학적 입장은 다분히 반과학적, 반지성적이라는 비난을 피할 수가 없다.

8. 오랜 아담 이론

둘째, 오랜 아담 이론Old Adam Theory이다. 이 이론에서는 아담은 모든 인류의 첫 조상이며, 아담은 처음부터 다른 동물들과는 구별된 존재로, 하나님의 형상을 따라 독특하게 창조된 존재라고 본다. 오늘날 발굴되는 다양한 유인원들의 화석들 중 호모 사피엔스 혹은 사람에 따라서는 더 멀리 거슬러 올라가서 직립원인Homo erectus이나 도구인간Homo habilis까지도 아담의 후손이라고 보는 것이다. 이 이론에서는 오늘날 고인류학에서 추정하는 연대를 대체로 인정하지만 기본적으로 인간이 다른 유인원으로부터 진화했다는 주장은 받아들이지 않는다. 하지만 이 이론에서는 수많은 유인원 화석에서 어느 시점을 첫 인간, 즉 첫 아담으로 볼 수 있는지에 대한 기준이 분명하지 않다는 문제가 있다.

오랜 아담 이론과 관련된 이론으로는 진행적 창조론Progressive Creationism 혹은 점진적 창조론Gradual Creationism을 생각해 볼 수 있다. 진행적 창조론에서는 생물의 대진화는 부정하지만, 오랜 연대나 천문학이나 지질학과 같은 다른 과학의 주요 이론들은 대체로 수용한다. 특히 방사성연대측정법을 신뢰할만한 절대연대측정법으로 인정하며, 오랜 지구연대, 오랜 우주연대를 받아들인다. 즉, 지구연대는 46억 년, 우주연대는 138억 년임을 받아들인다. 그러므로 자연스럽게 성경해석에 있어서는 창세기 1장의 창조의 날을 24시간이 아니라 긴 시간 혹은 지질학적 시간이라고 본다.

진행적 창조를 지지하는 사람들 중에는 하나님이 첫 사람을 초자연적인 방법으로 창조하셨다고 주장하는 사람과 진화라는 자연적 방법으로 창조하셨다고 주장하는 사람들로 나누어진다. 그리고 이 이론에는 하나님이 인간을 만들 때 사용한 흙이 ① 실제 흙이라고 주장하는 보수적인 입장과 ② 인간으로 진화하는 유인원이라고 주장하는 진보적인 입장으로 나누어진다. 중요한 것은 '흙'으로 만들어진 존재가 하나님의 초자연적인 간섭으로 하나님의 형상을 가진 특별한 존재가 되었다는 점이다.

그렇다면 특별한 존재가 된 인류는 언제 창조되었을까? 여기에 대해서는 뚜렷한 의견의 일치는 없지만 대체로 1만 년 내외로부터 20만 년 정도 사이에 '창조'되었다고 본다.

9. 선아담인류론

셋째, 선아담인류론Pre-Adamites Theory이다. 복음주의자 존 스토트John R.W. Stott, 1921~2011가 공개적으로 지지해서 유명해진 이 주장에 의하면, 아담 이전에도 많은 사람들이 존재했으며, 아담은 다만 하나님의 형상을 가진 첫 번째 사람일 뿐이다.[28]

<그림 9-6> 존 스토트와 그의 로마서 강해

비슷한 이론으로 영국의 구약학자 데릭 키드너Frank Derek Kidner, 1913~2008는 다중아담인류론Co-Adamites Theory, Coadamism을 제기하였다. 이 이론에 의하면, 인간이 창조될 때 아담 외에 다른 많은 부부들도 함께 창

조되었다고 말한다. 키드너는 오래 전에 유전자 조성이 같은 '아담 이전 인간'과 '아담 이후 인간'이 존재했고, 대신 "동물에서 인간으로 이어지는 자연적 연결고리는 없었을" 것이라고 하였다. 이 이론에 의하면, 아담의 연대를 오래 전으로 잡든, 최근으로 잡든 큰 문제가 되지 않을 뿐 아니라 근래의 고인류학 연구들과도 충돌할 이유가 없어진다. 수많은 유인원들의 화석도 문제가 되지 않는다. 고인류학 연구들과 성경해석 사이에서 고민하던 사람들의 마음을 편하게 해주는 이론이기 때문에 다음과 같이 근래에 몇몇 서적들이 출간되었다.[29]

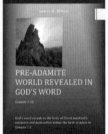

<그림 9-7> 선아담인류론 서적들[30]

선아담인류론은 창세기와 과학을 조화시키는 데만 유용한 것이 아니다. 성경 자체의 해석에도 유용한 측면이 있다. 예를 들면, 하와를 유혹한 자가 누구인지 실제로 땅에 기어 다니는 뱀일 리는 없다고 믿기 때문에, 도대체 가인이 누구와 결혼을 했는지, 가인이 하나님 앞에서 쫓겨났을 때 자기를 죽일까봐 두려워했던 자들이 누구인지 등이다.[31]

10. 유신진화론

앞에서 소개한 세 이론에 더하여 역사적 아담 논쟁에서 가장 뜨거운 감자는 역시 유신진화론Theistic Evolutionary Theory이라고 할 수 있다. 창조적 진화론, 진화적 창조론Evolutionary Creationism이라고도 불리는 유신진화론에서는 생물의 대진화를 비롯하여 대부분의 주류 과학 이론을 그대로 수용한다. 이 이론에서는 하나님이 진화라는 방법을 통해 생물은 물론 인간도 창조하셨다고 믿는다. 또한 대부분의 화석인류들을 진화의 중간형태로 인정하며 기본적으로 인간은 오늘날 인류 진화론자들이 말하는 과정을 따라 진화하였다고 본다. 이 이론은 주류 인류 진화론과 동일한 주장을 하지만, 그 진화의 과정을 하나님이 인도하셨다고 본다.

구체적으로 유신진화론자들은 인간은 신생대에 번성하기 시작한 설치류와 같은 작은 포유동물들로부터 진화되었다고 본다. 이들에 의하면, 인간은 대체로 700만 년 전 신생대 마이오세中新世, Miocene의 사헬란트로푸스Sahelanthropus로부터 시작하여 350만 년 전 플라이오세鮮新世, Pliocene의 오스트랄로피테쿠스, 200만 년 전 플라이스토세洪積世, Pleistocene의 도구인간道具人間, Homo habilis과 100만 년 전의 직립원인直立原人, Homo erectus, 20만 년 전의 호모 사피엔스Homo sapiens 등의 과정을 거쳐 진화한 존재라고 본다. 그리고 그 진화하는 과정 어디에선가 인간에게 하나님의 형상이 주어졌다고 본다.

진화의 과정에서 하나님이 개입하셨다는 것은 구체적인 어떤 증거가 있어서라기보다 하나의 관점이요 세계관이기 때문에, 유신진화론은 그 주장하는 내용에 있어서는 무신론적 진화론 내지 자연주의적 진화론과 다르지 않다. 그래서 과학적 증거를 해석함에 있어서 이들의 입장은 그

냥 진화론적 입장이라고 해도 문제가 없다. 이들은 다음과 같은 인류 진화의 도표를 그대로 수용한다.

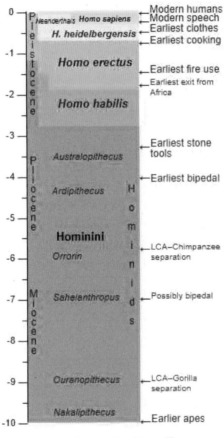

<그림 9-8> 인류 진화 도표[32]

　스스로 복음주의자라고 하면서 아담이 역사적 인물이 아니라고 주장하며 유신진화론을 주장하는 대표적인 학자들로는 앞에서 언급한 것처럼 미국국립보건원NIH의 프랜시스 콜린스Francis S. Collins, 미국 이스턴대학교 구약학자인 피터 엔즈Peter Enns, 1961~, TWUTrinity Western University 생물학자 데니스 베네마Dennis Venema, 구약학자 월트키Bruce K. Waltke, 1930~, 밴쿠버 리전트칼리지Regent College에서 신학을 공부한 데니스 라무뤼Dennis O. Lamoureux, 리처드 미들턴Richard Middleton 등을 들 수 있다.

근래 유신진화론의 진원지는 콜린스Francis S. Collins가 시작한 바이오로고스BioLogos라는 단체이다. 바이오로고스는 인간의 기원과 관련해 현재 과학계의 주류 견해를 소개할 뿐 아니라 성경이 진화론과 조화를 이루며 재해석될 수 있는 방법도 소개한다. 유신 진화를 주장하는 위의 학자들은 대부분 바이오로고스를 통해 활동하고 있다. 이들은 성경에 나오는 하나님은 인류를 포함해 지구상의 모든 생물을 창조하셨지만, 이 창조 과정에 사용된 시나리오는 유전자가 변이하는 가운데 무수한 세월에 걸쳐 점진적으로 자연선택을 한다는 진화 시나리오라고 주장한다.

이들 중 라무뤼는 『아담의 역사성 논쟁』에서 역사적 아담은 없다고 주장하면서 하나님이 우주를 진화라는 방식을 통하여 창조했다고 주장한다.[33] 그는 아담은 역사적 인물이 아니라 성서가 무오한 영적 진리를 전달하기 위해 사용했던 부수적인 도구라고 주장한다.[34] 또한 그는 우리가 알고 있는 아담과 하와는 한 쌍의 부부가 아니라 약 1만여 명의 인간으로 이루어진 집단이었을 것이라는 프랜시스 콜린스의 주장을 그대로 받아들인다.

라무뤼는 자신의 주장을 증명하기 위해 소위 '메시지-사건 원리'라는 방식을 도입한다. 즉, 성경이 주장하는 영적 메시지는 고대과학의 현상적 방식에 의해 이해되어야 한다는 것이다. 예를 들면, 성경이 기록되던 고대에는 우주를 3층 구조로 이해했다. 하나님은 이런 고대인들이 이해할 수 있는 수준으로 성경을 기록했다는 것이다. 이것은 다른 과학적 언급에서도 마찬가지여서 하나님은 고대인들이 이해할 수 있는 수준으로

세계를 기술했기 때문에 우리는 현대과학, 현대생물학으로 이들을 다시 이해해야 한다는 것이다. 결국 라무뤼는 한 개인으로서 아담은 존재하지 않았고, 하나님은 진화라는 방식으로 인류를 존재하게 했다고 주장한다.

<그림 9-9> 『아담의 역사성 논쟁』과 『아담의 진화』

한때 미국 웨스트민스터신학교Westminster Theological Seminary 교수로 있다가 성경관이 문제가 되어 물러난 피터 엔즈Peter Enns 역시 『아담의 진화』에서 '아담에 대한 이해'가 진화되어야 한다고 주장하면서 성경에 근거하여 진화론과 기독교 신앙을 종합하려 한다. 그는 창세기와 진화론을 조화시키려면 성경 이야기의 일부를 불가피하게 재조정해야 한다고 주장하면서, 창세기를 문자적·역사적으로 읽기보다 상징적·비유적 또는 다른 방식으로 읽을 것을 주장한다. 그는 성경 이해의 진화를 주장하는데, 그가 말하는 성경 이해의 진화란 바로 성경비평학과 고고학, 그리고 과학이다.

엔즈는 기독교인들은 과학적 영역과 창세기를 연관 지어 읽어서는 안된다고 말한다. 그는 바울 서신에서 '첫 아담과 둘째 아담예수님'에 대한 유비는 아담과 예수님 모두의 '역사성'을 전제로 하는데, 이는 진화론 출현 이전의 의견이라고 주장한다. "바울의 신학사상이 아담의 역사성을 전제로 전개되고 있으므로 아담의 역사성을 부인하는 것은 성경이 전제하고 있는 신학체계의 근간을 흔든다."라는 주장에 대하여, 그는 바울은 잘못된 전제 하에서 논리를 전개해 나가고 있는 것이라고 주장한다. 바울 역시 성경을 기록함에 있어서 오류를 가진 한 명의 고대인이라는 것이다.[35]

엔즈는 "첫 번째 아담이 특별하게 창조되었다는 성경의 묘사가 문자 그대로 역사적인 것은 아니다."라고 주장한다. 그는 로마서 5장 12~21절에서 사도 바울이 아담과 그리스도를 비교하면서 언급한 것을 두고 바울이 오늘날의 고고학 및 과학 지식에 접근할 수 없었으므로 그 역시 아담의 역사성을 믿는 오류를 범했던 1세기 인물로 간주해야 한다고 주장하였다.[36] 그는 바울이 아담을 '실존 인물'로 생각했다는 점은 의심하지 않는다. 하지만 그는 바울의 그러한 확신은 인간 기원에 관한 고대인들의 흔한 믿음이었을 거라고 주장한다. 그는 창세기에서 아담을 언급한 문구는 모든 인류의 기원이 아닌 '이스라엘 사람들의 기원을 다룬 이야기'라고 주장한다.

엔즈는 창세기를 진화론적으로 재해석했다가 2008년에 웨스트민스터신학교에서 교수직을 정지당하고 결국 학교를 떠나야 했다. 하지만 그가 웨스트민스터신학교를 떠날 때는 역사적 아담 문제는 아직 거론도 되지 않았을 때였다!

월트키 역시 바이오로고스 동영상에서 "진화론을 긍정하는 자료가 넘치는데도 이를 부정한다면, 우리는 사이비 이교도 집단이 될 것이다.”
라고 주장했다. 하지만 이로 인해 그 역시 학교로부터 사퇴 압력을 받았
고, 그의 사퇴서는 즉각 수리되었다. 그 후 그는 다른 학교에서 가르치고
있다.[37]

　유신진화론을 주장하는 사람들은 공통적으로 아담의 역사성을 부정
한다. 하지만 우리는 아담을 역사적 인물로 받아들이지 않을 때 어떤 신
학적인 문제에 직면하게 되는지를 생각해 봐야 한다. 유신진화론의 함의
는 신학적 의미에 있어서 우주진화론이나 생물진화론과는 비교할 수 없
을 정도로 예민하고 크기 때문이다.

11. 유신진화론의 함의

　우주론에서의 논의를 인류 진화론으로 가져와서 아담에 대한 논의로
확장한 사람은 라무뤼이다. 과연 그러한 확대가 적절할까? 현대 우주론
은 물리학과 천문학의 영역이지만, 현대 고인류학 연구는 생물학, 고생
물학, 고유전학의 영역이다. 우주론을 다루는 물리과학physical science 영역
은 데이터 해석의 여지가 매우 적은 반면에, 고인류학 연구는 데이터 해
석의 여지가 매우 크다. 우주론은 저준위 해석low level interpretation을 요구
하는 분야이고, 고인류학은 고준위 해석high level interpretation을 요구하는
분야이다. 그만큼 우주론에 비해 고인류학 연구는 형이상학적인 요소가
개입될 가능성이 높다는 말이다.[38]

　유신진화론이 당면하는 가장 큰 신학적 주제 중 하나는 인간의 타락
이다. 인간의 타락이 역사 속에서 일어난 실제적인 사건이 아니라면, 그

타락으로 인한 저주와 죽음에서 인간을 구원하러 오신 예수 그리스도의 사역이 의미가 없게 되기 때문이다. 유신진화론과 타락의 문제에 대해서는 『인간의 타락과 진화』라는 책이 심층적으로 다루고 있다. 특히 미들턴J. Richard Middleton은 이 책 4장에서 유신진화론이 성경적 구속론에서 얼마나 어려운 주제인지를 잘 보여주고 있다. 그는 유신진화론을 지지하면서도 이것을 성경과 조화시키는 것이 얼마나 어려운지를 이렇게 표현했다.[39]

> 우리가 물려받은 성경적 유산과 오늘날 대부분의 학문을 지배하는 생물학적 진화라는 실재를 칼케돈적인 마음으로, 곧 두 '본성의 연합은 결코 신성과 인성의 구분을 없애지 않고 각 본성의 특성을 보존한다.'라는 (칼케돈 신조의 표현처럼), 각각의 담론'두 개의 자연'을 혼동하거나 분리하지 않고 종합하는 일은 간단한 문제가 아니다. …… 때때로 나는 성경 본문에 대한 나의 탐구가 어디로 귀결될지 궁금했다. 그러나 우리가 현대 과학의 주장에 즉각적으로 압도되지 않기 위해서는 본문의 신학적 모티프에 대한 면밀한 독해가 필요하다고 판단했다. 아마도 우리에게 적절한 첫 번째 단계는 우리가 인간 진화에 관해 아는또는 알고 있다고 생각하는 것에 열린 마음으로 시야를 넓히며 우리 자신을 형성한 창조와 타락이라는 이야기에 머무는 것일 것이다.

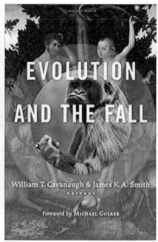

<그림 9-10> 유신진화론과 인간의 타락 문제를 심층적으로 다룬 책이다.

유신진화론자들은 인류의 기원이나 우주의 기원에서 모두 현대 학문의 주류 이론을 그대로 성경해석에 활용한다. 하지만 우주의 기원과 관련해서는 우주가 어떤 과정을 통해 창조되었는지에 대해 성경이 구체적인 언급을 하고 있지 않을 뿐 아니라 우주가 어떤 메커니즘을 통해 창조되었는지가 신학적으로 크게 중요하지 않다. 이에 비해 인류의 기원에서 아담은 단순한 개인이 아니라 인류의 대표이고, 그의 타락으로 인해 죄가 세상에 들어왔고, 그로 인해 예수 그리스도의 구속이 필요하게 되었다는 점에서 신학적 함의가 매우 크다. 다시 말해 아담의 기원은 기독교 교리의 근간이 되는 구속론救援論, soteriology에 직결되어 있고, 실제로 사도 바울은 예수 그리스도를 통한 구속 사역이 아담의 타락 사건과 이로 인한 원죄를 해결하는 것으로 묘사하고 있다. 그러므로 성경의 우주론이 그 당시 사람들의 우주관을 반영한다는 도식을 그대로 성경의 인간관에 적용할 수 있는지에 대해서는 더 많은 논의가 필요하다고 할 수 있다.

<그림 9-11> 베르스티그의 『아담의 창조』

　이러한 신학적 함의를 생각하면서 네덜란드 신약학자 베르스티그J. P. Versteeg, 1938~는 『아담의 창조』에서 실존 인물로서의 아담을 부정하는 유신진화론자들을 반박한다. 베르스티그는 피터 엔즈가 주장하는 것처럼 아담이 단순한 하나의 '교수모델'이 아니라 '역사적 아담'이 실재했음을 강조하면서 "아담이라는 인물이 하나의 관념이라면, 그리스도 역시 관념이라는 위협을 받게 된다."라고 주장한다. 그래서 그는 '인류 최초의 인간으로서의 아담의 역사성'을 인정해야 한다고 주장한다.[40]

　아담의 역사성을 부정하면서 복음주의자라고 할 수 있는지는 좀 더 많은 논의가 필요한 것으로 보인다. 진보 진영의 학자들은 애초부터 성경을 다른 고전들과 다를 바 없는 책으로, 성경의 신적 권위를 인정하지 않기 때문에 아담의 역사성을 부정하더라도 별로 이상한 일이 아니다. 하지만 유신진화론을 지지하는 사람들의 일부는 아담의 역사성을 부정하면서도 스스로를 복음주의자라고 말한다. 이들은 성경의 영감성과 신적 권위를 인정한다고 하면서도 아담의 역사성은 부정한다. 그렇다면 잠깐 멈추어 서서 도대체 복음주의라는 것이 무엇인지를 다시 한 번 살펴보는 것이 필요하다.

12. 복음주의와 아담의 역사성

비록 본서에서 깊이 다룰 주제는 아니지만 기원논쟁에 있어서 복음주의는 무엇이고, 복음주의자들은 무엇을 믿는가는 간단하게나마 다룰 가치가 있다. 아래에서는 먼저 복음주의가 무엇인지를 간단히 살펴보고, 로마서 5장에 나타난 바울의 구속론의 중요한 문제인 아담과 그리스도의 관계를 살펴보자.

복음주의가 무엇인지에 대해서는 존 스토트John R.W. Stott나[41] 맥그래스 Alister McGrath[42] 등 여러 사람들의 제안이 있지만 본강에서는 우리나라 독자들에게 『역사관의 유형들』이란 저서로 잘 알려진 영국 역사학자 데이비드 베빙턴David Bebbington이 제안한 복음주의의 네 가지 특징을 소개하겠다.[43]

베빙턴이 제안한 복음주의의 특징은 첫째, 회심주의conversionism이다. 즉 복음주의는 성령에 의한 회심 경험을 강조한다. 둘째, 성경주의 biblicism이다. 즉 복음주의는 성경을 하나님의 말씀으로서 유일한only 또는 일차적인primary 권위로 본다. 셋째, 행동주의activism이다. 복음주의는 문서선교나 해외선교 등의 선교 활동을 강조한다. 넷째, 십자가중심주의 crucicentrism이다. 복음주의는 예수님의 십자가에서의 희생을 인간 구원의 유일한 근거로 본다.

이 중에서 본서의 논의와 관련하여 두 번째 특징을 생각할 필요가 있다. 성경에 대한 신적 영감성과 권위를 받아들이는 복음주의에서는 성경의 무오성biblical inerrancy과 성경의 무류성biblical infallibility을 받아들인다. 과연 복음주의에서 말하는 성경의 무오성을 받아들인다고 할 때 아담의 역사성을 부정하는 사람들을 (본인들의 주장과는 무관하게) 복음주의자로 분류할 수 있을까?

앞에서 언급한 전통적인 복음주의의 관점에서 본다면, 유신진화론은 복음주의와 진보진영의 경계에 있는 것으로 보인다.[44] 더구나 바울은 고대인이기 때문에 오류를 범할 수 있다고 주장하는 엔즈의 경우는 스스로의 주장과는 무관하게 복음주의의 선을 넘어가는 것이 아닌가 생각된다. 어떤 의미에서 아담의 역사성을 받아들이지 않으면서 복음주의라고 말하는 것은 형용모순oxymoron이 아닌가 생각된다. 그 이유를 로마서 5장의 해석과 관련하여 살펴보자.

아담을 실재 인물이라고 보지 않을 때, 가장 큰 문제는 앞에서 언급한 것처럼 구원론에서 발생한다. 이의 중심적인 구절은 로마서 5장이라고 할 수 있다. 5장에서 구원론을 설명하면서 사도 바울은 아담으로 인한 원죄에 대한 논의로부터 시작한다. 특히 12절에서 그는 모든 인간이 죄로 인해 죽음에 이르게 되었다는 것을 세 단계로 설명한다.

첫째 단계는 "한 사람으로 말미암아 죄가 세상에 들어"온 단계이다. 여기서 성경은 '한 사람'이라고 말할 때 상징적이거나 가상적인 어떤 한 사람, 혹은 인간이라고 하는 집단일 가능성을 배제한다. 말할 필요도 없이 여기서 한 사람은 아담을 의미한다. 둘째 단계는 "죄로 말미암아 사망이 들어"온 단계이다. 죄도 명백한 실재이고, 사망도 명백한 실재이다. 사망이 육체적 죽음을 의미하는지, 영적 죽음을 의미하는지, 혹은 두 죽음 모두를 의미하는지에 대해서는 논쟁이 있을 수 있지만, 인간의 죽음이 죄로 인한 것이라는 것은 성경의 일관된 주장이다. 셋째 단계는 "모든 사람이 죄를 지었으므로 사망이 모든 사람에게 이르"는 단계이다. 성경은 인간의 범죄로 인해 초래된 인간의 죽음에서 예외는 없다고 말한다. 모든 사람이 죄를 지었고, 따라서 모든 사람이 죽음에 이르게 되었다는 것은 성경의 선언일 뿐 아니라 우리가 경험하고 있는 사실이기도 하다.

12절이 모든 사람들의 범죄와 타락, 죽음의 실재성을 언급했다면, 13절 이하는 이스라엘이라고 하는 한 민족을 통해 드러난 구속의 원리를 제시한다. 죄의 구체적인 기준으로서 율법이 주어지기 전에도 죄는 세상에 있었지만, 율법이 없었을 때는 죄를 죄로 여기지 않았을 뿐이다. 그래서 14절은 "아담으로부터 모세까지 아담의 범죄와 같은 죄를 짓지 아니한 자들까지도 사망이 왕 노릇 하였"다는 죄의 보편성, 타락의 보편성을 언급하고 있다.

14절 마지막 부분에서 "아담은 오실 자의 모형"이라는 말은 논쟁을 불러일으키고 있다. 하지만 모형typos, τύπος이란 말은 이어지는 구절에서 어느 정도 설명이 된다. 15절에서는 "한 사람의 범죄를 인하여 많은 사람이 죽었은즉 더욱 하나님의 은혜와 또한 한 사람 예수 그리스도의 은혜로 말미암은 선물은 많은 사람에게 넘쳤느니라"고 말한다. 아담의 범죄로 인해 많은 사람이 죽은 것이 실재였던 것처럼, 하나님과 예수 그리스도의 은혜로 말미암아 얻게 된 구속의 은혜가 실재적이라는 표현은 아담을 실재하지 않는 단순한 모형으로만 보기가 어렵게 만든다. 이것은 이어지는 구절에서도 반복적으로 나타난다.

16절에서 "심판은 한 사람으로 말미암아 정죄에 이르렀으나 은사는 많은 범죄로 말미암아 의롭다 하심에 이름이니라"고 한 것이나 17절에서 "한 사람의 범죄로 말미암아 사망이 그 한 사람을 통하여 왕 노릇 하였은즉 더욱 은혜와 의의 선물을 넘치게 받는 자들은 한 분 예수 그리스도를 통하여 생명 안에서 왕 노릇 하리로다"고 한 것은 반복된 강조라고 할 수 있다. 18절에서 "한 범죄로 많은 사람이 정죄에 이른 것 같이 한 의로운 행위로 말미암아 많은 사람이 의롭다 하심을 받아 생명에 이르렀"다고 한 것이나 19절에서 "한 사람이 순종하지 아니함으로 많은 사람이 죄인 된 것 같이 한 사람이 순종하심으로 많은 사람이 의인"이 된다고 하는 표현도 아담을 가상적인 단순한 모형으로만 보기 어렵게 만든다.

우리는 아담에 대하여, 지구와 우주의 창조에 대하여 학문적으로 알 수 있는 바가 제한되어 있다. 아담이 어떻게 창조되었는지, 지구가 어떻게 창조되었는지, 하나님의 창조 방법에 대해 몇몇 시나리오는 있지만 현대과학으로도 정확히 알 수 없다. 현재로서는 해석학적 유연성을 발휘하더라도 성경의 기록을 고인류학적 연구와 맞추는 것도 쉽지 않아 보인다. 그럼에도 불구하고 아담이 실제 인물이 아니었다고 한다면, 그로 인해 죄가 들어왔음을 받아들이지 않는다면 아담을 오실 자의 표상이라고 본 성경기자들의 믿음은 허상이라고 볼 수 있다. 이것은 성경의 비본질적인 요소가 아니라 본질적인 요소에 해당한다. 어쩌면 성경의 가장 중요한 자기주장이라고 할 수 있다.

성경해석과 관련하여 역사-문법적 고려, 문맥적 고려, 성경의 다른 부분과의 비교, 성경 외적 증거들과의 비교 등 일반적인 해석학의 원리를 고려할 때 아담의 역사성을 부정하는 것은 복음주의라는 우산 아래에서는 자리를 찾기 어렵다고 생각된다. 그렇다면 성경은 아담의 창조에 대해서 뭐라고 말하고 있는지 살펴볼 필요가 있다. 인류의 기원의 문제가 이렇게 중요한 문제라면 성경은 이에 대해 어떻게 말하고 있는가?

13. 아담과 창세기 해석

아쉽게도 성경에는 인간의 기원에 관해 매우 제한적인 언급만을 하고 있다. 한 예로 성경은 오늘날 많이 발견되는 유인원 화석과 관련하여 어떤 힌트도 제시하지 않는다. 또한 성경은 어디에서도 석기 시대는 물론 선사시대에 대해 거의 언급하지 않는다. 창세기 초반에는 인간의 문화적 활동을 보여주는 구절들을 일부 찾을 수는 있지만, 학문적인 의미를 찾을 수 있는 구절은 별로 보이지 않는다.

그럼에도 불구하고 필자는 아담이 실존한 역사적 인물이었다는 전제에서 출발하였음을 밝힌다. 이것은 과학적으로 증명할 수 있는 전제는 아니지만, 성경의 권위와 영감성을 믿는 사람으로서 자연스러운 출발점이라고 할 수 있다. 만일 아담이 역사적 인물이 아니었다면 우리는 지금까지의 긴 과학적 논의를 할 필요가 없을 것이다. 아담이 역사적 인물이 아니었다면 아담이 누구인가라는 주제는 신학적, 성경해석학적 논쟁에 국한되어야 하며, 과학적 측면에서 논의한다는 것은 의미가 없다. 이는 픽션 소설에 등장하는 인물을 두고 역사적, 고고학적 연구를 하는 것이 무의미한 것과 같다. 그렇다면 성경이 말하는 아담은 누구일까?

(1) 보편 아담, 첫 사람 아담, 개인 아담

사람아담의 창조와 관련하여 성경은 그들이 하나님의 형상을 따라 창조되었다고 말하지만창1:26~27, 그것이 구체적으로 무엇을 의미하는지에 대해서는 자세히 언급하지 않는다. 성경은 하나님이 **첫 사람 아담**을 흙으로 빚어서 만들었다고 말하지만, 구체적으로 어떻게 만들었는지의 과정이나 메커니즘과학적인 용어로 설명할 수 있는에 대해서는 침묵하고 있다.

어떤 성경학자들은 창세기 1~3장에서 언급한 아담이라는 단어 앞에 정관사 '하'가 있느냐, 없느냐를 두고 인류mankind 혹은 자연인 아담Adam 을 지칭한다고 해석하기도 하지만 이것 역시 개연성이 있는 하나의 해석일 뿐이다. 창세기 1장 26절에서 '사람아담'은 정관사가 없지만 27절 이후에는 정관사가 있다. 2장에서도 5절에서 "땅을 갈 **사람**도 없었으므로"와 같이 부정문을 제외한 다른 곳에서는7, 8, 15, 16, 18~25절 정관사가 있다. 또한 3장에서도8, 9, 12, 20, 22, 24절, 4장에서도1절 정관사가 있다.

하지만 정관사가 붙고 안 붙고를 떠나 창세기 1장 26~27절의 사람아담 은 문맥상 인류 전체를 가리키는 것으로 보인다. 그러므로 오늘 우리들을 포함하여 미래에 태어날 모든 인류를 포함하는 '**보편 아담**Universal Adam' 이라고 할 수 있다. 구약학자 웬함Gordon J. Wenham, 1943~은 창세기 1장 1절 에서 2장 3절은 아래에서 살펴볼 '엘레 톨레도트'라는 표제가 없기 때문에 "그 자체로 평가되어야 하며, 이것은 창세기의 나머지 부분에 대한 서론introduction 혹은 서언"이라고 말한다.[45] 이는 창세기 1장의 사람아담은 첫 사람 아담 뿐 아니라 그 후에 태어나게 될 모든 세대의 사람들을 포함하는 말임을 의미한다. 그 보편 아담에게 심겨진 하나님의 형상은 타락으로 인해 부분적으로 훼손되기는 했지만 여전히 남아있다. 그래서 노아 홍수 이후에도 하나님은 "다른 사람의 피를 흘리면 그 사람의 피도 흘릴 것이니 이는 하나님이 자기 형상대로 사람을 지으셨음이니라"창9:6고 한 것이다. 예수님을 믿고 안 믿고를 떠나 모든 인간은 존엄한 것이다.

창세기 2~3장에서 아담과 관련하여 이루어진 일들 역시 인류 전체와 관련된 것으로 보인다. 2장에서 아담이 동물들의 이름을 지은 일, 하나님이 아담의 옆구리로부터 하와를 지은 일, 아담과 하와의 결혼, 3장에서 인간의 타락과 형벌 등은 인류 전체와 관련된 말이라고 할 수 있다. 창세기 2~3장에서의 아담은 인류를 대표하는 인물이면서 동시에 이 땅에 존재했던 '**첫 사람 아담**First Person Adam'이라고 할 수 있다. 이는 3장 20절에서 아담이 하와를 가리켜 "아담이 그의 아내의 이름을 하와라 불렀으니 그는 모든 산 자의 어머니가 됨이더라"는 말에서도 나타난다. 여기서의 하와는 자연인으로서의 첫 여자이면서 동시에 인류의 대표자로서의 여자라고 할 수 있다.

하지만 4장과 5장에 가면 달라진다. 4장 1절에서는 "아담이 그의 아내 하와와 동침하매 하와가 임신하여 가인을 낳고 이르되 내가 여호와로 말미암아 득남하였다 하니라"고 했다. 여기서부터 아담과 하와는 가인과 아벨의 부모, 즉 '**개인 아담**Individual Adam'으로 등장한다. 참고로 헤르만 바빙크Herman Bavinck, 1854~1921는 창세기 4장 25절에서 비로소 아담이라는 이름이 정관사가 없는 상태로 나타나는 것에 근거하여 여기서부터 아담이라는 이름이 비로소 개인의 이름이 되었다고 말한다.[46] 하여튼 창세기 기자는 창세기 1장의 **보편 아담**, 2~3장의 **첫 사람 아담**, 그리고 4장으로부터 **개인 아담**으로의 이행하는 과정을 놀랍도록 매끄럽게 연결하고 있다. 아담의 이름을 두고 창세기 기자의 절묘한 언어유희에 대해 구약학자 미들턴Richard Middleton은 이렇게 말한다.[47]

'아담'이라는 이름에서부터 출발해보자. 이 이름이 (창세기의 처음 몇 장에 나오는 여러 이름들처럼) 분명히 상징적인 이름이라는 점은 의미심장하지 않은가? '아담'은 '사람'이라는 뜻이다. 실제로 아담은 창세기 4장과 5장에서만 고유명사가 된다. 그 이전에 아담은 '하아담'히브리어, 그 사람이다. 따라서 우리가 그를 최초의 사람인 동시에 원형적인 일반적인 사람으로 간주하는 것은 정당해 보인다. …… 또한 우리는 최초의 사람아담이 창세기 2장과 3장에 걸쳐 히브리어 **언어유희**의 일부로 기능한다는 점에 주목해야 한다. 이 두 장에서 '아담'은 흙 또는 땅에 해당하는 단어아다마와 발음이 비슷하다또는 청각적으로 그 단어를 상기시킨다.

　창세기의 아담을 두 사람 이상으로 구분하는 것은 본서에서 처음 제안하는 것이 아니다. 자료설 혹은 문서설文書說, Documentary Hypothesis을 지지하는 많은 학자들은 오래 전부터 창세기 1장과 2장 이후의 아담을 구분하였다.[48] 하지만 이는 순전히 창세기 텍스트의 문학적 스타일과 용어대표적으로 하나님의 이름의 차이에 근거한 구분이었다. 하지만 본서에서 제시한 구분은 텍스트의 스타일은 물론 고인류학 연구에 근거한 것이다. 창세기 4장에 등장하는 가인과 아벨의 직업농업과 목축업, 가인의 후예들의 문명에 대한 기록은 창세기 4장의 아담이 신석기 인물임을 암시한다. 하지만 고인류학에서는 오래전부터 신석기보다 훨씬 먼저 사람들이 존재했음을 보여주고 있다. 본서의 7~8강에서 살펴본 것처럼, 최초의 사람은 구석기 시대에 존재한 사람속屬이었던 것으로 보인다. 그렇다면 이들은 선아담인류론에서 얘기하는 것처럼, 아담보다 먼저 살았던 인류일까? 필자는 그렇게 보기보다는 이들을 창세기 2~3장에 살았던 첫 사람 아담의 후손으로 보는 것이 더 자연스럽지 않을까 생각한다. 이 제안은 아래에서 살펴보는 것처럼 창세기 2~3장과 4장의 문맥적 불연속을 통해서도 지지된다.

(2) '엘레 톨레도트' 구조로 읽기
　창세기의 아담을 1장의 **보편 아담**, 2~3장의 **첫 사람 아담**, 4장의 **개인**

아담으로 나누는 것이 일반적으로 유대인들이 구약을 읽기 위해 나누는 전통적인 방식과 일치하는가? 근래에 들어와 구약학자들이 창세기를 자세히 살펴본 결과 창세기 자체가 갖고 있는 독특한 내용 구분법이 있음을 알게 되었다. 그것은 새로운 족보나 역사가 시작되는 곳에 일정한 표제가 있다는 점이었다. 곧 창세기 곳곳에 11회나 등장하는 '엘레 톨레도트⋯elle toledot⋯' 형식이다. 이들을 개역한글로 소개하면 다음과 같다. ① "천지의 창조된 **대략이 이러하니라**"2:4, ② "아담 자손의 **계보가 이러하니라**"5:1, ③ "노아의 **사적은 이러하니라**"6:9, ④ "노아의 아들 셈과 함과 야벳의 **후예는 이러하니라**"10:1 등등. 그 외에도 11장 10절과 27절, 25장 12절, 25장 19절, 36장 1절과 9절, 37장 2절 등이 엘레 톨레도트 형식을 취하고 있다. 톨레도트에 대한 번역은 '대략', '계보', '사적', '후예', '약전' 등으로 다르지만 모두 동일한 형식이다.

여기서 창세기 2장 4절과 5장 1절에서 '엘레 톨레도트'가 나오고, 창세기 3장에서 4장으로 넘어가는 곳에는 '엘레 톨레도트' 형식이 없다. 그래서 웬함Gordon J. Wenham은 2장 4절에서 4장이 끝나는 4장 26절까지를 하나의 표제로 묶고, 이것이 창세기 내러티브에서 첫 번째 주요 단락이라고 말한다. 그는 창세기 4장 1~16절의 내용이 창세기 문체phraseology에서 2~3장을 반영한다고 말하면서 또한 2~3장과 4장 사이에 존재하는 몇 가지 유사성과 차이점들을 지적한다.[49] 하지만 이는 문학적 혹은 신학적 읽기 차원에서의 유사성과 차이점일 뿐 과학적, 역사적 불연속성을 부정하는 것은 아닌 것으로 보인다.

창세기 2~3장과 4장 사이에 시간적 간격이 있을 수 있다는 필자의 제안은 근래의 고인류학 연구결과에 기초한 것이기 때문에 창세기의 1차 독자들은 물론 19세기 이전의 독자들은 생각하기 어려운 제안이라고 할 수 있다. 지금까지 살펴본 것과 같은 고인류학적 논의는 1차 독자들의 관심사가 아니었다. 그러므로 성경이 현대의 과학적 증거들과 일치한다고 보는 엄격한 일치주의concordism는 성경해석에 대한 바른 접근이라고 볼 수 없지만,[50] 명백한 과학적, 역사적 데이터를 성경해석과 조화시키려는 노력까지 반대할 이유는 없다고 본다. 후자의 시도를 두고 미국의 침례교 변증학자 램Bernard Ramm, 1916~1992은 '온건한 일치주의moderate concordism'라고 불렀다.[51]

창세기 초반에 대한 여러 해석학적 견해와는 무관하게 창세기 2~3장에서 4장으로 넘어갈 때 우리는 어렵지 않게 본문의 분위기가 완전히 달라지는 것을 감지할 수 있다. 2장에서 하나님이 사람을 흙으로 만들고 생기를 불어넣은 일, 아담이 모든 동물들의 이름을 짓는 일, 하나님이 아담의 갈빗대로 하와를 만든 사건, 아담과 하와가 에덴동산에서 벌거벗고 지냈다는 얘기, 3장에서 선악과 얘기나 뱀이 말을 하며 하와를 유혹한 얘기, 하나님이 아담을 에덴에서 쫓아내시고 에덴 동쪽에 그룹들과 두루 도는 불 칼을 두어 생명나무의 길을 지키게 한 일 등은 현실에 대한 문자적 기술이라기보다 다분히 상징적인 기술이라는 느낌이 강하게 전해진다.

하지만 4장으로 들어가면 곧바로 실제 인간의 삶의 냄새가 물씬 풍긴다. 1절에서 "아담이 그의 아내 하와와 동침하매 하와가 임신하여 가인을 낳고……", 2절에서 "그가 또 가인의 아우 아벨을 낳았는데 아벨은 양 치는 자였고 가인은 농사하는 자였더라", 8절에서 "그들이 들에 있을 때에 가인이 그의 아우 아벨을 쳐죽이니라" 등등. 4장에서 맞닥뜨리는 광경은 오늘 우리의 삶의 현장과 크게 다르지 않다. 필자는 3장과 4장 사이의 본문 내용이 불연속적이라는 점으로부터 3장과 4장의 아담이 동일 인물이 아닐 수 있음을 조심스럽게 제안한다.

14. 인류의 대표이자 첫 사람 아담

다음에는 창세기 2장에 등장하는 인류의 대표이자 첫 사람 아담의 독특성에 대해 생각해 보자. 이와 관련하여 살펴볼 성경구절은 창세기 2장 7절이다. "여호와 하나님이 땅의 흙으로 사람아담을 지으시고 생기를 그 코에 불어넣으시니 사람아담이 생령네페쉬 하야이 되니라." 성경에서 흙을 가리키는 단어로는 아다마אֲדָמָה와 아파르עָפָר가 있다. 아다마는 단순한 흙을, 아파르는 땅의 흙, 먼지, 티끌을 의미하는데, 창세기 2장 7절에서 아담을 만들 때 사용한 단어는 아파르이다. 아파르와 같은 보잘 것 없는 인간이지만 하나님이 생기를 불어넣음으로 인간은 하나님의 형상창1:26~27을 닮은 고귀한 존재가 된 것이다.

비슷한 창조과정이 2장 19절에서 하나님이 각종 들짐승과 공중의 각종 새들을 지으실 때도 반복된다. "여호와 하나님이 흙으로 각종 들짐승과 공중의 각종 새를 지으시고 아담이 무엇이라고 부르나 보시려고 그것들을 그에게로 이끌어 가시니 아담이 생물네페쉬 하야을 부르는 것이 곧 그 이름이 되었더라"창2:19. 2장 19절에서 사용한 흙은 아파르가 아니고 아다마이다. 아파르와 아다마가 어떻게 다른지 분명하지 않지만 둘 다 땅에서 귀하지 않은 물질이라고 할 수 있다.

어떤 사람은 2장 7절의 말씀을 두고 사람의 독특성을 '생령soul, living being'이라는 단어에서 찾으려고 한다. 하지만 생령을 의미하는 '네페쉬 하야'는 "또 땅의 모든 짐승과 하늘의 모든 새와 생명이 있어 땅에 기는 모든 것에게는"창1:30에서 '생명'과 동일한 단어이다. 또한 2장 19절에서 '생물네페쉬 하야'이라고 번역한 말도 7절에서 '생령'이라고 번역한 말과 원어가 같다. 이는 생령이나 생물은 단지 살아있는 모든 존재를 의미하는 통칭임을 의미한다. 그렇다면 7절에서 "여호와 하나님이 …… 생기를 그 코에 불어넣으시니 사람이 생령이 되니라"는 문장을 주의해서 봐야 한다. 우리 말 성경에는 하나님이 생기를 그 코에 불어넣으셨기 때문에, 다시 말해 그것이 원인이 되어 사람이 생령네페쉬 하야이 된 것처럼 번역되어 있다. 하지만 그럴 경우 생기를 불어넣었다는 말이 없는 동물들까지 동일한 생물네페쉬 하야로 번역한 것을 이해하기 어렵게 된다.[52] 그러므로 2장 7절에서 "생기를 그 코에 불어넣으시니"라는 문장과 이어지는 "사람이 생령이 되니라"는 문장은 인과관계로 엮어진 문장이 아니라고 보는 것이 자연스럽다.

실제로 이 문장의 상반절과 하반절이 접속사 '와우,'로 연결되어 있고, 이 접속사는 대부분 인과관계를 표시하지 않는다. NIV 번역에서도 단순히 ', and'로 번역하고 있으며, 심지어 KJV나 NASA에서는 '; and'로 번역하여 두 문장이 독립된 것임을 강조하고 있다. 물론 히브리어 원문에는 구두점이 없기 때문에 여기서 구두점은 번역자들이 추가한 것이다. 이렇게 하나님의 생기가 불어넣어졌다는 말과 사람이 '생령'이 되었다는 말을 인과관계로 보지 않게 되면 2장 7절에서 사람을 생령이라고 표현한 것이나 19절에서 각종 동물을 생물이라고 표현한 것은 문제가 되지 않는다. 이를 근거로 사람이 동물로부터 진화했다는 주장을 하는 사람도 있지만 이는 문맥을 전혀 고려하지 않은 해석이다. 구약성경 다른 곳에서도 '와우'는 대부분 인과관계가 아닌 단순 병렬접속사로 사용된다.

2장 7절에서 하나님이 생기를 불어넣은 것과 사람이 생령이 된 것을 인과관계로 해석하지 않으면, 인간의 가치는 그 속에 불어넣어진 하나님의 영 때문임을 알 수 있다. 이를 확장하면 1장 26~27절에서 하나님이 인간을 자기의 형상대로 인간을 지으셨다는 말은 사람이 하나님의 영이 있는 자가 되었음을 의미한다고 해석할 수 있다. 이는 결국 하나님의 생기가 없으면, 다시 말해 사람의 물질적, 생물학적, 유전학적 측면만을 생각한다면 사람도 다른 동물들과 다르지 않다고 할 수 있다. 인간과 동물의 유사성과 다른 점에 관하여 바빙크는 이렇게 말한다.[53]

물론 동물과 사람 사이에 온갖 유사점들이 있는 것은 사실이다. 둘 다 육체를 지닌 존재들이요, 둘 다 음식과 음료에 대한 온갖 필요와 욕구를 지니고 있으며, 둘 다 자녀를 생산하며, 둘 다 시각, 청각, 후각, 미각, 촉각 등 오감五感을 지니고 있으며, 둘 다 인식, 각성, 지각 등을 지니고 있는 것이다. 그러나 그럼에도 불구하고 사람은 짐승과는 다르다. 그에게는 이성과 지성, 그리고 의지가 있으며, 그리하여 그에게는 신앙, 도덕성, 언어, 법, 과학, 예술이 있다. 사람이 땅의 흙에서 지어진 것은 사실이지만, 그는 위로부터 생기를 받은 것이다. 그는 육체적인 존재이다. 하지만 동시에 영적이며, 이성적이며, 도덕적인 존재이기도 한 것이다.

창세기 2장 7절과 19절을 비교하면 하나님이 자기를 계시하셔서 사람이 하나님을 깨달아 알게 된 것을 창세기 2장 7절에서 "생기를 그 코에 불어넣으시니"라고 표현한 것이라고 할 수 있다.

이 논의를 인간의 기원에 적용한다면 창세기 2~3장에서의 아담은 인류를 통칭하면서 동시에 첫 사람을 가리킨다고 할 수 있다. 인류라고 한다면 현존하는 모든 인류, 역사상 존재했던 모든 인류와 더불어 7강과 8강에서 소개한 사람속屬에 속한 모든 화석인류들의 첫 사람을 의미한다고 할 수 있을 것이다. 물론 창세기 2~3장의 아담이 사람속의 첫 사람이었다고 해도 이를 화석을 통해 증명하는 것은 불가능하다. 참고로 <표 7-1>과 <표 8-1>에서 소개한 사람속과 호모 사피엔스종에 속한 화석인류들을 요약, 소개하면 다음과 같다.

사람속屬, 호모속에 속한 주요 종 화석인류
호모 루돌펜시스KNM-ER 1470
호모 하빌리스Homo habilis, 도구인간
호모 가우텐겐시스/도구인간
호모 에르가스테르투르카나 소년, 나리오코토메 소년
호모 엔테세소르Gran Dolina 소년
호모 에렉투스Homo erectus, 직립원인
호모 로데시엔시스로디지아인/카브웨 두개골
호모 하이델베르겐시스하이델베르크인
호모 세프라넨시스세프라노 사람
호모 날레디
호모 플로레시엔시스플로레스인/호빗

호모 사피엔스종에 속한 주요 아종 화석인류
호모 사피엔스 네안데르탈렌시스네안데르탈인, 라샤펠 노인, 스피2
호모 사피엔스 이달투헤르토인
호모 사피엔스 데니소바데니소바인
호모 사피엔스 크로마뇨넨시스크로마뇽인/EMH/AMH-현생인류

<표 9-1> 사람속屬에 속한 주요 화석들과 호모 사피엔스종에 속한 주요 화석들

사람속 이전에 살았던 모든 속들은 멸종한 유인원들로서 다른 동물들과 같은 존재들이었다고 할 수 있을 것이다. 사람속에 속한 화석들은 유

골과 더불어 예술이나 지적 활동, 나아가 제사의식이나 부장품 등의 흔적이 남아있는 것으로 미루어 이들에게도 죽음 이후의 세계에 대한 관념이 있었던 것으로 보인다.

15. 아담 논쟁에서 유의할 점들

그러면 이러한 아담 논쟁에서 유의할 점은 무엇일까? 우리는 '역사적 아담'을 논의하면서 다음 몇 가지를 염두에 두어야 할 것이다.[54]

첫째, 아담의 역사성 부정은 종래의 진화론 운동의 연장선상에서 보아야 한다. 이의 중심 논객들은 대부분 유신진화론자들인데 이들의 주장은 자연주의 진화론자들과 차이가 없다. 그런데 진화론 자체가 사변적이라는 것은 잘 알려져 있는 사실이다. 이 운동의 지도자들은 진화대진화에 대한 큰 확신을 가지고 목청을 높이지만, 사실 진화론은 1859년에 다윈이 『종의 기원』을 출간했을 때나 지금이나 근본에 있어서 사변적이라는 점은 크게 변함이 없다. 즉 **증거를 가지고 진화를 주장하는 것이 아니라 진화의 선입견을 가지고 증거를 해석하는 것이다.** 그런 의미에서 진화는 귀납적이라기보다 다분히 **연역적 해석 패러다임**이라고 할 수 있다.

둘째, '역사적 아담' 논쟁에서 창조론자들이 창조연대 문제로 발목이 잡혀서는 안 된다는 점이다. 그동안 미국이나 한국에서의 창조론 운동은 젊은지구론 때문에 반지성주의라는 비난과 더불어 너무나 많은 지적 영토를 잃어버렸다. 성경의 문자적 해석에 집착한 젊은지구론은 부분적으로 초신자들의 신앙에 기여한 바가 없지는 않지만 교회 전체적으로는 큰 손해를 끼쳤다. 이제는 창조론 운동을 젊은 창조연대의 족쇄로부터 해방

시키는 일이 필요하다. 잘 다듬어진 절대연대측정법에 기초하여 선사시대는 물론 석기 시대의 존재, 네안데르탈인이나 크로마뇽인의 존재, 사람속에 속한 많은 화석 종들의 존재, 빙하기의 존재 등 명백한 과학적 증거와 데이터들을 인정하고 주류 학계와 대화할 필요가 있다.

셋째, '역사적 아담'의 신학적 함의에 한시도 눈을 떼서는 안 된다는 점이다. 필자는 오랫동안 인류 기원논쟁에 참여하면서 이 논쟁이 쉽지 않은 이유 중 하나가 토론 참가자들의 신학적 소양 때문임을 알게 되었다. 특히 기원논쟁에 참여하는 과학자들이나 공학자들은 신학적 함의가 큰 주장을 하면서 이를 잘 인지하지 못하는 경우가 많다. 콜린스도 『신의 언어』에서 자신은 늦게 예수를 믿었을 뿐 아니라 신학적 훈련을 받은 적이 없음을 고백하고 있다. 이것은 한국에서 창조과학 운동을 시작했던 사람들의 경우도 마찬가지이다. 이들은 모두 자신의 주장에 대한 과학적 확신은 강하지만 그 배경에 있는 신학적 함의에 대해서는 별로 반성이 없었다는 말이다.

이러한 신학적 소양의 문제는 비단 콜린스의 문제만이 아니다. 그의 주장에 적극 동조하는 물리학자 기버슨Karl W. Giberson, 1957~은 아담과 하와가 사라진다 해도 그것은 "부수적이거나 지엽적인 의견 차이"일 뿐이라고 했다.[55] 하지만 앞에서 지적한 것처럼 아담을 역사적 실존 인물이 아니라고 본다면 창세기에 기록된 창조 교리는 물론 원죄와 타락 교리, 아담을 예수 그리스도를 통한 구원과 연결 짓는 바울의 구속론에도 문제가 생길 것은 불문가지이다. 앞에서 인용한 것처럼 필립스Richard D. Phillips가 유신론적 진화 뒤에 있는 성경해석학을 기독교 신앙을 무너뜨리는 '트로이의 목마'에 비유한 것은 기우가 아니다.[56]

결론적으로 신앙은 과학을 두려워할 이유가 없으며, 도리어 이성적 노력을 응원해야 하지만 과학이라는 허울 밑에서 은밀한 이데올로기가 만들어지는 것은 경계해야 한다. 신앙의 이름으로 과학을 재단하려는 것도 문제이지만, 과학의 이름으로 틀린 신앙을 주장하는 것을 분별하는 지혜와 혜안은 반드시 필요하다.

토의와 질문

1. 성경에서 석기 시대를 비롯한 선사시대의 흔적을 찾을 수 있는가? 이것은 성경과 과학의 관계에 어떤 함의를 제시하는지 말해보자.

2. 인간의 타락이 창세기 3장에서 말하는 것과 같은 실제적인 사건이 아니라고 하는 주장이 기독교의 구속론에 어떤 함의가 있다고 보는가? 과연 그런 주장을 복음주의적 신학 안에서 수용할 수 있을까?

3. 리처트 미들턴이 『인간의 타락과 진화』 4장 "인간의 진화를 고려한 창세기 3장 읽기"에서 제시하고 있는 원죄나 인간의 타락에 대한 유신진화론적 설명의 강점과 약점이 무엇인지 논의해보자.

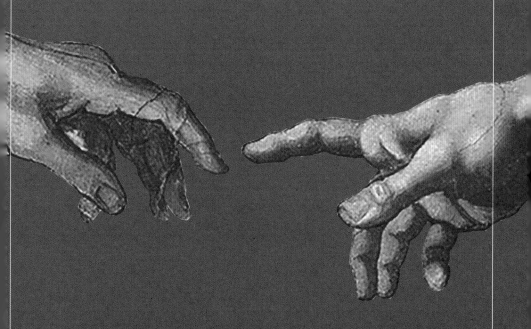

제10강

아담과 석기 시대

> "만일 이 사람들이 침묵하면 돌들이 소리 지르리라"
>
> 누가복음 19장 40절

지난 강에서 우리는 창세기 초반의 아담을 세 부류로 나누어서 그가 역사적 인물이었는지에 초점을 맞추어 살펴보았다. 역사적 인물이 아니라면 아담은 다만 신학자들과 성경학자들의 관심에 제한될 것이다. 하지만 비록 성경에만 등장하는 인물이라고 해도 아담이 역사적 인물이라고 한다면, 이는 신학자들과 성경학자들에 더하여 역사학자들, 고유전학자들, 고인류학자들의 관심사가 될 수 있다.

아담에 대한 직접적인 연구는 일차적으로 그에 대한 성경 기록에 의존할 수밖에 없다. 하지만 성경은 그가 살았던 시기나 그의 행적에 대해 자세한 내용을 기록하고 있지 않다. 하나님의 보편 인간 창조를 설명하는 창세기 1장에는 구체적인 시간적 경과의 흔적이 보이지 않는다. 인간의 기능적 대표자이자 첫 사람 아담을 묘사하는 2장과 3장에도 시간의 개념이 별로 나타나지 않는다. 하지만 가인과 아벨의 부모로서 개인 아담과 하와를 기록하고 있는 창세기 4장부터는 시간적 경과의 흔적이 뚜렷이 나타난다.

창세기 내용이 역사학자들이나 고인류학자들의 관심사가 되는 것은 4장부터라고 할 수 있다. 창세기 4장의 기록을 보면 아담은 대체로 선사시대, 그중에서도 신석기 시대를 살았던 것으로 보인다. 비록 신약에도 아담에 대한 언급이 여러 차례 등장하지만, 이는 신학적 주제와만 관련되어 있기 때문에 어느 아담을 의미하는지 구별하지도, 구별할 필요도 없었다. 그들에게 아담은 역사적, 과학적 연구의 대상이 아니었다.

본강에서는 창세기 2~4장에 등장하는 아담에 대한 고인류학적 설명을 위해 도구의 역사부터 간략하게 살펴보겠다. 앞에서 언급한 것처럼 도구 제작은 인간됨의 가장 중요한 특징이면서 동시에 인간의 문화적 소명과 연결되기 때문이다. 도구는 1차적으로는 생존을 위해 사용되지만 동시에 창조세계에 대한 청지기적 소명을 감당하는 데도 중요하다.

1. 도구에 따른 시대 구분

고인류학자들은 인류의 선사시대 및 역사시대를 도구의 기술적 수준에 따라 크게 석기 시대Stone Age, 청동기 시대Bronze Age, 철기 시대Iron Age 등으로 구분한다. 석기 시대는 구석기 시대Paleolithic Age, 신석기 시대Neolithic Age로 나눈다. 석기 시대의 대부분을 차지하는 구석기 시대는 다시 전기, 중기, 후기로 나눈다.

구석기 시대는 신생대 제3기의 플라이오세鮮新世, Pliocene, 533~258.8만 년가 신생대 제4기 플라이스토세洪積世, Pleistocene, 258.8~1.17만 년 전까지로 진입하는 시기에 시작하여 플라이스토세가 홀로세現世, Holocene, 1.17만 년 이후로 진입하는 시기까지 걸쳐 있다. 260여만 년에 이르는 플라이스토세는 빙하기와 간빙기가 반복되던 시기였으며, 구석기는 지질학적으로 마지막 빙하기가 끝나는 1만 년경에 끝난다.

이러한 시대 구분은 지역에 따라, 그리고 학자에 따라 많은 차이가 있기 때문에 정확하게 말하기가 어렵다. 구석기와 신석기 사이에 중석기 시대Mesolithic Age를 삽입하는 사람도 있고, 신석기와 청동기 사이에 동기 시대Copper Age를 삽입하는 사람도 있다. 또한 사하라 이남 아프리카의 대부분 지역은 신석기 시대에서 청동기 시대 없이 곧바로 철기 시대로 진입하였음을 보여주기도 한다.

우리나라의 경우 해방 전에는 식민사관을 가진 일본 학자들이 한국에는 청동기 시대가 없었다고 보았지만, 광복 이후에는 함경북도에서부터 전라남도에 이르기까지 국내 학자들에 의해 청동기 유물이 광범위하게 출토되고 있어서 한국에도 독자적인 청동기 문화가 존재했음이 확증되었다. 또한 일본을 비롯한 일부 석기 사용 지역에서는 철기가 보급된 이웃 지역으로부터 비슷한 시기에 청동기와 철기 모두가 전해지는 경우도 있었기 때문에 청동기 시대의 존재 자체가 희미한 경우도 있다. <표 10-1>은 대략적인 선사시대 구분이다.

지질시대B	선사시대 및 역사시대BP			
플라이스토세 洪積世, Pleistocene 258.8~1.17만 년전	석기 시대 260만~5천 년전	구석기 시대 260~1만 년전	전기 구석기 260~20만 년전	올도완기 2.6~1.7백만 년전
				아슐기 1.76백만~13만 년전
				클락톤기 30~20만 년전
			중기 구석기 20~4만 년전	무스테리안기 16~4만 년전
				아테리안기 14.5~3만 년전
				미코퀴엔기 13~7만 년전
			후기 구석기 4~1만 년전	샤텔페롱기 4.45~3.6만 년전
				오리냐크기 4.6/4.3~2.6만 년전
				그라베트기 3.3~2.1만 년전
				솔류트레기 2.2~1.7만 년전
				아폰토바 고라기 2.1~1.2만 년전
				막달렌기 1.7~1.2만 년전
				함부르크기 1.55~1.31만 년전
				스위데리안기 1.1~0.8만 년전
홀로세 현세, Holocene 1만 년전~		신석기 시대 1만~5천 년전		
	청동기 시대 5~3천 년전			
	철기 시대 3천 년전~			

<표 10-1> 선사시대 및 역사시대의 구분

<표 10-1>의 여러 시대들 중 아담에 대한 연구와 관련하여 우리의 관심사는 가장 오래된 뗀석기chipped stone tool, 打製石器를 사용했던 구석기 시대舊石器時代와 돌을 갈아서 만든 간석기polished stone tool, 磨製石器를 사용했던 신석기 시대新石器時代라고 할 수 있다.

2. 구석기 시대의 도구

구석기Paleolithic Age라는 말은 1865년 영국의 정치가이자 은행가요 고고학자인 존 러벅John Lubbock, 1834~1913이 만든 용어인데, '오래된'을 의미하는 그리스어 팔라이오스παλαιός와 '돌'을 의미하는 그리스어 리토스λίθος를 합성한 말이다. 전통적으로 구석기는 전기 구석기Lower Paleolithic, 260~20만 년 전, 중기 구석기Middle Paleolithic, 20~4만 년 전, 후기 구석기Upper Palaeolithic, 4~1만 년 전로 구분되어 왔으나, 구체적인 시기는 지역에 따라 차이가 크다. 후기 구석기는 구석기 시대에서 신석기 시대로 넘어가는 과도기적인 단계라고 할 수 있다.

전기 구석기는 발견된 도구를 기준으로 다시 올도완기Oldowan, 260~170만 년 전, 아슐기Acheulean, 176~13만 년 전, 클락톤기Clactonian, 30~20만 년 전 등으로 나누며, 중기 구석기는 무스테리안기Mousterian, 16~4만 년 전, 아테리안기Aterian, 14.5~3만 년 전, 미코퀴엔기Micoquien, 13~7만 년 전 등으로 나눈다. 후기 구석기Upper Paleolithic, 4~1만 년 전는 샤텔페롱기Châtelperronian, 4.45~3.6만 년 전, 오리냐크기Aurignacian, 4.6/4.3~2.6만 년 전, 그라베트기Gravettian, 3.3~2.1만 년 전, 솔류트레기Solutrean, 2.2-1.7만 년 전, 아폰토바 고라기Afontova Gora, 2.1~1.2만 년 전, 막달렌기Magdalenian, 1.7~1.2만 년 전, 함부르크기Hamburg, 1.55~1.31만 년 전, 스위

데리안기Swiderian, 1.1~0.8만 년 전 등으로 나눈다.[1]

<그림 10-1> 탄자니아 올두바이 계곡Olduvai Gorge에서 많이 발견된 올도완 석기[2]

　석기 제작법을 본다면 전기 구석기에는 하나의 석기를 다양한 용도로
사용한 만능석기가 등장하고, 중기 구석기에는 돌조각을 떼어내는 몸체
가 되는 몸돌에서 용도별로 제작된 뗀석기가 등장하였다. 사람들은 뗀석
기로 짐승의 가죽을 벗기거나, 사냥을 하거나, 공구 등으로 매우 다양하
게 사용했으며, 용도에 따라 밀개, 찍개, 주먹도끼, 뚜르개, 새기개, 긁개
등으로 나눈다.

　석기를 제작하는 방법도 시간이 지남에 따라 좀 더 발전하게 되는데,
모루떼기 → 직접떼기 → 간접떼기 → 눌러떼기 순으로 발전한다. 후기
구석기에는 슴베찌르개,[3] 쐐기, 돌날격지, 잔석기세석기 등이 사용되었다.
우리나라에서도 여러 구석기 유적지가 발견되었고, <그림 10-2>와 같은
다양한 석기들이 발굴되었다.

찍개
(chopper, L:44㎜)

긁개
(scraper, L:63㎜)

슴베찌르개
(tanged points, 좌측L:71㎜)

격지 (flakes, 우측상 L:44㎜)

몸돌 (cores, 좌측하L:88㎜)

<그림 10-2> 대전 용산동 유적에서 발굴된 구석기들[4]

전기 구석기에서도 최근으로 갈수록 도구가 정밀해지는데 이는 자연적으로 만들어졌다거나 다른 유인원들이 제작했다고 보기 어렵다. 예를 들면, <그림 10-3>에서 볼 수 있는 것과 같이 전기 구석기의 아슐 석기나 후기 구석기의 그라베트, 아폰토바 고라, 함부르크 등의 석기는 인간 이외의 다른 유인원들에서는 전혀 기대할 수 없다. 이러한 현상은 돌화살촉 등 세석기細石器, Microlith; 잔석기나 신석기 시대의 간석기로 가게 되면 더욱 더 뚜렷해진다.[5]

구석기 시대 사람들은 소수가 모여 군락 생활을 한 것으로 보이며, 식물이나 과일의 채집, 수렵 등을 통해 생활했다. 구석기 시대에는 나무나 골각기骨角器 등의 도구가 사용되었지만, 무엇보다 뗀석기를 특징으로 한다. 신석기 시대와의 차이점은 토기를 사용하지 않고, 간석기마제석기가 아닌 뗀석기를 사용했다는 점이다. 또한 구석기 시대와 신석기 시대의 중간 단계인 중석기 시대에는 세석기細石器, Microlith를 사용하였다.[10] 신석기 시대에는 돌을 갈아서 만든 창, 활, 예리한 칼 등을 무기로 사용했다.

<그림 10-3> 왼쪽 위로부터 시계방향으로 아슐 석기,[6] 함부르크 석기,[7] 아폰토바 고라 석기,[8] 그라베트 석기[9]

3. 유인원과 도구사용

지금까지 살펴본 것을 종합한다면, 초기 영장류로부터 오스트랄로피테쿠스까지의 화석은 제한적이며, 따라서 그들의 정확한 생전 모습이나 생태를 확인한다는 것은 거의 불가능하다. 후기 오스트랄로피테쿠스에 이르러 직립이나 원시적인 도구 사용의 흔적들이 보인다고 하는 주장에 대해서는 논란의 여지가 많다. 골격으로만 봐서는 초기 오스트랄로피테쿠스는 사멸했거나 현존하는 원숭이들의 변종으로 보인다. 이는 이들 화석 골격들의 변이 정도가 현존하는 원숭이들의 변이 정도를 넘지 않기 때문이다.

인류의 조상이 본격적으로 도구를 사용하기 시작한 것은 도구인간道具人間, Homo habilis이라고 할 수 있다. 비록 두개골의 내부 용적은 현대인의 것에 미치지 못하지만, 도구인간으로 분류하는 KNM-ER 1470의 두개골 모양은 지금도 찾아볼 수 있는 현대인의 것이라고 볼 수 있다. 그외 도구를 사용했다고 알려지고 있는 직립원인이나 호모 에르가스테르는 도구인간과 같이 사람속屬에 속하는 변종으로 보는 것이 적절한 것으로 보인다.

도구의 사용으로 볼 때 사람속에 속하는 여러 종들은 전기 구석기 시대에 속한 인류들이었다고 할 수 있다. 앞에서 언급한 것처럼 도구의 사용을 인간의 기준을 삼는다면 사람속은 구석기 시대를 살았던 우리의 조상이라고 할 수 있다. 그렇다면 인간만이 도구를 사용했을까?

(1) 오스트랄로피테쿠스와 도구사용

인류의 기원을 연구할 때 유인원들이 처음 도구를 사용한 연대는 중요하다. 일부 고인류학자들은 약 300만 년 전에 후기 오스트랄로피테쿠스가 도구를 사용한 흔적이 있다고 말한다. 6강에서 살펴본 것처럼, 오스트랄로피테쿠스는 신생대 제3기 마이오세부터 제4기 플라이스토세에 살았던 멸종 유인원이다. 진화론에 의하면 오스트랄로피테쿠스는 인류의 진화 중간 형태로서 아프리카 대륙에서 서식하였다. 발원지는 동부 아프리카로 추정되며, 남아프리카, 사하라 사막, 동부 아프리카 일대에서 생존하였다.

오스트랄로피테쿠스류는 현재 6종류가 발견되어 있는데, 나무에서 나무로 뛰어다니는 숲에서의 생활을 그만두고 수목이 없는 아프리카의 남부 사막에서 생활한 것 같다. 그 결과 상지上肢는 손이 되어 식물성의 먹이를 채취하고, 작은 동물을 포획하며, 원숭이나 유제류有蹄類까지 잡아서 식량으로 했던 것으로 보인다. 1959년, 동아프리카의 올두바이 계곡에서 리키 부부Mary D. and Louis S.B. Leakey에 의해서 발견된 진잔트로푸스 보이세이Zinjanthropus boisei도 오스트랄로피테쿠스류에 속하는데, 카프 문화기의 역석기礫石器[11]를 제작하여 원숭이의 두개골을 깨서 그 뇌수腦髓를 식량으로 했다고 주장하지만 확실하지는 않다. 진잔트로푸스는 플라이스토세에 살았다.[12]

전체적으로 볼 때 오스트랄로피테쿠스는 사람이라고 보기는 어렵다. 비록 역석기礫石器를 만들었다고는 하지만,[13] 그 흔적이 희미하고, 본격적인 구석기의 시작이었다고 보기도 어렵다. 실제로 그들이 도구를 사용했는지, 그들이 사용했다고 하는 도구를 과연 도구로 인정할 수 있는지도 불분명하다. 간단한 도구를 사용만 하고 제작하지는 않았을 가능성도 있다. 주변에 자연적으로 깨어져서 도구로 사용하기에 적절한 돌들을 가져와서 사용했을 수도 있기 때문이다. 이런 특징과 여러 정황들을 고려할 때, 오스트랄로피테쿠스는 지금은 멸종한, 인간 이전의 유인원으로 보는 것이 적절한 것으로 보인다.

(2) 현존하는 유인원의 도구사용

유인원의 도구사용과 관련해서 살펴보면, 지금도 동물들 중에는 원시적인 도구를 사용하는 경우가 있다. 침팬지 등의 동물들은 먹이를 먹을 때 간단한 도구를 사용하는 것을 볼 수 있다. 까마귀들 중에는 단단한 껍질의 열매를 깨기 위해 공중 높은 곳에서 열매를 단단한 지면으로 떨어뜨리기도 한다고 한다.

<그림 10-4> 침팬지의 도구사용[14]

이외 도구사용과 관련하여 가장 흥미로운 유인원은 바로 꼬리감는원숭이capuchin monkey, Sapajus libidinosus이다. 여러 원숭이들 중에서 작은 얼굴에 긴 팔다리, 턱에 난 수염이 인상적인 꼬리감는원숭이는 돌로 도구를 만들어서 사용하는 것으로 나타났다. 영국 옥스퍼드대학교와 런던대학교University College London, 브라질 상파울루대학교 등 국제 공동연구진은 근래 브라질 세라 데 카피바라 국립공원Serra de Capivara National Park에 사는 꼬리감는원숭이들이 마치 구석기인들처럼 돌을 깨서 석기를 만드는 것을 확인했다고 발표했다.[15] 지금까지 침팬지와 마카카Macaca원숭이 등이 단단한 견과류, 과일, 조개 등을 깰 때 석기를 사용하는 경우는 발견됐지만, 석기를 만드는 동물의 행동이 관찰된 것은 이번이 처음이라고 한다.[16]

연구진들은 이들이 유독 규암硅岩, quartzite처럼 단단한 돌을 골라 다른 돌을 내리친다는 사실을 발견했다. 이 '돌 치기' 행동의 결과로 생긴 조각난 돌은, 마치 초기 인류가 만든 석기처럼 한쪽에 날카로운 면이 있는 것으로 확인됐다. 이를 바탕으로 연구진은 원숭이의 행동이 도구를 만드는 과정이라고 결론을 내렸다. 지난 2012년에 이스라엘 연구진이 보노보에게 석기를 만들도록 훈련한 적은 있었지만, 자연상태에서 이런 능력이 발견된 것은 처음이다.

<그림 10-5> 도구를 사용하는 마카카원숭이

허재원 한국생명공학연구원 국가영장류센터 선임연구원은 "꼬리감는원숭이의 석기는 인류의 여러 석기 중 가장 초기 단계인 '외날도끼' 또는 '외날찍개'라고 불리는 형태로 볼 수 있다."라고 설명했다. 그는 "돌을 깨는 것은 많은 노력과 에너지, 숙련도가 필요한 작업이기 때문에 의미 없이 행하는 것은 아니다."라며 "그동안 사람만 석기를 제작한다고 알려졌는데, 이제 원숭이 역시 같은 능력이 있다는 것을 알게 됐다."라고 덧붙였다.[17]

꼬리감는원숭이들의 석기 제작과 사용이 석기시대의 시작과 흡사하다고 할 수 있을까? 연구진들은 "이번에 석기의 사용처를 밝히지는 못했고, 다른 곳에 사는 꼬리감는원숭이도 이런 행동을 하는지는 추가 연구가 필요하다."라고 밝혔다. 사람에게 도구의 의미는 도구를 만들고 사용했다는 것 자체보다 그 도구들을 만들고 사용하는 기술이 점점 **발달했다**는 점이다. 즉 기술과 학습능력이 누적되고 전수된다는 것이다. 하지만 동물들 중에서는 도구의 제작과 사용에 있어서 지식과 기술의 누적, 즉 발전이나 발달을 보여주는 증거는 없다.

4. 사람속屬과 도구사용

다음에는 도구인간으로 알려진 호모 하빌리스Homo habilis의 도구사용을 살펴보자. 도구인간은 신생대 제4기 플라이스토세 전기에 아프리카 동부와 남부에서 살던 화석인류이다. 초기 사람속의 한 종으로 추정되며, 탄자니아의 올두바이 계곡, 케냐의 쿠비 포라, 루돌프 호수, 미들 아와시Middle Awashi, 에티오피아의 오모 계곡, 남아공의 스와르트크란스 Swartkrans 등에서 화석이 발견되었다. 이들은 260~140만 년 전에 살았던 것으로 보이며, 두개골 용적은 600~900cc 정도, 신장은 110~150cm이고, 직립한 것으로 보인다. 올도완 석기와 같은 전기 구석기의 단순한 석기를 사용한 것으로 보인다.

도구인간은 두개골 용적으로만 본다면 현대인들에 크게 못 미친다. 현대인들 중에도 편차가 많지만 두개골 용적으로만 본다면 도구인간은 멸종한, 인간 이전의 유인원들처럼 보인다. 하지만 근래 플로레스인과 같이 두개골 용적이 500cc에도 미치지 못하는 사람속屬 인간이 발견되면서 두개골 용적은 사람속을 판단하는 결정적인 기준이 되지 못한다고 할 수 있다. 도구의 사용으로 본다면 도구인간은 올도완 석기 등 구석기 전기의 석기를 사용한 것으로 보인다. 도구인간이 사용한 것으로 보이는 올도완 석기는 오스트랄로피테쿠스 후기의 종들이 사용했다는 도구와 크게 다르지 않다고 주장하는 사람도 있지만, 앞에서 언급한 것처럼 오스트랄로피테쿠스가 석기를 사용했는지는 확실하지 않다.

하지만 1907년, 하이델베르크 근교에서 발견된 호모 하이델베르겐시스Homo heidelbergensis, 하이델베르크인에 이르면 상황이 달라진다. 하이델베르크인은 플라이스토세65~55만 년 전에 살았으며, 호모 사피엔스와 네안데르탈인의 공동조상으로 추정되는 인류이다. 처음에 하이델베르크인은 직립원인Homo erectus으로 분류되었다가 지금은 호모 하이덴베르겐시스로 독립된 종이라고 본다.

<그림 10-6> 호모 하이델베르겐시스 최초의 턱뼈마우어 턱뼈와 모형카브웨 두개골, 카브웨 두개골을 재구성한 것, 그리고 이들이 사용한 석기[18]

하이델베르크인은 하악골 전체가 크고, 아래턱의 돌출이 없으며, 원시적인 특징을 가졌다. 이 화석은 유럽에서 가장 오래된 화석인류의 뼈로 인정되고 있으며, 치아는 네안데르탈인과 비슷하다. 하이델베르크인은 처음에는 마우어에서 턱뼈 하나만 발견되었지만, 후에 슈타인하임 두개골Steinheim skull, 카브웨 두개골Kabwe skull 등 두개골 부분들이 화석으로 발견되었으며, 이들은 인간이라고 부를만한 여러 증거들을 갖고 있다. 이 외에도 1954년, 남아공 호프필드Hopefield에서 발견된 살단하 두개골Saldanha Cranium, 엘란드스폰테인 두개골Elandsfontein Cranium 등도 하이델베르크인으로 분류되고 있다.[19]

하이델베르크인이 사용한 석기는 인간의 지능이 아니면 상상할 수 없는 정교함을 갖고 있다. 구석기 전기의 올도완 석기보다는 훨씬 더 발전된 것이라고 할 수 있다. 나머지 여러 신체적인 특징은 추측에 의존할 수밖에 없지만, 하이델베르크인은 분명한 사람이라고 할 수 있다.

다음에는 직립원인Homo erectus을 생각해 보자. 직립원인은 1940년대 이후에 자바인, 베이징인, 아프리칸트로푸스Africanthropus njarasensis, 메간트로푸스 등의 골격을 비교·분석한 결과 동일종으로 밝혀지면서 하나의 종명으로 통합하자는 여론이 제기되었고, 그 후 처음 발견된 화석인 피테칸트로푸스 에렉투스자바인에서 종명을 취하여 직립원인直立原人, Homo erectus이란 이름이 확정되었다. 이들은 190~40만 년 전에 살았던 것으로 보이며, 두개골 용적은 900~1000cc 정도이고, 직립한 것으로 보인다. 흔히 이 직립원인이 35~30만 년 전쯤 호모 사피엔스의 조상이 되었다고 본다.

<그림 10-7> 직립원인直立原人, Homo erectus 두개골과 여성 직립원인 재구성, 그리고 아슐형 석기[20]

직립원인은 불을 사용한 것으로 보이며,[21] 석기도 사용한 것으로 보인다. 특히 이들이 사용한 양면에 날이 있는 아슐형 손도끼는 올도완 석기에 비해 훨씬 발전된 형태이며, 구석기 중기까지 오랫동안 사용된 석기

이다. 직립원인은 비록 두개골 용적은 현대인보다 작지만 불이나 도구, 특히 정교한 석기를 사용한 것으로 보아 이들은 분명한 사람이었다고 볼 수 있다.

다음에는 네안데르탈인으로 알려진 호모 사피엔스 네안데르탈렌시스Homo sapiens neanderthalensis를 생각해 보자. 1856년, 독일 뒤셀도르프 근교 네안데르Neander 계곡에서 첫 유골이 발견된 네안데르탈인은 플라이스토세 중기인 20만 년 전에 살았고, 3만 년 전에 사라진 호모 사피엔스의 한 아종으로 분류된다. 이들은 유럽을 중심으로 한 서아시아에서 중앙아시아, 아프리카에 이르기까지 널리 분포하였다.[22] 이들은 석기石器의 제작 기술을 가지고 있었고, 불을 이용하였으며, 매장의 풍습이 있어 문화를 가지고 있었다고 생각된다.

네안데르탈인은 여러 신체적인 특징으로 볼 때 분명히 호모 사피엔스에 속한다. 앞에서 언급한 것처럼, DNA 연구결과 네안데르탈인의 DNA가 부분적으로 현대인의 DNA 속에 들어와 있기는 하지만 인간의 직접적인 조상은 아닌 것으로 보인다. 학자들은 네안데르탈인은 크로마뇽인과의 경쟁 속에서 어느 시점에 멸종한 것으로 본다.

마지막으로 호모 사피엔스Homo sapiens는 고古 호모 사피엔스나 하이델베르크인의 후손으로 추측되며, 20여만 년 전에 출현한 것으로 보인다.[23] 가장 오래된 호모 사피엔스의 화석은 13만 년 전에 아프리카에 살았던 사람의 화석이다.[24]

5. 구석기인들과 석기사용

　이러한 사람속屬에 속한 여러 화석인류들은 도구사용과 관련하여 살펴볼 때 석기 시대에 속한 사람들이었다. 석기 시대 중에서 구석기 시대는 지질시대로 보면 신생대 제4기 플라이스토세258.8~1.17만 년에 해당한다. 지구의 역사에서 구석기 시대는 0.1%도 되지 않는 매우 짧은 시간이지만, 인류의 기원 연구에 있어서는 매우 긴 시간이며 또한 매우 중요한 시기이다. 구석기 시대는 다시 전기260~20만 년, 중기20~4만 년, 후기4~1만 년로 나누어진다.

　구석기는 전기, 중기, 후기로 나누지만, 전기가 구석기 전체의 90% 이상을 차지하고 있다. 이 시기의 석기는 크게 올도완 석기와 아슐 석기로 나눌 수 있다. 사실 올도완 석기를 실제로 살펴보면 이것이 정말 구석기인들에 의해 도구로 제작되어 사용되었는지에 대해 의문을 품을 수 있다. 혹 구석기인들이 자연적으로 깨어진 돌들 중 날카로운 귀퉁이가 있는 돌을 가져와서 사용한 것은 아닐까?

　하지만 이러한 의심은 전기 구석기의 아슐Acheulean 석기에 이르면 없어진다. 프랑스의 생아슐Saint-Acheul에서 처음 발견된 이 석기는 <그림 10-8>에서와 같이 독특하게 계란이나 배 모양의 양면으로 날이 있는 손도끼였다. 특별한 고고학적 훈련을 받지 않은 사람이라도 아슐 석기를 살펴보면 자연에 저절로 존재할 수 있는 것이 아님을 금방 알 수 있다. 다시 말해 아슐 석기는 구석기인들이 자연에서 주워서 사용한 것만이 아니라 스스로 의도를 가지고 제작했다는 말이다. 실제로 아슐 석기가 처음 발견된 생아슐에서는 석기 제작 '공장'과 같은 것이 함께 발견되었다. 제3강에서 살펴본 것처럼, 우리나라 연천군 전곡리에서도 아슐 석기가 발견되었다.

<그림 10-8> 아슐형 석기[25]

아슐 석기에 이어 석기를 제작하는 기술은 흔히 르발루아 기법Levallois technique으로 알려져 있다. 르발루아 기법은 중기 구석기에 들어와서야 활용되었다. 이 기법은 큰 석기를 만드는 과정에서 나오는 돌조각을 버리지 않고 활용하는 것인데, 이런 생각은 처음 석기를 사용한 후 250만 년이 지나서야 비로소 등장한다.

르발루아 기법으로 만들어진 도구 역시 프랑스에서 처음 발견되었다. 르발루아는 프랑스 파리 시내에 있는 구석기 유적지의 이름이며, 르발루아 기법은 중기 구석기를 대표하는 석기제작법이다. 중기 구석기에는 박편이나 격지flake를 석기로 사용하는 비율이 증가했는데, 여기서 박편이나 격지는 돌도끼 등 큰 석기를 만드는 과정에서 나오는 돌조각들이며, 이것을 가장 잘 보여주는 석기 제작법이 바로 르발루아 기법이다.

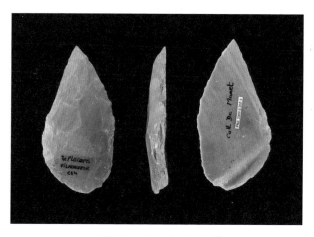

<**그림 10-9**> 무스테리안 석기[26]

전기 구석기에는 몸돌석기로 사용하기 위해 자연 상태의 돌을 1차로 가공한 돌을 깨서 나온 돌조각박편이나 격지을 버리고 남은 가공된 도구를 사용했다. 하지만 중기 구석기로 넘어오면서 몸돌을 체계적으로 가공하여 효율적인 도구를 만들고, 몸돌을 깨면서 나오는 돌조각들을 버리지 않고 도구로 만들었다. 이것이 르발루아 기법의 핵심이다. 르발루아 기법으로 제작된 석기들이 사용되었던 문화가 바로 무스테리안 문화이다.

무스테리안 문화는 구대륙 전역에 분포되어 있던 중기 구석기를 대표하는 문화이다. 이 시기의 석기들은 손에 쥐거나 나무 등에 부착하여 사용했는데, 사냥하거나 동물의 가죽을 벗기고 나무 도구들을 다듬는 등 다양한 용도로 사용되었다. 그 당시 많이 사용되었던 도구로는 긁개 scraper, 찌르개point, 돌날blade 등이 있다. 긁개의 수요는 동물의 가죽을 만들어 옷을 만들어 입는 일이 많았던 중기 구석기에 크게 증가했는데, 무스테리안 문화에서는 잔손질 기법이 발달했다. 잔손질을 하는 데 주로 사용된 긁개는 일반적으로 몸돌core, 石核보다는 주로 격지 형태로 2차 가

공을 통해 만들어졌다. 찌르개는 대체로 끝이 뾰족하며 나무 등에 부착해서 사냥 등에 사용되었다. 돌날은 날카로운 돌의 한 면을 톱날처럼 만들어 다양하게 사용할 수 있기 때문에 후기 구석기에 본격적으로 사용되기 시작했다.

요약한다면 동물들 중에서도 매우 제한적으로 도구를 사용하는 경우가 있지만, 구석기 시대 사람들이 사용한 도구와는 근본적으로 차이가 있다. 전기 구석기에서 볼 수 있는 올도완 석기는 몰라도 아슐 석기나 이어지는 무스테리안 석기는 사람이 만들어서 사용했다고 설명할 수밖에 없다. 석기는 아프리카, 유럽, 아시아를 비롯하여 전 세계적으로 편만하게 발견되고 있다.

6. 아담, 첫 호모 사피엔스였을까?

석기 시대에 대한 논의를 근거로 아담이 누구인지를 다시 생각해 보자. 선사시대와 성경을 연관시키려고 하는 중요한 한 가지 시도는 아담을 첫 호모 사피엔스Homo sapiens로 보는 견해이다. 호모 사피엔스는 1758년에 스웨덴 생물학자 린네Carl von Linné가 도입한 용어이며, 현존하는 유일한 인간이다. 발굴된 화석의 연대를 근거로 한다면, 최초의 호모 사피엔스는 지금부터 약 20여만 년 전에 아프리카나 유라시아 대륙에 살았던 것으로 보인다.[27] 만일 아담이 최초의 호모 사피엔스였다면, 그는 크로마뇽인과 네안데르탈인의 조상이었을 것이다. 과연 아담이 첫 호모 사피엔스였을까?

아담을 첫 호모 사피엔스라고 한다면, 그보다 전에 살았던, 사람속屬

에 속했던 여러 종족들은 아담 이전에 살았던 인간이었다고 할 수 있다. 예를 들면 아래의 <표 10-2>에서 보여주는 것처럼, 직립원인H. erectus, 호빗H. floresiensis, 도구인간H. habilis, 하이델베르크인H. heidelbergensis, 날레디인 H. naledi, 네안데르탈인H. neanderthalensis? 등은 사람속에 속한 멸종한 석기 시대의 인종이라고 할 수 있다.[28]

지질시대BP	고고학적 시대BP	고인류학적 인류BP	창세기와 아담	
플라이스토세 洪積世, Pleistocene 258.8~ 1.17만 년전 홀로세 現世, Holocene 1.17만 년전~	구석기 시대 260~1만년전	사람속屬, Homo 260~20만년 전 루돌펜시스, 하빌리스(도구인간), 가우텐겐시스, 에르가스테르, 엔테세소르, 에렉투스(직립원인), 로데시엔시스, 하이델베르겐시스 (하이델베르크인), 세프라넨시스, 날레디, 플로레시엔시스(호빗) 등	창세기 1:26-30 보편 아담(보통명사)	창세기 2:7-25, 3:1-21 하나님의 형상대로 지음 받은 첫 사람 아담 (고유명사)
홀로세 現世, Holocene 1.17만 년전~	신석기 시대 1만~5천 년전	호모 사피엔스종 Homo sapiens 20만 년전~현재 사피엔스 사피엔스, 네안데르탈렌시스(네안데르탈인), 이달투(헤르토인), 데니소바(데니소바인), 크로마뇨넨시스(크로마뇽인) 등		창세기 4:1,25 가인의 아버지, 개인 아담, 신석기 농부- 제사장 (고유명사)
	청동기 시대 5~3천 년전			
	철기 시대 3천 년전~			

<표 10-2> 시대 구분과 창세기 아담

아담을 20만 년 전에 아프리카나 유라시아의 첫 호모 사피엔스라고 본다면, 아담은 전기 구석기에 살았던 사람이 된다. 그렇다면 구석기 시대에 살았던, 사람속屬에 속한 다른 여러 화석인류들은 인류가 아니었을까? 앞에서 언급한 것처럼 구석기인들의 도구와 문화적 활동의 흔적을 볼 때 그들 역시 사람임이 분명하다. 그렇다면 아담은 첫 호모 사피엔스라고 보기보다 사람속에 속한 첫 인간이었다고 보는 것이 타당한 것으로

보인다.

성경은 아담이 어떤 도구를 사용했는지 자세히 말하고 있지 않다. 기껏 우리가 짐작할 수 있는 바는 창세기 4장에서 가인의 후예들이 만들거나 사용했다고 언급하고 있는 도구들이다. 하지만 가인의 후예들이 사용한 도구를 보면 그들은 이미 구석기 시대를 지나 신석기나 청동기 시대의 도구들을 사용한 것으로 보인다.[29] 적어도 가인의 후예들이 사용한 도구들을 보면 가인은 아담을 첫 호모 사피엔스라고 보기보다는 신석기 시대에 살았던 호모 사피엔스의 한 사람이었다고 보는 것이 자연스럽다. 이러한 모순을 해결하기 위해 위의 <표 10-2>에서 요약한 것처럼, 9강에서 필자가 조심스럽게 제안한 아담에 대한 세 가지 가능성을 다시 생각해 보자.

첫째, 창세기 1장에 등장하는 **보편 인류로서의 아담** 혹은 **보편 아담**이다. 여기서 아담은 전 인류를 가리키는 보통명사이다. 둘째, 2~3장에 등장하는 **첫 사람 아담**은 사람속屬에 속했던, 전기 구석기인이었을 가능성을 생각해 볼 수 있다. 여기서 아담은 고유명사인 것으로 보인다. 셋째, 4장에 등장하는 가인의 아버지는 신석기에 살았던 **개인 아담**이었다고 할 수 있을 것이다. 당연히 여기서 아담은 고유명사이다. 그리고 첫 사람 아담으로부터 가인의 아버지 아담에 이르기까지는 긴 시간이 소요되었을 것이다. 이 기간 동안에 많은 사람속의 인류들이 살았고, 그들 중 현재까지 살아남은 종은 호모 사피엔스 뿐인데, 그 중 한 사람이 가인의 아버지 **개인 아담**이라고 할 수 있다. 당연히 창세기 4장의 아담은 첫 호모 사피엔스가 아니다. **첫 사람 아담**과 **개인 아담**을 서로 다른 고유명사로 구분하고 그들이 시기적으로 떨어져 있었다고 본다면, 뒤에 살펴볼 선아담인류론이나 다중아담인류론과 같은 어색한 주장을 할 필요가 없다.

창세기 4장의 개인 아담이 첫 호모 사피엔스가 아니라면, 호모 사피엔스는 어디서 왔으며 어떻게 전 세계로 퍼졌을까? 성경은 이에 대해 침묵하고 있다. 현대과학에서는 현생인류가 퍼지게 된 경로를 모계 미토콘드리아 DNAmtDNA나 부계 Y-염색체의 변이를 추적하여 연구하고 있다. DNA 변이에 기초한 현생인류의 이동 경로는 아래의 <그림 10-10>과 같이 아프리카에서 출발하여 유럽과 아시아, 마지막에는 남북 아메리카 대륙과 오스트레일리아로 확산된 것으로 보인다.

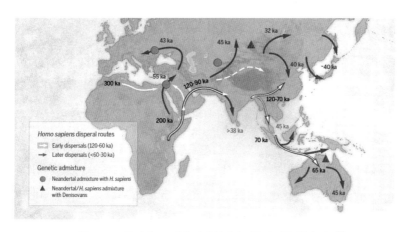

<그림 10-10> 플라이스토세 후기에 일어난 인류의 이동, 확산 경로[30]

비록 현재까지 발견된 가장 오래된 현생인류의 화석은 13만 년 전에 아프리카에 살았던 사람이지만, 오늘날 여러 사람들은 현생인류의 연대를 대략 20만 년 전으로 생각한다.[31] 현생인류의 연대를 20만 년 전으로 생각하는 데는 근래에 발견된 여러 증거들이 있다.[32] 가장 최근의 증거로는 2019년 1월 26일, 「사이언스Science」에 발표된 기사를 들 수 있다. 이 기사에 의하면, 아프리카 바깥에서 발견된 가장 오래된 현생인류의 화석이 이스라엘의 카르멜산Mount Carmel 미슬리야 동굴Misliya Cave에서 발견되었다.[33]

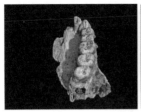

<그림 10-11> 이스라엘 미슬리야 동굴에서 발굴된 성인의 왼쪽 상악골 화석

텔아비브대학교Tel Aviv University의 허쉬코비츠Israel Hershkovitz와 뉴욕주립대학교State University of New York 계열에 속한 빙햄프턴대학교Binghamton University의 쾀Rolf Quam은 미슬리야 동굴에서 성인의 왼쪽 상악골adult upper jawbone 화석을 발견하였다. 이들은 이 치아의 연대를 측정한 결과 17.5만 년 전의 것이라는 결론을 내렸다.[34] 이 연대는 인류의 유전자를 기반으로 작성된 DNA 계통도와 화석과 지질학적 연구를 종합한 연대와 대체로 일치한다.[35]

흥미롭게도 이 연대는 프랜시스 콜린스Francis S. Collins가 첫 인류가 나타난 때라고 추정한 시기와도 비슷하다. 그는 현생인류는 10~15만 년 전, 아담과 하와와 같은 한 부부가 아니라 1만 명 내외의 유전집단genetic population으로부터 시작되었다고 주장한다. 10~15만 년 전이라고 추정한 것은 DNA에 나타난 변이의 시간에 근거하여 계산한 것이고, 1만 명 내외의 집단이라고 한 것은 더 이상 유전자 추적이 불가능하기 때문이었다. 하지만 유전적 추적이 불가능하다고 해서 1만 명 내외의 인구집단이 첫 인류라고 보는 것은 어색하게 보인다.[36]

창세기 2~3장의 첫 사람 아담이 전기 구석기의 첫 사람속屬에 속한 존재였다고 하는 주장이나 창세기 4장의 아담이 호모 사피엔스에 속한 신석기 인물이었다고 하는 주장, 일부에서 제기하는 것처럼 아담이 중기 구석기의 첫 호모 사피엔스였다고 하는 유전학자들의 주장 등은 어느 것도 과학적으로 검증할 방법이 없다. 하지만 석기를 처음 만든 존재가 사람이었다고 한다면, 그리고 창세기 4장의 가인의 후예들이 신석기 후기나 청동기 시대에 살았다고 한다면, 창세기 2~3장의 아담을 사람속에 속하는 구석기의 첫 인류로, 창세기 4장의 아담을 신석기 인물로 보는 것 외에 마땅한 대안이 없는 것으로 보인다.

7. 아담은 어떤 도구를 사용했을까?

고인류학이나 고유전학 연구에 더하여 고대인들의 기원과 삶을 연구하는 중요한 영역은 고대인들이 남긴 도구들이다. 성경은 아담과 하와가 어떤 도구를 가지고 살았는지에 대해서도 침묵하고 있다. 성경은 아담과 하와가 하나님의 창조명령, 즉 "하나님이 그들에게 복을 주시며 하나님이 그들에게 이르시되 생육하고 번성하여 땅에 충만하라, 땅을 정복하라, 바다의 물고기와 하늘의 새와 땅에 움직이는 모든 생물을 다스리라" 창1:28는 명령을 수행할 수 있는 존재로 창조되었다고 하지만, 구체적으로 그들이 어떤 도구를 가지고 어떻게 그 명령을 수행했는지에 대해서는 언급하지 않는다.

창세기 2장에서도 "여호와 하나님이 그 사람을 이끌어 에덴 동산에 두어 그것을 경작하며 지키게" 하셨다는 언급만 있을 뿐, 그에게 어떤 도구를 가지고 동산을 경작하며 지키게 했는지에 대한 언급은 없다. 후에 인간이 타락했을 때도 하나님은 아담에게 "땅이 네게 가시덤불과 엉겅퀴를 낼 것이라 네가 먹을 것은 밭의 채소인즉 네가 흙으로 돌아갈 때까지 얼굴에 땀을 흘려야 먹을 것을 먹으리니"창3:18~19라고만 했을 뿐, 구체적으로 그가 어떤 도구를 가지고 농사를 지을 것인지에 대한 언급은 없다. 아담과 석기 시대의 문제는 창세기 4장 이후의 제한된 기록으로부터 유추할 수 있을 뿐이다.

(1) 목축과 농업, 그리고 첫 살인

인간의 기술적 진보, 구체적으로 인간이 사용한 도구의 진보를 처음으로 볼 수 있는 곳은 창세기 4장이다. 창세기 4장은 인간이 타락한 후, 인류 역사상 가인에 의해 첫 살인사건이 일어난 것과 이어서 가인의 족보를 기록하고 있다. 이 장은 아담의 두 아들 가인과 아벨에 대한 얘기로부터 시작한다. "그가아담이 또 가인의 아우 아벨을 낳았는데 아벨은 양치는 자였고 가인은 농사하는 자였더라"창4:2. 가인의 아버지 아담이 살았던 시기는 목축과 농업이 존재하고 있었다.

창세기 4장의 기록에 의하면, 가인의 후손들에 대한 기록은 신석기 후기나 청동기 시대부터 시작되는 것처럼 보인다. 이어 성경은 인류 최초의 살인사건을 기록하고 있다. "가인이 그의 아우 아벨에게 말하고 그들이 들에 있을 때에 가인이 그의 아우 아벨을 쳐죽이니라"창4:8. 성경은 가인이 구체적으로 아벨을 어떻게 죽였는지, 어떤 무기를 사용했는지에 대해서는 언급하고 있지 않다. 어떤 사람들은 한국어로 '쳐죽이니'라고 되어 있기 때문에 돌로 쳐 죽였을 것이라고 생각하지만, 히브리어에서 '쳐죽이다'를 의미하는 하락haw-rag, הָרַג은 단순히 '죽이다kill', '살해하다slay'라는 의미일 뿐이다.

창세기 4장 17절에는 가인이 최초의 성을 건축한 기사가 있다. "아내와 동침하매 그가 임신하여 에녹을 낳은지라 가인이 성을 쌓고 그의 아들의 이름으로 성을 이름하여 에녹이라 하니라"창4:17. 성경은 가인이 쌓은 성의 규모나 재료 등에 관해서도 침묵하고 있지만 자신을 적으로부터 보호하기에 충분한 정도의 규모로 건축되었을 것임을 생각한다면, 이 또한 손으로만 쌓았다고 보기는 어려울 것이다. 하지만 여기서 말하는 '성', 즉 '이르eer, עִיר'는 우리가 흔히 생각하는 높은 성벽으로 둘러싸인 성이라기보다는 '도시city'를 의미한다. 그 도시는 오늘날 우리가 생각하는 도시와는 거리가 멀지만, 많은 사람들이 이미 살고 있었음을 암시한다. 가인이 그 성 혹은 도시를 건설하면서 어떤 종류의 도구를 사용했을 가능성은 있겠지만, 성경은 가인이 무엇을 가지고 어느 정도 크기의 도시를 건축했는지에 대해서는 침묵하고 있다.

(2) 도구의 사용과 방주, 그리고 바벨탑

인간의 도구의 진보, 나아가 기술적 진보를 가장 구체적으로 보여주는 곳은 창세기 4장 19절 이하이다. "아다는 야발을 낳았으니 그는 장막에 거주하며 가축을 치는 자의 조상이 되었고 그의 아우의 이름은 유발이니 그는 수금과 퉁소를 잡는 모든 자의 조상이 되었으며 씰라는 두발가인을 낳았으니 그는 구리와 쇠로 여러 가지 기구를 만드는 자요 두발가인의 누이는 나아마였더라"창4:19~22. 가인의 후손 야발은 장막에 거주하면서 목축업의 조상이 되었고, 유발은 악기 연주자의 조상이 되었다. 특히 두발가인은 구리נְחֹשֶׁת와 쇠בַּרְזֶל로 여러 기구를 만드는 자가 되었다. 여기서 구리와 쇠가 현대적 의미의 구리와 쇠라고 한다면, 이미 가인의 후손들은 동기와 철기가 공존하는 문화 속에 살고 있었다고 할 수 있다.

성경의 기록으로만 본다면, 두발가인은 아담의 7대손이며 아담에서 두발가인까지는 (빠진 세대가 없었다면) 대략 1,000~1,500년 정도 시간적인 간격이 있었으리라 생각된다. 단순하게 두발가인이 동기 시대와 철기 시대가 공존하던 시기의 사람이었다고 생각한다면, 아담과 하와는 신석기 후기의 사람이라고 추측할 수 있겠지만, 성경은 이에 대해 어떤 직접적인 힌트도 제공하지 않는다.

성경에서 인간의 기술적 진보를 가늠할 수 있는 또 하나의 중요한 기록은 노아홍수와 노아방주에 대한 기록이다. 창세기 6장의 기록을 보자. "너는 고페르 나무로 너를 위하여 방주를 만들되 그 안에 칸들을 막고 역청을 그 안팎에 칠하라 네가 만들 방주는 이러하니 그 길이는 삼백 규빗, 너비는 오십 규빗, 높이는 삼십 규빗이라 거기에 창을 내되 위에서부터 한 규빗에 내고 그 문은 옆으로 내고 상 중 하 삼층으로 할지니라"창 6:14~16.

<그림 10-12> 켄터키에 건축된 실물 크기의 노아의 방주 모형

지역에 따라 규빗אַמָּה이라는 단위의 크기가 다양함을 인정한다고 해도 노아방주는 고대에는 상상하기 어려운 정도로 매우 큰 배였음이 분명하다. 1규빗을 45㎝ 정도라고 한다면, 노아방주의 크기는 길이-넓이-높이가 대략 135m-22.5m-13.5m 정도라고 할 수 있다. 이 정도의 배라면 아무리 나무로만 만들어졌다고 해도 배수량 기준으로 수천 톤에 이를

것이며, 이 정도 규모의 선박이라면 아무리 정교하게 만들었다고 해도 석기만으로는 만들 수 없었을 것이다. 창세기 5장에 기록된 아담셋의 계보를 단순히 더하는 방식으로 계산하면, 노아홍수는 대략 주전 2,400년 경, 지금부터 약 4,400년 전에 일어난 셈이 된다. 이 시기는 청동기 시대에 해당하기 때문에 노아가 방주를 만들 때 청동기를 사용했다고 가정하는 것은 어색하지 않다.

창세기 6~8장은 노아홍수 사건을 기록하고 있고, 9장은 홍수 이후 새로운 농경의 시작, 10장은 노아의 세 아들 셈, 함, 야벳의 족보를 기록하고 있다. 이어 11장은 그 유명한 바벨탑 사건을 기록하고 있다. 성경에서 바벨탑 사건은 노아홍수와 아브라함 사이에 있었던 사건이라고 할 수 있다. 연대기적으로 봤을 때 대략 주전 2,400년에서 주전 1,900년 사이의 사건이라고 할 수 있다.

<그림 10-13> 1563년에 그려진 피터 브루겔Pieter Bruegel the Elder의 바벨탑The Tower of Babel 과[37] 우르의 지구라트

바벨탑에 대해 창세기 11장이 기록하고 있는 바도 매우 제한적이다. "벽돌을 만들어 견고히 굽자 하고 이에 벽돌로 돌을 대신하며 역청으로 진흙을 대신하고 또 말하되 자, 성읍과 탑을 건설하여 그 탑 꼭대기를 하

늘에 닿게 하여 우리 이름을 내고 온 지면에 흩어짐을 면하자"창11:3~4. 바벨탑이 얼마나 크고 높은 탑이었는지는 잘 모르겠지만, 이 구절로부터 우리가 유추할 수 있는 바는 바벨탑이 하늘에 닿을 정도로 높았다는 점이다. 어떤 사람은 메소포타미아의 지구라트Ziggurat가 바벨탑이었다고 말하기도 하지만 확실하지 않다. 흔히 바벨탑이라 하여 유명한 신바빌로니아 시대의 바벨론 성탑은 7층의 기단基壇을 가진 마르두크Marduk 신의 성탑이다. 하여튼 바벨탑과 같이 높은 탑을 쌓기 위해서는 건축기술과 더불어 상당히 정교하고도 거대한 도구들이 있어야 했을 것이다. 하지만 성경은 바벨탑을 쌓은 사람들의 교만과 반역에만 초점을 맞출 뿐, 그들이 사용한 도구들에 대해서는 일체 언급하고 있지 않다.

요약하자면, 창세기 1장에서는 여호와 하나님이 천지창조 주간 여섯 번째 날에 만들었던 인간을 남자와 여자라고만 할 뿐 아담과 그의 아내 하와라고 명시하고 있지 않다. 여기서 말하는 아담은 모든 인류의 통칭이라고 할 수 있다. 하지만 이어지는 창세기 2장에서 하나님이 에덴에 살게 할 인간으로 아담을 만들 때는 그가 첫 인간이었을 것이다. 창세기 3장 20절에서 하와를 모든 산 자의 어미라고 했기 때문에 하와 역시 첫 여자였을 것이다. 하지만 창세기 4장에 등장하는 아담은 가인의 아버지이며, 이어지는 장에서 구체적으로 그의 계보가 기록된 **개인 아담**이다.

창세기 2~3장에서 첫 사람이 등장한 이후 오랜 시간이 지나서 창세기 4장의 가인의 아버지 아담이 등장할 때 세상에는 이미 많은 사람들이 살고 있었던 것으로 볼 수 있다. 그렇다면 가인이 아벨을 죽인 후에 하나님이 그를 에덴에서 추방하자 가인은 자기를 만나는 자가 자기를 죽일까봐 두렵다고 호소했던 것창4:14을 자연스럽게 설명할 수 있다. 또한 가인이 어디에서 아내를 구했는지도 자연스럽게 설명된다.

8. 가인의 아버지 아담, 신석기 농부

앞에서 언급한 것처럼 아담을 첫 호모 사피엔스로 보는 것의 1차적인 난점은 연대 문제이다. 아담을 최초의 호모 사피엔스라고 본다면, 아담과 그 후손들 간의 시간적 간격이 너무 크다. 성경으로부터 아담이 살았던 시기를 정확하게 유추하는 것은 쉽지 않지만, 가인의 아버지 아담을 신석기 농부라고 보는 데는 어느 정도 성경적인 근거가 있다.

(1) 연대의 문제

앞에서 언급한 것처럼 창세기 4장에 등장하는 가인의 후손들의 면면을 보면 이들이 살았던 시기는 대체로 신석기 후기나 청동기 시대로 보인다. 창세기 4장 22절에서 "씰라는 두발가인을 낳았으니 그는 구리와 쇠로 여러 가지 기구를 만드는 자요"라는 기록으로 미루어 볼 때 그렇다는 말이다. 또한 창세기 4장 2절에는 실제로 아담이 최초의 농부였음을 나타내는 말씀이 있다. 아담의 아들첫 아들일 수 있는 가인이 '농사하는 자'였다는 점이다창4:2. 아버지 아담이 농사하는 자였기 때문에 아들 가인도 아버지를 따라 농사를 지었을 것이다. 또한 가인의 아우 아벨은 '양 치는 자'였는데, 가인이 종사했던 농사나 아벨이 종사했던 목축이 모두 신석기에 시작되었다는 것은 대부분의 학자들의 공통된 의견이다. 그렇다면 이들의 부모인 아담과 하와가 신석기 시대 사람이었을 가능성이 있다. 가인의 아버지 아담을 신석기 사람으로 본다면, 이는 자연스럽게 구석기 시대에 살았던 다른 사람들이 있었다고 가정할 수밖에 없다.

흥미롭게도 구석기 시대의 첫 사람 아담도 간접적으로 흙과 관련된 사람이었음을 볼 수 있다. 우선 아담이라는 말은 땅 혹은 흙, 경작을 의미하는 히브리어 아다마(אֲדָמָה, adamah라는 말과 연관되어 있다. 하나님은 "땅의 흙으로 사람을 지으"셨고창2:7, "그 사람을 이끌어 에덴 동산에 두어 그것을 경작하며 지키게 하"셨다창2:15. 특히 아담과 하와가 타락한 후 하나님이 아담에게 하신 말씀도 땅과 관련되어 있다. "땅은 너로 말미암아 저주를 받고 너는 네 평생에 수고하여야 그 소산을 먹으리라. 땅이 네게 가시덤불과 엉겅퀴를 낼 것이라 네가 먹을 것은 밭의 채소인즉 네가 흙으로 돌아갈 때까지 얼굴에 땀을 흘려야 먹을 것을 먹으리니 네가 그것에서 취함을 입었음이라 너는 흙이니 흙으로 돌아갈 것이니라 하시니라"창3:17~19. 비록 창세기 2~3장의 첫 사람 아담이 4장에 등장하는 개인 아담보다 오래 전에 창조된 사람속屬의 존재였다고 해도 아담은 흙의 사람임을 의미하고, 이는 곧 그가 땅과 관련된 사람이었음을 의미한다. 우리는 늘 창세기 2~3장의 여러 사건들이 상징하는 바에 주목해야 한다.

지역마다 구석기260~1만 년 전, 신석기1만-5천 년 전, 청동기5~3천 년 전, 철기3천 년 전 이후 등의 문화가 나타난 시기가 많이 다르기는 하지만, 아담을 20만 년 전쯤, 즉 중기 구석기20만 년 전에 창조된 첫 호모 사피엔스라고 본다면, 가인의 후손들이 청동기 문화를 형성하던 시기5천 년 전나 신석기 시대1만-5천 년 전와는 너무 큰 시차가 있다. 아담이 실존인물이었다고 한다면 적어도 창세기 4장의 아담은 신석기 인물이었다고 볼 수밖에 없다.

(2) 선아담인류론과 다중아담인류론

창세기 4장의 아담을 신석기 시대 근동지방에 살았던 한 농부였다고 본다면, 그리고 그보다 훨씬 전 구석기에 살았던 크로마뇽인이나 네안데르탈인, 나아가 사람속屬에 속한 여러 인종들의 첫 사람을 창세기 2~3장에 등장하는 아담이라고 본다면, 어색한 선아담인류론을 받아들일 필요가 없어진다. 창세기 1~4장에 등장하는 아담 이전에도 많은 사람들이 존재했으며, 아담은 다만 하나님의 형상을 가진창1:26~27 첫 번째 사람이라는 선아담인류론은 존 스토트John R.W. Stott, 제임스 패커J. I. Packer, 벤자민 워필드Benjamin B. Warfield, 프랜시스 콜린스Francis S. Collins 등이 지지하였다. 이는 창세기 초반에 나타난 아담의 창조기사를 고인류학적 데이터들과 맞추기 위해 제안된 이론이지만, 로마서 5장의 구속론과 맞추기가 어렵다.

선아담인류론에 더하여 다중아담인류론Co-Adamites Theory, Coadamism이라는 주장도 있는데, 이는 인간이 창조될 때 아담 외에 다른 많은 부부들도 함께 창조되었다는 주장이다. 영국 복음주의 구약학자 데렉 키드너Frank Derek Kidner, 1913~2008가 1967년에 IVP 논평에서 유전자 조성이 같은 '아담 이전 인간'과 '아담 이후 인간'이 동시에 존재했고, 대신 "동물에서 인간으로 이어지는 자연적 연결고리는 없었을" 것이라고 한 주장이 이 부류에 속한다고 할 수 있다.[38] 이 주장 역시 선아담인류론과 같이 로마서 5장의 구속론과 맞추기가 어렵다.

9. 괴베클리 테페와 신석기 제사장

아담이 신석기 농부였다는 주장은 고인류학적 측면에서의 반발은 적겠지만 성경적으로 아담의 독특성을 충분히 설명할 수는 없다. 아담이 구속사에서 차지하는 독특한 지위를 생각한다면 아담과 관련된 신학적 독특성에 대한 설명이 필요한데 이는 그의 제사장적 역할이다.

아담의 제사장적 역할과 관련하여 의미 있는 고고학적 발굴이 있다.

발굴지는 터키 동남부에 있는 산맥 능선 꼭대기에 있는 괴베클리 테페
Göbekli Tepe이다. '배불뚝이 언덕'이라는 의미의 괴베클리 테페는 샨르우
르파Şanlıurfa 북동쪽으로 12㎞ 떨어진 해발 760m 지점에 있는 유적지로
서 2018년에 유네스코 세계문화유산에 등재되었다. 1996년부터 2014년
까지 독일 고고학자 슈미트Klaus Schmidt, 1953~2014가 중심이 되어 발굴된
이 유구遺邱, tell의 높이는 15m, 직경은 300m에 이른다.[39]

<그림 10-14> 괴베클리 테페 유적지와 클라우스 슈미트2014[40]

이곳에서 가장 오래된 유적은 거대한 T자 모양 돌기둥들인데, 세계에
서 가장 오래된 거석 유적이다. 현재까지 발굴된 바에 따르면, 이곳에는
약 200개에 달하는 돌기둥들이 20여 개의 원을 이루고 있는데, 각각의
기둥의 높이는 대략 6m이고, 무게는 20t이다. 기둥들은 모두 기반암을
다듬어 만든 받침대에 박혀있다. 유적의 또 다른 부분에 서 있는 기둥들
은 비교적 작고, 손질한 석회암을 바닥에 깐 직사각형의 방들 위에 세워

져 있다. 동위원소연대측정법에 의하면 괴베클리 테페의 건축 연도는 기원전 9천 내지 1만 년경으로 추정된다.

이 장소가 지어진 목적은 아직도 밝혀지지 않았으나 괴베클리 테페 유적을 발굴한 슈미트는 이곳이 신석기 시대의 성소 혹은 성전이었을 가능성을 제기하였다. 그는 이곳이 세계에서 가장 오래된 성전이라고 주장하면서 유적지 근처에서 발견된 사슴과 가젤의 뼈는 당시 이곳을 순례하러 온 참배자들이 바친 공물의 일부라고 주장하였다. 1만 년 전의 신석기 시대 건축물의 장대한 규모와 주변의 시설들을 보면서 괴베클리 테페의 발굴책임자였던 슈미트는 "사원이 도시보다 먼저 지어졌다."라고 하면서 농업혁명 이후 도시와 문명, 그리고 종교가 생겨났다는 기존 가설을 뒤집었다. 농업의 발달로 잉여가 쌓이고 계급이 생기면서 신전 같은 거대 건축물이 생겨난 게 아니라, 거꾸로 먼저 영성이나 종교와 관련된 괴베클리 테페 같은 거대 건축물이 들어서고 거기에 모여드는 순례자들을 위해서 농업과 같은 새로운 기술이 개발되었다는 것이다.

슈미트는 종교가 먼저였고, 신전에 제사하기 위해 모인 사람들 때문에 농업과 문명이 발전했다고 주장했다. 즉 신적 존재에 관한 각성이 신석기 문명의 시작이라는 것이다. 이는 호주 고고학자 차일드Vere Gordon Childe, 1892~1957가 주장한 소위 신석기농업 혁명론을 반박하는 주장이었다. 현대 고고학의 주류 이론인 신석기농업 혁명론에서는 인류는 1만 년 전에 농경을 시작한 이후 비로소 계급과 도시, 문화·문명이 형성되고 거대 건축물도 생겨났다고 했지만, 슈미트는 신석기 시대 인류는 종교적 인간이었고, 거기서 농업혁명이 발달하고 도시문명이 시작되었다고 했다.[41]

하지만 슈미트의 주장 역시 무리가 있는 것으로 보인다. 신석기의 여러 주거형태를 생각할 때 괴베클리 테페는 단순한 주거지가 아니고 종교적 용도, 즉 신전이었을 가능성이 충분하다고 본다. 그런데 과연 그렇게 거대한 규모의 신전을 지었다면 그런 신전을 다만 제사하기 위해 각지에서 모인 순례객 내지 참배객들만으로 건축이 가능했을까? 그런 규모의 건축물을 지었다면 많은 사람들이 동원되었을 것이고, 이는 상당한 권력 구조가 형성되어야 한다. 그렇다면 이미 인근에 상당한 규모의 농업 공동체가 형성되었을 것이고, 그 가운데 종교적 권력구조가 만들어진 후에 괴베클리 테페가 만들어졌을 것이라고 보는 것이 자연스럽다.

차일드나 슈미트의 두 주장 중 어느 것이 맞는지는 확실하지 않지만 한 가지 분명한 것은 인간의 종교적 행위가 매우 오래되었을 것이라는 사실이다. 다시 말해 괴베클리 테페가 가장 오래된 신석기 시대의 성전이었다면 가인의 아버지 아담이 여호와 하나님의 첫 제사장이었을 가능성도 생각해 볼 수 있을 것이다. 농업과 더불어 종교적 의식이 초기 신석기 문명의 특징 중의 하나라고 한다면, 이는 아담을 '신석기 시대 제사장'으로 보는 신학적 관점과 연결될 가능성을 제시한다. 괴베클리 테페가 에덴동산이 위치한 것으로 추정되는 유프라테스강과 티그리스강헷데겔강과 멀리 떨어지지 않았다는 사실도 흥미롭다.

10. 구석기 시대는 왜 그렇게 길었을까?

마지막으로 본강을 마치기 전에 창세기 2~3장의 아담을 첫 구석기인으로, 4장의 아담을 신석기 시대 농부-제사장으로 볼 때 제기되는 연대 문제를 살펴보고자 한다. 구석기 시대가 근 260여만 년 지속된 것에 비해 신석기 시대는 불과 5천년, 청동기 시대는 2천년 정도 지속되었다는 것을 어떻게 이해할 수 있을까? 260여만 년의 기나긴 구석기 시대 동안 인류가 사용했던 뗀석기打製石器도 나름대로 진보가 있었다고 할 수 있다. 하지만 구석기 시대 이후 불과 1만 년 내외 동안 인류는 간석기磨製石器로부터 시작하여 현대의 찬란한 기술문명을 발전시킨 것을 어떻게 설명할 수 있을까? 비록 다른 어떤 동물들에게서도 인류가 사용했던 뗀석기의 제작과 사용을 볼 수 없었다고 해도 260여만 년 동안 뗀석기의 진보만을 이루면서 살았던 구석기인들을 과연 하나님의 형상을 따라 창조된 인간이라고 할 수 있을까?

이를 설명하기 위해 어떤 사람은 구석기인들은 외모는 사람을 닮았지만 하나님의 형상이 없는, 이를테면 사람과 다른 유인원들 사이에 존재했던 반인반수半人半獸의 존재라고 생각할 수도 있을 것이다. 하지만 무수한 화석종이나 현생종 동물들 중에 구석기인들과 같이 정교한 석기를 제작, 사용하거나 문화적 활동, 매장풍습 등을 가진 존재들은 없었다. 그들 속에 하나님의 형상이 있었는지 여부는 현재의 고인류학 연구만으로 밝힐 수는 없을 것이다. 지금까지 알려진 것만으로도 구석기인들은 다른 동물들과는 전혀 다른 독특한 존재였다고 할 수 있다. 그럼에도 불구하고 "불과" 1만 년 동안 눈부신 지적, 기술적 진보를 이루고 급기야 지구를 벗어나 달과 태양, 다른 행성들까지 탐사하는 현대인들의 기술적 진보에 비해 지난 260여만 년 동안 석기문화, 그것도 뗀석기 문화를 벗어나지 못했던 구석기인들을 어떻게 이해할 수 있을까? 이 질문에 대해서는 아무도 명쾌하게 설명할 수 없지만 우리는 신석기 시대에 일어난 두 가지 중요한 혁명을 생각해야 할 것이다.

첫째는 농업혁명이었다. 유발 하라리Yubal Noah Harari는 『사피엔스』에서 호모 사피엔스가 현재와 같은 찬란한 문명의 꽃을 피우게 된 것을 인지혁명, 농업혁명, 인류의 통합, 과학혁명 등 네 가지로 나누어 설명하고 있는데 필자가 주목하는 것은 농업혁명이다. 비록 하라리는 농업혁명을 거대한 사기라고 규정하며, 인류가 빠진 "함정"이라고까지 했지만 농업혁명을 통해 인류는 많은 인구를 부양할 수 있게 되었고, 많은 가축을 사육함으로 잉여농산물이 생겼다. 이로 인해 식량생산에 참여하지 않는 인구가 발생하게 되었고 이는 기술과 문화의 발달에 이바지하였다.[42]

창세기 4장에서 말하는 가인의 아버지 아담이 살았던 시기가 신석기 시대였고, 아담과 그의 아들 가인이 농부였다면 아담과 가인은 최초의 농부였을 것으로 생각된다. 이들로부터 시작된 정착농업의 시작은 단순히 안정적인 식량공급만을 의미하지 않았다. 기나긴 빙하기 동안 생존을 위해 노력했던 이전 사람들의 모습에 비해 신석기 시대 농부들은 문화를 발전시킬 수 있는 여유가 생기게 되었다고 할 수 있다.

둘째는 종교혁명이었다. 앞에서 언급한 것처럼 괴베클리 테페는 신석기 시대 농업혁명이 일어나던 때와 비슷한 시기에 만들어진 종교적 구조물인 것으로 보인다. 단순한 하나의 구조물만으로 신석기인들의 종교생활을 모두 짐작할 수는 없지만 농업혁명과 종교혁명이 거의 비슷한 시기에 진행되었다는 것은 나름대로 중요한 의미가 있다고 할 수 있다. 무엇보다도 종교혁명을 통해 인류는 현실을 넘어선 추상적 사고, 구체적으로 죽음 이후의 세계를 상정할 수 있게 되었다. 다른 말로 인간이 하나님의 계시에 대해 본격적으로 눈을 뜨게 되었다고도 할 수 있다.

신석기 농업혁명과 종교혁명은 그 이전의 기나긴 구석기 시대 동안 정체되어 있었던 인간의 영적, 추상적 지각을 자극했고 이것은 급격한 문명의 발달로 이어졌을 것으로 생각된다. 그렇다면 왜 하필 신석기 시대에 들어와서 농업혁명이나 종교혁명이 일어나게 되었을까? 이것은 신석기 인류의 이동경로와 거주지 상황, 그리고 빙하기가 물러가면서 변화된 지구의 환경 등을 통해 어느 정도 설명할 수 있으리라 생각되지만 이에 대한 자세한 설명은 이 책의 한계를 넘는 것이라 생각된다. 이것은 성경을 통해 알 수 있는 것이 아니라 지질학이나 고고학, 선사시대 연구 등을 통해 살펴보아야 할 주제이다.

지금까지 기나긴 구석기 시대와 이에 비해 짧은 신석기 시대와 그 이후의 시대를 생각하면서 구석기인들을 신석기 시대 이후의 인류와 같은 하나님의 형상을 가진 자들로 볼 수 있는지를 살펴보았다. 인류 역사에서 구석기 시대가 99% 이상을 차지할 정도로 길었고, 그 이후 시대가 상대적으로 매우 짧았음에도 급격한 기술적 진보를 이룬 원인을 간단히 살펴보았다. 하나님께서 왜 그렇게 기나긴 구석기 기간 동안 하나님의 형상대로 지음 받았다는 인간이 "돌만 깨면서 살아오게 했는지" 우리는 정확한 원인을 알 수 없다. 하지만 구석기인들이 남겨놓은 석기나 여타 여러 흔적들을 근거로 미루어볼 때 필자는 그들이야말로 하나님의 형상대로 지음 받은 첫 존재라고 할 수 있지 않을까 생각한다.

만일 구석기인들이 하나님의 형상이 없는, 멸종한 유인원이었다고 한다면 창세기 2~3장과 4장에 등장하는 아담을 모두 동일한 한 신석기인이라고 해석할 수도 있을 것이다. 하지만 구석기인들이 하나님의 형상대로 지음 받은 인간이고 그 첫 사람이 아담이었다고 한다면 창세기 2~3장의 아담과 4장의 아담을 다른 사람이라고 해석하는 것이 적절할 것이다. 창세기 2~3장의 아담을 첫 구석기인으로, 4장의 아담을 신석기 시대의 농부-제사장으로 해석하자는 제안은 과학적으로나 성경적으로 직접 증명하거나 부정할 수는 없지만 성경 기록과 고인류학의 연구를 진지하게 받아들이는 한 다르게 해석할 수 있는 방법도 별로 없는 것으로 보인다.

11. 요약과 결론

지금까지 우리는 아담과 석기 시대를 둘러싼 고고학적 연구와 아담을 둘러싼 신학과 성경 연구들을 살펴보았다. 성경은 인간의 고인류학적 기원과 도구의 발달에 대해서도 분명하게 얘기하지 않는다. 아니 인간의 죄와 구속에 대한 계시를 전하기 위해 기록된 성경이 고인류학이나 고유전학 분야의 설명을 포함하지 않는 것은 자연스럽다고 할 수 있다. 하지만 성경의 기록이 픽션이 아니라 사실을 기록한 것이라고 한다면 성경의 기록과 유관한 학문이 만나는 것은 불가피한 일이라고 할 수 있다. 비록 성경이 학문을 위한 책이 아니라고 할지라도 성경만큼 오래되고 신뢰할 만한 책이 없기 때문이다.

본강에서 논의된 내용들은 다음과 같이 요약할 수 있을 것이다.

첫째, 인류 역사에서 석기 시대가 존재했으며, 특히 260여만 년에 이르는 긴 구석기 시대와 이어지는 신석기 시대가 존재했다는 것은 부인할 수 없다. 그 사이에 다양한 사람속屬에 속한 여러 인간들이 출현했다가 사라졌으며, 그와 더불어 조악한 석기로부터 정교한 석기로의 발달이 있었음도 분명하다. 석기 시대의 구분에 대해서는 지역마다, 학자들마다 의견이 다를 수 있지만, 석기를 사용했던 선사시대가 그 이후의 역사시대로 이행된 것은 부인할 수 없다.

둘째, 도구의 제작은 사람속屬에 속한 사람들만의 활동으로 보인다. 오스트랄로피테쿠스 후기 종들 중에도 도구를 제작했다는 주장이 있지만 증거가 분명하지 않다. 간단한 도구를 사용하는 것은 현존하는 동물들 중에서도 볼 수 있다고 하지만, 이들이 의도를 가지고 도구를 제작하거나 발전시키는 것은 오직 인간만의 독특한 특징이라고 할 수 있다.

셋째, 도구의 사용은 직립원인이나 도구인간道具人間, Homo habilis 등 구석기인들로부터 시작된 것으로 보인다. 그 이전에도 사람들이 나무 등을 도구로 사용했을 수도 있지만, 그런 것들은 보존이 어렵기 때문에 오늘날 그 증거를 찾는 것은 불가능하다.

넷째, 창세기는 1장에서 인류를 통칭하는 **보편 아담**, 2~3장에서 사람 속에 속하는 **첫 사람 아담**, 4장에서 가인의 아버지 **개인 아담** 등 세 종류의 아담을 제시하는 것으로 보인다. 이들의 존재를 고인류학이나 지질학의 연구로 직접 증명할 수는 없다. 창세기 4장에서 농업에 종사했던 가인이나 목축에 종사했던 아벨의 직업, 가인의 후손들의 문명을 고려한다면 창세기 4장의 아담은 신석기 인물임이 분명해 보인다. 하지만 고인류학 연구에서는 이보다 훨씬 오래된 구석기인들이 많이 살았음을 명백히 보여주고 있다. 만일 창세기 2~3장의 아담과 4장의 아담을 동일 인물로 본다면 불가피하게 아담 이전에 사람들이 살고 있었다는 선아담인류론을 인정해야 한다. 그러므로 창세기 4장의 아담과 하와가 역사적으로 실재한 인물이라고 한다면, 그리고 이들이 살았던 시기가 신석기 농업혁명기 혹은 신석기 종교혁명기였다면 창세기 4장의 아담은 **신석기 농부-제사장**Neolithic Farmer-Priest이었다고 유추할 수 있다. 또한 신석기 농부-제사장 이전에 살았던 창세기 2~3장의 아담이 단순한 상징이나 비유, 혹은 학습모형이 아니라 실재한 인물이었다면 그는 구석기 시대의 **첫 사람**일 가능성이 높다.

토의와 질문

1. 본강은 아담을 세 부류로 나누어 설명하고 있다. 특히 창세기 1장의 아담은 전 인류를 통칭하는 보편 아담, 2~3장의 아담은 구석기 전기의 첫 사람, 4장의 아담은 신석기에 살았던 가인의 아버지로 제시하고 있다. 이 주장이 갖는 강점과 약점을 말해 보자.

2. 신학자들 중에는 긴 석기 시대의 존재에 대해 비판하는 사람들이 많다. 선사시대 연구와 창세기 초반 연구를 어떻게 조화시킬 수 있을까? 석기 시대에 대한 창조 과학적 설명의 문제점을 말해 보자.

3. 아담을 구석기 사람속屬에 속한 첫 사람이라고 볼 때, 로마서 5장에서 제시하는 것처럼 아담을 그리스도의 예표로서 해석하는 데 문제는 없을까? 아담을 실제의 인물이 아니라고 본다면 어떤가?

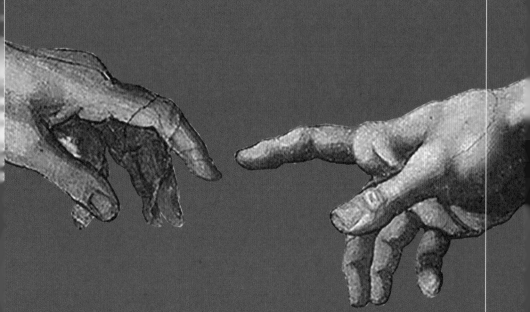

제11강

사랑으로 진리를 말하라

"우리는 사랑으로 진리를 말하고 살면서, 모든 면에서 자라나서,
머리가 되시는 그리스도에게까지 다다라야 합니다."

에베소서 4장 15절(새번역)

지금까지 우리는 인류의 기원에 대한 고인류학적, 고유전학적 논의와 더불어 성경과 신학에서 제시하는 역사적 아담에 관한 연구들을 살펴보았다. 하지만 이런 논의는 아무리 많이 연구한다 하더라도 완전하게 밝혀지지 않을 존재론적 과제라고 할 수 있다. 그러므로 모든 학문적 논의가 잠정적이지만 특히 기원에 관한 논의는 더욱 잠정적일 수밖에 없다. 그렇다고 해도 우리는 논의를 중단할 수 없다. 자신의 기원을 밝히려는 노력은 너무나 중요하기 때문이다. 기원에 관한 논의가 개인의 신념을 만들기도 하지만, 거꾸로 개인의 신앙이나 신념이 기원에 관한 견해에 영향을 미칠 수도 있다. 이를 위해 먼저 우리 자신의 기원에 관한 논의가 왜 그렇게 중요한지를 다시 한 번 생각해 보자.

1. 왜 이 논의가 중요한가?

인간은 본성적으로 자신이 누구인가에 대한 마르지 않는 호기심을 갖고 있다. 어쩌면 이것은 인간에게 남아있는 하나님의 형상의 아주 중요한 반영이라고 할 수 있다. 학문의 분야를 살펴볼 때, 역사, 고고학, 고인류학, 고생물학, 지사학 등 과거를 연구하는 대부분의 학문은 실용적인 가치가 별로 크지 않음에도 불구하고 지속적으로 전공자들을 끌어 모으고 있다. 이것은 결국 자신과 자신을 둘러싸고 있는 세상을 알기 위한 몸부림 때문이라고 할 수 있다.

이 세상과 그 안에 사는 생물들이 어떻게 존재하게 되었는가에 대한 개인의 견해는 단순히 과학적 지식의 영역에만 머무르지 않는다. 이 견해는 개인의 세계관과 신앙, 나아가 개인의 삶의 근거를 형성한다. 특히 이것은 우주와 인간을 포함한 그 가운데 있는 모든 생명체를 하나님이 창조했다고 믿는 그리스도인들에게 중요하다.

영국의 무신론자 도킨스Richard Dawkins, 1941~는 근래 출간된 자신의 책에서 자신은 생물의 아름다움과 복잡성에 깊이 감동되어 하나님에 대한 믿음을 "갖고 있었다clinging"고 말한다. 하지만 그는 15세 때 "…… 결국 진화와 생물이 왜 그렇게 설계된 듯이 보이는가에 대한 진실한 설명을 알게 되었을 때 신에 대한 어떤 개념도 포기하게 되었다."라고 말한다. 그는 "…… 진화는 명백한 사실이다. 우리는 침팬지의 사촌들이며, 멍키의 좀 더 먼 사촌들이며, 물고기의 훨씬 더 먼 사촌들이다."라고 했다.[1]

도킨스의 경우와 같이 진화에 대한 확신이 무신론으로 이끌었다는 주장을 일반화할 수는 없을 것이다. 우리 주변에는 유신진화론자들도 있고, 무신론자들 중에도 진화론에 반대하는 덴톤Michael John Denton, 1943~과 같은 사람도 있기 때문이다.[2] 하지만 도킨스는 진화론이 무신론으로 가는 중요한 지름길임을 잘 보여주고 있다. 그는 하나님의 존재와 섭리에 대한 증거는 창조로부터 온다는 것을 알고 있었다. 그래서 그는 진화가 모든 것을 설명할 수 있음을 확신하게 되자 더 이상 하나님은 필요 없게 되었다고 말한다.

만물의 기원 중에서도 자신이 누구이며, 어디서 왔는지에 대한 성찰은 특히 중요하다. 이 성찰로부터 철학자들은 존재론이라고 하는 큰 학문의 분야를 발전시켰고, 신학자들은 인간론은 물론 신론을 발전시켰다. 자신과 주변 세계에 대한 질문, 그중에서도 인간이 누구이며 무엇인가에 대한 질문은 단지 인간의 호기심의 영역에만 머물지 않는다. 주변 세계에 대한 질문보다 인간 자신의 기원에 대한 질문은 인간이 무엇인가에 대한 견해의 기초가 되며, 인간이 무엇인가에 대한 견해는 개인의 세계관에 가장 큰 영향을 미친다. 어떻게 살아야 하며, 무엇을 위해 살아야 하는지를 결정하는 가장 중요한 기초가 바로 자신이 어디서 와서, 어디로 가는지의 질문에 잇대어 있다고 할 수 있다.

이처럼 중요한 인간의 기원에 대한 논의를 마무리하면서 아래에서는 우리가 비교적 확실하게 알고 있는 사실과 분명하지 않거나 단순한 해석 혹은 추론에 불과한 주장들을 구분해 보고자 한다. 물론 확실한 사실과 주관적 주장이나 해석을 구분하는 것 자체가 세계관적일 수 있지만, 그래도 그런 노력을 하면서 우리의 사고의 수렴점을 찾아가려는 자세가 공부하는 사람의 마땅한 태도라고 생각된다.

2. 오랜 연대를 의심할 수 있을까?

먼저 논의의 출발점으로 연대측정의 문제를 생각해 보자. 이 주제는 본 "창조론 대강좌" 시리즈의 6권 『창조연대 논쟁』으로 이미 정리한 바가 있기 때문에 여기서 자세한 논의를 반복할 필요는 없을 것이다.[3] 다만 우리가 확실하게 말할 수 있는 바는 지구와 우주의 나이는 일부 근본주의 기독교인들이 주장하는 것처럼 6,000년이 아니라는 사실이다. 다시 말해 젊은지구론은 더 이상 학문적으로 논의할 가치가 없다는 말이다. 현재로서는 그동안 과학자들이 개발한 절대연대측정법들, 그중에서도 방사성 동위원소의 붕괴를 이용한 연대측정은 신뢰할만하고, 우주는 138억 년, 지구는 46억 년 정도의 나이를 가졌다는 것이 가장 잘 증명된 주장이라고 할 수 있다.

유기물의 연대를 측정하는 탄소C-14 연대측정법도 약간의 오차는 있을 수 있지만, 시료채취와 측정과정에서의 오염만 주의한다면 대체로 정확한 연대측정법이라고 할 수 있다. 오래된 유기물의 탄소연대는 그 유기물과 관련된 암석연대─일반적으로 유기물의 연대보다 훨씬 오래 되었다─를 측정하는 다른 방사성 동위원소 연대와 일치한다. 즉 반감기가 짧지만 오래된 유기물의 탄소연대는 그를 포함하고 있는 지층의 방사성 연대와 겹친다.

물론 논리적으로는 하나님께서 6,000년 전에 138억 년 된 우주와 46억 년 된 지구를 창조했다고 할 수도 있을 것이다. 하지만 처음에 하나님이 몇 살의 우주와 지구를 만들었는지는 아무도 확인할 수 없다. 즉 처음부터 하나님이 오래된 우주나 지구를 창조하셨다는 주장은 검증도, 반증도 할 수 없는, 다시 말해 과학적 연구의 영역에 해당하지 않는 주장이다.[4]

지금까지 이루어진 방사능연대측정에 대한 연구를 살펴보면 방사능 원소들의 붕괴가 일정하기 때문에 초기조건이나 오염의 문제가 없다면 우주와 지구는 **오래된 듯이 보인다**고 말하는 것이 정확하다. 인류의 기원과 관련한 연대측정결과를 의심할 합리적 이유는 존재하지 않는다. 그러므로 인류의 기원을 논의하면서 등장하는 전문학자들의 연대는 예외적인 경우가 아니라면 인정해야 한다. 창조연대가 6,000년이라는 도그마는 우주나 지구의 연대를 논의할 때는 물론, 인류의 기원을 논의할 때도 더 이상 족쇄가 될 수도 없지만, 되어서도 안 될 것이다.

3. 지질시대와 빙하기가 없었다고 할 수 있을까?

다음에는 지질시대의 존재이다. 오늘날 우리들이 알고 있는 지질연대표는 지난 18세기 후반부터 수많은 사람들이 연구하면서 다듬어진 것이다. 그동안 많은 수정과 보완이 이루어졌고, 지금도 조금씩 다듬어지고 있지만 그것은 미세조정일 뿐, 큰 틀에서 **지질시대와 지질연대는 확증된 사실**이라는 말이다. 젊은지구론에서는 지구연대와 지질시대를 모두 부정하고 있지만 이것은 명백한 사실에 대한 부정이라고 할 수 있다.

인류의 기원과 관련된 논의에서 중요한 지질학 분야는 신생대 제4기 플라이스토세Pleistocene 지질학이다. 홍적세洪積世, Diluvial Epoch라고도 부르는 플라이스토세는 지질학에서도 가장 활발한 연구가 이루어지고 있는 시기이지만, 인류의 기원과 관련된 논의에서는 특히 중요한 시기이다. 플라이스토세라는 용어는 지질학적인 측면보다는 고인류학적 측면과 관련이 깊은데 이는 플라이스토세가 바로 구석기 시대와 대체로 일치하기 때문이다. 과거에는 플라이스토세의 시작을 180만 년 전으로 잡았는데, 이는 탄자니아 올두바이 계곡Olduvai Gorge의 연대를 기초로 한 것이었다. 하지만 근래의 연구결과 점점 원시인류가 지적 활동을 시작한 시기가 거슬러 올라가면서 플라이스토세의 시작도 258.8만 년 전으로 확장되었다.

대(Era)		세(Epoch)	연대(만년)
신생대	제4기	홀로세現世/沖積世, Holocene	1.17~현재
		플라이스토세洪積世/更新世, Pleistocene	258.8~1.17
	신제3기/네오기	플라이오세鮮新世, Pliocene	533~258.8
		마이오세中新世, Miocene	2,300~600
	고제3기/팔레오기	올리고세漸新世, Oligocence	3,390~2,303
		에오세始新世, Eocene	5,580~3,390
		팔레오세古新世/曉新世, Paleocene	6,600~5,580

<표 11-1> 신생대 시대 구분

지질학적으로 플라이스토세는 빙하기가 반복되던 시기였다. 모든 20세기의 문헌에는 플라이스토세의 시작을 180만 년 전이라고 했는데, 이는 빙하기의 시작을 180만 년 전으로 보았기 때문이다. 하지만 지질학적 연구가 진행되면서 빙하기의 시작이 260만 년경이라는 것이 밝혀지게 되었고, 이에 따라 2009년 IUGS국제지질과학연맹에서는 플라이스토세를 **258.8만 년 전부터 1.17만 년 전**으로 정의했다.[5] 우연히도 이 시기는 구석기 시대와 겹친다. 현재 발견된 것 중 가장 오래된 석기라고 할 수 있는 올두바이 계곡의 올도완 석기의 제작시기도 260만 년 전쯤으로 추정되고 있다.

근래에는 300만 년 이전의 선올도완Pre-Oldowan 석기가 발견되었다는 보고가 있기 때문에 플라이스토세를 구석기 시대와 동일시하는 것은 바르지 않다고 주장하는 학자들도 있다. 하지만 선올도완 석기라는 것이 정말 오스트랄로피테쿠스들이 사용한 석기였는지에 대해서는 학자들 간에도 의견의 일치를 보지 못하고 있다. 원시인류의 화석이나 구석기 시대의 유물은 주로 빙하기의 영향을 받지 않았던 아프리카 대륙에서 발견되기 때문에 빙하기와는 직접적인 관계가 없다.

젊은지구론자들은 학계에서 일반적으로 받아들이고 있는 지질시대는 물론 빙하기의 존재도 부정한다. 그리고 대부분의 지질시대와 빙하기를 창세기 7~8장에 기록된, 1년 미만의 노아홍수와 관련되어 일어난 일시적 현상이라고 설명한다.

빙하기의 개념이 제시된 것은 200년이 채 되지 않았다. 처음으로 빙하기 이론을 제시한 사람은 스위스 알프스 출신의 미국 지질학자 루이 아가시Louis Agassiz였다. 그는 빙하기의 존재를 1840년에 출간한 『빙하에 대한 연구Étude sur les glaciers』에서 제시하였는데, 처음에는 대부분의 사람들이 받아들이지 않았다. 하지만 아가시의 제안 이후 연구가 진행되면서 지금은 지구역사에서 긴 빙하기가 여러 차례 있었다는 증거가 차고 넘친다. 구체적인 빙하기의 회수, 범위, 길이, 흔적 등에 대해서는 전문 학자들마다 의견이 조금씩 다를 수 있지만, 빙하기가 존재했었다는 것을 부정하는 사람은 젊은지구론자들을 제외하고는 없다. 이 마지막 빙하기 동안에 바로 네안데르탈인, 크로마뇽인 등 현생인류가 살았기 때문에 빙하기를 인정하는 것이 인류의 기원을 논의하는 데 매우 중요하다.[6]

빙하기는 남북극이 확장되는 현상이며, 지역에 따라 빙하가 덮이는 정도는 상당히 달랐다. 선캄브리아기 빙하기 때는 지구 전체가 얼음으로 덮인 적도 있었으나 1.17만 년 전에 끝난 최후의 빙하기 때는 남북극에서 위도상으로 30~40도까지 빙하가 덮였던 것으로 보인다.[7] 그리고 이 최후의 빙하들은 이동하면서 많은 흔적들을 남겼다. 바위가 마모되거나 긁힌 흔적, 빙하의 침식작용으로 만들어진 독특한 형상의 바위, 빙하의 끝이나 주변에 퇴적된 빙퇴석, 독특한 빙하 지형인 빙퇴구氷堆丘, drumlin나 빙하계곡, 각종 빙하 퇴적물 등등. 북위 49도 이북의 고위도 지방에 살고 있는 필자는 빙하계곡을 비롯하여 빙하가 물러가면서 남긴 빙퇴석, 범람원홍수평야, flood plain 등을 날마다 보고 있다. 필자의 집도, 근무하고 있는 캠퍼스도 범람원 위에 세워져 있다.

이외에도 빙하기 동안 해수면이 낮아지면서 사람들이 시베리아에서 육지가 된 베링해를 건너베링기어를 통해 북미주로 이동한 분명한 증거가 있다. 또한 빙하기에 해수면이 낮아지면서 사람들이 바닷가 절벽에 있는 수중동굴에 살았던 증거들도 발견되고 있다. 한 예로 프랑스 마르세유 Marseille 인근에 있는 코스끄 동굴Cosquer Cave은 간빙기의 해수면 상승으로 인해 37m 수중에 위치하고 있다. 근래에는 빙상의 핵이나 해저퇴적물의 핵에 대한 연구를 통해 지난 수백만 년의 빙기와 간빙기들을 분석할 수 있게 되었다. 빙하기가 없었다고 해서는 도무지 설명할 수 없는 증거들이 산더미처럼 쌓여있다.

제4기 플라이스토세의 마지막 빙하기는 지금부터 11만 년 전에 시작하여 확장과 쇠퇴를 반복하며 10만 년 가까이 지속되다가 1.17만 년 전에 끝이 났다고 본다. 아담이 살았던 시기는 언제인지 확실하지 않지만 첫 사람 아담의 후손들은 빙하기를 통과했고, 신석기 아담은 빙하기가 끝난 후 간빙기현재에 살았던 것으로 보인다. 성경이 지질학 교과서로 기록된 책이 아니기 때문에 성경으로부터 빙하기에 대해 알 수 있는 바는 없지만, 지질학적으로 빙하기가 있었다는 것은 부인할 수 없다.

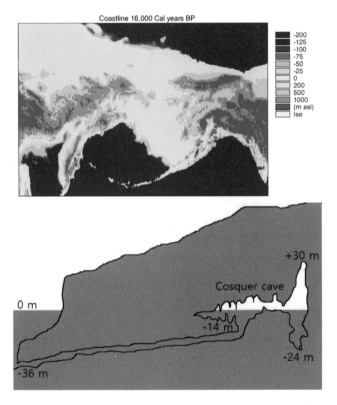

<그림 11-1> 시베리아와 알래스카를 육로로 잇는 1.6만 년 전의 베링기어와 선사시대 암각화
가 발견된 코스끄 동굴[8]

4. 생물종의 변이는 무한할까?

다음에는 생물학적 변이에 대해 살펴보자. 고생물학에서는 화석의 증
거로 미루어볼 때 현존하는 생물종은 멸종한 생물종의 1% 미만이라고
본다. 이는 지구 역사에서 99% 이상의 생물들이 멸종했음을 의미한다.

무수히 발굴되는 화석종들을 서로 혹은 현생종들과 비교해 보면 생물들의 변이의 폭이 상당히 넓음을 알 수 있다.

변이의 폭과 관련해서는 분자생물학 연구결과를 생각하지 않을 수 없다. 근래에는 특히 분자생물학적 연구가 활발하게 이루어지면서 생물들의 유전적 유연관계가 속속 밝혀지고 있다. 분자생물학적 수준에서의 유전체 연구를 통해 자연에서 새로운 종이 만들어지거나 사라지는 것이 관찰되고 있으며, 때로는 혼종混種이 만들어지기도 한다. 이것은 오늘날 종의 정의가 쉽지 않고, 종의 분류가 지나치게 촘촘하게 이루어져 있음을 고려한다면 충분히 이해할 수 있는 일이다. 하지만 자연선택에 의한 신종의 출현이나 멸종, 혼종의 출현 등의 현상으로부터 생명세계 전체의 존재를 설명할 수 있을까?

다양한 변이, 즉 소진화는 지금도 명백히, 그리고 상당히 넓게 일어나고 있다. 소진화의 범위는 단지 종 내에 머물지 않고 속屬, genus과 같은 상위 분류 단위에까지 확장될 수 있는 것으로 보인다. 첫 부분에서 필자는 이를 '창조의 유연성'이라는 말로 표현했다. 하지만 '창조의 유연성'을 인정한다고 해서 이를 확장하여 단세포 생명체로부터 인간에 이르는 진화가 일어났다고 말할 수 있을까? 물론 논리적 추론으로서의 진화는 상상할 수 있지만 소진화를 확장하여 모든 화석종이나 현생종 전체를 설명하는 것은 무리라고 생각된다. 물론 과학에서 외삽의 원리principle of extrapolation를 무시할 수는 없지만, 지금까지 발견된 화석종이나 현생종들의 존재를 모두 자연선택의 메커니즘으로 설명하는 것은 과도한 외삽外插, extrapolation이 분명하다.[9]

앞에서 언급한 것처럼 지구상에 살았던 생물의 99% 이상이 멸종했다면 지구 역사는 생물학적 관점에서는 멸종의 역사, 지질학적 관점에서는 다중격변의 역사라고도 할 수 있다. 그런 과정을 거치면서 많은 종들이 멸종했고 동시에 또한 많은 종들이 생겨났으니, 이는 창조세계에 대한 하나님의 섭리라고 할 수 있을 것이다.[10]

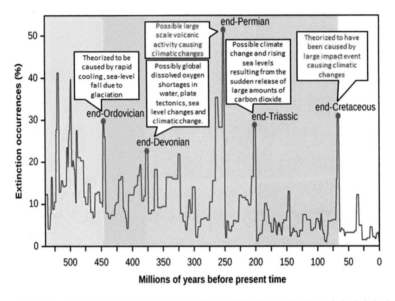

<그림 11-2> 고생대 캄브리아기 이후의 생물 멸종과 원인. 대규모 멸종만도 다섯 차례나 있었다.[11]

진화대진화로 모든 생명세계를 설명하는 것의 한계는 인간의 기원과 관련해서도 적용된다. 일부에서는 침팬지의 유전자가 사람과 98% 이상 같다고 하는 것을 진화의 증거로 주장하는 사람들이 있다. 하지만 4강에서 논의한 것처럼 여기에는 크게 두 가지 함정이 있다. 첫째, DNA 염기서열의 2%가 다르다는 것이 얼마나 큰가를 과소평가했다는 점이다. 둘째, DNA 염기서열을 비교할 때 어떤 부분을 비교하는가에 따라 전혀 다른 결과가 나올 수 있다는 점이다.

그렇다면 아담은 사람속屬에 속하는 다른 유인원의 변이 한계, 즉 '창조의 유연성' 내에 있는 존재였을까? 이 질문에 대해서는 성경학자들은 물론 고인류학자들이나 고유전학자들도 분명하게 대답할 수 없다. 다만 한 가지 분명한 것은 20여만 년 전에 최초의 호모 사피엔스가 등장한 후에 호모 사피엔스와 최후까지 경합하던 네안데르탈인은 2~4만 년 전에 멸종하였으며, 현재 사람속에는 호모 사피엔스 한 종 밖에는 존재하지 않는다는 사실이다. 그렇다면 창세기 4장의 신석기 아담은 호모 사피엔스의 후손에 속한 존재였다고 할 수 있다.

5. 인류 진화 계통수는 어떤가?

다음에는 인류 진화 계통수를 살펴보자. 인류 진화 계통수는 인류의 기원과 관련해서도 중요한 시사점을 제시한다. 현존하는 침팬지나 보노보, 고릴라, 오랑우탄 등의 유인원들은 사람과 매우 다르다. 하지만 고인류학자들은 오늘날의 살아있는 유인원들도 아니면서 호모 사피엔스도 아닌, 사람속에 속한 화석들을 많이 발굴하고 있다. 이러한 화석들은 오래된 화석들이어서 조각으로 발견되기 때문에 재구성하는 과정에서 부정확한 부분이 있을 수 있지만 플라이스토세 후기에 발굴되는 사람속 화석들은 비교적 온전한 형태로 발견되는 경우가 많다. 이들은 분명히 호모 사피엔스도, 그렇다고 현생종 유인원도 아니다.

인간의 진화를 연구하는 사람들이 진화의 기준으로 사용하는 여러 가지 특징들이 있는데 그 중 하나는 이족보행bipedalism이다. 오늘날 포유동물들 중에서 이족보행을 하는 동물은 인간뿐이다. 일부 현생 유인원들 중에서 침팬지나 고릴라 등이 앞다리의 손가락 관절의 등을 땅에 대고 걷는 너클보행knuckle-walking을 하지만 완전한 이족보행을 하는 경우는 없다. 화석종들 중에는 에티오피아에서 발견된 루시Lucy나 셀람Selam과 같은 오스트랄로피테쿠스 아파렌시스Australopithecus afarensis가 이족보행을 했다고 주장하는 학자들이 있다. 이들의 무릎뼈나 골반뼈가 사족보행을 하는 다른 유인원들과 구별되기 때문에 그렇게 추측한다. 하지만 이들은 300만 년보다 더 오래된 화석들이어서 화석이 불완전하게 남아 있으며, 화석만으로는 직립여부를 확정하는 것이 어렵다.[12]

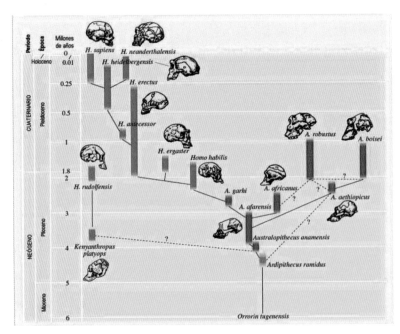

<그림 11-3> 가상적인 인류의 진화계열. 하지만 모든 화석들을 선으로 연결할 수 있을까?[13]

정리하자면 진화론에서는 <그림 11-3>에서처럼 현생인류와 현생 유인원들이 약 6~700만 년 전에 공통조상으로부터 분화되어 진화했다고 말한다. 하지만 구태여 이들을 모두 진화의 선으로 연결할 수 있을까? 네 안데르탈인을 포함하여 사람속屬에 속한 많은 화석들은 현존하는 다른 유인원들은 물론 화석으로 발견되는 그 이전의 오스트랄로피테쿠스와 도 분명히 다르다. 사람속에 속한 화석인류들은 오늘 우리들과는 다르지 만 그렇다고 그들이 현존하는 다른 유인원들과 같다고 할 수도 없다. 아 래에서 살펴보는 것처럼 사람속에 속한 화석인류들은 오늘날 살고 있는 호모 사피엔스는 아니지만 지질학적으로는 플라이스토세를, 문화사적 으로는 석기 시대를 살았던 사람들이다.

6. 석기 시대는 성경에 없지 않은가?

다음에는 도구의 발달을 기준으로 인류의 역사를 구분하는 문화사적 측면을 살펴보자. 대부분의 젊은지구론자들은 석기 시대의 존재 자체를 부정한다. 그들은 석기 시대란 노아의 홍수 전에 (대형 방주를 건조할 수 있을 정도의) 찬란한 문명을 꽃피웠던 사람들이 대홍수로 인해 멸종하 고 살아남은 몇 명의 생존자들이 이전의 문명을 회복하는 과정에서 잠시 거쳤던 기간이었다고 주장한다. 하지만 200만 년 이상에 이르는 긴 석기 시대를 대홍수 직후 생존자들이 겪었던 몇 달 혹은 수년의 과도기적 시 대였다고 주장하는 것은 현재 발굴되고 있는 많은 증거들과는 일치하지 않는다.

이 외에도 석기의 발달과정이 체계적이라는 사실도 석기 시대가 오랫 동안 지속되었음을 보여주는 증거이다. 구석기 시대는 200만 년 이상 지 속되었기 때문에 편의상 구석기를 전기, 중기, 후기로 나누는데, 이 기간

동안 석기의 발달이 상당히 체계적이다. 전기 구석기 초기에 출토되는 석기들은 과연 석기라고 할 수 있을까 싶을 정도로 조잡하다. 한 예로 올도완Oldowan 석기를 들 수 있다. 1930년대 탄자니아 올두바이 계곡Olduvai Gorge에서 처음 발견되었다고 해서 붙여진 올도완 석기는 '자갈 도구'라고도 불린다. 이 석기는 딱딱한 망치로 때려 제작된 찍개를 특징으로 하며, 260만 년 전에 시작하여 아프리카나 아시아의 각지에서 2만 년 전까지, 사람속屬에 속한 종들이 사용했을 것으로 추정한다. 일부에는 오스트랄로피테쿠스도 사용했을 것으로 추정하지만 확실하지 않다.

올도완 석기는 자연적으로 만들어진 돌덩이와 구분하기 어려운 경우도 많다. 고고학자들은 돌과 돌을 충돌시켜 만든 석기의 경우 충돌한 지점의 바로 옆에 '타격구bulb of percussion'라고 부르는 독특하게 부푼 흔적을 기준으로 인공 석기를 자연적 충돌이나 물의 작용으로 부서져 생긴 돌멩이와 구분한다.[14] 그럼에도 불구하고 자연적인 돌과 올도완 석기를 구분하는 것은 쉽지 않다.

일반인들은 자연적으로 만들어진 돌덩이와 올도완 석기를 구분하기가 쉽지 않다. 이에 비해 구석기 전기에서도 중, 후반부로 가게 되면 상당히 정교한 석기들이 등장한다. 한 예로 아슐형Acheulean type 석기로 알려진 양날 주먹도끼 등은 다른 현존하는 유인원들이 만들 수 있는 석기가 아니다. 이 주먹도끼는 한쪽은 둥글게 반대쪽은 뾰족하게 날을 세운 좌우대칭의 뗀석기타제석기이다. 이 석기는 1백만 년 전의 직립원인直立原人, Homo erectus의 유골과 더불어 발견되고 있기 때문에 이들이 사용한 석기로 추정되고 있다. 제3강에서 언급한 것처럼 우리나라에서도 1978년 동두천에 근무하던 미군 병사 그렉 보웬Greg L. Bowen이 한탄강 유원지경기도 연천군 전곡리에서 동아시아에서는 처음으로 아슐형 주먹도끼를 출토했다.

아슐형 석기와 같이 정교한 뗀석기타제석기부터는 현존하는 어떤 동물도 만들 수 없다.

지질학적으로 플라이스토세가 끝나고 홀로세현세로 들어서면서 등장한 신석기 문화는 더 발달된 도구들을 보여준다. 신석기 시대에는 간석기마제석기와 토기를 비롯한 각종 유물이 발굴되고 있으며, 바로 이 시기에 정착농업과 목축이 시작되었다. 신석기 시대에 이어지는 청동기 시대나 철기 시대는 지역에 따라 더 이상 선사시대가 아니라 역사시대이다. 지역에 따라, 또한 연구하는 학자에 따라 구석기 시대와 신석기 시대 사이에 중석기 시대를 넣기도 하고, 신석기 시대와 청동기 시대 사이에 동기 시대를 넣기도 한다. 하지만 어떻게 구분하든지 직립원인直立原人, Homo erectus 등 사람속屬이 살았던 구석기 전기와 네안데르탈인이 살았고 호모 사피엔스가 시작된 구석기 중·후기, 농경과 목축이 시작된 신석기, 그리고 이어지는 역사시대가 있었다는 것은 부인할 수 없는 사실이다.

그렇다면 아담은 어느 시기에 살았을까? 역시 여기에 대해 성경은 구체적인 언급을 하고 있지 않다. 하나님은 아담에게 "땅을 정복하라, 바다의 물고기와 하늘의 새와 땅에 움직이는 모든 생물을 다스리라"창1:28고 하시고, 아담을 "에덴 동산에 두어 그것을 경작하며 지키게 하"셨지만창 2:15, 구체적으로 어떤 도구를 가지고 그렇게 하라고 말씀하시지 않았다. 하지만 도구를 제작, 사용했던 최초의 인간이 구석기인들이었음을 생각한다면 창세기 2~3장의 첫 사람 아담은 전기 구석기인이었을 가능성이 높다.

이에 비해 창세기 4장에 이르면 아담의 연대를 추정해볼 좀 더 구체적인 정황들이 소개되고 있다. 아담의 아들인 가인과 아벨이 농사와 목축을 한 것으로, 그리고 가인의 후손들이 각종 동철로 만든 도구를 만든 것으로 미루어보면 창세기 4장의 아담은 신석기 시대를 살았던 사람으로 보인다.

7. 고대 유골의 유전체 연구는 무엇을 말하는가?

다음에는 고유전학 연구를 살펴보자. 스반테 페보 팀 등의 고유전학古遺傳學, archaegenetics 연구는 그간 여러 화석들에 대한 해석의 차이를 없앴고 고인류학 연구의 새로운 지평을 열었다. 인간게놈프로젝트를 기반으로 이들에 의해 2010년에 완성한 네안데르탈인의 유전자를 분석한 네안데르탈게놈프로젝트가 시작되었으며, 2014년에 다양한 고생인류들몰타인, 클로비스인, 시베리아 원인의 DNA 서열분석DNA sequencing이 이루어졌다.

페보 팀은 처음에는 현생인류와 네안데르탈인의 유전체가 섞이지 않았다고 발표했다. 하지만 더 많이 연구한 결과, 2010년에 처음으로 두 종의 유전체에 비아프리카인들의 유전체가 1.5~2.1% 섞였다는 결론을 내렸다.[15] 그리고 현재 네안데르탈인 DNA의 20%가 현대인들에게, 특히 현대인들의 피부, 모발, 질병 등에 남아있다고 했다.[16] 네안데르탈인의 유전체가 섞인 정도는 지역에 따라, 그리고 성별에 따라 다르다는 흥미로운 결과도 보고되고 있다. 몇 가지 예를 들어보자.

2016년의 연구에서는 네안데르탈 남자는 현생인류, 즉 해부학적 현대인Anatomically Modern Humans, AMH 여자와의 사이에 남자 후손을 갖지 못했음이 보고되었다. 이것은 현대인 남자에게 네안데르탈인의 Y-염색체가 발견되지 않는 것을 설명할 수 있다.[17] 2018년의 연구에서는 네안데르탈인과 현생인류 사이의 교배로 인해 처음에는 각 종이 생소한 바이러스들에게 노출되었으나, 후에 유전자 교환을 통해 이들 바이러스에 대한 저항력을 갖게 되었다는 보고도 있었다.[18] 이처럼 고대 인류의 유골에 대한 분자생물학적유전체 연구는 네안데르탈인이 어떻게 크로마뇽인이나 현대인으로 연결되는지에 대한 중요한 단서를 제공하고 있다.

그렇다면 이런 결과는 아담에 대해 뭐라고 말할 수 있을까? 프랜시스 콜린스Francis S. Collins가 얘기하는 것처럼, 개인 아담은 존재하지 않았고 다만 10~15만 년 전에 1만 명 내외의 유전적 집단만 존재한 것일까? 그렇지 않다. 모든 유전체 학자들이 콜린스의 의견에 동의하는 것은 아니다. 전문가들 사이에서는 유전적 집단의 크기에 대한 의견이 상당히 다양하다. 아담이 개인이든, 유전적 집단이든 관계없이 개인 아담창세기 4장이 네안데르탈인보다 먼저 살지 않았다면 당연히 그의 유전자 속에도 네안데르탈인의 유전자가 있었을 가능성을 배제할 수 없다.

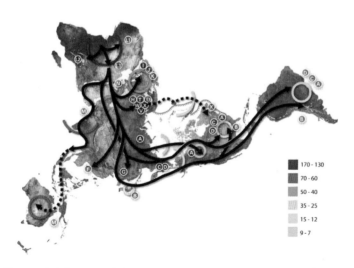

<그림 11-4> 어머니 mtDNA 염기 서열의 변화로 추적한 현생인류의 이주 지도.[19] 현생인류는 아프리카의 한 여자로부터 유래하였다. DNA의 변이를 추적한 것에 기초한 인류 이동 경로. 연도는 천 년 단위.[20]

하지만 아무리 고유전학이 발전하더라도 모든 화석의 DNA를 분석할 수는 없다. 현재까지 DNA를 분석할 수 있는 화석은 5만 년 미만의 화석들이며, 5만 년 미만의 화석들이라도 잘 보존된 몇몇 화석들에게서만 가능한 일이다. 이 분야의 최고 전문가라고 할 수 있는 페보의『잃어버린 게놈을 찾아서』는 화석 인류들의 DNA를 분석하는 작업이 얼마나 힘든 것인지를 잘 말해주고 있다.[21]

지금부터 5만 년 전이라고 한다면 이미 첫 호모 사피엔스가 등장한 지 20여 만 년이 지난 시점임을 생각해야 한다. 고인류학에서 DNA 분석법을 사용할 수 있는 화석이 극히 제한적이라는 의미이다. 인류의 기원에서 가장 중요한 분지점이라고 한다면 오스트랄로피테쿠스에서 사람속屬이 등장한 200~300만 년 전과 사람속에서 호모 사피엔스가 등장한 2~30만 년 전이라고 할 수 있다. 하지만 앞으로 DNA 분석기법이 발전하더라도 그렇게 오래된 화석의 DNA는 분석할 가능성이 없다.

8. 고인류학과 성경에서 아담은 어디쯤?

지금까지 우리는 인류의 기원과 관련하여 분명한 몇몇 과학적 사실들을 살펴보았다. 요약하자면 방사성 연대와 오래된 지구는 더 이상 논쟁의 대상이 아닌, 사실로 받아들여지고 있다. 또한 구석기, 신석기 시대를 비롯한 석기 시대의 존재와 석기를 비롯한 각종 도구의 점진적 발달도 부정할 수 없다. 그것을 보여주는 석기들이 산더미처럼 쌓이고 있기 때문이다. 지금은 사멸한 각종 유인원 화석과 더불어 가장 현대적인 네안데르탈인이나 크로마뇽인과 같은 호모 사피엔스가 이어 나타난 것도 부정할 수 없다. 동물과 사람, 특히 유인원과 현대인 DNA 사이의 유사성도 부인할 수 없다. 하지만 인간만이 고등한 논리적 추론과 더불어 독특한 지적, 영적종교적, 사회적, 문화적 특성을 지녔음도 부인할 수 없다.

앞에서 우리는 아담과 직·간접으로 연관된 여섯 분야의 과학적 사실들과 성경의 기록을 살펴보았다. 이미 언급한 것처럼 창세기 초반의 아담을 창세기 1장의 보편 아담, 2~3장의 첫 사람 아담, 4장의 개인 아담으로 나누고 이들을 근래 고인류학이나 지질학 연구결과와 비교한다면, 우리는 대략 다음과 같은 몇 가지 결론을 내릴 수 있을 것이다.

첫째, 창세기 1장에서 하나님이 사람아담을 자신의 형상을 따라 창조하셨다는 것은 하나님이 사람을 다른 유인원들과는 구별된 존재로 창조하셨음을 의미한다. 그러므로 비록 현생인류의 유전자가 현존하는 다른 유인원들과 98% 이상 같다고 해도 그것이 아담이 다른 유인원들과 공통 조상을 갖거나 그들과 동등한 지위를 갖는다고 주장하는 근거가 될 수는 없다.

둘째, 고인류학적으로 사람속이 살았던 시기의 99% 이상을 차지하는 석기 시대의 존재는 부정할 수 없다. 그리고 아담은 석기 시대에 살았던, 사람속屬에 속했던 첫 사람이었던 것으로 보인다. 석기 시대가 근 260만 년 전으로 거슬러 올라간다는 사실을 생각한다면 창세기 2~3장의 **첫 사람 아담**은 최대 260만 년 전까지 연대를 확장할 수 있을 것이다. 물론 창세기 2~3장의 기록만으로는 아담의 연대를 추정하는 것은 불가능하며, 고인류학적 연구를 근거로 추정하는 것이다.

셋째, 지질학적으로 최후의 빙하기가 끝난 것이 지금부터 1.17만 년 전이었다고 한다면 신석기 시대의 **개인 아담**창4장의 연대는 그 이후가 될 것이다. 가인의 아버지 아담은 신석기 시대에 살았던 농부-제사장으로 추정된다. 그는 호모 사피엔스에 속한 사람이었을 것이며, 그와 더불어 이미 많은 사람들이 살고 있었을 것이다. 가인의 아버지 아담의 연대에 대해서는 창세기 4장의 기록으로부터 어느 정도 유추가 가능하다. 가인의 후손들은 목축뿐 아니라창4:20, 악기를 제작, 사용했으며창4:21, 구리와 쇠로 여러 가지 기구를 만들었다창4:22.

넷째, 고유전학 연구는 5만년 미만의 네안데르탈인이나 그 외 현생인류들에 대한 유전적 정보를 제한적으로 제공해주고 있다. 더 오래된 유인원들은 화석으로부터 유전체 추출이 불가능하기 때문에 화석 자료에만 의존할 수밖에 없다. 고유전학 연구가 활발하게 진행되고 있지만 아담의 화석이나 유전자를 찾는 것은 불가능하다. 하지만 아담—구석기의 **첫 사람 아담**이든, 신석기의 **개인 아담**이든—도 인류의 계보 상에 존재했다면 다른 사람속의 종들과 생물학적 유전정보가 크게 다르지 않으며, 유전적으로 연결되어 있었을 것이다.

다섯째, 생물학적 측면에서 볼 때 사람속屬 중에서 현재 오직 호모 사피엔스종만 살아남았다는 것에 대해 성경적으로 해석할 수 있는 단초는 찾기가 어렵다. 화석의 증거를 보면 호모 사피엔스 이전 사람속에 속한 여러 종들이 살았음이 분명하지만 이에 대해 성경은 침묵하고 있다. **첫 사람 아담**과 **개인 아담**이 어떻게 연결되는지 우리는 알 수 없다. 성경은 고인류학 교과서가 아니기 때문이다.

9. 학문적 논리와 신앙고백

인간의 창조와 역사적 아담에 대한 논의는 과학적 논의와 신앙적 논의가 밀접하게 엮여진 대표적인 예라고 할 수 있다. 그래서 이 긴 얘기를 마무리하기 전에 학문과 신앙의 본질에 대한 간단한 논의가 필요하다.

지금까지 우리는 여러 학문분야의 연구결과들을 근거로 아담의 역사성을 추적하는 이성적 혹은 학문적 논의를 했다. 이러한 학문적 작업에 대해 어떤 사람은 하나님이 아담을 6,000년 전에 "이성적으로 이해할 수 없는" 방법으로 창조하셨다면 학문적 논의라는 것이 의미가 없지 않느냐고 말할 수 있다. 도공이 도자기를 만들 듯이 하나님이 창세기의 기록대로 문자 그대로 아담을 하나님의 형상을 따라 흙으로 만들어서 그에게 생기를 불어넣으시고 사람을 만드셨다면, 지금까지 살펴본 수많은 고인류학이나 고유전학의 많은 논의가 무슨 의미가 있겠느냐고 할 수 있을 것이다.

이 주장은 고려할 가치가 있다고 믿는다. 이 질문 속에는 신앙과 과학의 관계에 대한 핵심적인 논의가 포함되어 있기 때문이다. 당연히 전능하신 하나님은 인간의 이성으로 추론할 수 없는, 기적적인 방법으로 아담을 창조하셨을 수 있다. 천지를 창조하시고, 물로 포도주를 만드시고, 풍랑 이는 바다 위를 걸으시고, 죽은 나사로를 살리시는 분이 무엇인들 못하실까? 필자는 전능하신 하나님께서는 창세기에 문자적으로 기록된 것처럼 아담을 창조하셨을 가능성이 있다고 믿는다. 이것을 신앙고백으로 받아들이는 데는 큰 문제가 없다.

하지만 합리적 추론을 전제로 하는 학문의 영역으로 넘어오게 되면 상황이 달라진다. 학문에서도 초자연적 현상을 다룰 수는 있지만 학문은 명백한 초자연적 현상의 합리적 논증을 추구하는 것이 주목적은 아니다. 아니 그런 합리적 논증을 추구할 수 없는 현상을 초자연적이라고 표현하는 것이 정확할 것이다. 만일 초자연적 현상이라고 하면서 합리적 설명이 가능하다면 그것은 이미 초자연적 현상이라고 할 수 없을 것이다.

이것은 학문을 하는 사람들이 초자연적 현상을 믿지 않는다는 말과는 다르다. 만일 누군가가 초자연적인 일은 일어나지 않는다, 일어날 수 없다, 혹은 일어나서는 안 된다고 말한다면, 그것은 학문을 하는 사람으로서의 진술이 아니라 자연주의라는 이데올로기적 전제의 표현이라고 할 수 있을 것이다. 도대체 인간이 무엇이기에 자기가 이해할 수 없는 일은 일어나지 말아야 한다고, 일어날 수 없다고 교만을 떠는가!

우리가 아는 바와 같이 성경에 나타난 아담의 창조과정은 치밀한 학문적 용어로 기록되어 있지 않다. 만약 아담의 창조가 창세기의 문자적 표현대로 일어난 역사적 사건이었다고 한다면 그것은 초자연적 현상이라고 할 수밖에 없다. 현재 우리가 알고 있는 어떤 과학적 지식으로도 이 현상을 설명할 수 없기 때문이다. 창조주 하나님에게는 자연과 초자연의 구분이 없음을 생각한다면 인간이 보기에 초자연적으로 보이는 현상이라도 하나님은 얼마든지 일으키실 수 있는 분이다. 그러므로 비록 아담의 창조에 대한 문자적인 기록을 이성적으로 이해할 수 없다고 해도 이를 신앙고백으로 받아들이는 것은 얼마든지 가능한 일이다.

여기서 우리는 학문과 신앙을 '통합한다integrate'는 의미를 다시 생각해 봐야 한다. 신앙과 학문은 엄연히 서로 다른 영역이라고 할 수 있다. 이것은 신앙에 학문을 더하거나 학문에 신앙적 요소를 도입한다는 의미가 아니다. 학문과 신앙의 통합이란 학문의 영역에서 신앙적 원리와 신앙적 요소를 찾는 것이라고 할 수 있다. 후자의 경우는 간단하게 신학이라는 용어로 표현할 수 있겠지만, 전자의 경우는 '학문에 대한 세계관적 조망'이라는, 좀 길고 현학적인 말로 표현할 수 있을 것이다. 신앙과 학문은 중첩되는 부분이 있지만 엄연히 서로 다른 영역이요, 서로 다른 용어와 방법론을 사용한다는 점을 인정해야 할 것이다.

본서에서 창세기의 아담을 세 부류로 나누어 1장의 **보편 아담**전 인류, 2~3장의 사람속屬에 속한 **첫 사람 아담**구석기인, 4장의 **개인 아담**신석기 농부-제사장으로 제안한 것은 지금까지 알려진 많은 연구자료들에 근거한 합리적인 추론이다. 즉 **첫 사람 아담**은 고인류학의 연구결과에 근거한 추론이고, **개인 아담**은 창세기 4장의 해석에 근거한 추론이다. 만일 **첫 사람 아담**이 구석기의 사람속屬에 속한 첫 사람이 아니라면 선아담인류론과 같은 매우 어색한 가정을 해야 하고, **개인 아담**이 호모 사피엔스에 속한 신석기 사람이 아니라면 가인의 아내나 가인이 범죄 후에 두려워했던 사람들이 누군지, 창세기 4장에 등장하는 가인의 후손들의 문명을 설명하기 어렵다.

10. 요약과 결론

지금까지 우리는 고인류학이나 고유전학에서 이루어지고 있는 인류의 기원에 관한 연구결과들과 신구약 성경에서 언급하고 있는 아담을 둘러싸고 복음주의권 내에서 일어나고 있는 여러 가지 논쟁들에 대해 살펴보았다. 특히 유신진화론에 대한 비판과 더불어 아담이 실제로 존재한 인물이었다면 창세기에서의 아담을 세 부류로 나누어서 생각해보자는 제안을 조심스럽게 했다.

종교개혁의 전통에서 출발한 여러 신앙고백들은 모두 아담을 역사에 실존한 인물로 가정했다. 또한 로마 가톨릭도 1546년의 트리엔트 공의회Council of Trent, 1545~1563에서부터 시작하여, 1950년에 (인간 육체가 진화했을 여지를 조심스레 인정한) 교황 비오 12세Pope Pius XII, 1876~1958가 발표한 회칙 「인류Humani Generis」에서, 그리고 1992년의 「가톨릭교회 교리서Catechism of the Catholic Church」에서 아담의 역사성을 분명히 밝혔다.[22]

하지만 복음주의 틀 안에서 성경을 현대 고인류학 연구들과 완전히 조화시키는 것은 쉽지 않은 것으로 보인다. 인간의 창조와 초기 인류 역사에 대한 성경의 기록은 현대적 의미의 학문적 자료로 사용하기 위해 기록된 것이 아니기 때문이다. 지난 40여 년 동안 한국교회는 창세기를 과학교과서로 보고 과학과 성경의 관계에서 일치론concordism 해석을 고집함으로써 교회 바깥으로부터는 물론 교회 내에서조차 반지성주의적이라는 비난을 피할 수가 없었다. 그리고 그로 인해 많은 청년들, 지성인들이 교회에 등을 돌렸다.

성경의 기록을 오늘날 고인류학 연구의 직접적인 자료로 사용하는 데는 한계가 있다고 해도 성경은 인간이 다른 유인원들과 공통조상으로부터 진화했다고 하는 유신진화론을 지지하지는 않는 것처럼 보인다. 유신진화론에 근거한 아담의 역사성 부정은 현대의 고인류학의 연구와는 문제가 없을지 모르지만 복음주의 신학, 특히 복음주의 구속론과는 양립하기 어려운 것으로 보인다. 전통적인 복음주의의 정의를 생각한다면 아담의 역사성을 받아들이지 않는 것은 복음주의 주장이라고 보기 어렵다.

이런 문제들이 있음에도 불구하고 스스로 성경의 영감성과 신적 권위를 인정하는 복음주의자라고 한다면 서로 증오하지 말고 대화해야 한다. 아담의 역사성 논쟁은 이제 얼마 지나지 않아 과학자, 신학자들의 테이블에서 일반인들의 영역으로 확산될 것이다. 그럴 때 이 논쟁은 학자들의 테이블에 있을 때보다 훨씬 더 뜨거워질 것이고, 원색적인 언어들이 난무할 것이다. 그때를 대비해서 꼭 한 가지 미리 기억해야 할 것은 서로 의견이 다르더라도 적대시하거나 '폭력'언어폭력을 포함하여을 행사해서는 안 된다는 점이다.

미국 복음주의신학회Evangelical Theological Society 회장을 역임했던 구약학자 월트키의 말처럼 '성경 해석의 무오성'과 '성경의 무오성'은 엄연히 구분해야 한다. 그가 지적했듯이 "성경이 나타내는 것과 과학이 나타내는 것은 다르다." 성경 해석이 서로 다르더라도 "그 문제로 서로 믿음을 의심하며 비난을 퍼부어서는 안 될" 것이다. 자신과 다른 주장을 한다고 해서 다른 사람을 공격하는 소위 '동일성의 폭력'도 다른 폭력과 더불어 또 다른 악한 폭력일 뿐이다. 어쩌면 예수 그리스도를 주라고 고백하는 사람들에게 있어서 역사적 아담의 진실보다 형제들을 향한 이해와 겸손이 더 중요할지도 모른다.[23] 이를 위해 우리는 사도 바울의 권면을 귀담아 들어야 한다. "우리는 사랑으로 진리를 말하고 살면서, 모든 면에서 자라나서, 머리가 되시는 그리스도에게까지 다다라야 합니다."엡4:15 새번역.

토의와 질문

1. 필자는 기원과 관련하여 빙하기, 지질시대, 석기 시대 등 분명한 과학적 연구결과들은 받아들여야 한다는 입장을 제시하고 있다. 혹 이러한 자세가 과학에 대한 지나친 낙관은 아닐까?

2. 필자는 '사람됨'의 중요한 기준으로 도구 사용을 들고 있다. 도구 사용이 그동안 '사람됨'의 증거로 사용되던 신체적 특징들보다 더 적절한 기준이 될 수 있다고 보는 이유는 무엇인가?

3. '역사적 아담'에 속한 여러 이론들과 아담의 역사성이 갖는 신학적 함의에 대해 말해 보자.

주

추천의 글

1. 고세진 교수는 미국 시카고대학교(University of Chicago)에서 고대근동고고학으로 석사학위와 박사학위(M.A., Ph.D.)를 취득하였다. 이스라엘 Jerusalem University College 교수 및 총장, 아세아연합신학대학교 교수 및 총장, 미국 Gordon-Conwell Theological Seminary에서 Director of International Studies 및 Director of Robert Cooley Center for Early Christianity를 역임하였다. 현재 Korea-Ethiopia Joint Expedition to Aksum 단장이다.

시리즈 서문

1. 엄밀한 의미에서 우주론(Cosmology)은 우주의 구조에 대한 연구를 말하고, 우주의 역사에 대한 연구는 우주생성론(Cosmogony)이라고 부른다. 이 두 연구 분야는 상당 부분 중첩되기는 하지만, 엄밀한 의미에서는 구분된다. 하지만 본서에서는 특별히 구별해야 할 필요가 있는 경우를 제외하고는 이 두 용어를 구분하지 않고 대부분 우주론이라는 말로 통일해서 사용할 것이다.

제1강

1. 방사능 연대와 젊은지구론에 관해서는 필자의 책을 참고하기 바란다. 양승훈, 『창조연대 논쟁』(SFC, 2017).
2. 'DNA 고고학'의 발전에 대해서는 페보의 자전적인 글을 참고하기 바란다. Svante Pääbo, *Neanderthal Man: In Search of Lost Genomes* (New York: Brockman, 2014); 한국어판: 김명주 역, 『잃어버린 게놈을 찾아서: 네안데르탈인에서 데니소바인까지』 (부키, 2015).
3. William T. Cavanaugh & James K. A. Smith, editors, *Evolution and the Fall* (Grand Rapids, MI: Eerdmans, 2017); 한국어판: 이용중 역, 『인간의 타락과 진화: 현대 과학과 기독교 신앙의 대화』 (새물결플러스, 2019). 편집자의 한 사람인 William T. Cavanaugh는 윌리엄 T. 카바너라고 발음하지만 한국어 번역본에서 윌리엄 T. 카바노프라고 잘못 썼기 때문에 본서에서는 한국어 번역본의 표기를 그대로 따랐다.
4. 위의 책, 15쪽.
5. 위의 책, 42쪽.
6. 위의 책, 136~137쪽.
7. Andreas Wagner, *Arrival of the Fittest: Solving Evolution's Greatest Puzzle* (New York: Current, 2014); Simon Conway Morris, *The Runes of Evolution: How the Universe Became Self-Aware* (West Conshohocken, PA: Templeton, 2015), p.62.
8. Richard B. Goldschmidt, *The Material Basis of Evolution* (New Haven, CT: Yale University Press, 1940).
9. M. Hautmann, "What is macroevolution?" *Palaeontology* 63 (1): 1~11 (2020).
10. 소진화, 대진화 개념은 처음 제안된 후 수 차례 수정되었으며, 마지막 주요한 제안이 이루어진 것은 1975년이었다. cf. M. Hautmann, "What is macroevolution?" *Palaeontology* 63 (1): 1~11 (2020).
11. Theodosius Dobzhansky, *Caryologica* 6: 435~449 (1954). 근래 중진화에 대한 수학적 분석을 위해서는 다음 문헌을 참고하라. J.A.J. Hans Metz, "Thoughts on the Geometry of Meso-evolution:

Collecting Mathematical Elements for a Postmodern Synthesis," in F. Chalub & J. Rodrigues, eds. *The Mathematics of Darwin's Legacy. Mathematics and Biosciences in Interaction* (Basel: Springer, 2011). https://doi.org/10.1007/978-3-0348-0122-5_11.

12. Donald R. Prothero, *Evolution: What the Fossils Say and Why It Matters* (Columbia University Press, 2017); 한국어판: 류운 역, 『화석은 말한다: 화석이 말하는 진화와 창조론의 진실』 (바다출판사, 2019).

13. Carl Woese from an interview: http://www.suzanmazur.com/?p=224를 참고하라.

14. 필자가 대진화를 반대하는 이유는 '창조론 대강좌' 시리즈 제3권 양승훈, 『창조와 진화』 (SFC, 2012)에서 논의했다.

15. 이에 관해서는 필자가 발표한 다음의 글을 참고하기 바란다. 양승훈, "진화의 세 가지 층위," 「창조론 오픈포럼」 13(1): 81~95 (2019. 2.).

16. Gordon J. Wenham, *Rethinking Genesis 1-11* (Wipf and Stock Publishers, 2015); 한국어판: 차준희 역, 『창세기 1-11장 다시 읽기』 (KIVP, 2020), 17쪽.

17. Herman Dooyeweerd, *A New Critique of Theoretical Thought* 4 volumes (Jordan Station, ON: Paideia Press, 1984).

18. Roy A. Clouser, *The Myth of Religious Neutrality: An Essay on the Hidden Role of Religious Belief in Theories* (University of Notre Dame Press, 2005); 한국어판: 홍병용 역, 『중립성의 신화』 (아바서원, 2017).

19. David K. Naugle, *Worldview: The History of a Concept* (Grand Rapids, MI: Wm. B. Eerdmans, 2002); 한국어판: 박세혁 역, 『세계관, 그 개념의 역사』 (CUP, 2018), 80쪽.

20. 이에 대해서는 본 '창조론 대강좌' 시리즈 마지막 제7권에서 좀 더 자세하게 다룰 것이다.

21. 이 외에 『종교의 종말』의 저자 샘 해리스(Samuel Harris, 1967~), 『주문을 깨다』의 저자 대니얼 데닛(Daniel Dennett, 1942~), 『신은 위대하지 않다』의 저자 크리스토퍼 히친스(Christopher Hitchens, 1949~2011)도 비슷한 측면이 있다.

22. "But all researchers agree on certain basic facts. We know, for example, that humans evolved from ancestors we share with other living primates such as chimpanzees and apes." Kenneth R. Miller and Joseph S. Levine, *Biology* (2000), p.757.

23. 임종덕, "진화의 '잃어버린 고리' 찾기," 「동아 사이언스」 2006년 4월 15일.

제2강

1. Fyodor Mikhailovich Dostoevsky, *The Brothers Karamazov* (1879~1980) Ch. 4 of Book 5. 도스토예프스키(Fyodor Mikhaylovich Dostoyevsky, 1821~1881): 러시아 소설가.

2. 원래 이 말은 Charles R. Darwin, *The Origin of Species* (Avenel, NJ: Random House Value Publishing, 1979) "Forward" by Patricia G. Horan. 위 인용구의 한국어 번역은 Roger Lewin, *In the Age of Mankind* (Washington, DC: Smithsonian Institution, 1988); 한국어판: 박선주 역, 『인류의 기원과 진화』 (서울: 교보문고, 1992), 32쪽.

3. 이런 루머의 다른 예로는, 1633년에 갈릴레오가 교황청 교리성성(The Holy Office)에서 지동설 재판을 받고 나오면서 "그래도 지구는 돈다."라고 중얼거렸다는 것이나, 뉴턴이 사과가 떨어지는 것을 보고 만유인력 법칙을 발견했다는 얘기 등을 들 수 있다.

4. 유인원아목에 대해서는 제5강의 <표 5-1>(영장류와 사람속의 분류체계)를 참고할 것.

5. "Look closely at your hand. You have five flexible fingers. Animals with five flexible fingers are called primates. ⋯ Monkeys, apes, and humans are examples of primates. ⋯ Primates most likely evolved from small, insect-eating rodentlike mammals that lived about 60 million years ago." from Holt, Rinehart, and Winston, *Biology Visualizing Life* (1998), p.213.

6. New York City에 있는 American Museum of Natural History에 전시된 것을 Marvin L. Lubenow, *Bones of Contention: A Creationist Assessment of Human Fossils* (Grand Rapids, MI: Baker, 1992), p.82에서 재인용.
7. 코이코이족은 흔히 호텐토트(Hottentotes)족이라고도 불려왔다. 그러나 인류학자들은 호텐토트라는 말보다는 그들 스스로가 자신을 부를 때 사용하는 코이코이라는 말을 사용한다. 호텐토트라는 말은 '야만인(savage, barbarian)'이라는 모욕적인 의미인 반면에 코이코이라는 말은 '사람들 중의 사람들(men of men)'이란 의미이다. cf. "Khoikhoi" in *The Worldbook Encyclopedia* (Chicage: Worldbook, 1994).
8. Zum 학습백과. cf. http://study.zum.com/book/13272
9. http://humanorigins.si.edu/evidence/human-fossils/species/australopithecus-afarensis
10. Madelaine Böhme, Nikolai Spassov, Jochen Fuss, Adrian Tröscher, Andrew S. Deane, Jérôme Prieto, Uwe Kirscher, Thomas Lechner & David R. Begun, "A new Miocene ape and locomotion in the ancestor of great apes and humans," *Nature* (2019.11.6.). 이 논문은 「동아 사이언스」(2019.11.7.)에 소개 되었다. cf. http://dongascience.donga.com/news.php?idx=32236
11. 진잔트로푸스 보이세이(Zinjanthropus boisei)란 이름은 더 이상 사용되지 않는다. cf. Virginia Morell, Virginia, *Ancestral Passions: The Leakey Family and the Quest for Humankind's Beginnings* (Simon & Schuster. 2011) p.185.
12. Smith, *Illustrated London News* (1922. 6. 24.) http://www.talkorigins.org/faqs/homs/a_nebraska.html (2004.4.10)에서 재인용.
13. Henry F. Osborn, "Hesperopithecus, the first anthropoid primate found in North America," *Science* 55 (1427): 463~465 (1922.5.). 오스본(Henry F. Osborn, 1857~1935): 미국의 부유한 진화론자이자 고생물학자로서 1908년에 미국자연사박물관(American Museum of Natural History) 총재를 역임했다.
14. '헤스페로피데쿠스 헤롤드쿠키'라는 이름은 '해롤드 쿡이 발견한 영장류로 추정되는 종'이라는 의미이다.
15. Grafton Elliot Smith, "Hesperopithecus: the Ape-Man of the Western World," *Illustrated London News* 160 (1922.6.24.): 942~944.
16. Henry F. Osborn, "Hesperopithecus, the Anthropoid Primate of Western Nebraska," *Nature* 110 (1922): 281~283. Simiidae(시미과)는 유인원 분류에서 지금은 사용하지 않는 분류 용어이다. <표 5-1>을 참고하라.
17. George Grant MacCurdy, *Human Origins* (1924).
18. 기록상으로는 네브래스카인이 스콥스 재판에 영향을 미쳤다는 증거는 없다. 뿐만 아니라 그 재판에서는 과학적인 증거의 일부로서 네브래스카인의 화석이 제시되지도 않았다. 그러나 네브래스카인은 대중 매체를 통해 일반인들에게 널리 알려졌기 때문에 어떤 형태로든지 당시 재판에 영향을 미쳤으리라고 생각하는 것은 자연스럽다. cf. J. Wolf and J.S. Mellett, "The role of 'Nebraska Man' in the Creation-Evolution debate," *Creation/Evolution* (National Center for Science Education) 16: 31~43 (1985).
19. W. K. Gregory, "Hesperopithecus apparently not an ape nor a man," *Science* 66 (1720): 579~581 (1927).

제3강

1. 본강의 내용은 양승훈, "고고학과 민족주의," 『창조론 오픈포럼』 11(2): 60~76 (2017.7.)의 논문을 수정, 보완한 것이다.
2. 오하이오주 맨스필드(Mansfield, OH) 출신의 그렉 보웬(Greg L. Bowen, 1952~2009)은 베트남 전쟁에도 참전했으며, 후에 주한 미군으로 근무하는 동안 전곡리에서 한반도 최초의 구석기 유물을 발견

하였다. 한국인 이상미 씨와 결혼하여 딸 새논을 낳은 보웬은 2005년 부인 이상미 씨, 딸 새논 등과 더불어 그가 처음으로 구석기 유물을 발견한 것을 기념하여 남계리에 세워진 박물관 개관식에 초대되었다. 공군에서 예편한 후 보웬 가족은 애리조나로 돌아가 애리조나 대학교(University of Arizona)에서 인류학으로 석사학위를 취득하였다. 그리고 그의 나머지 생애의 대부분을 나바호 인디언 역사 보존국(Navajo Nation Historic Preservation Department)에서 일하다가 건강 문제로 은퇴했다. 보웬은 그림, 시, 음악, 조경 등 다양한 분야에 흥미와 재능을 가졌지만, 아쉽게도 여러 해 동안의 투병 끝에 57세의 젊은 나이로 애리조나에서 별세했다. cf. "Greg L. Bowen Obituary" from http://www.legacy.com/obituaries/tucson/obituary.aspx?pid=124293748.

3. 아슐형 석기는 프랑스의 생아슐(Saint-Acheul)에서 처음 발견된, 약간 길쭉하고 둥근 손도끼를 말한다. 전곡리에서 최초의 아슐형 손도끼가 발견된 이야기는 신문에도 여러 번 보도되었다. http://leekihwan.khan.kr/369 ; http://legacy.h21.hani.co.kr/section-021015000/2000/021015000200011150334041.html 등. Sohn JiAe, "Paleolithic artifacts discovered in Gyeonggi-do" http://www.korea.net/NewsFocus/History/view?articleId=131721 (Jan 12, 2016)

4. http://www.korea.net/NewsFocus/History/view?articleId=131721

5. http://www.korea.net/NewsFocus/History/view?articleId=131721

6. http://dic.kumsung.co.kr/web/smart/detail.do?headwordId=5814&findCategory=B002005&findBookId=23

7. By José Manuel Benito Álvarez - Public Domain, https://commons.wikimedia.org/w/index.php?curid=1554936

8. 한탄강변에 자리 잡고 있는 전곡리 일대에서는 구석기 유물의 발견을 계기로 해마다 5월에 구석기 축제를 개최하고 있다. 2017년에는 5월 3~7일까지 열렸으며, 27만 년 전 구석기 시대를 체험하는 등 전곡선사박물관에서 다채로운 행사를 마련하고 있다.

9. "속속 드러나는 유적 날조 …… '4만 년 전 일본은 없다'," 「시사저널」 578호 (2001.10.23.); 시사저널 (http://www.sisajournal.com)

10. 発掘捏造, 毎日新聞旧石器遺跡取材班, (毎日新聞社, 2001). 후지무라 신이치의 구석기 유물 조작은 2000년 11월 5일자 「마이니치 신문」에 보도되었다.

11. https://namu.wiki/w/후지무라%20신이치

12. "속속 드러나는 유적 날조 …… '4만 년 전 일본은 없다'," 「시사저널」 578호 (2001.10.23.); 시사저널 (http://www.sisajournal.com)

13. 竹岡俊樹, "'前期旧石器'とはどのような石器群か," 「旧石器考古学」 56 (石器文化談話会, 1998). 조몬 시대(縄文時代)란 일본의 신석기 시대 중 기원전 14,000년부터 기원전 300년까지의 시기를 말한다.

14. Shizuo Oda and Charles T. Keally, "A Critical Look at the Palaeolithic and 'Lower Palaeolithic' Research in Miyagi Prefecture," 「人類学雑誌」 vol. 94~93, 1986.

15. https://namu.wiki/w/후지무라%20신이치

16. "日 구석기 유적지 20곳 이상 날조," 「동아일보」 (2001.9.29.); http://news.donga.com/3/all/20010929/7743121/1?

17. 필트다운인에 대한 좀 더 자세한 설명은 Lubenow, Bones of Contention, pp.39~44를 참고하라.

18. C. Dawson and A. S. Woodward, "On the Discovery of a Palaeolithic Human Skull and Mandible in a Flint-bearing Gravel overlaying the Wealden (Hastings Beds) at Piltdown (Fletching), Sussex," Quarterly Journal of Geological Society of London, 69: 117~144 (1913).

19. Heidelberg Man은 발굴지 지명을 따라 Mauer mandible이라고도 한다.

20. 파리 자연사박물관(Museum National d'Historie Naturelle in Paris). 부울(Marcellin Boule, 1861~1942): 프랑스 고생물학자.

21. "Darwin Theory Is Proved TRUE; English Scientists Say the Skull Found in Sussex Establishes Human Descent from Apes." *The New Times* (1912.12.22.).

22. Kenneth P. Oakley, *Piltdown Man* (Bobbs-Merrill, 1955); *Relative dating of the fossil hominids of Europe* (British Museum, 1980).

23. Kenneth P. Oakley, "Fluorine and the Relative Dating of Bones," *Advancement of Science*, 16: 336~337 (1948).

24. J.S. Weiner, *The Piltdown Forgery* (Oxford University Press, 1955).

25. 이것은 화석을 단단하게 하여 오래 보존하기 위하여 당시에 흔히 사용하던 방법일 수 있다는 주장도 있다. Lubenow, *Bones of Contention*, p.42.

26. http://creation.com/the-piltdown-man-fraud

27. 콜라겐은 단백질의 일종으로서 아교질이라고 부르기도 하며, 종류에 따라 뼈나 피부, 연골, 결합 조직 등을 구성하는 재료가 된다. 콜라겐은 일반적으로 물에 잘 녹지 않으며, 산이나 염기 처리와 함께 가열하면 분해되어 젤라틴으로 변한다. 젤라틴에 불순물이 섞인 것을 아교라고 한다.

28. Sarah Lyall, "Piltdown Man Hoaxer: Missing Link Is Found," *The New York Times* (25 May 1996).

29. Ronald Miller, *The Piltdown Man* (New York: St. Martin's Press, 1972).

30. Charles Blinderman, *The Piltdown Inquest* (Buffalo, NY: Prometheus Book, 1986).

31. Stephen Jay Gould, "The Piltdown Conspiracy," *Natural History* (August 1980): 8~28.

32. John Winslow and Alfred Meyer, "The Perpetrator at Piltdown," *Science* 83 (September 1983): 32~43.

33. Weiner, *The Piltdown Forgery*, pp.140~153.

34. Isabelle De Groote, Linus Girdland Flink, Rizwaan Abbas, Silvia M. Bello, Lucia Burgia, Laura Tabitha Buck, Christopher Dean, Alison Freyne, Thomas Higham, Chris G. Jones, Robert Kruszynski, Adrian Lister, Simon A. Parfitt, Matthew M. Skinner, Karolyn Shindler, Chris B. Stringer, "New genetic and morphological evidence suggests a single hoaxer created 'Piltdown man'," *Royal Society Open Science* (10 August 2016) DOI: 10.1098/rsos.160328. 전문은 http://rsos.royalsocietypublishing.org/content/3/8/160328에 있다.

35. Isabelle De Groote, et. al, *Royal Society Open Science* (10 August 2016) DOI: 10.1098/rsos.160328

36. 이상희, "'자랑스러운 祖上' 이미지에 딱…… 가짜 화석에 속은 英國," 「조선닷컴」 (2016.08.27.). cf. http://premium.chosun.com/site/data/html_dir/2016/08/26/2016082602039.html

37. http://premium.chosun.com/site/data/html_dir/2016/08/26/2016082602039.html

38. 영어의 ingenuity란 단어는 발명의 재주, 창의력, 재간, 교묘함, 정교함 등의 의미가 있다.

39. 필트다운인 사건은 과학자들일지라도 편견에 의해 얼마나 쉽게 속을 수 있는가를 보여주는 고전적인 예이다. 이 사기 사건에 대한 연구로는 J. S. Weiner, *The Piltdown Forgery* (Oxford University Press, 1955)을 보라. 가장 철저하고 자세한 최근 연구로는 Queens College of the City University of New York 인류학과에 근무하는 Frank Spencer, *Piltdown A Scientific Forgery* (Oxford University Press, 1990); Herbert Thomas, *Le Mystere de L'Homme de Piltdown: Une extraordinnaire imposture scientifique* (Paris: Les Editions Belin, 2002); 한국어판: 이옥주 역, 『인류의 기원을 둘러싼 최고의 과학사기사건, 필트다운』 (서울: 에코리브르, 2005)을 보라.

40. G. Bourn, *Modern People* vol.1(1976. 4. 18.) p.11.

41. 양승훈, "계통발생설과 헥켈의 사기극," 『창조와 진화』 (SFC, 2012) 제7강

42. Roger Lewin, *In the Age of Mankind* (Washington, DC: Smithsonian Institution, 1988); 한국어판: 박선주 역, 『인류의 기원과 진화』 (서울: 교보문고, 1992), 33쪽.

43. Lewin, 『인류의 기원과 진화』, 33~34쪽.

44. 고인류학 분야에서 DNA 연구에 관해서는 Svante Pääbo, *Neanderthal Man: In Search of Lost Genomes* (New York: Brockman, 2014); 한국어판: 김명주 역, 『잃어버린 게놈을 찾아서: 네안데르탈인에서 데니소바인까지』(부키, 2015)를 참고하기 바란다. 간단한 소개지만 이상희의 기사도 도움이 될 것이다. 이상희, "인류의 기원," 「Horizon」(2018.5.23.). cf. https://horizon.kias.re.kr/archives/allarticles/transdisciplinary/인류의-기원/

제4강

1. 본강의 내용은 양승훈, "98.5%라는 착각 – 인간과 침팬지의 유전학 차이의 비교", 『창조론 오픈포럼』 11(1): 60~73 (2017.3.)의 논문을 수정, 보완한 것이다.

2. 원제는 Jared Diamond, *The Third Chimpanzee for Young People: On the Evollution and Future of the Human Animal* (Triangle Square, 2015). 1996년 『제3의 침팬지』라는 제목으로 번역, 출간된 *The Third Chimpanzee*를 청소년용으로 다시 엮은 책이다. Jared Diamond, 『왜 인간의 조상이 침팬지인가』(문학사상, 2015).

3. "The Human Genome Project, completed in 2003, has shown beyond any reasonable scientific doubt that humans and primates share common ancestry." from Peter Enns, *The Evolution of Adam: What the Bible Does and Doesn't Say about Human Origins* (Grand Rapids, MI: Brazos Press, 2012), p. ix; 한국어판: 장가람 역, 『아담의 진화』(CLC, 2014).

4. Wojciech Makalowski, "What is junk DNA, and what is it worth?" *Scientific American* (2007.2.12.); cf. https://www.scientificamerican.com/article/what-is-junk-dna-and-what/

5. Makalowski, *Scientific American* (2007.2.12.).

6. Susumu Ohno, "So much 'junk' DNA in our genome," *Brookhaven Symposia in Biology*, 23: 366~370 (1972).

7. 미국자연사박물관 홈페이지 참고. http://www.amnh.org/exhibitions/permanent-exhibitions/human-origins-and-cultural-halls/anne-and-bernard-spitzer-hall-of-human-origins/understanding-our-past/dna-comparing-humans-and-chimps/

8. Jeffrey Tomkins, "Comprehensive analysis of chimpanzee and human chromosomes reveals average DNA similarity of 70%," *Answers Research Journal* 6(2013): 63~69.

9. "It is now clear that the genetic differences between humans and chimpanzees are far more extensive than previously thought: their genomes are not 98% or 99% identical." Todd Preuss, "Human Brain Evolution: From Gene Discovery to Phenotype discovery," *PNAS* 109(2012): 10709~10716.

10. J. Marks, "98% alike? (What our similarity to apes tells us about our understanding of genetics.)," *Chronicle of Higher Education* (May 12, 2000), B7.

11. 후성유전학에 대해서는 박춘호, "후성유전학 혁명 : 라마르크 진화론의 재부상인가? 분자수준에서 창조의 새로운 지평인가?", 『창조론 오픈포럼』 11(1): in press (2017.3.)를 참고하라.

12. Jeffrey P. Tomkins, "Documented Anomaly in Recent Versions of the BLASTN Algorithm and a Complete Reanalysis of Chimpanzee and Human Genome-Wide DNA Similarity Using Nucmer and LASTZ," *Answers Research Journal* 8(2015): 379~390.

13. Derek E. Wildman, Monica Uddin, Guozhen Liu, Lawrence I. Grossman, and Morris Goodman, "Implications of natural selection in shaping 99.4% nonsynonymous DNA identity between humans and chimpanzees: Enlarging genus *Homo*," *ONAS* 100(12): 7181~7188 (2003). Original text is found in http://www.pnas.org/content/100/12/7181.full. 이 연구결과는 "과소 평가된 사람과 침팬지의 DNA 차이"라는 제하의 기사로 http://www.ibric.org/bbs/trend/0209/020926-8.html에 한국어로도 소개되었다.

14. 1kilobases는 DNA 염기쌍 1000개를 말한다.

15. Roy J. Britten, "Divergence between samples of chimpanzee and human DNA sequences is 5%, counting indels," *PNAS* 99(21): 13633~13635(2002.10.15.). cf. http://www.pnas.org/content/99/21/13633.full

16. 김대공, "침팬지 게놈 알면 인간을 안다?", 『주간동아』 389: 72~72 (2003.6.19.). http://weekly.donga.com/List/3/all/11/71366/1

17. Asao Fujiyama, Hidemi Watanabe, Atsushi Toyoda, Todd D. Taylor, Takehiko Itoh, Shih-Feng Tsai, Hong-Seog Park, Marie-Laure Yaspo, Hans Lehrach, Zhu Chen, Gang Fu, Naruya Saitou, Kazutoyo Osoegawa, Pieter J. de Jong, Yumiko Suto, Masahira Hattori, Yoshiyuki Sakaki, "Construction and analysis of a Human-Chimpanzee Comparative Clone Map," *Science* 295: 131~134 (2002.1.4.).

18. "DNA: Comparing Humans and Chimps" from http://www.amnh.org/exhibitions/permanent-exhibitions/human-origins-and-cultural-halls/anne-and-bernard-spitzer-hall-of-human-origins/understanding-our-past/dna-comparing-humans-and-chimps/

19. "The fusion that occurred as we evolved from the apes has left its DNA imprint here. It is very difficult to understand this observation without postulating a common ancestor." in Francis S. Collins, *The Language of God* (New York: Free Press, 2006), p.138.

20. "You know what, if we don't find it [fused chromosome in humans], evolution is wrong. We don't share a common ancestor." from Ken Miller, "How to shut up pesky creationists," from https://www.YouTube.com/watch?v=dK3O6KYPmEw (September 2007)

21. 텔로미어라는 이름은 '끝(end)'을 의미하는 그리스어 텔로소(τέλος)와 '부분(part)'을 의미하는 메로스(μέρος)의 복합어로서 '끝 부분(end part)'이라는 의미이다.

22. Richard M Cawthon, Ken R Smith, Elizabeth O'Brien, Anna Sivatchenko, Richard A Kerber, "Association between telomere length in blood and mortality in people aged 60 years or older," *The Lancet* 361 (9355): 393~395 (1 February 2003). DOI: http://dx.doi.org/10.1016/S0140-6736(03)12384-7

23. Karen Anne Mather, Anthony Francis Jorm, Ruth Adeline Parslow, Helen Christensen, "Is Telomere Length a Biomarker of Aging? A Review," *Journal of Gerontology series A - Biol Sci Med Sci* (2011) 66A (2): 202~213. DOI: https://doi.org/10.1093/gerona/glq180 (Published: 28 October 2010)

24. "텔로미어" in <https://ko.wikipedia.org/wiki/텔로미어> (170220)

25. 분자시계(分子時計, molecular clock)란 단백질이나 DNA의 염기서열의 돌연변이가 시간에 비례하여 일어난다는 가정 하에 돌연변이가 일어난 정도를 이용하여 그 종이 다른 고대종으로부터 분지된 시간을 추정하는 기법을 말한다. 그러나 같은 유전체라도 유전자의 기능, 그 DNA를 가진 존재가 위치한 지역에 따라 돌연변이 발생빈도가 달라지기 때문에 엄격한 절대연대측정법이라고 할 수 없다. 분자시계는 1962년에 처음으로 다양한 동물들의 호모글로빈 단백질 변종의 연대를 측정하는 데 사용되었으며, 현재는 종의 분화(speciation)나 방사(radiation)의 시간을 추정하는 데 사용된다. 유전자시계(gene clock), 진화시계(evolutionary clock)라고도 한다.

26. R.L. Cann, M. Stoneking, A.C. Wilson, "Mitochondrial DNA and human evolution," *Nature* 325 (6099): 31~36 (1987).

27. Fu Q, Mittnik A, Johnson PL, Bos K, Lari M, Bollongino R, Sun C, Giemsch L, Schmitz R, Burger J, Ronchitelli AM, Martini F, Cremonesi RG, Svoboda J, Bauer P, Caramelli D, Castellano S, Reich D, Pääbo S, Krause J (21 March 2013). "A revised timescale for human evolution based on ancient mitochondrial genomes," *Current Biology* 23 (7): 553~559.

28. G.D. Poznik, B.M. Henn, M.C. Yee, E. Sliwerska, G.M. Euskirchen, A.A. Lin, M. Snyder, L. Quintana-Murci, J.M. Kidd, P.A. Underhill, C.D. Bustamante, "Sequencing Y chromosomes

resolves discrepancy in time to common ancestor of males versus females," *Science* 341 (6145): 562~565 (2013.8.).

29. "Using our empirical data to calibrate the mtDNA molecular clock would result in an age of the mtDNA MRCA of only ~6500 y.a., clearly incompatible with the known age of modern humans." in Thomas J. Parsons, et al., "A High Observed Substitution Rate in the Human Mitochontrial DNA Control Region," *Nature Genetics* 15 (1997): 363~368.

30. Nathaniel T. Jeanson, "A Young Earth Creation Human Mitochondrial DNA 'Clock': Whole Mitochondrial Mutation Rate Confirms D-Loop Results," *Answers Research Journal* 8(2015): 375~378.

31. E. Elhaik, T.V. Tatarinova, A.A. Klyosov, D. Graur, "The 'extremely ancient' chromosome that isn't: a forensic bioinformatic investigation of Albert Perry's X-degenerate portion of the Y chromosome," *European Journal of Human Genetics* 22 (9): 1111~1116 (2014). 사람들마다 Y-염색체 아담의 연대가 얼마나 다양한지에 대해서는 Wiki에서 "Y-chromosomal Adam" 항목으로 검색해 보라.

32. Monika Karmin et al. "A recent bottleneck of Y chromosome diversity coincides with a global change in culture," *Genome Research* 25 (4): 459~466 (2015).

33. Francis S. Collins, *The Language of God: A Scientist Presents Evidence for Belief* (New York: Free Press, 2006); 한국어판: 이창신 역, 『신의 언어』 (김영사, 2009), 134쪽.

34. Darrel R. Falk, "1장 인간의 기원," in William T. Cavanaugh & James K. A. Smith, editors, *Evolution and the Fall* (Grand Rapids, MI: Eerdmans, 2017); 한국어판: 이용중 역, 『인간의 타락과 진화: 현대 과학과 기독교 신앙의 대화』 (새물결플러스, 2019), 53~54쪽.

35. Cavanaugh & Smith, 『인간의 타락과 진화』, 52쪽.

제5강

1. Adrienne L. Zihlman and Jerold M. Loewenstein, "False Start of the Human Parade," *Natural History* 88 (Aug./Sep. 1979): 86~91.

2. 원원류는 원원아목(原猿亞目), 유인원류는 진원아목(眞猿亞目)이라고도 부른다.

3. 설치류란 쥐와 같이 위아래 한 쌍뿐인 앞니가 일생 동안 자라기 때문에 아래턱을 위아래로 움직이면서 물건을 갉는 포유류를 통칭하는 말이다. 설치류는 포유류 중에서 종수와 개체수가 가장 많다.

4. http://www.sandiegozoo.org/animalbytes/t-monkey.html

5. http://www.nhc.ed.ac.uk/images/vertebrates/primates/NewWorldSkulls.jpg

6. David Van Reybrouck, *From Primitives to Primates: A History of Ethnographic and Primatological Analogies in the Study of Prehistory* (Sidestone Press, 2012). p.54.

7. Martin J.S. Rudwick, *Georges Cuvier, Fossil Bones, and Geological Catastrophes* (University of Chicago Press, 1997), p.36.

8. "G. Cuvier" in Wiki.

9. G.B. Cuvier, *Recherches sur les ossemens fossiles*, Vol. 3: 265 (1822).

10. "Adapis" in Wiki

11. "Darwinius" in Wiki

12. "Omomyids" and "Tetonius homunculus" in Wiki

13. "tarsier," "lumer," "loris" in Wiki

14. 이상의 내용은 *The Great Courses* 시리즈의 하나로 행한 John Hawks, *The Rise of Humans: Great Scientific Debates* 강의의 강의록 260쪽을 참고. cf. https://www.thegreatcourses.com/courses/the-rise-of-humans-great-scientific-debates.html

15. "Plesiadapis" in Wiki

16. "Proconsu africanus" in Wiki

17. http://home.hccnet.nl/g.vd.ven/voorouders/plaatjes/gigantopithecus/

18. http://www.liberaong.org/nota_conceptos.php?id=104

19. "Morotopithecus bishopi" and "Kenyapithecus wickeri" in Wiki

20. 케냐피테쿠스는 350만 년 전부터 320만 년 전에 살았던 케냔트로푸스(Kenyanthropus)와는 다른 화석이다.

21. "Sivapithecus indicus" and "Gigantopithecus blacki" in Wiki

22. 시왈릭 언덕은 츄리아 언덕(Churia Hills)이라고도 부른다. 문헌에 따라 라마피테쿠스는 1932년, 티나우강 기슭(the bank of Tinau River)에서 발견했다고 하기도 한다. cf. http://en.wikipedia.org/wiki/Ramapithecus

23. David Pilbeam, *The Evolution of Man* (New York: Funk and Wagnalls, 1970), pp.100~102.

24. https://commons.wikimedia.org/wiki/File:Dentition_of_Ramapithecus_-_Fossil_-_Human_Evolution_Gallery_-_Indian_Museum_-_Kolkata_2014-04-04_4499.JPG

25. 라마피테쿠스에 대한 문헌으로는 Elwyn L. Simons와 David R. Pilbeam의 문헌이 대표적이다. E.L. Simons, *Annals New York Academy of Sciences* 167 (1969): 319; E.L. Simons, *Annals New York Academy of Sciences* 211 (1964): 50; David R. Pilbeam, *Nature* 219 (1968): 1335; David R. Pilbeam, *Advancement of Science* 24 (1968): 368; E. L. Simons and David R. Pilbeam, *Science* 173 (1971): 23.

26. Brian M. Fagan, *World Prehistory: A Brief Introduction* (5th edition) (Upper Saddle River: Prentice Hall, 2001); 한국어판: 최몽룡 역, 『인류의 선사시대』 (서울: 을유문화사, 1987), 107쪽.

27. Roger Lewin, *In the Age of Mankind* (Washington, DC : Smithsonian Institution, 1988); 한국어판: 박선주 역, 『인류의 기원과 진화』 (서울: 교보문고, 1992), 49쪽; Pilbeam, *The Evolution of Man*, p.100. 호미니드란 인간을 포함하여 인간으로 진화하는 중간에 있다고 생각되는 모든 화석인류들을 통칭하는 진화론적 용어이며, 동시에 사람과(Hominidae, hominids)를 지칭하는 분류학적 용어이다. cf. "<표 5-1> 영장류와 사람속의 분류체계" 참고.

28. Lewin, 『인류의 기원과 진화』, 50쪽.

29. Adrienne L. Zihlman and Jerold M. Loewenstein, "False Start of the Human Parade," *Natural History* 88 (August/September 1979): 91. 질만은 University of Californai(Santa Cruz)의 고인류학자이다.

30. https://evoecoproject.weebly.com/natural-selection--evolution.html & https://alogicadosabino.wordpress.com/2008/11/28/ramapithecus-de-potencial-humano-a-orangotango/

31. Richard E. Leakey, "Hominids in Africa," *American Scientist* 64 (March/April 1976): 174. cf. https://www.jstor.org/stable/27847157

32. Zihlman and Jerold, *Natural History*, p.89.

33. Lewin, 『인류의 기원과 진화』, 50쪽.

34. 김영길 외, 『진화는 과학적 사실인가?』, 144~145쪽에서 재인용.

35. Lewin, 『인류의 기원과 진화』, 51쪽.

36. Lewin, 『인류의 기원과 진화』, 55쪽.

37. Robert B. Eckhardt, "Population Genetics and Human Origins," *Scientific American* 226 (January 1972): 101.

38. Stephen Jay Gould, "Empire of the Apes," *Natural History* 96 (May 1987): 24.

39. "Dryopithecus" in https://commons.wikimedia.org/w/index.php?curid=26800708 and "Colobinae," "Cercopithecinae" in Wiki.

40. Adrienne L. Zihlman and Jerold M. Loewenstein, "False Start of the Human Parade," *Natural History* 88 (Aug./Sep. 1979): 86~91.

41. 근래에는 라마피테쿠스라는 용어 대신 시바의 원숭이라는 의미의 시바피테쿠스(Sivapithecus)라는 말을 사용한다.

제6강

1. "It is always advisable to perceive clearly our ignorance.": Charles R. Darwin.

2. http://www.chosun.com/w21data/html/news/200207/200207110081.html (2002.7.11.); http://www.chosun.com/w21data/html/news/200207/200207110302.html (2002.7.11.); http://www.theaustralian.news.com.au/common/story_page/0,5744,4681878%255E601,00. html (2004.4.10.).

3. http://news.bbc.co.uk/2/hi/science/nature/2313695.stm 그림을 수정하였다.

4. https://en.wikipedia.org/wiki/List_of_human_evolution_fossils에 있는 표를 번역, 수정하였다. 아르디피테쿠스 라미두스는 플라이오세의 화석으로 오스트랄로피테쿠스에 속하지 않지만, 최초의 마이오세 후기의 아르디 화석인 아르디피테쿠스 카답바와 같은 속에 속하기 때문에 이 표에 포함시켰다.

5. Brunet, M. et al., "A New Hominid from the Upper Miocene of Chad, Central Africa," *Nature* 418 (2002.7.11.): 145~151; John Whitfiedl, "Oldest member of human family found," http://www.nature.com/nsu/020708/020708-12.html (2002.7.12).

6. By Ludovic Péron - Own work, CC BY-SA 3.0, https://commons.wikimedia.org/w/index.php?curid=4760887. 현재 브뤼네는 콜라쥬 드 프랑스(Collège de France)의 고생물학 교수이다.

7. Stephen Strauss, "Lucy? She's History," *The Globe and Mail* (2002.7.10.).

8. 남병곤, "인간·침팬지 공동조상? …… 투마이 화석은 '과학적 허구'", 「국민일보」 (2002.7.12.).

9. "Scientists clash over skull" in BBC (October 9, 2002): http://news.bbc.co.uk/2/hi/science/nature/2313695.stm

10. Orrorin이란 말은 현지어(Tugen)로 '최초의 사람(original man)'이라는 의미이다.

11. Martin Pickford and Brigitte Senut, "'Millennium ancestor,' a 6-million-year-old bipedal hominid from Kenya," *South African Journal of Science* 97: 1~2: 22 (2001).

12. https://commons.wikimedia.org/wiki/File:Orrorin_tugenensis.jpg

13. White 등이 에티오피아에서 발견한 화석들에 대해서는 Tim D. White, et al., "New Discoveries of Australopithecus at Maka in Ethiopia," *Nature* 371 (1994): 306~312.을 보라. Ardipithecus ramidus에서 출발한 진화 계보는 www.geocities.com/palaeoanthropology/Aramidus.html에 잘 정리되어 있다.

14. G. Suwa, B. Asfaw, R.T Kono, D. Kubo, C.O. Lovejoy and Tim D. White, "The Ardipithecus ramidus skull and its implications for hominid origins," *Science* 326 (5949): 68, 68e1~68e7 (2 October 2009). doi:10.1126/science.1175825. PMID 19810194.

15. "Ardipithecus ramidus" in Wiki.

16. 원숭이들의 걷는 모습은 매우 다양해서 어떤 것은 네발로 걷지만, 어떤 것은 나무에 기어오르거나 나뭇가지에 매어달릴 수 있다. 때로 땅 위에서 네발로 걸을 때는 주먹 관절을 땅에 대고 걷는 주먹보행(knuckle-walking)이라는 독특한 보행을 하기도 한다. 침팬지나 고릴라는 대표적인 주먹보행을 하는 유인원이다.

17. <표 6-2>에서 소개한 오스트랄로피테쿠스 종들은 화석의 숫자나 개체수가 많거나 신체의 많은 부분이 화석으로 발견된 것들이다. 이 외에도 Australopithecus bahrelghazali, Australopithecus deyiremeda, Australopithecus prometheus(?) 등 여러 종들이 있으나, 이들은 대부분 화석의 숫자나 개체수가 적고, 신체의 극히 일부만이 발견된다.

18. https://en.wikipedia.org/wiki/List_of_human_evolution_fossils

19. Raymond A. Dart, "Australopithecus africanus: The Man-Ape of South Africa", *Nature* 115 (2884): 195~199 (1925.2.7.).

20. 처음 발굴 당시 타웅 아이가 죽은 나이는 젖니(deciduous teeth)가 있는 것으로 미루어 6-7세 정도 라고 추정하였으나 지금은 치아 위에 덮인 법랑질(琺瑯質, enamel) 두께를 근거로 3.3세 정도로 추 정하고 있다. 성장속도를 볼 때 타웅 아이가 원숭이 속도로 자랐다면 4세 정도, 사람 속도록 자랐다 면 7세 정도였을 것으로 추정된다: Milford H. Wopoff, Janet M. Monge, Michelle Lampl, "Was Taung human or an ape?" *Nature* 335 (6190): 501 (1988).

21. "Raymond Dart" and "Taung Child" in Wiki.

22. 현재 스테르크폰테인 동굴은 'The Cradle of Humankind World Heritage Site' 내에 있으며, 일반 인들에게 공개되고 있다.

23. "Mrs. Ples" in Wiki

24. "Mrs. Ples" in Wiki

25. 브룸의 발굴 과정에 대해서는 R. Broom and G. W. H. Schepers, "The South African Fossil Ape-Men: The Australopithecinae," *Transvaal Mus. Mem* no. 2, Pretoria, 272 pp., 18 plates (1946)을 참고하라.

26. R. Broom and G. W. H. Schepers, *Transvaal Museum Memoirs*, vol. 2, (1946), pp.1~272.

27. W.E. LeGros Clark, *Journal of Anatomy London* 81 (1947): 300~333. Also see Roger Lewin, *Bones of Contention: Controversies in the Search for Human Origins* (Chicago: The University of Chicago Press, 1987), pp.74~76.

28. Dean Falk, *The fossil chronicles: how two controversial discoveries changed our view of human evolution* (University of California Press, 2011).

29. Solly Zuckerman, *Beyond the Ivory Tower* (New York: Toplinger Publications, 1970), pp.75~94.

30. Charles E. Oxnard, "The Place of Australopithecines in Human Evolution: Grounds for Doubt," *Nature* Vol. 258, p.389.

31. Lee R. Berger, "Brief communication: Predatory bird damage to the Taung type-skull of Australopithecus africanus Dart 1925," *American Journal of Physical Anthropology* 131 (2): 166~168 (1 October 2006).

32. Drawing from *Life: The Science of Biology* (Purves, Orians, and Heller, 1992), p.604. 복원된 루 시의 발은 사람과 흡사하지만 루시의 발뼈는 발견되지 않았다. 루시를 제외한, 다른 오스트랄로피테 쿠스 종류(Australopithecine)의 발은 원숭이(ape-like creatures)의 것과 같다

33. "… anatomists Jacks Stern and Randall Susman, … who, in their 1983 study published in the *American Journal of Physical Anthropology*, described the anatomy of Lucy's species Australopithecus afarensis. They described Lucy's hands and feet as being long and curved, typical of a tree-dwelling ape." Richard Milton, *Shattering the Myths of Darwinism* (1997), p.207에서 재인용.

34. "The australopithecines known over the last several decades … are now irrevocably removed from a place in the evolution of human bipedalism.": Charles E. Oxnard, *The Order of Man: A Biomathematical Anatomy of the Primates* (1984), p.332.

35. "Regardless of the status of Lucy's knee joint, new evidence has come forth that Lucy has the morphology of a knuckle-walker.": "Evidence that Humans Evolved from Knuckle-Walking Ancestor," *Nature* (2000). 주먹보행(knuckle-Walking)이란 고릴라나 침팬지처럼 앞다리 지관절 (指關節)의 등을 땅에 대고 걷는 것을 말한다.

36. "I walked over to the cabinet, pulled out Lucy, and shazam! She had the morphology that was classic for knuckle walkers.": E. Stokstad, "Hominid Ancestors May Have Knuckle-Walked," *Science* (2000).

37. Pat Lee Shipman, "Why Is Human Childbirth So Painful?," *American Scientist* 101(6): p.426 (November-December 2013). cf. https://www.americanscientist.org/article/why-is-human-

childbirth-so-painful

38. Karen Rosenberg and Wenda Trevathan, "Birth, obstetrics and human evolution," *BJOG: An International Journal of Obstetrics and Gynaecology* 109: 1199~1206 (2002.12.1.). cf. https://obgyn.onlinelibrary.wiley.com/doi/full/10.1046/j.1471-0528.2002.00010.x

39. Caroline Vansickle, "An Updated Prehistory of the Human Pelvis," *American Scientist* 106(6): 354 (November-December 2016). cf. https://www.americanscientist.org/article/an-updated-prehistory-of-the-human-pelvis

40. John Kappelman, Richard A. Ketcham, Stephen Pearce, Lawrence Todd, Wiley Akins, Matthew W. Colbert, Mulugeta Feseha, Jessica A. Maisano & Adrienne Witzel, "Perimortem fractures in Lucy suggest mortality from fall out of tall tree," *Nature* (J. Kappelman et al. Nature http://dx.doi.org/10.1038/nature19332; 2016).

41. By Photo by Brett Eloff. Courtesy Profberger and Wits University who release it under the terms below. - Own work, CC BY-SA 4.0, https://commons.wikimedia.org/w/index.php?curid=10094681

42. 변태섭, "새로운 호미니드 발견", 「동아 사이언스」 (2010.4.12.); 김상연, "21세기에 발굴된 인류 진화 5대 화석", 「동아 사이언스」 (2010.4.16.).

43. S. E. Churchill, J. M. Kibii, P. Schmid, N. D. Reed, L. R. Berger, "The Pelvis of Australopithecus sediba," in (Special Issue on Australopithecus sediba) *PaleoAnthropology*, S. A. Williams and J. M. DeSilva (eds.), pp.334~356 (2018).

44. L. R. Berger, D. J. de Ruiter, S. E. Churchill, P. Schmid, K. J. Carlson, P. H. G. M. Dirks, J. M. Kibii, "Australopithecus sediba: a new species of Homo-like australopith from South Africa," *Science* 328 (5975): 195~204 (2010).

45. 리처드 리키는 지금도 케냐 시민권자로 나이로비 근교에 살면서 케냐 정치나 시민운동 등에 적극 참여하고 있다. 마침 필자가 나이로비를 방문했던 지난 2016년 7월 하순에 지인을 통해 면담할 수 있을까 해서 연락을 드렸지만, 아쉽게도 출타 중이라 성사되지 못했다.

46. 앞에서는 진잔트로푸스를 이미 오스트랄로피테쿠스(보이세이)에 속하는 것으로 언급을 했으나 '도구인간'에 대한 논의를 위해 다시 다룬다.

47. Louis S.B. Leakey, Phillip V. Tobias, and John R. Napier, "A New Species of the Genus Homo from Olduvai Gorge," *Nature* vol. 202 (4 April 1964): 7~9. 당시에 Tobias는 University of Witwatersrand의 교수였고, Napier는 University of London 교수였다.

48. Marvin L. Lubenow, *Bones of Contention: A Creationist Assessment of Human Fossils* (Grand Rapids, MI: Baker, 1992), p.158; University of California(Berkeley)의 Garniss Curtis는 K-Ar 방사능연대측정법으로 진잔트로푸스가 발견된 Olduvai의 Bed I의 연대를 180만 년 되었다고 했다.

49. "Paranthropus boisei" in Wiki

50. 이것은 진잔트로푸스를 '도구인간', 즉 도구인간(道具人間, Homo habilis)에 속하는 것이라고 한다면 인류 진화의 새로운 속(屬)을 찾아낸 것이지만, 오스트랄로피테쿠스에 속한 것이라면 새로운 종(種)을 찾은 것에 불과하므로 연구비를 받기가 어려웠을 것임을 지적하는 것이다.

51. Louis S. B. Leakey, "Finding the World's Earliest Man," *National Geographic* (September 1960), p.421.

52. Duane T. Gish, *Evolution The Fossils Say No!* (San Diego: Creation-Life Publishers, 1979), p.114.

53. Gish, *Evolution? The Fossils Say No!*, p.120.

54. Solly Lord Zuckerman, *Beyond the Ivory Tower* (New York: Taplinger Pub. Co, 1970), p.77.

55. Charles E. Oxnard, "The place of the australopithecines in human evolution: grounds for doubt?" *Nature*, Vol. 258, Issue 5534 (1975.12.): 389. 다변량 통계연구(multivariate statistical studies)란 여러 현상이나 사건에 대한 측정치를 개별적으로 분석하지 않고 여러 변인들 간의 관계성

을 동시에 고려해 그 효과를 밝히는 연구방법이다.

56. Charles E. Oxnard, *University of Chicago Magazine* (Winter 1974), pp.11~12. 옥스나드 외에도 오스트랄로피테쿠스의 직립을 믿지 않는 학자들이 있다. 예를 들면, "Australopithecus, a Long-armed, Short-legged, Knuckle-walker," *Science News*, vol. 100 (November 27, 1971), p.357; Christine Berg, "How Did the Australopithecines Walk? A Biomechanical Study of the Hip and Thigh of Australopithecus Afarensis," *Journal of Human Evolution*, vol. 26 (April 1994), pp.259~273.

57. Gish, *Evolution? The Fossils Say No!*, p.122.

58. Ashley Montagu, *Man : His First Million Years* (Yonkers, New York: World Publishers, 1957), pp.51~52.

59. Duane T. Gish, *Evolution: the challenge of the fossil record* (San Diego, CA: Creation-Life Publishers, 1985).

60. Raymond A. Dart and Dennis Craig, *Adventures with the Missing Link* (New York: Harper & Brothers, 1959).

61. Gish, *Evolution? The Fossils Say No!*, pp.122~123.

62. 위키, "겔라다개코원숭이"

63. 최근 인류의 진화에 대한 논쟁은 캘리포니아대학교 리버사이드의 이상희 교수와 「과학동아」 의 윤신영 기자의 "최초 인류를 규정짓는 기준 …… 큰 두뇌? 직립 보행? 끝나지 않는 논쟁", 「과학동아」(2012.3.17.)에 비교적 잘 요약되어 있다. cf. http://news.donga.com/Culture/New/3/07/20120316/44833046/1

64. 양승훈, 『창조와 진화: 진화론 비판과 창조 모델로 살펴본 생물의 기원』 (서울: SFC, 2012).

제7강

1. "Truth is generally the best vindication against slander." - Abraham Lincoln

2. https://en.wikipedia.org/wiki/Paranthropus_robustus

3. J. T. Robinson, *Nature* Vol. 205 (1965), p.121.

4. Pilbeam, *The Evolution of Man*, pp.159~162.

5. 라틴어에서 '호모'라는 말은 '사람'을, '하빌리스'라는 말은 '도구'를 뜻하므로, '호모 하빌리스'를 우리 말로 번역한다면, 최초로 '도구를 사용한 인간', 줄여서 '도구인간'이라고 할 수 있다.

6. Bernard Wood, "Fifty Years After Homo habilis," *Nature*, pp.31~33 (2014.4.3.).

7. By Nachosan - Own work, CC BY-SA 3.0, https://commons.wikimedia.org/w/index.php?curid=31642730

8. B. Wood and B.G. Richmond, "Human evolution: taxonomy and paleobiology," *Journal of Anatomy* 197 (Pt 1): pp.19~60 (2000); J. M. A. Miller, "Craniofacial variation in Homo habilis: an analysis of the evidence for multiple species," *American Journal of Physical Anthropology* 112 (1): pp.103~128 (2000); Mark Collard and Bernard Wood, "Defining the Genus Homo," *Handbook of Paleoanthropology*, pp.2107~2144 (2015).

9. I. Tattersall and J.H. Schwartz, *Extinct Humans* (New York: Westview Press, 2001), p.111.

10. M.G. Leakey, F. Spoor, M.C. Dean, et al., "New fossils from Koobi Fora in northern Kenya confirm taxonomic diversity in early Homo," *Nature* 448 (7410): 201~204 (2012).

11. F. Spoor, M. G. Leakey, P. N. Gathogo, F. H. Brown, S. C. Antón, I. McDougall, C. Kiarie, F. K. Manthi, L. N. Leakey, "Implications of new early Homo fossils from Ileret, east of Lake Turkana, Kenya," *Nature* 448 (7154): 688~691 (2007.8.9.).

12. David Lordkipanidze, Marcia S. Ponce de León, Ann Margvelashvili, Yoel Rak, G. Philip Rightmire, Abesalom Vekua, Christoph P. E. Zollikofer, "A Complete Skull from Dmanisi,

Georgia, and the Evolutionary Biology of Early Homo," *Science* 342 (6156): 326~331 (2013.10.18.).

13. F. Spoor, P. Gunz, S. Neubauer, S. Stelzer, N. Scott, A. Kwekason, M. C. Dean, "Reconstructed Homo habilis type OH7 suggests deep-rooted species diversity in early Homo," *Nature* 519 (7541): 83~86 (2015).

14. By José-Manuel Benito Álvarez (España) → Locutus Borg - Own work, CC BY-SA 2.5, https://commons.wikimedia.org/w/index.php?curid=1707288

15. J. De Heinzelin, J. D. Clark, T. White, W. Hart, P. Renne, G. Woldegabriel, Y. Beyene, E. Vrba, "Environment and behavior of 2.5-million-year-old Bouri hominids," *Science* 284 (5414): 625~629 (1999).

16. 리처드 리키(Richard E.F. Leakey, 1944~): 루이스와 메리 리키의 아들로서 부모에 이어 아프리카 케냐에서 인류의 화석을 연구하고 있다. 케냐 시민권자로서 현재 나이로비에 거주하고 있다.

17. 리처드 리키의 최대의 업적으로 여겨지는 KNM-ER 1470의 발견 과정에 관해서는 Herbert Thomas, *Human Origins : The Search for Our Beginnings* (New York: Harry N. Abrams, Inc., 1995), pp.140~141을 보라. KNM-ER 1470에서 KNM은 이 화석을 보관하고 있는 Kenya National Museum의 약자이며, ER은 East Rudolf의 약자이고, 1470은 박물관에서 취득한 일련번호나 카탈로그 번호이다.

18. T. G. Bromage, J. M. McMahon, J. F. Thackeray, et al., "Craniofacial architectural constraints and their importance for reconstructing the early Homo skull KNM-ER 1470," *The Journal of Clinical Pediatric Dentistry* 33 (1): 43~54 (2008).

19. By John Hawks, Marina Elliott, Peter Schmid, Steven E. Churchill, Darryl J. de Ruiter, Eric M. Roberts, Hannah Hilbert-Wolf, Heather M. Garvin, Scott A. Williams, Lucas K. Delezene, Elen M. Feuerriegel, Patrick Randolph-Quinney, Tracy L. Kivell, Myra F. Laird, Gaokgatlhe Tawane, Jeremy M. DeSilva, Shara E. Bailey, Juliet K. Brophy, Marc R. Meyer, Matthew M. Skinner, Matthew W. Tocheri, Caroline VanSickle, Christopher S. Walker, Timothy L. Campbell, Brian Kuhn, Ashley Kruger, Steven Tucker, Alia Gurtov, Nompumelelo Hlophe, Rick Hunter, Hannah Morris, Becca Peixotto, Maropeng Ramalepa, Dirk van Rooyen, Mathabela Tsikoane, Pedro Boshoff, Paul H.G.M. Dirks, Lee R. Berger - Hawks et al. (9 May 2017). "New fossil remains of Homo naledi from the Lesedi Chamber, South Africa". eLife 6. DOI:10.7554/eLife.24232., CC BY 4.0, https://commons.wikimedia.org/w/index.php?curid=90661477 https://en.wikipedia.org/wiki/Homo_rudolfensis#/media/File:Homo_rudolfensis_KNM-ER_1470.jpg

20. Richard E. Leakey, "Skull 1470," *National Geographic* (June 1973), p.819.

21. Richard E.F. Leakey, "Evidence for an Advanced Plio-Pleistocene Hominid from East Rudolf, Kenya," *Nature* 242 (13 April 1973): 450.

22. *Science News* 102 (18 November 1972): 324.

23. Lubenow, *Bones of Contention*, p.163.

24. Meave Leakey, Fred Spoor, M. Christopher Dean, Craig S. Feibel, Susan C. Antón, Christopher Kiarie, Louise N. Leakey, "New fossils from Koobi Fora in northern Kenya confirm taxonomic diversity in early Homo," *Nature* 488 (7410): 201~204 (2012.8.8.).

25. F. Spoor, P. Gunz, S. Neubauer, S. Stelzer, N. Scott, A. Kwekason, M. C. Dean, "Reconstructed Homo habilis type OH 7 suggests deep-rooted species diversity in early Homo," *Nature* 519: 83~86 (2015.3.4.).

26. 이때 재구성에 참가한 사람은 Alan Walker, Bernard Wood, 그리고 Meave Leakey(Richard E.F. Leakey의 부인)였다.

27. Lubenow, *Bones of Contention*, p.160. 르윈(Roger Lewin): 미국 진화론적 생물학자.

28. Lubenow, *Bones of Contention*, p.163.

29. Lubenow, *Bones of Contention*, pp.163~164.

30. Reconstruction based on KNM-ER 1470 cranium in *National Geographic* (June 1973). cf. https://twitter.com/qafzeh/status/1058973375115083776

31. pongidae 혹은 pongids라고 표기하기도 하며, 고릴라, 침팬지, 오랑우탄 등을 포함하는 유인원 분류 단위이다. 지금은 사용하지 않는다.

32. 여기서 OH는 Olduvai Hominid의 첫 글자를 딴 것이다.

33. Lubenow, *Bones of Contention*, p.128.

34. Lubenow, *Bones of Contention*, p.164.

35. Lubenow, *Bones of Contention* pp.132~133.

36. https://en.wikipedia.org/wiki/Homo_erectus#/media/File:Carte_hachereaux.jpg

37. Bert Theunissen, *Eugene Dubois and the Ape-Man from Java* (Dordtrecht: Kluwer Academic Publishers, 1989), p.49. Theunissen은 University of Utrecht의 Institute for the History of Science의 스탭이며, 이 책은 1985년에 네덜란드어로 출판된 저자의 박사 논문이다. 영어판은 증보 판이다.

38. "Eugene Dubois" in Wikipedia

39. 헥켈(Ernst Haeckel, 1834~1919): 독일 동물학자이자 다윈의 진화론 지지자. 그가 주장한 "개체발생 은 계통발생을 되풀이 한다(Ontogeny recapitulates phylogeny)."라는 계통발생설은 지금은 틀린 주장임이 증명되었지만, 100년 이상 진화의 대표적인 아이콘 중 하나로 인용되었다.

40. "Java Man" in Wikipedia

41. 이 논문의 제목은 "On Pithecanthropus erectus: A Transitional Form between Man and the Apes"였다. 그리스어로 피테코스(Pithecos)는 '원숭이'라는 뜻이고, 안트로포스(Anthropos)는 '사 람'이란 뜻이다. 그러므로 피테칸트로푸스 에렉투스라는 말은 '직립한 원인(erect ape-man)'이라는 의미이다.

42. 山井直人(가와이 나오도), 池邊展生(이께베 노부오), 藤則雄(후지 노리오), 中井信之(나가이 노보유 기), 『人類の現われた日』(日本: 講談社, 1979); 한국어판: 한명수 역, 『인류가 나타난 날 I』(서울: 전 파과학사, 1979), 127쪽.

43. Lubenow, *Bones of Contention*, pp.96~97.

44. Duane T. Gish, *Evolution The Fossils Say No!* (San Diego: Creation-Life Publishers, 1979), pp.123~124; Gish, *Evolution : The Challenge of the Fossil Record*, pp.180~184; Pilbeam, *The Evolution of Man*, pp.170~174.

45. "Java Man" in Wikipedia

46. Pilbeam, *The Evolution of Man*, pp.170, 174.

47. Theunissen, *Eugene Dubois and the Ape-Man from Java*, pp.44, 68.

48. Alan Houghton Brodrick, *Early Man* (London: Hutchinson's Scientific and Technical Publications, 1948), p.85.

49. Lubenow, *Bones of Contention*, pp.90~91.

50. Theunissen, *Eugene Dubois and the Ape-Man from Java*, pp.68, 77.

51. Gish, *Evolution, the Fossils Say No!*, p.125.

52. 피르호(Rudolf Ludwig Karl Virchow, 1821~1902): 독일 베를린대학교의 병리학 교수. 피르호는 색전증(塞栓症, embolism), 백혈병(leukemia)을 발견하였으며, 육종(肉腫, sarcoma)과 흑색종 (melanoma)을 재정의하였다. 또한 그는 현미경 연구를 통하여 결합조직(connective tissue), 염 증(inflammation), 종양(tumor)에 대한 많은 업적을 남겼으며, 사람이나 돼지 등에 기생하는 선모 충(旋毛蟲, trichina)의 생활주기를 밝히기도 했다. 그의 발견은 수술이나 약물치료의 기초를 놓았 다. 그는 또한 프러시아 의회(Prussian National Assembly)와 옛 독일 의회(Reichstag)의 의원으로

서 공중보건 분야의 선구자였으며, 병원과 학교, 육류 검사, 위생처리 등을 개선시켰다. cf. "Rudolf Virchow," in *Encyclopedia Americana*, 1963 edition.; Nelson, *After Its Kind*, p. 128; 자바인과 그 외 다른 빠진 고리에 대한 진화론자들의 해석이 학자들마다 얼마나 다른지에 대해서는 G.. Miller, "Controversy over Missing Links", *Smithsonian Institute Report* (1928): 413~465를 보라.

53. "In my opinion this creature was an animal, a giant gibbon, in fact. The thigh bone has not the slightest connection with the skull."

54. Robert F. Heizer, editor, *Man's Discovery of His Past* (Englewood Cliffs, NJ: Prentice Hall Inc., 1962), p.138.

55. Heizer, *Man's Discovery of His Past*, pp.135~136. 좀 더 자세한 자바인의 두개골 사진을 위해서는 Johanson, *From Lucy to Language*, p.187을 보라.

56. Theunissen, *Eugene Dubois and the Ape-Man from Java*, p.158.

57. G.H.R. von Koenigswald, *Meeting Prehistoric Man*, Micheal Bullock, translator (New York: Harper and Brothers, 1956), p.34.

58. Marcellin Boule and H.M. Vallois, *Fossil Men* (Les Hommes Fossiles, 1952) (New York: Dreyden Press, 1957) p.118.

59. Boule and Valois, *Fossil Men*, p.118. 쾨니히스발트에 대해서는 https://www.lindahall.org/gustav-von-koenigswald/을 참고하라.

60. 山正直人 외, 『인류가 나타난 날 I』, 128쪽.

61. Boule and Valois, *Fossil Men*, p.122.

62. Lubenow, *Bones of Contention*, p.91.

63. Theunissen, *Eugene Dubois and the Ape-Man from Java*, p.121.

64. Lubenow, *Bones of Contention*, p.99.

65. G.H.R. von Koenigswald, *Meeting Prehistoric Man*, Micheal Bullock, translator (New York: Harper and Brothers, 1956), p.32.

66. Lubenow, *Bones of Contention*, p.99. 필자의 『창조론 대강좌』에서는 Gish, *Evolution, the Fossils Say No!*, pp.126~127를 인용하여 뒤부아가 죽기 전, 이미 대부분의 진화론자들이 피테칸트로푸스, 즉 자바인을 사람이라고 믿게 되자 돌연 그가 발견한 자바인이 단지 커다란 긴팔원숭이에 불과했다고 선언했다고 하였으나, 본문에서 언급한 것처럼 이것은 와전된 것이었다. 뒤부아는 죽을 때까지 자신이 발견한 피테칸트로푸스만이 유일한 '빠진 고리'라는 주장을 조금도 굽히지 않았다.

67. Bert Theunissen, *Eugene Dubois and the Ape-Man from Java* (Dordrecht: Kluwer Academic Publishers, 1989), pp.41, 43.

68. Sir Arthur Keith, *The Antiquity of Man, revised edition*, 2 vols. (London: Williams and Norgate, Ltd., 1925) 2: 440~441.

69. Lubenow, *Bones of Contention*, pp.102~103.

70. Gish, *Evolution, The Fossils Say NO!*, pp.126~127.

71. M. Lenore Selenka and Max Blanckenhorn, editors, *Die Pithecanthropus-Schichten auf Java* (Leipzig: W. Engelmann, 1911), p.342.

72. 이 보고서에 대한 영어 정보는 영국의 "진화론반대운동(Evolution Protest Movement, 지금은 Creation Science Movement)"의 서기(secretary)였던 틸니(A. G. Tilney, d.1976)의 팜플렛과 키이스(Sir Arthur Keith)가 *Nature*에 쓴 보고서에 대한 해설 기사가 있을 뿐이다. A. G. Tilney, "Pithecanthropus(Ape-Man): The Facts" (Stoke, England: Evolution Protest Movement, n.d.); Sir Arthur Keith, "The Problem of Pithecanthropus," *Nature* 87 (13 July 1911): 49~50.

73. F. Barbara Orlans, *In the Name of Science* (Oxford University Press, 1993). 이 책은 과학주의나 고생물학, 인류의 기원과 관련된 책은 아니며, 생물학이나 생리학 실험에서 동물들을 사용하는 것에 관한 윤리적인 문제를 다룬 책이다.

74. "Peking Man" in Wikipedia
75. E. A. Hooton, "Comments on the Piltdown Affair," *American Anthropologist*, New Series Part 1, 56(2): 287~289 (1954.4.); William L. Straus, "The Great Piltdown Hoax," *Science*, New Series, 119(3087): 265~269 (1954.2.26.).
76. Amy Bucci, "Are the Lost Peking Man Fossils Buried Under a Parking Lot in China?" *Explorers Journal* (National Geographic, 2012.3.22.).
77. Jacob Darwin Hamblin, *Science in the Early Twentieth Century: An Encyclopedia* (ABC-CLIO, 2005).
78. Franz Weidenreich, *The Skull of Sinanthropus pekinensis; A Comparative Study on a Primitive Hominid Skull* (Geological Survey of China, 1943).
79. https://en.wikipedia.org/wiki/Peking_Man#/media/File:Sculpture_of_Peking_Man_at_the_Zhoukoudian_Museum.jpg
80. Aleš Hrdlička, *The Most Ancient Skeletal Remains of Man* (Smithsonian Institution, 1915), p.20.
81. Laura T. Buck and Chris B. Stringer, "Homo heidelbergensis," *Current Biology* 24 (6): R214~R215 (2014.3.17.).
82. 『글로벌 세계 대백과사전』, "하이델베르크인"
83. "Heidelberg Man" in Wikipedia
84. Aurélien Mounier, François Marchal and Silvana Condemi, "Is Homo heidelbergensis a distinct species? New insight on the Mauer mandible," *Journal of Human Evolution* 56 (3): 219~246 (2009).
85. Matthias Meyer, Juan-Luis Arsuaga, Cesare de Filippo, Sarah Nagel, Ayinuer Aximu-Petri, Birgit Nickel, Ignacio Martínez, Ana Gracia, José María Bermúdez de Castro, Eudald Carbonell, Bence Viola, Janet Kelso, Kay Prüfer & Svante Pääbo, "Nuclear DNA sequences from the Middle Pleistocene Sima de los Huesos hominins," *Nature* 531: 504~507 (2016.3.24.).
86. Harry Rimmer(1890-1952), *The Anti-evolution Pamphlets of Harry Rimmer* (Research Science Bureau, 1929), pp.89~90.
87. Hrdlička, *The Most Ancient Skeletal Remains of Man*, pp.20~23.
88. Aurélien Mounier, Silvana Condemi and Giorgio Manzi, "The Stem Species of Our Species: A Place for the Archaic Human Cranium from Ceprano, Italy," *PLoS ONE* 6 (4): e18821 (2011.4.20.).
89. G. Philip Rightmire, "The Lake Ndutu cranium and early Homo sapiens in Africa," *American Journal of Physical Anthropology* 61 (2): 245~254 (2005).
90. Tim D. White, B. Asfaw, D. DeGusta, H. Gilbert, G.D. Richards, G. Suwa and F.C. Howell, "Pleistocene Homo sapiens from Middle Awash, Ethiopia," *Nature* 423 (6491): 742~747 (2003).
91. J. J. Hublin, "The Middle Pleistocene Record. On the Origin of Neandertals, Modern Humans and Others," in R. David Begun (ed.), *A Companion to Paleoanthropology* (John Wiley, 2013), pp.517~537.
92. Carl Zimmer, "Are Hobbits Real?" *New York Times* (2016.6.20.).
93. P. Brown, et al., "A new small-bodied hominin from the Late Pleistocene of Flores, Indonesia," *Nature* 431(7012): 1055~1061 (2004.10.27.); Rex Dalton, "Little lady of Flores forces rethink of human evolution," *Nature* 431(7012): 1029 (2004.10.28.); M. J. Morwood, et al., "Further evidence for small-bodied hominins from the Late Pleistocene of Flores, Indonesia," *Nature* 437(7061): 1012~1017 (2005.10.13.).
94. Carl Zimmer, "Bodies Keep Shrinking on This Island, and Scientists Aren't Sure Why - The

Indonesian island of Flores has given rise to smaller hominins, humans and even elephants,"
The New York Times (2018.8.2.).

95. Debbie Argue and Colin P. Groves, "The affinities of Homo floresiensis based on phylogenetic analyses of cranial, dental, and postcranial characters," *Journal of Human Evolution* 107: 107~133 (2017.4.21.).

96. 치아성장선(tooth growth line)은 상아질의 주기적인 축적에 의해서 생기는데 나무의 나이테 와 비슷하다. 이 성장선은 1800년대 중반에 영국 해부학자이자 고생물학자 오웬(Richard Owen, 1804~1892)이 처음 발견했으며, 치아의 나이를 결정하는 데 사용된다.

97. "Floresiensis" in Wiki

98. Thomas Sutikna, Matthew W. Tocheri, Michael J. Morwood, E. Wahyu Saptomo, Jatmiko, Rokus Due Awe, Sri Wasisto, Kira E. Westaway, Maxime Aubert, Bo Li, Jian-xin Zhao, Michael Storey, Brent V. Alloway, Mike W. Morley, Hanneke J. M. Meijer, Gerrit D. van den Bergh, Rainer Grün, Anthony Dosseto, Adam Brumm, William L. Jungers and Richard G. Roberts, "Revised stratigraphy and chronology for Homo floresiensis at Liang Bua in Indonesia," *Nature* 532(7599): 366~369 (2016.3.30.).

99. C. Parins-Fukuchi, E. Greiner, L. M. MacLatchy, D. C. Fisher, "Phylogeny, ancestors and anagenesis in the hominin fossil record," *Paleobiology* 45(2): 378~393 (2019).

100. William Jungers and K. Baab, "The geometry of hobbits: Homo floresiensis and human evolution," *Significance* 6 (4) (2009.12.).

101. E. M. Weston and A. M. Lister, "Insular dwarfism in hippos and a model for brain size reduction in Homo floresiensis," *Nature* 459 (7243): 85~88 (2009.5.7.).

102. "Homo florensiensis" in Wiki. 두개골 그림은 https://commons.wikimedia.org/wiki/ File:Homo_Florensiensis-MGL_95216-P5030051-white.jpg에서, 재구성한 그림은https:// commons.wikimedia.org/wiki/File:Dermoplastie_de_la_Femme_de_Flor%C3%A8s_par_ Elisabeth_Dayn%C3%A8s,_2007.jpg에서 인용하였다.

103. https://commons.wikimedia.org/wiki/File:Comparison_of_skull_features_of_Homo_naledi_ and_other_early_human_species.jpg

제8강

1. 한국 찬송가 21장 "다 찬양하여라"

2. 원래 요아킴의 성은 노이만(Neumann)이었으며, 후에 네안데르(Neander)라고 바꾸었다.

3. 1901년 독일어 철자법(orthography)이 개정된 이래 'Neanderthal'에서 'h'자가 빠진 'Neandertal' 이라는 이름이 자국어명(vernacular name)으로 사용되고 있다. 그러나 "동물학명에 대한 국제규 정(International Code for Zoological Nomenclature)"에 따라 'Homo neanderthalensis (King, 1864)'나 새롭게 표기되는 'Homo sapiens neanderthalensis' (Campbell, 1964)에서는 여전히 'h'자 를 넣어서 사용하고 있다. 여기서는 처음으로 사용한 철자를 따른다는 '선취권의 원리(The Principle of Priority)'에 따라 독일어로 표기할 때는 Neandertal이라는 개정된 표기를 따르지만 그 외의 경우 에는 Neanderthal로 표기한다. Lubenow, *Bones of Contention*, p.268을 참고하라.

4. Vincent Sarich, *Creation-Evolution Debate* (Fargo, North Dakota State University, April 28, 1979).

5. R.W. Schmitz, D. Serre, G. Bonani, et al. "The Neandertal type site revisited: Interdisciplinary investigations of skeletal remains from the Neander Valley, Germany," *Proceedings of the National Academy of Sciences* 99 (20): 13342~13347 (2002).

6. "Neanderthal Man" in Wikipedia

7. Hermann Schaaffhausen, "Zur Kenntnis der ältesten Rassenschädel," *Acknowledging the oldest*

racial skull, Archiv für Anatomie, *Physiologie und Wissenschaftliche Medicin* (in German): 453~478 (1858).

8. Donald Johanson and Blake Edgar, *From Lucy to Language*, p.228; Robin McKie, *Dawn of Man: The Story of Human Evolution* (London: BBC, 2000), p.137에서도 네안데르탈인을 호모 사피엔스 와 다른 종으로 제시하고 있다.

9. Spy 네안데르탈 등이 빠져있기는 하지만 전 세계적으로 발견된 주요한 네안데르탈 유골의 리스트는 Wikipedia의 "List of Neanderthal fossils"에 잘 요약되어 있다. cf. https://en.wikipedia.org/wiki/List_of_Neanderthal_fossils

10. https://en.wikipedia.org/wiki/Template:Neanderthal_map#References

11. Rudolf Virchow, "Untersuchung des Neanderthal-Schädels," *Examinations on the Neandertal skull*. Verh Berl Anthrop Ges (in German) 4: 157~165 (1872).

12. Thomas F. Glick, *The Comparative reception of Darwinism* (Chicago: University of Chicago Press, 1988), pp.86~87.

13. J.R.R. Drell, "Neanderthals: a history of interpretation," *Oxford Journal of Archaeology* 19 (1): 1~24 (2000); S. Schlager and U. Wittwer-Backofen, "Images in paleonthropology: facing our ancestors," in W. Henke and I. Tattersall, editors, *Handbook of paleoanthropology* (Springer-Verlag Berlin Heidelberg, 2015), pp.1019~1027.

14. 창조과학자들은 빙하기의 존재 자체를 인정하지 않는다. 이들은 빙하기를 노아홍수 후기나 끝난 직 후 몇 달 혹은 몇 년 동안 "깊음의 샘"인 화산에서 품어져 나온 화산재들이 태양광을 차단하면서 일 어난 일시적 한냉기라고 본다.

15. Lubenow, *Bones of Contention*, pp.148~149.

16. Julien Fraipont. "La race humaine de Neanderthal ou de Canstadt en Belgique: Recherches ethnographiques sur des ossements d'une grotte à Spy et détermination de leur âge géologique," *American Anthropologist* 1 (3): 286~287 (1888.7.).

17. 아슐 석기란 프랑스의 생아슐(Saint-Acheul) 유적지에서 유래한 말로서 150만 년 전에 동부와 중앙 아프리카에서 호모 에르가스테르(Homo ergaster)와 직립원인(直立原人, Homo erectus)에 의해 처 음으로 나타나기 시작한 석기를 말한다. 이는 탄자니아의 올두바이에서 발견되는 오스트랄로피테쿠 스의 올도완 석기보다 더 날카롭고 더 효율적이며 더 적응적인 도구이다. 아슐 석기는 석기 전체가 도 구의 형태를 보이며, 석기의 양면을 떼어내어 석기의 양쪽이 대칭적으로 날카로운 면을 가진다는 특 징이 있다. 아슐 석기의 재료는 주로 규암(珪岩, quartzite), 플린트(flint), 규질암(珪質岩), 유리질의 화산암(glassy lava) 등이었다.

18. https://en.wikipedia.org/wiki/Spy_Cave#/media/File:Spy_Skull.jpg

19. P. Semal, H. Rougier, I. Crevecoeur, C. Jungels, D. Flas, A. Hauzeur, B. Maureille, M. Germonpré, H. Bocherens, S. Pirson, L. Cammaert, N. De Clerck, A. Hambucken, T. Higham, M. Toussaint and J. van der Plicht, "New data on the late Neandertals: direct dating of the Belgian Spy fossils," *American Journal of Physical Anthropology* 138(4): 421~428 (2009); Stéphane Pirson, Damien Flas, Grégory Abrams, Dominique Bonjean, Mona Court-Picon, Kévin Di Modica, Christelle Draily, Freddy Damblon, Paul Haesaerts, Rebecca Miller, Hélène Rougier, Michel Toussaint and Patrick Semal, "Chronostratigraphic context of the Middle to Upper Palaeolithic transition: Recent data from Belgium," *Quaternary International* 259: 78~94 (2012.5.).

20. Tom Higham, et al., "The timing and spatiotemporal patterning of Neanderthal disappearance," *Nature* 512 (7514): 306~309 (2014.8.21.).

21. I. Crevecoeur, P. Bayle, H. Rougier, B. Maureille, T. Higham, J. van der Plicht, et al.. "The Spy VI child: A newly discovered Neandertal infant," *Journal of Human Evolution* 59 (6): 641~656

(2010).

22. E. Zuckerkandl and L.B. Pauling, "Molecular disease, evolution, and genic heterogeneity," In Kasha, M.; Pullman, B (eds.), *Horizons in Biochemistry* (Academic Press, New York, 1962). pp.189~225.

23. 진화인류학을 위한 라이프치히 막스플랑크연구소(Max-Planck-Institut für evolutionäre Anthropologie, Max Planck Institute for Evolutionary Anthropology in Leipzig, Germany)

24. R. E. Green, A. S. Malaspinas, J. Krause, A.w. Briggs, P. L. Johnson, C, Uhler, M, Meyer, J. M. Good, T. Maricic, U. Stenzel, K. Prüfer, M. Siebauer, H. A. Burbano, M. Ronan, J. M. Rothberg, M. Egholm, P. Rudan, D. Brajković, Z. Kućan, I. Gusić, M. Wikström, L. Laakkonen, J. Kelso, M. Slatkin, S. Pääbo, "A complete Neandertal mitochondrial genome sequence determined by high-throughput sequencing," Cell 134 (3): 416~426 (2008). 페보 그룹의 연구 과정과 배경에 대해서는 페보가 쓴 Svante Pääbo, 김명주 역, 『잃어버린 게놈을 찾아서: 네안데르탈인에서 데니소바인까지(*Neanderthal Man: In Search of Lost Genomes*)』 (부키, 2014)를 참고하라.

25. K. Prüfer, et al., "The complete genome sequence of a Neanderthal from the Altai Mountains," *Nature* 505 (7481): 43~49 (2014).

26. "Svante Pääbo," "Max Planck Institute for Evolutionary Anthropology in Leipzig" in Wiki

27. Mateja Hajdinjak, Qiaomei Fu, Alexander Hübner, Martin Petr, Fabrizio Mafessoni, Steffi Grote, Pontus Skoglund, Vagheesh Narasimham, Hélène Rougier, Isabelle Crevecoeur, Patrick Semal, Marie Soressi, Sahra Talamo, Jean-Jacques Hublin, Ivan Gušić, Željko Kućan, Pavao Rudan, Liubov V. Golovanova, Vladimir B. Doronichev, Cosimo Posth, Johannes Krause, Petra Korlević, Sarah Nagel, Birgit Nickel, Montgomery Slatkin, Nick Patterson, David Reich, Kay Prüfer, Matthias Meyer, Svante Pääbo, Janet Kelso, "Reconstructing the genetic history of late Neanderthals," *Nature* 555 (7698): 652~656 (2018).

28. T.J. Crow, *The Speciation of Modern Homo Sapiens* (Oxford University Press, 2003), p.33.

29. Clive Stringer and Clive Gamble, *In Search of the Neanderthals* (Thames and Hudson, 1993). p.19.

30. 부울(Marcellin Boule, 1861~1942): 파리 자연사박물관 (Museum National d'Historie Naturelle in Paris)에 소속된 유명한 고생물학자.

31. Marcellin Boule, *L'homme fossile de la Chapelle-aux-Saints, extrait des Annales de paléontologie (1911~1913)*, (Paris: Masson, 1913).

32. https://en.wikipedia.org/wiki/La_Chapelle-aux-Saints_1#/media/File:Homo_sapiens_neanderthalensis.jpg

33. 이상희, 윤신영, 『인류의 기원』 (사이언스북스, 2015), 210~213쪽.

34. Kenneth A.R. Kennedy, *Neandertal Man* (Minneapolis: Burgess Publishing Company, 1975), p.33; Lubenow, *Bones of Contention*, p.37에서 재인용.

35. Lubenow, *Bones of Contention*, pp.36~39.

36. W.L. Straus, Jr., and J.E. Cave, "Pathology and the posture of Neanderthal man," *Q. Rev. Biol.* 32: 348~363 (1957).

37. Erik Trinkaus, "Pathology and posture of the La Chapelle-aux-Saints Neanderthal," *American Journal of Physical Anthropology* 67(1): 19~41 (1985); Martin Haeusler, Erik Trinkaus, Cinzia Fornai, Jonas Müller, Noémie Bonneau, Thomas Boeni and Nakita Frater, "Morphology, pathology, and the vertebral posture of the La Chapelle-aux-Saints Neandertal," *PNAS* 116 (11): 4923~4927 (2019.3.12.).

38. Clive Stringer and Clive Gamble, *In Search of the Neanderthals* (Thamès and Hudson, 1993), p.159.

39. N.C. Tappen, "The Dentition of the 'Old Man' of La Chapelle-aux-Saints and Inferences Concerning Neanderthal Behavior," *American Journal of Physical Anthropology* 67 (1): 43~50 (1985).

40. Dennis O'Neil from http://anthro.palomar.edu/homo2/mod_homo_2.htm (December 18, 2010)

41. J. Lawrence Angel, "History and Development of Paleopathology," *American Journal of Physical Anthropology* 56 (4) (December 1981): 512.
엔젤(J. Lawrence Angel, 1915~1986): 영국 런던 태생의 미국 인류학자(forensic anthropologist). 하버드대학교에서 Ph. D.를 마친 후 스미스소니언 박물관의 관장 등을 역임했다.

42. Lubenow, *Bones of Contention*, pp.76~77.

43. 한국창조과학회, 『진화는 과학적 사실인가?』 (한국창조과학회, 1981), 139쪽.

44. "Rudolf Virchow" in *Encyclopedia Americana*, 1963 edition.

45. Francis Ivanhoe, "Was Virchow Right about Neandertal?" *Nature* 227 (1970.8.8.): 577~579; "Neanderthals had Rickets," *Science Digest* 69 (February 1971): 35~36. 아이반호의 견해에 대한 비판을 보려면, http://www.jackcuozzo.com/rickets.html (2002.7.1.)을 보라.

46. Lubenow, *Bones of Contention*, p.151에 의하면, 심하게 꼽추병에 걸린 어린이 네안데르탈인의 예로는 Engis (Belgium), La Ferrassie (France), Gibraltar, Pech de l'Aze (France), La Quina (France), Starosel's (USSR), Subalyuk (Hungary) 등이 있으며, 좀 덜한 예로는 Teshik-Tash (USSR), Shanidar (Iraq), Egbert (Lebanon) 등이 있다.

47. Francis Ivanhoe, "Was Virchow Right about Neandertal?" *Nature* 227 (8 August 1970): 578.

48. 한국창조과학회, 『진화는 과학적 사실인가?』 (한국창조과학회, 1981), 163쪽.

49. D. J. M. Wright, "Syphilis and Neanderthal Man," *Nature* 229 (5 February 1971), p.409. http://www.geocities.com/agseventyfour/NeandertalMan.html (2002.7.1.). Wright는 런던에 있는 Guy's Hospital Medical School에 근무하고 있다.

50. Lubenow, *Bones of Contention*, pp.151~152.

51. 한국창조과학회, 『진화는 과학적 사실인가?』 (한국창조과학회, 1981), 164쪽.

52. 오리지널 논문은 Peter J. Obendorf, Charles E. Oxnard and Ben J. Kefford, "Are the small human-like fossils found on Flores human endemic cretins?" *Proceedings of Royal Society: Biological Sciences*에 실렸다. http://journals.royalsociety.org/content/jl77276376781n87. 해설 기사는 RMIT University, "Hobbits May Be Human After All," *Science Daily* 6 March 2008; 23 March 2008를 보라. http://www.sciencedaily.com /releases/2008/03/080305193157.htm

53. Lubenow, *Bones of Contention*, p.155.

54. Paul Kane(1810~1871)이 그린 Chinook 어린이의 머리 변형. From public domain https://en.wikipedia.org/wiki/Artificial_cranial_deformation#/media/File:Kane_Caw_Wacham.jpg

55. 고대인들의 인위적인 두개골 변형에 대해서는 진화론자들의 문헌도 많이 있다. Lubenow, *Bones of Contention*, p.155에 제시된 것을 보면 Richard G. Klein, *The Human Career : Human Biological and Cultural Origins* (Chicago: The University of Chicago Press, 1989), p.396; Kenneth P. Oakley, Bernard Campbell, and Theya Molleson, *Catalogue of Fossil Hominids* part III (London: Trustees of the British Museum-Natural History, 1975), p.199 (plate 5); Chris Stringer, "Homo Sapiens," *Encyclopedia of Human Evolution and Prehistory*, editors Ian Tattersall, Eric Delson, and John Van Couvering (New York: Garland Publishing, 1988), p.274; Phillip J. Habgood, "The Origin of the Australian Aborigines : An Alternative Approach and View," *Hominid Evolution: Past, Present and Future*, ed. Phillip V. Tobias (New York: Alan R. Liss, Inc., 1985), p.375; Eric Delson, *Ancestors : The Hard Evidence* (New York: Alan R. Liss, Inc., 1985), p.298.

56. Myra Shackley, "The case for Neanderthal survival: fact, fiction or faction?" *Antiquity* 56(216): 31~41(1982.3). "Living Human Fossils in Outer Mongolia?" *New Scientist* 93 (March 25, 1982): 778에서 재인용.

57. "Neandertal Noisemaker," *Science News* 150 (November 23, 1996), p.328.

58. Bruce Bower, "Neandertals' Disappearing Act," *Science News* 139 (June 8, 1991): 360~363.

59. T. Dobzhansky, "Changing Man," *Science* 155 (1967).

60. John Kappelman, "They Might Be Giants," *Nature* 387 (8 May 1997): 126~127.
카펠만(John Kappelman)은 텍사스대학교(University of Texas, Austin)의 인류학과에 재직하고 있다.

61. Lizzie WadeJul, "Neandertal baby brains may have grown like ours," *Science* (2016.6.25.)http://www.sciencemag.org/news/2016/07/neandertal-baby-brains-may-have-grown-ours

62. By Clemens Vasters - https://www.flickr.com/photos/clemensv/23028054391, CC BY 2.0, https://commons.wikimedia.org/w/index.php?curid=85830868

63. Sarah Bunney, "Neanderthals Weren't So Dumb After All," *New Scientist* 123 (July 1, 1989): 43.

64. Ann Gibbons, "Neandertal Language Debate: Tongues Wag Anew," *Science* 256 (April 3, 1992): 33.

65. B. Arensburg, A. M. Tillier, B. Vandermeersch, H. Duday, A. Schepartz, et al., (1989). "A Middle Palaeolithic human hyoid bone," *Nature* 338 (6218): 758~760.

66. 유전자 변이를 추적하는 연구는 고인류학 연구뿐 아니라 근래 바이러스나 세균 등의 전파 경로를 추적하는 데도 사용되고 있다. 한 예로, 2019년 말부터 시작된 코로나19 확산과 관련하여 코로나 바이러스 염기서열을 담은 유전체에는 시간에 따른 바이러스의 전파 과정과 같은 중요한 단서들이 들어 있다. 코로나19 바이러스의 경우 한 달에 1~2개씩 유전체를 이루는 염기 분자가 바뀌는 '변이'가 일어난다. 이 변이는 규칙적으로 일어나고, 변이 종류는 퍼진 지역별로 종류가 다르기 때문에 변이 수와 종류를 추적하면 사람이 직접 감염자 동선을 조사하지 않더라도 바이러스의 유입 경로를 시간과 지역까지 정확하게 밝혀낼 수 있다. 윤신영, "美 워싱턴주 코로나 속출, 과학자들은 이미 예상했다 …… 게놈으로 동선 파악", 「동아일보」 (2020.3.12.). http://www.donga.com/news/East/MainNews/article/all/20200312/100131514/1

67. 변태섭 동아사이언스 기자 xrockism@donga.com

68. Steven A. Benner, Slim O. Sassi and Eric A. Gaucher, "Molecular Paleoscience: Systems Biology from the Past," *Advances in Enzymology - and Related Areas of Molecular Biology* 75: 1~132, xi (2007).

69. Linus Carl Pauling and Emile Zuckerkandl, "Chemical Paleogenetics: Molecular "Restoration Studies" of Extinct Forms of Life," *Acta Chemica Scandinavica* 17 (supl.): 9~16 (1963).

70. Allan Charles Wilson, "DNA sequences from the quagga, an extinct member of the horse family," *Nature* 312 (5991): 282~284 (1984).

71. Rasmus Nielsen, Joshua M. Akey, Mattias Jakobsson, Jonathan K. Pritchard, Sarah Tishkoff & Eske Willerslev, "Tracing the peopling of the world through genomics," *Nature* 541: 302~310 (2017.1.18.).

72. "네안데르탈인과 현생인류 유전적 차이는 0.3%," in http://dongascience.donga.com/news.php?idx=-412045

73. Richard E. Green, et al., "A Draft Sequence of the Neandertal Genome," Science 328 (5979): 710~722 (2010.5.7.). cf. https://science.sciencemag.org/content/328/5979/710

74. John Relethford, *Reflections of Our Past: How Human History Is Revealed in Our Genes* (Westview Press, 2004); 한국어판: 이경식 역, 『유전자 인류학』 (휴먼북스, 2003).

75. https://eurekalert.org/pub_releases/2018-07/mpif-hsd072618.php

76. http://online.kofst.or.kr/Board/?acts=BoardView&bbid=1005&nums=10162

77. Rex Dalton, "Neanderthals may have interbred with humans - Genetic data points to ancient liaisons between species," *Nature* OnLine (2010.4.20.). cf. https://www.nature.com/news/2010/100420/full/news.2010.194.html

78. 네안데르탈인의 해석을 둘러싼 논쟁에 대해서는 Lubenow, *Bones of Contention*, pp.59~77에 잘 요약되어 있다.

79. Igor V. Ovchinnikov, Anders Gotherstrom, Galina P. Romanova, Vitaliy M. Kharitonov, Kerstin Liden and William Goodwin, "Molecular Analysis of Neanderthal DNA from the northern Caucasus," *Nature* 404 (30 March 2000): 490~493.

80. Richard E. Green, et al., "A Draft Sequence of the Neandertal Genome," *Science* 328(5979): 710~722 (2010.5.7.). cf. https://science.sciencemag.org/content/328/5979/710

81. Elizabeth Pennisi, "Tales of a Prehistoric Human Genome," *Science* 323 (5916): 866~871 (2009).

82. Richard E. Green, Johannes Krause, Adrian W. Briggs, Tomislav Maricic, Udo Stenzel, Martin Kircher, Nick Patterson, Heng Li, Weiwei Zhai, Markus Hsi-Yang Fritz, Nancy F. Hansen, Eric Y. Durand, Anna-Sapfo Malaspinas, Jeffrey D. Jensen, Tomas Marques-Bonet, Can Alkan, Kay Prüfer, Matthias Meyer, Hernán A. Burbano, Jeffrey M. Good, Rigo Schultz, Ayinuer Aximu-Petri, Anne Butthof, Barbara Höber, Barbara Höffner, Madlen Siegemund, Antje Weihmann, Chad Nusbaum, Eric S. Lander, Carsten Russ, "A Draft Sequence of the Neandertal Genome," *Science* 328 (5979): 710~722 (2010).

83. K. Prüfer, Fernando Racimo, Nick Patterson, Flora Jay, Sriram Sankararaman, Susanna Sawyer, Anja Heinze, Gabriel Renaud, Peter H. Sudmant, Cesare de Filippo, Heng Li, Šwapan Mallick, Michael Dannemann1, Qiaomei Fu1, Martin Kircher, Martin Kuhlwilm, Michael Lachmann, Matthias Meyer, Matthias Ongyerth, Michael Siebauer, Christoph Theunert, Arti Tandon, Priya Moorjani, Joseph Pickrel, James C. Mullikin, Samuel H. Vohr, Richard E. Green, Ines Hellmann, Philip L.F. Johnson, He´le`ne Blanche1, Howard Cann1, Jacob O. Kitzman, Jay Shendure, Evan E. Eichler, Ed S. Lein, Trygve E. Bakken, Liubov V. Golovanova, Vladimir B. Doronichev, Michael V. Shunkov, Anatoli P. Derevianko, Bence Viola, Montgomery Slatkin, David Reich, Janet Kelso1 and Svante Pääbo, "The complete genome sequence of a Neanderthal from the Altai Mountains," *Nature* 505 (7481): 43~49 (2014).

84. F. Sánchez-Quinto, L. R. Botigué, S. Civit, C. Arenas, M. C. Avila-Arcos, C. D. Bustamante, D. Comas, C. Lalueza-Fox, "North African Populations Carry the Signature of Admixture with Neandertals," *PLOS ONE* 7 (10), e47765 (2012.10.17.); Q. Fu, H. Li, P. Moorjani, F. Jay, S. M. Slepchenko, A. A. Bondarev, P. L. Johnson, A. Aximu-Petri, K. Prüfer, C. de Filippo, M. Meyer, N. Zwyns, D.C. Salazar-García, Y. V. Kuzmin, S. G. Keates, P. A. Kosintsev, D. I. Razhev, M. P. Richards, N.V. Peristov, M. Lachmann, K. Douka, T. F. Higham, M. Slatkin, J. J. Hublin, D. Reich, J. Kelso, T. B. Viola, S. Pääbo, "Genome sequence of a 45,000-year-old modern human from western Siberia," *Nature* 514 (7523): 445~449 (October 23, 2014).

85. https://www.youtube.com/watch?v=IpcgcDTdOig&t=305s

86. https://www.youtube.com/watch?v=b7kHNhonQzw

87. Lubenow, *Bones of Contention*, p.61.

88. By dalbera from Paris, France - Flûte paléolithique (musée national de Slovénie, Ljubljana)Uploaded by sporti, CC BY 2.0, https://commons.wikimedia.org/w/index.php?curid=27539503

89. "Neanderthals were human. They buried their dead, used tools, had a complex social structure, employed language, and played musical instruments. Neanderthal anatomy

differences are extremely minor and can be for the most part explained as a result of a genetically isolated people that lived a rigorous life in a harsh, cold climate." from Dave Phillips, "Neanderthals are still human," *Impact* article #223 (May 2000).

90. Tim D. White, B. Asfaw, D. DeGusta, H. Gilbert, G. D. Richards, G. Suwa, F. C. Howell, "Pleistocene Homo sapiens from Middle Awash, Ethiopia," *Nature* 423 (6491): 742~747 (2003).

91. "Idaltu" in Wiki.

92. 김상연, "21세기에 발굴된 인류 진화 5대 화석", 「동아 사이언스」 (2010.4.16.).

93. Tim D. White, B. Asfaw, G. DeGusta, H. Gilbert, G. D. Richards, G. Suwa, F. C. Howell, "Pleistocene Homo sapiens from Middle Awash, Ethiopia," *Nature* 423 (6491): 742~747 (2003); BibCode: 2003Natur.423..742W, doi:10.1038/nature01669, PMID 12802332

94. "Human evolution: Out of Ethiopia". Macmillan Publishers Limited. June 12, 2003 (Retrieved September 24, 2016); "Herto skulls (Homo sapiens idaltu)". talkorigins.org (Retrieved September 24, 2016).

95. By Демин Алексей Барнаул - Own work, CC BY-SA 4.0, https://commons.wikimedia.org/w/index.php?curid=48890364

96. M. Warren, "Mum's a Neanderthal, Dad's a Denisovan: First discovery of an ancient-human hybrid – Genetic analysis uncovers a direct descendant of two different groups of early humans," *Nature* 560 (7719): 417~418 (2018).

97. By Thilo Parg - Own work, CC BY-SA 3.0, https://commons.wikimedia.org/w/index.php?curid=41805108; https://en.wikipedia.org/wiki/Denisovan

98. "네안데르탈인 피, 우리 안에 흐른다", 「중앙일보」 (2011.8.27.) - https://news.joins.com/article/6063112

99. 오스본(Henry F. Osborn, 1857~1935): American Museum of Natural History의 척추고생물학 (Vertebrate Paleontology) 분야 책임자였다.

100. Matthew H. Nitecki and Doris V. Nitecki, *Origins of Anatomically Modern Humans* (Springer, 1994).

101. 피터 왓슨, 『생각의 역사1』 (들녘, 2009), 53~54쪽.

102. Maxime Aubert, Rustan Lebe, Adhi Agus Oktaviana, Muhammad Tang, Basran Burhan, Hamrullah, Andi Jusdi, Abdullah, Budianto Hakim, Jian-xin Zhao, I. Made Geria, Priyatno Hadi Sulistyarto, Ratno Sardi & Adam Brumm "Earliest hunting scene in prehistoric art," *Nature* 576: 442~445 (2019.12.11.). https://doi.org/10.1038/s41586-019-1806-y; 윤신영, "인류 最古 동굴벽화 기록 바뀐다", 「동아 사이언스」 (2019.12.12.). cf. http://dongascience.donga.com/news.php?idx=32917

103. 이에 대해서는 "인간과 침팬지는 공통조상을 가졌을까?"라는 제목의 유튜브 동영상 강의를 참고하기 바란다. https://www.youtube.com/watch?v=12NGZGPStJs

104. http://fingerofthomas.org/evolution-lie/

제9강

1. 양승훈, "역사적 아담과 아담의 역사성 논쟁", 「창조론 오픈 포럼」 13(2): 67~92 (2019.7.)의 논문을 수정, 보완한 것이다.

2. Jonathan Smith, "The Huxley-Wilberforce 'Debate' on Evolution, 30 June 1860." *BRANCH: Britain, Representation and Nineteenth-Century History*, ed. Dino Franco Felluga. Extension of Romanticism and Victorianism on the Net. Web. (2020.6.9.). cf. http://www.branchcollective.org/?ps_articles=jonathan-smith-the-huxley-wilberforce-debate-on-evolution-30-june-1860

3. https://www.mail-archive.com/vortex-l@eskimo.com/msg03824.html

4. J. R. Lucas, "Wilberforce and Huxley: A Legendary Encounter," *The Historical Journal* 22(2): 313~330 (1979).

5. 『종의 기원』을 출간한 후 12년이 지난 1871년에 다윈은 *The Descent of Man, and Selection in Relation to Sex*(인간의 유래와 성 선택) (John Murray, 1871.2.24.)라는 책을 출간하였다.

6. 이하의 내용은 양승훈, "'역사적 아담'과 아담의 역사성-석기 시대 문제를 포함한 인류의 기원 논의의 난점들," 『창조론 오픈 포럼』 12(2): 42~59 (2018.7.)의 논문의 일부를 수정, 보완한 것이다.

7. Frank Leslie Cross and Elizabeth A. Livingstone, *The Oxford Dictionary of the Christian Church* (Oxford University Press, 2005), p.779.

8. 김창선, 『21세기 신약성서 신학』 (예영커뮤니케이션, 2004), 155, 159쪽.

9. Richard N. Ostling, "The Search for the Historical Adam," *Christianity Today* (June 3, 2011). cf. https://www.christianitytoday.com/ct/2011/june/historicaladam.html. 이 기사는 2011년 8월호 한국어판 「크리스채너티 투데이 코리아(Christianity Today Korea)」에 번역, 전재되었다.

10. [101가지 질문] ep.033 "창세기 2장 7절은 아담의 창조에 대한 것인가?" https://www.youtube.com/watch?v=i6onHyX90mQ

11. 기독교학술원 월례 세미나 (2019.3.15., 과천소망교회): 김영한 박사가 원장으로 있는 기독교학술원 3월 월례세미나에는 김병훈(합동신학대학원대학교), 우병훈(고신대학교 신학과), 한윤봉 교수(한국창조과학회, 전북대)가 발표하고 조덕영(창조신학연구소, 창조론 오픈 포럼), 허정윤 박사(창조론 오픈 포럼)가 논찬자로 참여하였다.

12. Karl W. Giberson and Francis S. Collins, *The Language of Science and Faith* (Downers Grove, IL: IVP, 2011), p.206.

13. 현재 라무뤼는 캐나다 에드몬톤에 있는 University of Alberta의 St. Joseph's College에 교수 (Professor of Science and Religion)로 재직하고 있지만, 복음주의 신학교로 알려진 밴쿠버의 Regent College에서 공부했고, 또한 강의도 하고 있으면서 스스로 복음주의자라고 주장하고 있다. 라무뤼는 복음주의 진영에 유신진화론을 확산시키는 대표적인 학자로 알려져 있다.

14. 리처드 오슬링, "역사 속 아담을 찾아서", 「크리스채너티 투데이(Christianity Today)」 (2011.6.).

15. Francis S. Collins, *The Language of God: A Scientist Presents Evidence for Belief* (New York: Free Press, 2006); 한국어판: 이창신 역, 『신의 언어』 (김영사, 2009). 일부에서는 최초의 인류가 집단이었다고 하는 것은 창세기와도 일치한다고 주장한다. 가인의 아내 이야기나 그가 에덴을 떠나 놋으로 가면서 자기를 '만나는 자마다' 죽일지 모른다고 두려워한 이야기, 혼자 쌓았다고 보기 어려운 '성'을 쌓는 이야기 등은 최초의 인류가 집단이었음을 암시하는 것이라고 말한다.

16. 리처드 오슬링, "역사 속 아담을 찾아서", 「크리스채너티 투데이(Christianity Today)」 (2011.6.)에서 재인용.

17. Benjamin B. Warfield, "On the Antiquity and the Unity of the Human Race," *Princeton Theological Review* 9.1, pp. 18~19 (1911); Benjamin B. Warfield, "On the Antiquity and the Unity of the Human Race," *Studies in Theology* (1932; Grand Rapids: Baker, 1981), p.252.

18. Richard N. Ostling, "The Search for the Historical Adam," *Christianity Today* (3 June 2011); 한국어판: 리처드 오슬링, "역사 속 아담을 찾아서", 「크리스채너티 투데이(Christianity Today)」 (2011.6.).

19. 리처드 오슬링, "역사 속 아담을 찾아서", 「크리스채너티 투데이(Christianity Today)」 (2011.6.).

20. C. John Collins, *Did Adam and Eve Really Exist?: Who They Were and Why You Should Care* (Wheaton, IL: Crossway, 2011); 한국어판: 김광남 역, 『아담과 하와는 실제로 존재했는가?』 (새물결플러스, 2019).

21. 리처드 오슬링, "역사 속 아담을 찾아서", 「크리스채너티 투데이(Christianity Today)」 (2011.6.).

22. John H. Walton, *The Lost World of Genesis: Ancient Cosmology and the Origins Debate* (Downers Grove, IL: IVP Academic, 2009); 한국어판: 김인철 역, 『창세기 1장의 잃어버린 세계』

(그리심, 2011).

23. William D. Barrics, "A Historical Adam, Young-Earth Creation View" in *Four Views on the Historical Adam*, ed. Matthew Barrett and Ardel B. Caneday (Grand Rapids, MI: Zondervan, 2013); 한국어판: 김광남 역, 『아담의 역사성 논쟁: 아담의 역사성에 대한 네 가지 관점과 목회적 적용』 (새물결플러스, 2015), 301~388쪽.

24. Brian Thomas, "Does Modern Genetics Confirm a Historical Adam?" *Acts & Facts* 45 (4) (2016).

25. Barrics et. al, 『아담의 역사성 논쟁』, 301~388쪽.

26. 창조연대논쟁과 관련해서는 양승훈, 『창조연대논쟁-젊은지구론, 무엇이 문제인가?』 (SFC, 2017)를 참고하기 바란다.

27. 구석기 유물 조작 사건이나 필트다운인 조작 사건에 대해서는 필자의 논문을 참고하기 바란다. 양승훈, "고고학과 민족주의-도슨의 필트다운인과 후지무라의 구석기 유물 조작 사건을 중심으로", 『창조론 오픈포럼』 11 (2): 60~76 (2017.7.).

28. John Stott, *The Message of Romans: God's good news for the world* (IVP, 1995).

29. 양승훈, "'역사적 아담'의 진실? 인류 기원논쟁으로 우리가 잃지 말아야 할 것은", 『크리스채너티 투데이(Christianity Today)』 (한국어판, 2011.8.2.) 커버스토리.

30. A. Hoyle Lester, *The Pre-Adamite, Or, Who Tempted Eve?: Scripture and Science in Unison as Respects the Antiquity of Man* (Createspace Independent Publishing Platform, 2014); Paschal Beverley Randolph, *Pre-Adamite Man: Demonstrating the Existence of the Human Race Upon This Earth 100,000 Years Ago!* (Kessinger Publishing, 2010); Alexander Winchell, *Preadamites; Or, a Demonstration of the Existence of Men Before Adam; Together with a Study of Their Condition, Antiquity, Racial Affinities, and Progressive Dispersion Over the Earth* (Andesite Press, 2015); James D Elliott, *Pre-Adamite World Revealed in God's Word* (Bloomington, IN: Xlibris, 2011).

31. 예를 들면 <그림 9-7>에서 네 번째 책인 Elliott, *Pre-Adamite World Revealed in God's Word*가 그런 관점의 책이다.

32. "Human Evolution" from https://en.wikipedia.org/wiki/Human_evolution(2018.6.24.)

33. 데니스 O. 라무뤼, 존 월튼, C. 존 콜린스, 윌리엄 D. 배릭, 그레고리 A. 보이드, 필립 그레이엄 라이큰, 김광남 역, 『아담의 역사성 논쟁』 (새물결플러스, 2015).

34. Denis O. Lamoureux, "No Historical Adam, Evolutionary Creation View" in *Four Views on the Historical Adam*; 한국어판: 김광남 역, 『아담의 역사성 논쟁: 아담의 역사성에 대한 네 가지 관점과 목회적 적용』, 49~130쪽.

35. Peter Enns, 장가람 역, 『아담의 진화: 성경은 인류 기원에 대해서 무엇을 말하는가(Evolution of Adam: What the Bible Does and Doesn't say about Human Origins?)』 (CLC, 2014).

36. Peter Enns, *Evolution of Adam : What the Bible Does and Doesn't Say about Human Origins* (Grand Rapids, MI: Brazos Press, 2012), xvi; 한국어판: 『아담의 진화』 (CLC).

37. 리처드 오슬링, 「역사 속 아담을 찾아서」, 『크리스채너티 투데이(Christianity Today)』 (2011.6.).

38. 여기서 저준위 해석이란 재현이 가능한 데이터로부터 직접적인 결론을 끄집어낼 수 있는, 그래서 다른 해석의 여지가 넓지 않은 물리학이나 화학, 천문학 등 주로 물리과학 혹은 운용과학(operational science) 영역에서의 해석을 말한다. 이에 비해 고준위 해석은 재현이 어려운 데이터를 해석하는 방식으로서 주로 역사, 고고학, 고인류학, 고생물학 등 주로 역사과학(historical science) 영역에서의 해석을 말한다.

39. J. Richard Middleton, "인간의 진화를 고려한 창세기 3장 읽기," in William T. Cavanaugh and James K. A. Smith, ed., *Evolution and the Fall* (Grand Rapids, MI: Wm. B. Eerdmans, 2017); 한국어판: 이용중 역, 『인간의 타락과 진화』 (새물결 플러스, 2019), 189쪽.

40. J. P. Versteeg, 우성훈 역, 『아담의 창조』 (CLC, 2014).

41. 빌 터퍼 편집, 김대웅 역, "대표적인 복음주의 설교가 : 존 스토트", 『우리 시대의 위대한 설교자들』 (브니엘, 2003), 188, 194, 207쪽.

42. 앨리스터 맥그래스, 김덕건 역, "제2장 기독교 영성의 종류: 개신교회", 『기독교 영성 베이직』 (대한 기독교서회, 2006), 42~43쪽.

43. 이는 흔히 '베빙턴의 사각형'이라고 알려져 있다. cf. David William Bebbington, *Evangelicalism in modern Britain: a history from the 1730s to the 1980s* (London: Unwin Hyman).

44. 성경의 무오성과 성경의 무류성이 무엇을 의미하는가에 대해서는 필자의 글을 참고하기 바란다. 양승훈, "성경무오와 창조론 논쟁", 『창조론 오픈포럼』 (창조론 오픈포럼, 2013): 15~24.

45. Gordon J. Wenham, *Rethinking Genesis 1-11* (Wipf and Stock Publishers, 2015); 한국어판: 차준희 역, 『창세기 1-11장 다시 읽기』 (KIVP, 2020), 57쪽.

46. 헤르만 바빙크, 원광연 역, 『개혁교의학 개요』 (크리스챤 다이제스트, 2004), 222~223쪽.

47. Middleton, "인간의 진화를 고려한 창세기 3장 읽기", 『인간의 타락과 진화』, 150~151쪽.

48. 자료설 혹은 문서설이란 19세기 독일의 벨하우젠(Julius Wellhausen, 1844~1918)이 모세 오경을 네 개의 자료로 나눈 데서 시작하였다. 이 이론에서는 구약의 오경은 한 편집자가 연대순으로 J 문서 (Yahwist, 독일어로는 Jahwist), E 문서(Elohist), D 문서(Deuteronomist), P 문서(Pristly)로 구성된 자료들을 한데 묶어서 편집했다고 본다.

49. Wenham, 『창세기 1-11장 다시 읽기』, 54~55쪽.

50. 프랑스의 Centre National de Ressources Textuelles et Lexicales 웹사이트는 '일치주의(concordisme)'를 이렇게 정의하고 있다. "성경 본문과 과학적 데이터 사이의 일치를 추구하는 주해 시스템"(Système d'exégèse visant à établir une concordance entre les textes bibliques et les données scientifiques.)(A system of exegesis aimed at establishing a concordance between biblical texts and scientific data.) - https://www.cnrtl.fr/definition/concordisme/substantif#:~:text=masc.-,CONCORDISME%2C%20subst.,bibliques%20et%20les%20donn%C3%A9es%20scientifiques.

51. Bernard Ramm, *The Christian View of Science and Scripture* (Grand Rapids, MI: Eerdmans, 1954), p.149; 한국어판: 박지우 역, 『과학과 성경의 대화』 (KIVP, 2016).

52. Middleton, "인간의 진화를 고려한 창세기 3장 읽기", 『인간의 타락과 진화』, 153쪽.

53. 바빙크, 『개혁교의학 개요』, 225쪽.

54. 양승훈, "'역사적 아담'의 진실-인류 기원논쟁으로 우리가 잃지 말아야 할 것은", 「크리스채너티 투데이 코리아(Christianity Today Korea)」 (2011.8.) 커버 스토리.

55. Karl W. Giberson, *Saving the Original Sinner: How Christians Have Used the Bible's First Man to Oppress, Inspire, and Make Sense of the World* (IVP, 2011). Richard N. Ostling, "역사 속 아담을 찾아서", 「크리스채너티 투데이 코리아(Christianity Today Korea)」 (2011.9.14.)에서 재인용.

56. "The hermeneutics behind theistic evolution are a Trojan horse that, once inside our gates, must cause the entire fortress of Christian belief to fall." from Richard N. Ostling, "역사 속 아담을 찾아서", 「크리스채너티 투데이 코리아(Christianity Today Korea)」 (2011.9.14.)에서 재인용. cf. Ken Ham and Bodie Hodge, *How Do We Know the Bible Is True?* (Mastor Books, 2012), pp.239~240.

제10강

1. 좀 더 자세한 시대 구분에 대해서는 https://en.wikipedia.org/wiki/Paleolithic을 참고하라.

2. By José-Manuel Benito Álvarez (España) → Locutus Borg - Own work, Public Domain, https://commons.wikimedia.org/w/index.php?curid=1892114

3. 슴베찌르개는 끝이 뾰족하여 찌르거나 가르는 데 사용된 구석기 시대의 슴베가 달린 찌르개이다. 슴

베는 칼, 낫, 호미 따위의 자루 속에 박히는 부분을 말한다.

4. 전곡선사박물관 웹사이트 참고하라. http://jgpm.ggcf.mbdev.kr/archives/author/admin-2/page/6

5. 일반적으로 세석기(잔석기)라고 하면 폭 1cm 내외, 두께 2~3mm 정도의 작고 가벼운 떼석기를 말한다. 일반적으로 몸돌로부터 떼어낸 돌날을 삼각형, 사다리꼴, 반원형 등 기하학적 형태로 다듬은 석기를 말한다.

6. By José-Manuel Benito Álvarez (España) → Locutus Borg - Own work, CC BY-SA 2.5, https://commons.wikimedia.org/w/index.php?curid=1605723

7. By Finn Årup Nielsen, National museum of Denmark description: "The oldest projectile point from Denmark: shouldered flint point from Bjerlev Hede, central Jutland. 12,500 BC.

8. By Кузнецов - Own work, Public Domain, https://commons.wikimedia.org/w/index.php?curid=4023999

9. By Didier Descouens, 8 January 2011, CC BY-SA 3.0, https://commons.wikimedia.org/w/index.php?curid=12632322

10. 세석기(細石器, Microlith)는 잔석기라고도 불리는 떼석기의 한 종류로, 보통 크기가 3 cm 이하의 작고, 뾰족하거나 날카로운 특징을 갖는다.

11. 찍개(chopper)와 찍는 연장(chopping tool)

12. "오스트랄로피테쿠스", 『글로벌 세계 대백과사전』

13. 역석기(礫石器)는 가장 오랜 형태의 전기 구석기의 석기로서 규암(硅岩)·석영 등 자갈의 한쪽 모서리를 깨뜨려 날을 세운 것이다. 제1빙하기에 출현한 진잔트로푸스 보이세이가 제작, 사용했다고 하지만 분명하지 않다.

14. http://biz.chosun.com/site/data/html_dir/2007/02/26/2007022601043.html

15. https://arstechnica.com/science/2019/06/capuchin-monkeys-have-a-3000-year-archaeological-record/ (2019.6.24.)

16. D. Fragaszy, P. Izar, E. Visalberghi, E.B. Ottoni, de Oliveira M. Gomes, "Wild Capuchin Monkeys (Cebus libidinosus) Use Anvils and Stone Pounding Tools," *American Journal of Primatology* 64 (4): 359~366 (2004). doi:10.1002/ajp.20085

17. https://www.yna.co.kr/view/AKR20161019165700017 (2016.10.20.)

18. https://en.wikipedia.org/wiki/Homo_heidelbergensis

19. R. Singer, "The saldanha skull from hopefield, South Africa," *American Journal of Physical Anthropology* 12 (3): 345~362 (September 1954).

20. https://en.wikipedia.org/wiki/Homo_erectus

21. Paul Rincon, "Early human fire skills revealed," *BBC News* (29 April 2004); Heather Pringle, "Quest for Fire Began Earlier Than Thought," *ScienceNOW* (April 2, 2012).

22. 파울 프리샤우어, 이윤기 역. 『세계풍속사(상)』 (까치, 1992), 16쪽.

23. 피터 왓슨, 『생각의 역사1』 (들녘, 2009), 57쪽.

24. 호모 사피엔스의 출현 시기를 4~5만 년 전으로 보는 견해도 있다. 프리샤우어, 『세계풍속사(상)』, 16쪽.

25. By I, the copyright holder of this work, hereby publish it under the following license:, CC BY-SA 4.0, https://commons.wikimedia.org/w/index.php?curid=11656505

26. https://commons.wikimedia.org/wiki/File:Pointe_Moust%C3%A9rienne_MHNT_PRE_2009.0.205.4_De_Maret.jpg

27. 유전자 비교를 통해 아담은 약 7만 년 전에 산 사람이고, 이브는 약 15만 년 전에 산 사람이었음을 주장하는 다큐멘터리도 있다. http://navercast.naver.com/contents.nhn?rid=57&contents_id=2289&leafId=57

28. 네안데르탈인은 사람에 따라 사람속(屬)에 속하는 하나의 종으로 분류하기도 하고, 호모 사피엔스 종에 속하는 아종으로 분류하기도 한다.

29. 본서를 추천한 성서고고학자 고세진 박사에 의하면, 근동고고학에서는 신석기 시대를 기원전 9,000~4,500년, 석동기 시대를 4,500~3,500년, 청동기 시대를 3,500~1,200년으로 잡는다. 그는 근동고고학의 특징 중의 하나로 신석기 시대에서 청동기 시대로 넘어가는 과도기에 구리(銅)가 개발되고 구리로 만든 도구와 돌로 만든 도구를 혼용하던 석동기 시대(Chalcolithic period)를 반드시 독립적으로 구분해야 한다고 말한다.

30. Katerina Douka & Michelle O'Reilly, Michael D. Petraglia, "On the origin of modern humans: Asian perspectives," Science Vol. 358, Issue 6368 (08 Dec 2017), DOI: 10.1126/science.aai9067 http://science.sciencemag.org/content/358/6368/eaai9067 Original caption. "Map of sites with ages and postulated early and later pathways associated with modern humans dispersing across Asia during the Late Pleistocene. Regions of assumed genetic admixture are also shown. ka, thousand years ago."

31. 파울 프리샤우어, 이윤기 역, 『세계풍속사(상)』 (까치, 1992), 16쪽.

32. 현생인류가 20~10만 년 전에 등장해서 전 세계로 퍼져나갔다는 것은 여러 사람들이 지적하고 있다. cf. 피터 왓슨, 『생각의 역사1』 (들녘, 2009), 57쪽.

33. Israel Hershkovitz and Rolf Quam, Science (2019.1.26.). 국내에서는 "현생인류 '탈아프리카' 5만 년 앞당겨-이스라엘서 발견된 턱뼈 화석, 이주 시점의 주요 단서", 『The Science Times』 (2019.3.14.) 에 보도되었다. cf. https://www.sciencetimes.co.kr/?news=현생-인류-탈아프리카-5만년-앞당겨

34. 이와 관련하여 빙햄프턴대학교에서 제작한 유튜브 동영상을 보라. https://www.youtube.com/watch?v=7XiF0xgFPMs

35. "Tracing the peopling of the world through genomics," Nature (2017).

36. Francis S. Collins, The Language of God (New York: Free Press, 2006), p.126.

37. By Levels adjusted from File:Pieter_Bruegel_the_Elder_-_The_Tower_of_Babel_(Vienna)_-_Google_Art_Project.jpg, originally from Google Art Project., 퍼블릭 도메인, https://commons.wikimedia.org/w/index.php?curid=22179117

38. 리처드 오슬링, "역사 속 아담을 찾아서", 「크리스채너티 투데이(Christianity Today)」 (2011.6.).

39. 유구는 고대 건축의 잔존물이 누적되어 생기는 언덕을 말한다.

40. By Teomancimit - 자작, CC BY-SA 3.0, https://commons.wikimedia.org/w/index.php?curid=17377542

41. Vere Gordon Childe, 김성태, 이경미 공역, 『고든 차일드의 신석기 혁명과 도시 혁명』 (주류성 출판사, 2013).

42. 유발 하라리, 조현욱 역, 『사피엔스』 (김영사, 2015).

제11강

1. "I finally gave up on the very idea of any gods when I learned about evolution and the true explanation why living things looked designed." in Richard Dawkins, Outgrowing God: A Beginner's Guide (New York: Random House, 2019), pp.141~142.

2. Michael Denton, Evolution: A Theory in Crisis (Burnett Books, 1985).

3. 양승훈, 『창조연대 논쟁』 (SFC 출판부, 2017).

4. 오늘날 우리가 측정하는 겉보기 나이(apparent age)에는 창조 당시에 몇 살로 창조되었는지와 창조 후 얼마나 많은 시간이 경과했는지 등 두 가지 미지수가 동시에 들어있다. 그러므로 우리는 창조 후 경과한 시간만을 따로 떼어내어 측정할 수 없다. 이를 필자는 오래전에 "초기상태 불확실성 가정"이라는 말로 표현한 적이 있다. 양승훈, "초기상태 불확실성 가정", 「통합연구」 3(1): 21~37 (1990.3.).

5. IUGS(International Union of Geological Sciences, 국제지질과학연맹): IUGS는 1961년에 창설되어 현재 121개국이 회원으로 참여하고 있다. IUGS는 1878년에 창설된 세계지질과학총회(International Geological Congress, IGC)를 4년마다 개최하고 있으며, IGC는 전 세계 지질학자, 관련 정부 인사,

비정부 기구 관계자 등 6천여 명이 참가하는 지질학 분야 최고 권위 학술대회이다. 차기 IGC 총회는 2024년 8월 25일부터 부산 벡스코에서 개최될 예정이다.

6. 빙하기를 포함하여 지질시대와 지구의 역사에 대해서는 필자의 다른 책을 참고하기 바란다. 양승훈, 『다중격변 창조론』(SFC, 2011).

7. 오늘날 흔히 빙하기라고 말할 때는 대체로 이 최후의 빙하기를 말한다.

8. "Beringia," "Cosquer Cave" in Wiki

9. 창조론적 관점에서 종의 기원에 대해서는 필자의 책을 참고하기 바란다. 양승훈, 『창조와 진화』(SFC, 2012). 진화라는 용어에는 세 가지 층위가 있다. 이에 관해서는 양승훈, 「진화의 세 가지 층위」, 『창조론 오픈포럼』 13(1): 81~95 (2019.2.)을 참고하라.

10. 지구의 역사를 지질학적 격변과 생물학적 멸종의 반복으로 보는 견해에 대해서는 필자의 책을 참고하기 바란다. 양승훈, 『다중격변 창조론』(SFC, 2011).

11. https://clarkscience8.weebly.com/extinction-factors.html

12. 창조과학자들도 루시가 너클보행을 했다고 주장한다. cf. http://www.kacr.or.kr/library/print.asp?no=1457 (2019.10.31.)

13. https://en.ppt-online.org/347885

14. Richard G. Klein과 Blake Edgard, *The Dawn of Human Culture* (New York: John Wiley, 2002), p.65; 피터 왓슨, 『생각의 역사1』(들녘, 2009), 49~50쪽. 타격구란 부싯돌(flint)과 같이 단단한 돌의 부서진 표면에서 원뿔 모양의 불룩 튀어나온 곳을 말한다. 이것은 임의의 비스듬한 각도로 돌을 타격했을 때 생긴다. cf. *Merriam-Webster Dictionary*.

15. R. E. Green, J. Krause, A. W. Briggs, T. Maricic, U. Stenzel, M. Kircher, N. Patterson, H. Li, Heng; W. Zhai, M.H-Y. Fritz, N. F. Hansen, E. Y. Durand, A-S. Malaspinas, J. D. Jensen, T. Marques-Bonet, C. Alkan, K. Prüfer, M. Meyer, H. A. Burbano, J. M. Good, R. Schultz, A. Aximu-Petri, A. Butthof, B. Höber, B. Höffner, M. Siegemund, A. Weihmann, C. Nusbaum, E. S. Lander, C. Russ, "A Draft Sequence of the Neandertal Genome," *Science* 328 (5979): 710~722 (2010); K. Prüfer, et al., "The complete genome sequence of a Neanderthal from the Altai Mountains," *Nature* 505 (7481): 43~49 (2014).

16. https://www.nationalgeographic.com/news/2014/1/140129-neanderthal-genes-genetics-migration-africa-eurasian-science/ (2019.10.30.)

17. F.L. Mendez, et al., "The Divergence of Neandertal and Modern Human Y Chromosomes" (PDF), *The American Journal of Human Genetics* 98 (4): 728~734 (April 7, 2016).

18. D. Enard, D. A. Petrov, "Evidence that RNA Viruses Drove Adaptive Introgression between Neanderthals and Modern Humans," *Cell* 175 (2): 360~371 (October 4, 2018).

19. https://commons.wikimedia.org/wiki/File:World_map_of_prehistoric_human_migrations.jpg

20. Doron M. Behar, Richard Villems, Himla Soodyall, et al. (May 9, 2008). "The Dawn of Human Matrilineal Diversity"(PDF), *American Journal of Human Genetics* 82 (5), pp. 1130~1140. doi:10.1016/j.ajhg.2008.04.002. ISSN 0002-9297. PMC 2427203. PMID 18439549. Retrieved 2015-04-20; Mary Katherine Gonder, Holly M. Mortensen, Floyd A. Reed, et al. (March 2007). "Whole-mtDNA Genome Sequence Analysis of Ancient African Lineages" (PDF), *Molecular Biology and Evolution* 24 (3): 757~768. doi:10.1093/molbev/msl209. ISSN 0737-4038. PMID 17194802. Retrieved 2015-04-20; Tishkoff and Reed (2009).

21. 페보, 『잃어버린 게놈을 찾아서』(부키, 2014).

22. Richard N. Ostling, "The Search for the Historical Adam," *Christianity Today* (2011.6.3.). - https://www.christianitytoday.com/ct/2011/june/historicaladam.html

23. 양승훈, "'역사적 아담'의 진실? 인류 기원논쟁으로 우리가 잃지 말아야 할 것은", 「Christianity Today Korea」 (2011.8.2.).

내용 색인

인명 색인

저자 후기

　드디어 오랫동안 작업하던 "창조론 대강좌" 시리즈 4권 『인류의 기원과 역사적 아담』 원고를 마쳤습니다. 마지막 인명 색인을 마치고 나니 그간 힘들었던 것들 때문인지 괜히 울컥하는 마음이 들어서 후기를 몇 자 적습니다.

　"창조론 대강좌" 시리즈 1, 2권에 이어 2012년에 3권을 출간하고 곧바로 4권 작업을 시작했습니다. 하지만 오래지 않아 당시 저의 준비로는 저술이 불가능함을 깨닫고 결국 2016년에 5권을 먼저 출간했습니다. 5권 출간 후 다시 4권 작업으로 돌아갔다지만 역시 좌절하고 2017년에 6권을 먼저 출간했습니다. 6권을 출간하고도 3년이 지나도록 4권을 붙들고 씨름했는데 출판사에 여러 차례 약속한 날짜를 어긴 후에 이제 간신히 마무리를 한 것입니다. 초고라고 하기에는 부족한, 대략적인 스케치를 가지고 작업을 시작한 것이 2016년 9월 25일이었으니 근 5년 가까운 세월을 보낸 것입니다. 그렇다고 책이 아주 두꺼운 것도 아닙니다. 문서정보를 보니 82,171단어, 원고지로 2075매, 그림 165개, 표 16개, 각주 556개, 264명의 인명색인 기준이 들어가서 편집본으로 총 528쪽에 이르는 책이 되었습니다. 가볍게 읽기에는 두꺼운 책이라고 할 수 있겠지요.

그 동안 저는 여러 책들을 썼지만 이번처럼 고민을 많이 했던 경우는 없었습니다. 대부분의 책들은 분명한 논지를 정한 후에 시작하고, 그리고 그 논지는 원고를 마칠 때까지 거의 변하지 않았습니다. 오히려 원고를 진행하면서 처음의 논지가 더 강화되는 경우가 많았습니다. 하지만 본서는 처음에 세웠던 논지가 글쓰기를 진행하면서 속절없이 무너지는 경험을 몇 차례 했습니다. 논지를 수정하고 '이번엔 틀림없겠지'라고 생각하면서 다시 작업을 시작하면 또 바꿀 수밖에 없는 상황이 되곤 했고, 그때마다 쓰던 원고를 갈아엎을 수밖에 없었습니다.

결국 책과 논문만으로 글을 쓰는 것은 불가함을 알게 되었습니다. 직접 눈으로 보고 손으로 만지지 않고는 안 되겠다는 생각이 들어서 2016년부터 2019년까지는 유인원 화석들이 집중적으로 발견된 동부와 남부 아프리카 여러 지역들과 관련된 박물관들을 두 차례 다녀왔습니다유럽과 호주, 동남아 박물관들은 그 전에 다녀왔지만. 한국의 몇몇 석기시대 유적지와 박물관들도 여러 차례 방문했습니다. 이런 탐사를 통해 선사시대에 대한 생생한 이해는 넓어졌지만 그래도 아담이 누군지에 대한 혼란은 정리되지 않았습니다. 결국 인류의 기원과 아담의 역사성에 관한 주제는 저의 능력 바깥에 있는 것이 아닌가 하는 생각을 떨쳐버릴 수가 없었습니다. 그러다가 이 절망감에서 벗어나 원고를 끝낼 수 있겠다는 약간의 희망을 갖게 만든 것은 두 가지였습니다.

첫째, 2003년 휴먼게놈프로젝트HGP가 완성된 이후 지난 수 년 간 급진전을 보이고 있는 고유전학 분야의 연구들이었습니다. 화석과 유물, 유적 연구에만 매어 달리던 종래의 고인류학 연구에 새로운 돌파구가 생긴 것입니다. 특히 막스 플랑크 연구소Leipzig 스반테 페보Svante Pääbo를 중심으로 한 네안데르탈인 등 고생인류들의 게놈 추적은 인류의 기원에 대해 '손에 잡히는' 많은 자료들을 제공해주었습니다.

둘째, 지난 2년 간 VIEW에서 강의한 창조론 강의, 특히 새로 시작한 창조론 세미나 과목이 큰 도움이 되었습니다. 나이가 들고, 다양한 사회적, 목회적 경험을 가진 원우들과 강의실 안팎에서 진지하게 토론하면서 생각이 정리되기 시작했습니다. 지난 학기를 마감할 때 쯤에는 초고에서 두 챕터를 빼버리고 한 챕터를 다시 쓰는 등 대규모 '리모델링'을 하면제목도 바꾸고 원고를 끝낼 수 있겠다는 확신이 생기게 된 것입니다.

이젠 원고가 저의 손을 떠났으니 평가는 독자들의 몫이 되겠지요. 틀림없이 이 책을 통해 도움을 받는 분들도 있겠지만 불편함을 느끼는 분들도 있을 겁니다. 이런저런 비난과 구설수에 휘말릴 수도 있겠지요. 어떤 사람은 저자가 너무 보수적이라고, 어떤 사람은 저자가 성경의 권위를 인정하느냐고 따질지도 모릅니다. 하지만 이 책에서 아담을 ① 보통명사로서 전 인류를 가리키는 **보편 아담**, ② 구석기 시대에 살았던 고유명사로서의 **첫 사람 아담**, ③ 신석기 시대에 살았던 또 다른 고유명사로서 **가인의 아버지 아담** 등 셋으로 구분한 것은 명백한 과학적 사실과 성경의 권위를 인정하면서 제가 내릴 수 있는 거의 외통수에 가까운 결론이라고 할 수 있습니다. 아무쪼록 본서가 부족하지만 독자들로 하여금 근래 복음주의 진영의 뜨거운 감자가 되고 있는 역사적 아담에 대하여 바른 견해를 정립해 나가는 데 조금이라도 도움이 되기를 기대합니다.

저자 소개

양승훈(梁承勳, Paul S. Yang)

멀리 북쪽으로 소백산맥이 졸면서 누워 있고, 동네 뒤에는 낙동강 지류가 흐르는 경상도 문경 촌 동네 창리에서 태어났다. 어릴 때는 멋도 모르고 자동차 정비공이 되려는 마음을 먹기도 하고, 작곡가가 되었으면 하는 황당한 꿈을 가진 적도 있었다. 그러다가 1973년 경북대 사대 물리교육과에 진학하면서 24년 간 물리학도로서의 훈련을 받았다. 대학을 졸업한 후에는 KAIST 물리학과에서 반도체 물성을 연구했으며(MS, PhD), 졸업 후에는 곧바로 모교에서 근무하게 되었다. 대학에 근무하는 동안 미국 시카고 대학에서 물리학(Post-doc)을, 위스콘신 대학에서 과학사(MA)를, 위튼 대학에서 신학(MA)을 공부할 수 있는 축복을 누렸으며, 반도체 물리학 연구에 더하여 창조론, 기독교 세계관 등에 관심을 갖고 있었다. 그러나 이 모든 것을 다하기에는 인생이 너무 짧고 자신의 능력이 부족함을 통감하여 대학을 사임하였다.

1997년부터는 기독학자들의 모임인 DEW(기독학술교육동역회)의 파송을 받아 캐나다 밴쿠버에서 VIEW(밴쿠버 기독교세계관대학원)를 설립, 운영했다. 지금은 원장직을 후임자에게 물려주고 VIEW 교수로서 창조론과 세계관 분야의 강의와 글을 쓰는 데 주력하고 있다. 2007년 8월에는 몇몇 사람들과 더불어 [창조론 오픈포럼]을 창립하여 지금까지 공동대표를 맡고 있으며, 창립 이래 학술지 「창조론 오픈포럼」의 공동편집인으로 섬기고 있다. 또한 1988년 창간한 기독교세계관에 입각한 학술지 「통합연구」의 창간 편집인으로, 2018년부터는 복간 편집인으로 섬기고 있다. 2010년에는 Trinity Western University 캠퍼스 내의 공간을 빌려서 쥬빌리채플을 창립했고, 지금까지 담임 목사로 섬기고 있다.

그동안 어설픈 논문들과 책들을 몇 권 썼는데 그래도 사람들이 꾸준히 읽어주는 책으로는『기독교적 세계관』,『창조와 격변』,『다중격변 창조론』,『생명의 기원과 외계생명체』,『창조와 진화』,『대폭발과 우주의 창조』,『창조연대 논쟁』,『창조에서 홍수까지』,『그랜드 캐니언』등이 있다. 또한 1980년 이후로는 기독교 세계관적 삶을 나누는 에세이를 부정기적으로 쓰고 있는데『낮은 자의 평강』,『나그네는 짐이 가볍습니다』,『상실의 기쁨』,『세상에서 가장 작은 부엌』,『기독교 세계관으로 들여다 본 세상』,『하늘나라 철밥통』,『기독교적 렌즈로 세상읽기』,『물에 빠져죽은 오리』등은 그런 에세이들을 모은 책이다. 일기를 따로 쓰지 않기 때문에 그때그때 지나가는 생각의 편린들을 앨범에 모아둔다는 마음으로 이런 저런 글들을 쓰기도 하지만 그러나 역시 자신의 전문 영역은 창조론과 세계관이라고 생각한다.

지난 40여 년 간 저자는 선생이자 학자로서, 창조론자이자 목회자로 살아왔지만 앞으로 남은 인생은 어려움 가운데 있는 분들을 좀 더 가까이서 돕는 실천적 인생을 살려고 준비하고 있다. 아마 본서가 출간될 즈음 저자 부부는 남부 아프리카의 작은 나라 에스와티니 땅을 밟고 있을 것이다. 구체적으로 저자는 2021년 8월에 VIEW를 은퇴하고 9월부터 에스와티니 기독의과대학교(Eswatini Medical Christian University, EMCU) 행정책임자(President and Vice Chancellor)로 섬길 예정이다.

후원

본 연구의 일부는 다음 교회 및 기관들(괄호 속은 후원 당시 담임 목회자)의 후원으로 이루어진 것입니다.

대전 영음교회(권재천 목사)

여주 월송교회(김경배 목사)

안양 반석감리교회(김상종 목사)

천안 반석장로교회(민경진 목사)

대천 제일감리교회(박인호 목사)

춘천 남부제일감리교회(백낙영 목사)

대전 대신고등학교(서정식 목사)

서초 감리교회(송상면 목사)

유성 감리교회(유광조 목사)-회장

대전 갑동교회(윤승호 목사)-총무

안산 부곡중앙교회(이명근 목사)

홍성 홍주제일교회(임종만 목사)

부천 중동제일감리교회(조영성 목사)

대전 예수로침례교회(조영진 목사)

김해 장로교회(조의환 목사)

용인 한마음감리교회(최호권 목사)

수원 에바다선교교회(한규석 목사)

이천 양정감리교회(황동수 목사)

함안 중앙감리교회(황병원 목사)